자살에 대한 인문학적 성찰

애도받지 못한 자들

몸문화연구총서 No. 4

지살에 대한 인문학적 성찰

애도받지 못한 자들

몸문화연구소 편

쿠북

몸문화연구총서 No. 4

자살에 대한 인문학적 성찰

애도받지 못한 자들

1판 1쇄 펴낸날 2012년 4월 30일
1판 2쇄 펴낸날 2013년 7월 10일
지은이 김종갑 외
펴낸이 송희영
펴낸곳 **쿠북** (건국대학교출판부의 패밀리 브랜드입니다.)
등록 / 제4-3 호(1971. 6. 21)
주소 / 143-701, 서울시 광진구 능동로 120 건국대학교 출판부
전화 / (02)450-3891~3
팩스 / (02)457-7202
홈페이지 / http://press.konkuk.ac.kr
e-mail / press@konkuk.ac.kr

책임편집 박명희
찍은곳 (주)동화인쇄공사

정가 18,000 원

ISBN 978-89-7107-551-7 94110
ISBN 978-89-7107-544-9 (세트)

머리말

그들의 아픔이 아니라 우리의 아픔으로서 자살

I

언제부터인가 자살은 소수 개인의 문제가 아니라 범국민적인 관심이 되었다. OECD 국가 가운데 자살률 1위니 자살공화국이라는 말이 인구에 회자되고, 신문을 펴면 다른 내용들에 앞서서 자살 관련 기사가 눈을 어지럽히기도 한다. 2010년에 인구 10만 명당 자살자가 31명이었다는 사실은 이제 웬만한 사람들의 상식이 되어버렸다. 하루에 평균 42명이 자살로 생을 마친다고 한다. 천둥이나 번개처럼 엄청난 사건으로 비화되어 매스컴을 떠들썩하게 장식하는 경우도 있지만, 대부분의 자살은 우리가 모르게 소리 없이 고독한 공간에서 이루어진다.

이와 같이 말하는 이유는 자살 사건이 이제 우리 일상 한가운데로 자리를 잡게 되었기 때문이다. 한때 자살은 쉬쉬 입단속을 해야 하고 입 밖에 발설하면 큰일 나는 사건, 가문의 얼굴에 먹칠하는 오명으로 취급되었던 적이 있었다. 낙뢰로 사망하는 경우처럼 극히 예외적인 사건으로 생각되었던 것이다. 하늘이 무너질까봐 걱정할 필요가 없듯이 자살에 대해서 눈감고 살아도 좋았다. 이해하기 위해 노력할 필요는 더더구나 없었다. 이러한 생각과 관심의 부재 속에서 오해와 편견, 미신, 무조건적 단죄의 태도가 독버섯처럼 자라게 되었다. 그러면서 자살은 극소수의 예외적 사건이 아니라 일상적 사건이며, 부도덕하고 무책임한 남의 일이 아니라 평범한 우리들의 일이라는 사실이 쉽게 망각되었다. ≪자살론≫에서 뒤르켐은 동서고금을 망라하여 모든 사회는 일정한 자살의 성향과 일정한 자살률을 가진다는 점을 통계적으로 증명하였다. 그에게 자살은 사회적 압력의 결과로 발생하는, 비극적이지만 안타깝게도 피치 못할 사건이다. 자살이 천재지변처럼 지극히 예외적인 사건으로 간주되던 시절에도 주위에서 자살로 생을 마치는 사람들이 적지 않았다. 다만 발설하면 큰일 나는 터부였기 때문에 주위에 알려지지 않았을 따름이다. 그리고 눈을 감으면 세상이 사라진다고 믿는 어린아이처럼 생각하지 않고 말하지 않으면 자살도 없다는 소망적 사유에 젖어 있었을 따름이었다. 그런데 다행스럽게도 이제 우리는 그러한 편견과 구습의 질곡에서 벗어나 자살을 일상적 사건으로, 말하자면 소수의 남의 일이 아니라 우리 모두의 일로서 바라보기 시작하였다.

그럼에도 아직 우리는 자살에 대한 오해와 편견에서 여전히 벗어나지 못하고 있다. 어쩌면 벗어나기를 원치 않는지 모른다. 자살을 우리 모두의 일로 받아들이는 일이 너무나 어렵고 부담스러우며 힘이 들기 때문이다. 우리의 일이 되는 순간에 우리는 뒷짐을 지고 태평하게 관망하거나 무관심 뒤에 숨을 수가 없게 된다. 무지와 무관심의 특권이 더 이상 용납되지 않는 것이다. 생각해 보라. 가족의 일원이나 사랑하는 연인이, 혹은 절친한 친구가 자살로 생을 마감하였다고 생각해 보라. 그 순간에 일상의 평온은 박살이 나고, 충격과 고통, 죄의식의 소용돌이에 휩싸여 벗어나오지를 못한다. 전염병처럼 자살은 주위 사람들을 감염시키고 심신을 마비시키며 황량하게 만들어 버린다. 자연사라면 소리 내어 목 놓아 울고, 또 유가족이 부둥켜안고 서로를 위로하면서 슬픔을 달래거나 잊을 수 있다. 죽음을 망각의 강물이라 하지 않았던가! 그러나 자살은 잔인한 신처럼 눈물도, 망각도 허용하지 않는다. 자살자의 유가족에게 공통적으로 나타나는 현상은 애도哀悼의 불가능성이다. 망각의 강물 너머로 보내주어야 할 망자를 보내지 못하고, 귀신 들린 사람처럼 기억에 사로잡혀 있는 것이다. 사랑하는 사람을 잃은 유가족은 6개월이 지나면 다시 예전과 같이 건강하게 일상으로 복귀할 수 있다고 한다. 그러나 자살자의 유가족은 최소 5년의 시간, 심하면 모든 여생을 고통과 좌절에 시달리면서 망가진 삶을 살아야 한다. 얼마나 끔찍한가! 바로 이러한 이유로 인해서 우리는 자살을 우리의 일로 받아들이기를 망설이며 주저한다. 자살의 오염 지역으로 들어가야 하기 때문이다. 불가능한 위로와 불가능한 애도에 동참해야 하기 때문이다. 우리는 그러한 고통을 원하지 않는다. 그래서 차라리 오해와 편견 뒤에 숨고 싶은 유혹을 느낀다.

무지몽매한 미신에 절어 있었던 과거와 달리 개화된 우리들은 자살이 개인의 일이 아니라 우리 모두의 일이라는 사실을 너무나 잘 알고 있다. 개념도 없이 사는 사람들처럼 부도덕이니 무책임, 의지박약 운운하면서 자살자를 비난하거나 매도하지도 않는다. 대신, 지나친 경쟁이나 경제적 궁핍, 실직, 자존감의 상실 등의 압력으로 개인을 자살의 벼랑으로 내모는 사회를 비난하게 되었다. 그리고 성적이나 실연, 병환 등 개인적 원인으로 자살한 자에 대해서는 질타하는 대신에 먼저 동정하고 연민하는 법을 배웠다. 우리는 올바른 생각과 의로운 양심을 가지고 있는 것이다. 그렇다면 무엇이 문제인가? 문제는 올바른 생각이 너무나 개인적이고 사적인 우물 안에 갇혀 있다는 것, 행동이 올바른 생각을 따라가지 못하는 것이다. 우리는 자살이 우리 모두의 일이라는 사실을 너무나 잘 알고 있다. 그럼에도 전혀 모르는 듯이 행동하고 있다. 계몽된 사람처럼 생각을 하지만 정작 행동에 있어서는 그렇지 못한 사람이 되는 것이다. 이유를 짐작하기는 어렵지 않다. 자살이 우리 모두의 일이라는 생각, 즉 우리 모두의 책임이라는 앎에 따라서 행동하기가 너무나 어렵고 부담스러우며, 자발적인 희생까지 요구되기 때문이다. 또 우리의 개인적인 안위와 편안을 포기해야 하기 때문이다.

여기에서 우리가 강조하고 싶은 것은 '알다'가 '살다'와 분리될 수 없는 유기적 관계에 있다는 것이다. 앎에 따라 살지 않는 삶은 충만성이 결여된 삶, 스스로 주관적으로는 알고 있다고 생각하지만 실제에 있어서는 모르는 삶이다. 이때 알고 있다는 생각은 착각이나 자기기만, 자기변명, 아니면 럭셔리가 된다. ≪정신현상학≫에서 헤겔이 말했듯이 "앎과 더불어, 앎 속에서 살아야 하는 것이다." 이때 앎은, 더불어 살아가기 위해서 자발적으로 불편을 감수하고 개인적 안락을 포기하기도 하는 삶을 말한다. 우리가 자살에 대해서 사회와 우리의 책임을 인정한다면 우리는 그러한 앎을 실천에 옮기는 삶을 살아야 하는 것이다.

자살이 단지 고통이나 가난, 실패 등의 문제 상황에서 야기되는 극단적 행동이라고 생각하면 안 된다. 사지가 찢기는 고통을 당한다고 해서 누구나 자살을 선택하지는 않는다. 자살로 내모는 것은 그냥 고통이 아니라 '의미 없는' 고통이다. 의미가 부재하는 공간에서는 자그마한 고통의 자극도 전기고문보다 더욱 끔찍하고 치명적으로 느껴진다. 그런데 의미는 백사장에 모래성을 쌓듯이 개인 혼자서 만들지 못한다는 데에 문제가 있다. 의미는 철저하게 사회적이다. 예컨대 아무도 인정해 주지도 않는 고통은 무의미한 진공 속의 고통으로서, 자살에 이르는 병으로 발병할 수 있다. 그런데 현대처럼 철저하게 개인주의적이고 원자화된 사회에서는 사적인 의미를 공적으로 확대하기가 어려워진다. 사회에서 굶주리고 소외된 사람들의 고통은 거리의 혼잡과, 바쁜 발걸음, 대중매체의 소음 속에 그냥 파묻혀 버리기 쉽다. 우리 각자 자신의 일상의 안녕과 건강과 행복의 집으로 바삐 달려가는 것이다. 그래서 주변 사람들의 절망과 좌절, 고통의 표정이 눈에 들어오지 않는다. 그러면서도 우리는 자살이 우리 모두의 문제이며 개인적 비극이 아니라 사회적 비극이라고 생각하는 것을 멈추지 않는다.

뒤르켐이 훌륭하게 진단하였듯이 현대인의 자살은 유대감과 결속의 부재에서 비롯된다. 그것은 의미의 부재에 다름 아니다. 즉 참고 견디며 살아야 할 이유가 삶의 지평에서 사라지고 없는 것이다. 과거에 대역죄인의 경우 사형을 집행하기 전에 눈을 뽑고 사지를 자르며 피부를 벗기는 등 잔인한 고문을 행했던 적이 있었다. 당시 죄인들은 그 끔찍한 고통에서 빨리 벗어나게 해달라고, 빨리 죽여 달라고 빌며 애원했었다. 의미 없는 고통이라면 그것이 연장될 이유가 없는 것이다. 어쩌면 우리 주위에도 의미 없는 고통으로 신음하다가 자기 손으로 목숨을 끊는 사람들이 있는지 모른다. 우리의 일과 행복에 취해서 그들의 시선을 외면했기 때문에, 또 개인의 고통은 모두의 고통이라 생각하면서도 정작 그렇지 않은 듯이 행동했기 때문이다.

신경정신과 의사들이 주장하듯이 자살은 우울증이 원인일 수도 있다. 상담과 약물 치료를 병행하면 자살의 유혹에 빠졌던 많은 사람들이 치유되어서 건강하게 다시 사회로 복귀할 수 있는지도 모른다. 충분히 가능한 일이다. 또 정부는 자살예방 계획을 수립하고 생명존중의 문화 조성을 위한 조례를 제정하며, 자살예방을 위한 캠페인을 벌이고 있는가 하면 '생명의 전화'를 비롯한 자살 상담 창구도 활성화되고 있다. 물론 바람직한 일이다.

그럼에도 자살은 연대감과 의미의 부재에서 비롯된다는 사실에는 변함이 없다. 지나친 개인주의와 자유주의의 거친 물살에 떠밀려서 자살의 궁지로 내몰리는 사람들이 많다는 것도 역시 사실이다. 인문학이 개입할 수 있는 지점이 여기에 있다. 인문학은 의미 생산의 학문, 사유와 성찰의 활동이다. 인문학은 빈곤에 허덕이는 사람들에게 돈을 줄 수도 없으며, 우울증을 앓는 환자들에게 프로작을 처방해 줄 수도 없고, 고통으로 외마디 비명을 지르는 사람에게 진통제를 줄 수도 없다. 인문학은 고통을 수수방관하면서 바라볼 수밖에 없는 무기력한 학문이라고 생각될 수도 있다. 그러나 인문학은 무기력한 것이 아니라 의미를 생산하고 소통하는 능력이다. 의미가 있다면 고통과 절망도 견딜 만한 것이 된다. 가시 옷을 입었던 중세의 수도승이나 엉덩이에 곰팡이가 슬도록 면벽하고 수도했던 선불교도들을 생각해 보라. 이때 고통은 신에게 이르는 가파른 언덕이거나 득도로 이끄는 지름길이 된다. 그래서 고통은 기쁨보다 더욱 바람직하고 소망스러운 것이 된다. 고통 자체가 아니라 무의미한 고통이 자살에 이르는 병이다. 인문학은 고통에 의미의 아우라를 씌워 놓는 것이다.

Ⅱ

이 책에 실린 글들은 자살을 남의 일이 아니라 우리의 일로서 함께 아파하며 부대끼는 가운데 연구자로서 고민하며 쓴 것들이다. 그것은 사회적 갈등과 모순, 아픔이 폭발하는 지점이며, 누구도 그 여파로부터 자유롭지 않다. 자살을 엄격하게 정의하고 제도적인 해결책을 모색하는 것은 우리의 목적이 아니다. 인문학자로서 우리는 자살이 갖는 사회적 의미와 그것이 전달하는 메시지를 살펴보려 노력하였다. 또 그것이 어떻게 기표화되며 재현되고, 어떠한 역사적 의미의 변화를 겪는가 하는 문제도 우리 관심의 중심에 놓여 있다. 이 책은 3부로 구성되어 있다. 1부에서 자살의 이유가, 2부에서는 자살자의 유형이, 마지막으로 3부에서는 자살의 해석이 논의의 축을 이루고 있다.

자살에 대한 논의에서 가장 먼저 떠오르는 의문은 자살의 이유에 대한 것이다. 1부에 실린 3편의 글들은 "왜 자살하는가?"라는 질문에 대답하려는 시도들이다. 우선 〈애도 받지 못한 자의 죽음: 햄릿의 파국과 쌍용차 노동자들〉에서 김석은 최근 22명의 사망자(자살 포함)를 낸 쌍용자동차 사태를 중심으로 자살자에 대한 우리의 윤리적 책임을 논하고 있다. 정신의학계는 이들의 자살을 끔찍한 경험에서 벗어나지 못한 외상 후 스트레스 장애로 진단하면서, 약물과 상담 치료의 필요성을 강조하였다. 물론 이것은 의미가 있는 일이다. 그럼에도 자살은 불행한 몇몇 개인의 일이 아니라 우리 모두의 일이라는 의식의 전환이 필요하다. 이때 필요한 것은 공적인 '애도'의 행위이다. 애도란 사랑하는 대상의 상실에서 오는 고통이면서 동시에 그 경험을 체화하는 의식적 행위이다. 정당한 절차에 따라서 애도가 행해지지 않은 순간에 사회적 비극이 발생한다. 이것은 쌍용차 노동자들도 마찬가지다. 애도는 사회 전체가 슬픔과 상실의 경험을 보듬어 안으면서 유가족들이 자아의 추락 상태인 우울증으로 발병하지 않도록 도와주는 상징적이며 공동체적인 의식이다. 쌍용차 노동자의 경우를 비롯해서 사회적인 애도를 통해서만 자살을 예방할 수 있다고 저자는 주장하고 있다.

자살은 좋은 나쁜 삶의 문제와 직결되어 있다. 〈왜 오이디푸스는 죽지 않았는가?〉에서 김종갑은 소포클레스의 비극 ≪오이디푸스 왕≫에 기대어 자살해야 할 혹은 자살하지 않아야 할 이유와 명분에 대해 성찰하고 있다. 자살의 문제는 "좋은 삶이란 무엇인가?"에 대한 질문과 뗄 수 없는 관계에 있는 것이다. 선현들은 비루하게 생명에 집착하면서 동물처럼 살아가는 사람들의 무지와 어리석음을 꾸짖었다. 동물이 맹목적으로 삶에 집착한다면 인간은 그냥 삶이 아니라 좋은 삶, 품위 있는 삶을 추구하기 때문이다. 그래서 인간적 품위를 지키기 위해서 때로 자살은 현명한 선택일 수도 있다. 그런데 비극적 주인공 오이디푸스는 자살할 모든 이유를 가지고 있음에도 불구하고 자살을 선택하지 않았다. 그에게 절망으로부터 탈출할 수 있는 손쉬운 해결책은 자살이었다. 그럼에도 그가 자살하지 않았던 것은, 다른 사람들이 세운 '좋은 삶'의 기준을 인정할 수 없었기 때문이었다. 그는 '좋은 삶'이 무엇인지에 대해서 끊임없는 고민을 중단할 수 없었던 것이다.

자살자들은 에셰크échec, 즉 막다른 궁지에 몰린 느낌, 총체적 실패의 절망적 감정을 갖는다. 그러나 에셰크에 몰린 사람들 모두가 자살을 시도하지는 않는다. 에셰크의 한가운데서 꿋꿋하게 살아가는 것이다. 〈소통되지 않는 고통의 경험: 프리모 레비의 자살〉에서 서길완은 프리모 레비의 자살을 대상으로 에셰크와 자살의 관계를 추적한다. 프리모 레비는 ≪살아남은 자의 아픔≫, ≪이것이 인간인가≫ 등의 작품으로 우리에게 잘 알려진, 아우슈비츠 생존 작가이다. 이 글에서 저자는 아우슈비츠의 끔찍한 기억을 영웅적으로 잘 견뎌냈던 레비가, 40년 이상 지난 1987년, 그의 나이 68세에 자살로 생을 마감하였다는 사실에 주목한다. 아무리 잔인하고 가공할 고통이라 할지라도 다른 사람들과 소통이 가능하다면 견딜 수 있다는 것이 저자의 주장의 핵심이다. 함께 나누면 고통도 가벼워지는 것이다. 그렇다면 레비는 자신의 경험이 더 이상 소통되지 않는다는 절망감에서 자살을 선택하였다고 할 수 있다.

"누가 자살하는가?"의 질문에 대한 4개의 대답으로서 2부의 처음을 장식하는 것은 청소년의 자살에 관한 것이다. 〈청춘의 자살은 유죄?〉에서 김운하의 초점은 청춘의 자살에 있다. 10대에서 30대까지 사망원인 가운데 자살이 1위를 차지하고 있다는 것은 이미 상식이 되었다. 청년의 경우에 자살로 인한 사망은 암보다 5배나 높은 수치를 보이고 있다. 이 글에서 김운하는 "노년이나 상년에 비해서 왜 청소년 자살이 더욱 심각한 문제인가?"라는 질문에 대한 대답을 실존적인 지평에서 찾고 있다. 청소년기는 유년기 부모의 품에서 벗어나서 이제 막 독립적인 주체로서의 삶을 출발하는 문턱에 있다. 아직 살아 보지를 않았기 때문에 인생이 무엇인지 알지도 못한다. 과연 삶이라는 상자에 무엇이 기다리고 있는지 짐작할 수도 없는 것이다. 우리는 수많은 시행착오를 거듭한 끝에 자신의 인생이 가치가 없다는 결론에 이를 수도 있다. 그때 자살해도 늦지 않다. 하지만 살아 보지도 않고서, 삶의 의문에 대한 고민을 시작하기도 전에, 성급하게 자살로 생을 마감하는 것은 젊음에 대한 직무유기라는 것이 저자의 결론이다. 저자는 한때 고통과 절망으로 얼룩졌던 자신의 삶의 이야기를 그러한 결론에 대한 증거로서 제시한다.

자살은 남녀 모두에게 발생하는 사건이다. 그런데 그러한 자살이 매체를 통해서 재현되는 순간에 남성적 · 여성적인 의상을 걸치게 된다. 남성과 달리 여성의 자살은 선정적인 상상력을 자극한다. 생에 급제동이 걸리는 끔찍한 사건마저도 남성적, 혹은 관음증적 시선을 비켜갈 수가 없는 것이다. 특히 젊고 아름다운 여성의 경우에는 두말할 나위가 없다. 에드거 앨런 포는 "아름다운 여성의 죽음은 의심할 여지없이 세상에서 가장 시적인 주제이다."라고 말하지 않았던가. 〈시선에 던져진 여성의 자살〉에서 최은주는 여성의 자살이 남성의 자살과 갈라지고 단절되는 대립의 지점에 주목을 한다. 전통적으로 여성은 연약하고 수동적인 존재, 무엇보다도 순결해야 하는 존재로 표상되었다. 강간 등으로 인한 순결의 상실은 자살해야 할 충분한 이유였다. 또 톨스토이의 ≪안나 까레니나≫에서 볼 수 있듯이 타락한 여성이 자살로 삶을 끝내도록 하는 것이 문학적 장치이기도 하였다. 자살이 이와 같은 성적 이데올로기의 질곡에서 벗어날 수 없음을 밝히는 것이 이 글의 취지이다.

임지연의 〈소녀 자살 담론과 지식장: K여고 연쇄 자살 사건을 중심으로〉도 자살 일반이 아니라 소녀의 자살, 그것도 자살 자체가 아니라 담론적 재현에 초점을 맞추고 있다는 점에서 최은주의 글과 동일한 지평에 있다고 할 수 있다. 여기에서 저자가 각별한 관심을 가지고 추적하는 사건은 1962년에 매스컴을 뜨겁게 달구었던 K여고생 자살 사건이다. 당시 자살은 주로 생활고와 신병비관, 가정불화와 같은 원인에 의해서 해명이 되었다. 그러나 K여고생의 경우에는 마땅히 제시할 원인이 없다는 특징을 가진다. 사건을 설명할 방법이 없는 것이다. 이와 같은 사회적 원인의 부재는 매스컴으로 하여금 사춘기 소녀의 신체적 특징에 주목하게 하는 계기가 된다. 심리학이 사회학을 대체하게 되는 것이다. 그러면서 사춘기의 소녀들이 우울과 불안에 시달리는 병적인 존재로서 구성되기 시작한다고 저자는 주장한다.

〈한국 소설의 '자살' 형상화 양상〉에서 이영아는 20세기 초반의 신소설과 단편소설에 나타난 자살의 문학적 재현의 문제를 다루었다. 저자는 거의 동시대임에도 불구하고 신소설과 단편소설이 자살을 다루는 방식에서 커다란 차이를 보인다는 점에 주목한다. 1900년대 신소설에서 자살의 모티프는 드물지 않다. 그러나 자살을 생각하거나 시도하는 인물들이 자살에 성공하는 사례는 거의 없다고 할 수 있다. 전통적 유교 윤리의 테두리를 벗어나지 않는 신소설에서 자살은 다만 '포즈'에 지나지 않는 것이다. 그러나 1910년대 단편소설에서는 유교적 '전신全身' 관념이 근본적 도전을 받으면서, 자살이 '성공'하는 서사가 등장한다. 1920년대 소설에서도 자살은 매우 빈번한 문학적 모티프였다. 여기에서 여성의 자살은 달라진 성윤리의식, 사랑과 삶에 대한 주체적 선택 의지, 젠더 불평등에 대한 자각 등의 문제와 맞물려 있다. 여성의 자살이 가능하다는 것은 곧 여성에게도 구체적이고 다층적인 내면이 존재한다는 '상상'의 가능성을 의미하는 것이었다.

우리나라 자살 현상의 특징 중 하나는 연령대가 높아짐에 따라 자살 사망률이 증가한다는 점이다. 특히 60세 이상의 노인층의 자살률이 다른 연령층에 비해서 월등히 높으며 80세 이상의 자살률은 더욱 높다. 즉 연소노인보다 고령노인의 자살률이 높다. 그 이유는 고령노인들의 신체가 더 약하므로 건강상태가 더 나쁠 것이고 이로 인해 우울증과 스트레스에 시달리고 주변에 부담이 된다는 생각 때문일 것이다. 〈노인 자살과 생태공동체〉에서 사지원은 심각한 노인 자살의 문제를 해결하는 방안으로서 생태공동체를 제안한다. 모든 생명체의 공존과 공생을 추구하는 생태공동체야말로 자살예방은 물론이고 생명존중의 풍토를 실현하기에 가장 적합한 공간이다. 지금까지는 자살은 주로 정신의학과 정신보건 및 사회복지 차원에서만 논의되어 왔었는데, 이제 생태적 전환과 발상이 필요할 때라고 저자는 주장한다. 지금껏 사회에서 소외되었던 노인들은 이 생태공동체에서 삶의 보람과 기쁨을 찾을 수 있는 것이다.

3부는 "어떻게 자살을 해석할 것인가?"라는 질문에 대답하기 위해 쓰인 4편의 글을 담고 있다. 가장 먼저 소개되는 글은 ≪자살, 차악의 선택≫의 저자인 박형민이 소통성의 관점에서 자살을 바라보는 〈살아남은 사람들을 향한 마지막 이야기: 유서분석을 통해 살펴본 '소통적 자살'의 개념과 의의〉이다. 자살이라는 행위는 다른 사람과 단절된 개인의 고독한 행위가 아니라 다른 사람을 향한 의미 있는 몸짓, 소통을 지향하는 적극적 행위로서 이해되어야 한다는 것이다. 자살자들이 여러 복합적인 문제 상황에 노출되어 있다는 것은 두말할 나위가 없다. 그러나 그러한 조건이 직접적인 자살 행위의 원인은 아니다. 동물이라면 단선적인 자극과 반응의 관계를 벗어날 수가 없다. 그러나 인간의 경우 문제 상황에서 자살에 이르는 과정에는 '성찰'과 '의미부여'라는 중요한 사회학적 변수들이 매개되어 있다. 저자는 자살자들이 남긴 유서를 분석함으로써 이와 같이 자살에 이르는 과정에는 성찰성과 소통 지향성이 작용하고 있다는 사실을 발견하였다. 그에게 '소통적 자살'로 개념화된다. '소통적 자살'은 자신의 삶과 죽음을 객관화시키며 자신의 상황을 인식하고 삶을 평가하는 '성찰성', 성찰의 결과로 도출된 '메시지', 그리고 메시지 전달의 의도로서 '타자 지향성'을 구성 요소로 가지고 있다.

자살은 노화와 같은 자연적 죽음과 달리 인위적인 죽음이라는 점에서 많은 사회적 문제를 야기한다. 그 중에 하나가 법적인 차원에 걸쳐 있다. 〈자살을 바라보는 법의 시선〉에서 서윤호는 죽음이 살아 있는 사람들에게 어떠한 형태로든 영향을 미치는데, 자살의 경우에 그 여파가 광범위하고 충격적이라는 사실에 주목한다. 자살이 법의 영역으로 접어들 수밖에 없는 이유이다. 「자살예방법」이 제정된 것도 이와 같은 맥락에서 이해할 수 있다. 이 글은, 자살을 바라보는 우리 개인들의 시선이 아닌 법의 시선을 살펴보려는 시도이다. 특히 우리나라의 법은 자살을 어떻게 바라보고 있는가? 이러한 법의 시선이 과연 바람직한 것일까? 또 다른 나라의 법들은 어떠한가? 저자는 자살을 바라보는 다양한 시선은 물론이고 국내와 국외의 관점들을 비교 검토한 다음, 현행법에 혹시 교정이 필요한 대목이 있지 않은가 하고 묻는다. 자살에 비춰서 법의 합리성과 규범성을 다시 한 번 점검해 보자는 취지이다.

일견 황혜진의 〈술과 섹스로 자살한 조선시대 기생에 대한 해석과 평가〉는 이 책의 다른 글들과 엇박자를 내고 있는 듯이 보인다. 조선시대의 문학작품 ≪협창기문≫에 나타난 기생의 자살이라는 매우 자극적인 소재와 더불어서 자살에 대한 논의를 시작하기 때문이다. 그러나 저자의 관심은 그와 같이 선정적인 사건이 아니라 그것을 바라보고 해석하는 우리의 정서적 반응에 있다. 특히 문학작품이 우리 독자의 반성과 성찰을 자극하는 계기로서 작용한다는 데 있다. ≪협창기문≫의 여주인공 기생은, 귀양 가는 정인情人을 따라 유배지로 가서, 술과 섹스의 절정에서 연인과 함께 정사情死를 하는, 유례없는 여인이다. 불나비처럼 사랑의 불 속으로 자살을 향해 뛰어드는 것이다. 이 글에서 저자는 이 허구적 사건에 대해서 현대 독자들이 어떻게 해석하고 평가하는지를 분석함으로써 자살에 대한 우리의 생각과 감정적 반응을 살펴보았다.

이 책에서 가장 실용적인 입장에서 쓰인 것이 조은심의 〈애정과 갈등 그리고 자살〉이다. 자살의 해석학이나 사회학이 아니라 문학작품을 통해서 자살의 치유를 구체적으로 모색하는 것이 이 글의 목적이기 때문이다. 여기서 우리가 주목해야 하는 것은, 자살을 시도한 사람들 가운데 성공자는 극소수에 지나지 않는다는 사실이다. 이러한 자살 미수자는 여전히 자살의 위험에 노출되어 있다. 이 글에서 조은심은 자살을 시도했던 사람들과 직접 만나 면담을 하면서 문학을 통해서 그들의 고통과 상처, 절망을 치료할 수 있는 가능성을 타진하였다. 문학치료는 심리적으로 병들어 있는 사람이 문학작품을 통해서 건강한 자기서사를 만들어 가도록 도와주는 치료법이다. 자살을 시도한 적이 있거나 자살하려는 마음을 갖고 있다는 것은 자기서사가 건강하지 못하다는 증거이다. 정신과 의사들은 약물을 통해 자살 시도자의 망가진 심신의 치료를 시도한다. 그러나 그것 못지않게 중요한 것은, 온전한 자기서사를 회복할 수 있는 방안을 모색하는 것이라고 저자는 이 글에서 진단하고 있다.

Ⅲ

2011년에 몸문화연구소는 자살이라는 사회적 문제와 씨름하며 매달 콜로키움을 열고 봄과 가을, 두 차례의 학술대회를 개최했다. 이 책에 실린 글들은 모두 학술대회에서 이미 발표된 것들이다. 물론 학술대회의 원고가 그대로 이 책의 내용이 된 것은 아니다. 저자들은 학술대회에서 활발하게 이루어진 토론과 질의, 응답을 반추하면서 크고 작은 수정과 보완의 과정을 거쳐야 했다.

강의와 연구로 바쁜 가운데 귀중한 시간을 쪼개어서 발표를 하고 원고를 집필했던 몸문화연구소의 동료들, 그리고 연구원이 아님에도 불구하고 귀중한 원고를 보내 주신 박형민 선생님과 조은심 선생님에게 특별히 감사의 말씀을 전하고 싶다. 또 수합된 원고들의 스타일을 통일하고 질서정연하게 분류하는 노고를 아끼지 않았던 최하영 선생님, 원고를 애정을 가지고 꼼꼼히 검토하고 현재의 최종적 형태로 완성한 건국대학교 출판부의 박명희 선생님, 또 몸문화연구소를 스마트연구원으로 지정해서 지원을 아끼지 않았던 건국대학교에도 감사의 마음을 전하고 싶다.

몸문화연구소

소장 김종갑

차 례

머리말: 그들의 아픔이 아니라 우리의 아픔으로서 자살 5
후 주 313
찾아보기 342

1부 왜 Quid 자살하는가?

애도 받지 못한 자의 죽음 — 햄릿의 파국과 쌍용차 노동자들 _ 김 석 25
애도Trauer와 우울증Melancholie — 정상과 병리적 상태 28
애도의 두 차원 — 슬픔과 애도 작업 31
햄릿의 파국과 사회적 애도의 중요성 35
애도의 부재와 쌍용차 노동자 자살 40
애도를 통한 공동체 건설 45

왜 오이디푸스는 죽지 않았는가? _ 김종갑 49
좋은 삶과 그냥 삶, 자살 52
오이디푸스 왕과 최악의 선택으로서 삶 57
사회적 동일시, 사회적 죽음, 그리고 알레고리와 은유 62
종료되지 않은 삶의 의미 70

소통되지 않는 고통의 경험
— 프리모 레비의 자살 _ 서길완 73

레비의 글쓰기와 증언 작업 78

수치의 경험들 80

수치감의 결핍과 부재, 레비의 자살, 그리고 우리의 과제 86

2부
누가 Quis 자살하는가?

청춘의 자살은 유죄? _ 김운하 93

자살로 내몰리는 청춘들 94

나를 사로잡았던 죽음의 유혹 98

그럼에도 왜 죽지 않고 인생을 살아가야만 하는가? 하는 질문은… 103

청춘의 자살은 유죄? 111

실험과 도전으로 이루어지는 삶 117

시선에 던져진 여성의 자살 _ 최은주 119

미화되는 죽음, 여성, 몸 121

페미니즘이 투사하고 보충하는 여성의 몸 126

자살의 대리보충 — 문자, 문학, 언어 136

소녀 자살 담론과 지식장
— K여고 연쇄 자살 사건을 중심으로 _ 임지연 141

K여고 연쇄 집단자살 사건의 전모와 특이성 143

소녀 자살과 생물학적 신체성 146

소녀 자살과 심리학적 해석장 152

자살의 해석적 복잡성 이해하기 160

한국 소설의 '자살' 형상화 양상 _ 이영아 163
1900~1910년대 소설에서의 자살 164
1920년대 소설의 자살과 여성 169
1920년대 소설에서 전경화된 여성의 내면 181

노인 자살과 생태공동체 _ 사지원 189
노인 자살의 현황 190
노인 자살의 원인 191
노인 자살의 특징 192
노인 자살 예방을 위한 대안 193
나가는 말 201

3부
어떻게 Quomodo
자살을 해석할 것인가?

살아남은 사람들을 향한 마지막 이야기
— 유서분석을 통해 살펴본 '소통적 자살'의 개념과 의의 _ 박형민 205
'소통적 자살'의 이론적 자원 208
'소통적 자살'의 단서 — 유서 214
소통적 자살의 구성 요소와 발현 양상 217
맺음말 232

자살을 바라보는 법의 시선 _ 서윤호 237
자살에 대한 형법의 시선 238
자살에 대한 「자살예방법」의 시선 246
자살에 대한 다양한 법정책적 시선들 257
자살자의 자기 신뢰와 세계 신뢰의 강화를 위하여 259

술과 섹스로 자살한 조선시대 기생에 대한 해석과 평가 _황혜진 263

〈협창기문〉의 특징과 열린 해석의 가능성 267

기생의 행위에 대한 독자의 해석과 평가 272

독자 반응에 나타난 자살에 대한 가치 관념 283

'좋은 삶'을 위한 문학교육 287

애정과 갈등 그리고 자살 _조은심 291

생애담과 작품 반응에 나타난 자기서사 293

생애담과 작품 반응에 나타나 자기서사의 종합적 분석 295

자살예방을 위한 문학치료적 검토 298

문학작품을 통한 치료적 전망 303

나가면서 311

01

왜 Quid 자살하는가?

애도 받지 못한 자의 죽음
— 햄릿의 파국과 쌍용차 노동자들

최근 22명의 자살자를 낸 쌍용자동차 사태에 대한 각계의 관심이 커지고 있다. 정신의학계는 이들을 끔찍한 경험에 따르는 정신적 충격에서 벗어나지 못한 외상 후 스트레스 장애로 진단하면서 치료와 후원의 필요성을 강조한다. 그런데 라캉이 〈햄릿〉 분석에서 사용한 '애도' 개념을 적용하면 쌍용차 노동자들의 자살에 대해 훨씬 더 본질적으로 이해할 수 있다. 애도란 사랑하는 대상을 잃어버려 겪는 고통이자, 그 경험을 체화하는 의식적 행위이다. 햄릿의 비극은 정당한 애도의 부재에서 비롯되는데 이것은 쌍용차 노동자들도 마찬가지다. 애도는 사회 전체가 슬픔과 상실의 경험을 보듬으면서 그것이 자아의 추락 상태인 우울증으로 발전하지 않도록 보호해 주는 중요한 의식이다. 쌍용 노동자들의 자살방지와 치료는 정신의학적 치료만이 아니라 사회적인 애도에 의해 가능할 수 있다.

김 석

2009년 5월 22일 평택에 있는 쌍용자동차 공장에서 회사의 일방적인 구조조정에 반발한 약 5,000의 노동자들이 공장을 점거하고 농성을 시작한다. 이후 77일간 경찰과 구사대가 해산을 위해 수시로 폭력을 행사하면서 난입하고 단전 단수가 이루어진 악조건 속에서 쌍용차 노동자들은 극한의 생존권 투쟁을 벌인다.

그러나 파업 해산 후 약 100여 명 가까이 구속되었고 주동자들에게는 실형이나 1인당 200~400만원의 벌금형이 선고되었으며, 회사는 추가로 천문학적인 액수의 손해배상 소송을 파업 지도부에게 제기한다. 그리고 회사가 일방적으로 지정한 정리해고 대상자 2,646명 중 52% 인원은 정리해고되고, 나머지는 무급휴직이나 희망퇴직의 형식으로 정든 회사를 떠났다. 그 후 쌍용차 사태는 대중의 기억에서 사라졌고 간헐적으로 쌍용차 노동자가 자살했다는 뉴스만 전해진다. 그러다가 2011년부터 정신과 전문의 정혜신 박사가 해고노동자들을 대상으로 그룹 치료를 시작하고 언론에 쌍용차 노조원들의 열악한 상황을 호소하면서 다시금 우리 사회는 쌍용차 노동자들을 주목하기 시작한다. 사회에서 배제되어 죽음의 길로 내몰리는 이들로 말이다. 정혜신은 이들을 '외상 후 스트레스 장애(PTSD)'[1]로 진단하면서 다른 사람들보다 자살의 위험성이 매우 높다고 경고한다. 실제로 시사주간지 ≪시사IN≫이 2011년 3월 쌍용차 노동자 401명을 대상으로 실시한 설문에서 50.4%가 자살 충동 경험이 있다고 응답했으며 실제 자살 시도도 많았다.

2012년 3월 현재 22명의 사망자를 낸 쌍용차 사태는 당사자들의 문제를 넘어 신자유주의 경제체제가 단순한 경제적 박탈뿐 아니라 사회적 약자들의 삶을 철저하게 파괴하면서 낙오자들을 집단적인 죽음에 이르게 할 수 있을 정도로 비인간화되고 있음을 보여준다. 쌍용차 사태는 노동자의 생존 투쟁에 대한 억압이 심각한 정신병적 상태를 유발하고, 그것이 자살이나 스트레스를 불러오는 새로운 제도적 폭력이 구조화되는 징후이다. 하지만 정혜신 박사의 진단처럼 노동자들이 겪는 외상 후 스트레스 측면만 강조하다 보면 자칫 이들을 죽음으로 내모는 구조적 요인, 즉 슬라보예 지젝이 말한 '객관적 폭력'[2]에 대해 소홀할 수 있다. 사실은 쌍용차 사태를 우리와 무관한 것으로 외면하고 이들의 희생을 어쩔 수 없는 것으로 여기는 방관자적 태도가 경쟁체제에서 탈락한 자들을 죽음에 이르게 만드는 원인일 수 있기 때문이다. 쌍용자동차 노동자들의 연이은 죽음이 한국 사회에서 벌어지는 약자에 대한 집단적 배제로부터 발생하는 객관적 폭력의 결과라면 좀 더 다른 측면에 주목해 쌍용차 사태를 분석할 필요가 있다. 이때 유용한 도구가 바로 정신분석이 말하는 '애도Trauer, mourning' 개념이다.

일찍이 프로이트는 〈애도와 우울증〉에서 두 심리 상태가 사랑하는 대상을 잃어버린 고통에서 기인하지만 애도는 정상적 상태인 반면, 우울증은 개인으로 하여금 외부세계와 단절하게 만들고 심하면 자살까지 하도록 만드는 정신병적 상태라고 진단한 바 있다. 정상적 정서인 애도와 병리적 상태인 우울증을 나누는 기준이 바로 '애도 작업work of mourning'에 있다. 애도는 대상의 포기에 그치지만 우울증은 대상이 아니라 자아를 포기하는 상태인데 애도의 부재가 원인이기 때문이다. 필자는 프로이트가 〈애도와 우울증〉에서 강조한 애도 개념을 축으로 삼아 의식적으로 상징화하지 못한 슬픔(죽음)이 어떻게 개인의 '자존감self-esteem'을 부너뜨리면서 정신을 피폐화시키는지 살펴보고자 한다. 또 사회적으로 인정받지 못한 애도가 정신병에 가까운 우울증의 상태로 발전하는 심리적 메커니즘을 보여주고자 자크 라캉Jacques Lacan의 〈햄릿〉 분석을 많이 참조할 것이다. 이러한 분석을 통해 최근 우리 사회에서 사회적 약자가 불가결하게 자살을 선택하는 이유에 대한 원인과 나름의 해결책을 모색해 볼 수 있을 것이다. 쌍용차 노동자들의 자살은 파업에 따른 외상에서 기인하기보다는 파업 후 애도 작업의 부재가 원인이라는 게 필자의 핵심 논지이다.

애도Trauer와 우울증Melancholie[3] — 정상과 병리적 상태

먼저 두 심리 상태를 구분해 보자. 애도Trauer와 우울증Melancholie은 모두 사랑하는 사람 혹은 주체가 애착을 쏟는 어떤 이상화된 대상이나 가치가 상실된 충격적 경험에서 비롯된다. 애도와 우울증은 둘 다 주체에게 견디기 힘든 심리적 고통을 주며, 외부 세계에 대한 관심을 단절시키고 무력감을 심화시킨다. 삶의 의욕이 떨어지면서 때로는 식욕 같은 기본적인 생리적 욕구조차 억제되고 슬픔과 고통의 정서만이 온통 우리를 짓누른다. 만약 내가 몹시 사랑하는 사람이 갑작스러운 사고로 유명을 달리했다고 상상해 보자. 이런 상황이 닥치면 아무리 건강하고 낙천적인 사람이라도 점점 현실에서 도피하면서 환상이나 꿈을 통해서라도 상실감을 만회하려고 한다. 예컨대 장례식 후 슬픔에 빠져 있을 때 우리는 죽은 이를 빈번하게 꿈에서 보게 된다. 이처럼 슬픔과 고통은 애도와 우울증 모두에 공통적이다. 그렇다면 이 둘의 차이점은 무엇이고, 구분의 기준은 어떤 것일까?

프로이트는 〈애도와 우울증〉이라는 짧은 논문에서 두 상태의 정서적 유사성을 강조하면서도 본질적 차이를 강조한다. 프로이트에 따르면 애도와 우울증은 겉으로 드러나는 양상은 비슷해 보이지만 그것이 주체에게 미치는 영향에서 매우 다르다. 가장 큰 차이점은 애도가 대상의 상실에 따른 고통으로 정상적 상태라면, 우울증은 자아의 상실에 따른 병리적 상태로 현실적응력을 잃어버리는 것이 특징이다. 애도의 상태는 자아가 정서와 인식을 통제하는 정상적 상태로 치료의 대상이 아니며 시간이 경과하면 슬픔의 강도가 약해지면서 일상으로 돌아온다. 반면에 우울증은 자아가 극단적으로 빈곤해지면서 자책감이나 무력감 때문에 일상이 파괴되고 심하면 자살까지 이르는 것이 특징이다. 프로이트는 애도의 경우는 빈곤해지고 공허해지는 것이 세상이지만, 우울증에서는 자애심이 추락하고 자아가 빈곤해진다고 말한다.[4] 프로이트는 우울증 상태의 자아 빈곤을 다음과 같이 설명한다.

> "그는 스스로를 비난하고, 스스로에게 욕설을 퍼붓고, 스스로가 이 사회에서 추방되어 처벌받기를 기대한다. 그리고 모든 사람들 앞에서 자신을 비하하며, 자신의 가족들에게는 이렇게 쓸모없는 사람과 같이 지내야 한다는 것이 실로 안타깝다며 동정을 보내기도 한다."
>
> _〈슬픔과 우울증〉, 247쪽

그런데 우울증에서 관찰되는 자아 빈곤과 비하의 원인이 무의식적이라는 데 심각함이 있다. 우울증 환자는 외부 현실과 우울한 기분을 합리적 인과 관계 없이 연결시키면서 본인도 이유를 모르는 자기 비하 상태에 걷잡을 수 없이 빠져든다. 외부의 어떤 사건 때문에 우울증이 생기는 것이 아니라 본인이 이미 우울증적 상태이고 자아의 통제력이 약화되었기 때문에 모든 것이 부정적으로 보이는 것이다. 그렇기 때문에 우울증에 빠진 사람은 자기 비하의 진정한 원인을 찾을 수 없으며 심지어는 그것이 겉으로 드러난 표현과 달리 타인에 대한 공격성을 포함하기도 한다. 예를 들어 자신이 살 가치도 없고 무능력하다고 계속 남편이나 아내에게 한탄하는 사람은 부지중 상대에 대해 품은 원망이나 비난을 드러내기도 한다. 그러므로 우울증에서 중요한 것은 부정적 정서를 어떤 사건에 연결시키는 것이 아니라 자아의 상실감과 빈곤함에 따른 현실 통제력 상실의 징표로 봐야 한다는 것이다.

프로이트는 이처럼 애도와 우울증을 나누었는데 둘을 나누는 결정적 기준은 바로 '애도 작업work of mourning'의 유무다.[5] 애도 작업은 고통스러운 상실이나 이별의 경험을 자아가 능동적으로 끌어안을 수 있느냐, 아니면 그것을 인정하지 않고 현실에 등을 돌리면서 자폐적인 병적 상태에 빠지느냐를 결정하는 중요한 과정이다. 애도 작업은 애착과 리비도 투자의 대상이 되었다가 잃어버린 대상을 상징적 의식을 통해 포기하고 떠나보내면서 상실을 주체의 삶에 정상적으로 안착시키는 과정이다. 반면에 우울증에서는 애도 작업이 이루어지지 않기 때문에 대상에 투여됐던 리비도는 나르시시즘적 퇴행, 즉 "자아를 포기된 대상과 '동일시'하는 데에만 기여"(〈슬픔과 우울증〉, 252쪽 참조)한다. 우울증에서는 대상을 포기하는 작업 대신 자아의 포기가 발생하며 대상 상실의 책임이 전적으로 자아에게 전가되어 자애심의 추락을 가져오는 것이다.

나르시시즘적 퇴행은 왜 우울증 환자들이 외부 현실로부터 스스로를 고립시키면서 망상적 상태로 빠져드는지를 이해하는 열쇠가 된다. 자아는 대상 리비도 집중이 유지되는 상태에서만 외부와 적절한 관계를 유지할 수 있는데 나르시시즘적 퇴행에서는 동일시가 자아 자체에만 영향을 미치면서 대상으로 향하지 않기 때문이다. 애도 작업을 통해 하나의 사랑 대상에 대한 리비도 집중이 포기되면 그것은 다른 대상으로 옮겨갈 수 있고 이것은 대상과의 정상적 교류를 보장함으로써 현실 구성을 가능하게 만든다. 반대로 나르시시즘적 퇴행 상태의 동일시에서는 대상과의 관계에 숨어 있던 양가적 감정이 부정적인 양상으로 자아에게 전가되면서 현실적 맥락을 떠난 사디즘적인 자기 공격의 형태로 쉽게 전환된다. 프로이트는 우울증 환자들의 자살 성향을 이러한 사디즘적 자기 공격에서 찾는다. 나르시시즘적 퇴행이 자아를 대상과 동일시하게 만들면서 자기 보존이라는 강력한 생명의 의지를 압도하여 죽음에 이르게 만든다는 것이다. 우울증 상태에서는 한마디로 대상관계의 주체가 되어야 할 자아가 대상에 의해 압도당한다(〈슬픔과 우울증〉, 257쪽 참조)고 할 수 있는데 이것이 우울증을 프로이트가 병리적으로 보는 주요한 근거이다.

애도의 두 차원—슬픔과 애도 작업

프로이트는 애도가 현실적이고 자연스러운 정서인 슬픔과 파괴적, 환각적 상태인 우울증을 나누는 중요한 계기라는 발견에 도달했지만 애도 작업의 메커니즘과 작동 양상을 보다 철저하게 규명하기보다는 대상 상실의 경험이 가져오는 나르시시즘적 퇴행, 동일시, 리비도 철회와 반집중 등의 리비도 경제학적 차원에 더 주목하면서 우울증을 병리적 상태로 설명하는 데 만족한다. 프로이트가 우울증을 정신병적 구조로 보는 것은 대상에 대한 리비도 집중과 반집중의 갈등이 순전히 무의식적 영역에서 이루어지면서 슬픔과 달리 리비도 경제를 관할하는 자아의 통제력이 작용할 여지가 없기 때문이다. 따라서 우울증 상태에서 대상에 대한 양가적 감정이 대상의 포기를 성공하게 만든다 하여도 그것이 어떤 심리적 영향을 미치는지는 여전히 불확실하다는 것이 프로이트의 진단이다.

우리는 프로이트 이론의 지나친 리비도 경제적 편향성과 애도와 우울증 구분 자체에만 머무는 한계를 극복하기 위해서 애도 작업이라는 개념을 좀 더 발전시키면서 보완할 필요가 있다. 프로이트는 애도가 자아의 의식적 작용에 의해 이루어지는 개인의 심리작용임을 강조하지만 사실 애도를 가능하게 만들어 주는 사회적이고 문화적인 차원에 더 주목할 필요가 있다.[6] 사회적 애도, 즉 상징적 부채 청산의 작업이 제대로 이루어지지 않을 때 개인의 슬픔은 애도라는 출구를 찾지 못하고 우울증으로 발전할 수 있다. 이 말은 애도 작업, 특히 상실을 정상적 경험으로 추인하는 사회적 애도 작업이 없을 때 개인이 겪는 슬픔의 경험은 통제를 벗어나 우울증으로 발전할 수 있다는 말이다. 이것은 애도의 범위를 사회적이고 상징적 작업으로 확장해서 이해할 때만 가능하다.

서론에서 언급한 쌍용자동차 사태나 햄릿이 강박증 증세가 심화되면서 죽음의 길로 향하는 것이 사회적 맥락에서 애도가 개인 심리에 미치는 영향을 잘 보여준다고 할 수 있다. 프로이트가 소홀히 한 애도 작업에 대한 개념화와 그것의 영향은 라캉의 〈햄릿〉 분석에서 중요하게 부각된다. 애도는 개인적 행위이면서 사회적인 작업이기도 하다. 햄릿을 통한 애도의 예시는 다음 절에서 보기로 하고 애도의 개념을 보다 명확히 해보자.

애도란 어원적으로 볼 때 상실의 경험으로 인한 고통의 상태뿐 아니라 그러한 경험의 충격으로부터 벗어나는 의식적 작용(행동)을 동시에 아우르는 말이다. 이것이 애도의 두 차원이다. 애도 작업은 삶에 침투하는 죽음(상실)을 인정하고 수용해서 그것을 자아의 현실에 뿌리내리게 하는 것으로 자아의 발달과정에서도 중요한 계기를 이룬다. 개인적 차원에서 애도 혹은 죽음은 상실과 관련된 모든 경험[7]의 원형으로 쾌락원리의 한계를 명확히 하여 현실원리가 자아에 자리 잡도록 한다. 사회적 맥락에서 애도 작업은 죽음을 상징적으로 제도화하는 장례, 추모 같은 집단적 의식으로 문명의 지표가 된다. 최초의 상징은 바로 무덤이라는 라캉의 말이 이것을 잘 보여준다.

우리 문화에서 볼 수 있는 '씻김굿' 같은 경우는 사회적 애도의 전형적 예라 할 수 있는데 그것을 통해 망자를 떠나보내면서 남은 이들이 슬픔을 극복하고 삶을 새롭게 추스르기 때문이다. 씻김굿은 죽은 이의 몸을 상징하는 것을 만들어 씻기는 과정인 중요한 거리와 그 거리가 있는 전체의 굿을 말한다. 씻김이란 죽은 이의 영혼을 정화하여 부정을 씻어내고 저승으로 편히 갈 수 있도록 만드는 종교의식이다. 여러 의식이 존재하고 지방마다 차이가 있지만 씻김굿은 생전의 한을 풀고, 영혼을 정화하며 죽은 이의 길을 닦아 편안한 저승길을 낚는 의식으로 이루어진다.[8] 지금도 남도 지방에서 볼 수 있는 씻김굿이야말로 사회적 애도 작업을 민속신앙의 형태로 치루는 우리의 공동체 풍습이다. 씻김굿 같은 애도 작업을 통해 죽은 이와 산 자의 경계가 분명해지고, 죽은 이의 원혼이 산 자를 괴롭히지 않게 되며 남은 자들의 삶 속에 죽음의 의미가 승화되면서 자리 잡는다고 할 수 있다. 그러므로 애도 작업이야 말로 본능과 충동, 산 자와 죽은 자를 나누고 화해시키는 기준이라 할 수 있다.

씻김굿에서 보듯 애도 작업이란 죽음 혹은 상실의 고통과 경험을 상징화하면서 극복하는 의례 작용이다. 이런 애도 작업을 통해 슬픔은 우울증이 아니라 시간이 지나면서 엷어지는 통제 가능한 정서가 된다. 슬픔을 제대로 느끼고 그것을 자발적으로 극복한다는 애도의 두 차원이 모두 충족될 때 건강한 삶이 가능해진다. 애도의 작업이란 하나의 대상을 포기하는 대신 또 다른 대상을 향해 에너지를 새롭게 투영하는 작업이다. 그러므로 애도는 꼭 죽음만이 아니라 리비도 집중의 대상이 되는 모든 상실이나 좌절에 대한 인정의 차원에서 이해할 필요가 있다. 주체는 대상에 투여된 리비도 에너지를 철회하고 새로운 대상에 에너지를 집중하면서 이 대상에 동일시하는데 이런 과정이 자아형성을 가능하게 만든다. 애도의 최초 경험은 오이디푸스 과정에서 아이가 어머니라는 성애적 대상에게 투여된 리비도를 포기하고 이것을 자아 이상으로 대체하는 과정에서 경험한다.

우리나라 남도 지방에서 볼 수 있는 씻김굿은 죽은 자의 혼을 불러내 달래면서 편히 가기를 빌어주고 산 자들을 위로하는 전통의식으로 사회적 애도의 전형을 보여준다. 우리 문화에는 이처럼 죽음과 삶을 어우러지게 하면서 죽음을 공동체가 함께 승화시키는 애도의식이 자리 잡고 있다.

결국 아이의 발달과정에서도 애도의 과정이 잘못 된다면 아이는 건강한 자아 형성에 어려움을 겪는다는 얘기다.[9] 라캉의 경우 애도 작업이 없으면 자아도 없기 때문에 대상관계가 전혀 작동할 수 없다는 것을 강조한다. 프로이트가 애도를 자아의 동일시를 가능하게 만드는 매개물로 본다면 라캉은 애도가 대상관계를 형성하게 해주고 이를 통해 주체적 위치를 발생시키는 역동적 과정에 더 주목한다.[10] 애도를 거쳐 대상관계가 형성되기 때문에 라캉이 보기에 대상은 항상 잃어버린 대상일 수밖에 없으며 애도가 주체에게 결여를 구조화하면서 욕망을 발생시키는 요인이 되는 것이다. 애도는 욕망을 통해 삶을 지속할 수밖에 없는 주체형성의 핵심 계기가 된다. 그런데 이 주체는 언어적인 것을 수용하면서 애도를 경험하기 때문에 애도는 개인의 내면이 아니라 상호주체적 구조인 상징계에서 먼저 진행된다고 할 수 있다. 우리는 애도의 심리적 분석에 치우치는 프로이트보다는 결여의 발생이라는 애도의 상징적 맥락을 더 강조하는 라캉에 의거하여 사회적 애도에 대해 논해 볼 수 있을 것이다.

햄릿의 파국과 사회적 애도의 중요성

셰익스피어William Shakespeare의 〈햄릿〉은 정상적인 방식으로 애도가 수행되지 않을 때 그것이 개인에게 어떤 정신적 파탄을 불러일으키고 정상적인 욕망의 주체가 되지 못한 채 죽음을 맞이하는지 잘 보여주는 사례이다. 햄릿의 부친이 유령이 되어 다시 돌아온 것이나, 햄릿이 어머니의 욕망(음탕함)에 직면하여 점차 신경증이 심화되면서 파국을 향해 나가는 것은 한마디로 애도의 부재에서 비롯된 것이라고 말할 수 있다. 부왕은 참회를 통해 스스로의 죄를 고백하고 용서 받을 시간조차 갖지 못한 채 불시에 살해되었으며 그나마 죽음의 진상이 은폐되어 왕으로서 합당한 죽음의 의식, 즉 복수와 위로라는 상징적 의례를 치루지 못했다. 더욱이 왕이 죽자마자 햄릿의 어머니 거트루드는 살인자인 클로디어스와 결혼하고 클로디어스가 왕위를 계승함으로써 애도 의식은 아예 철저하게 배반되었다. '애도와 욕망'은 라캉이 〈욕망과 그 해석〉이라는 제목이 붙은 세미나[11]에서 〈햄릿〉을 해석하는 주요한 키워드다.

프로이트는 〈햄릿〉을 분석하면서 여태 정상이었던 한 남자, 즉 지금까지 성공적으로 억압되었던 자극이 행동화되려 할 때 자신이 대면하는 과제의 특이한 성격에 의해서 신경증 환자로 되어가는 경우라고 해석한다. 이 자극은 유아기 소망에 뿌리박은 양가적 감정, 즉 성애적 대상인 어머니를 차지하기 위해 라이벌인 아버지를 죽이려고 하면서도 또 한편 아버지의 사랑을 갈망하는 오이디푸스 욕망을 말한다. 프로이트는 전형적인 오이디푸스 콤플렉스 도식에 입각해 어머니를 대상으로 삼는 햄릿의 무의식적 욕망을 중심으로 드라마 〈햄릿〉을 분석한다. 햄릿이 결정적 순간이 다가 와도 쉽게 복수를 하지 못하고 늘 망설이는 것은 클로디어스에게서 자신이 품은 원초적 소망과 그것이 실현된 상황을 동시에 보았기 때문이다. 햄릿은 무의식적으로 클로디어스에게 동일시를 했기 때문에 그를 죽이지 못했다는 게 프로이트의 진단이다.

하지만 라캉은 〈햄릿〉을 오히려 어머니의 욕망에 지배되는 햄릿의 신경증적 상태를 중심으로 분석하면서 새로운 해석을 내놓는다. 라캉이 보기에 중요한 것은 햄릿의 오이디푸스적 욕망이 아니라 그 의미를 알기 어려운 어머니의 욕망 혹은 여자의 욕망이다. 만약 클로디어스가 햄릿의 원초적 욕망을 실현하고 있기 때문에 죄책감을 불러일으킨다면 오히려 햄릿으로서는 그를 죽여 죄책감을 더는 게 더 빠른 해결책이다. 클로디어스를 죽이는 것은 죽은 부왕이 명령한 과제이기도 하지만 동일시의 관점에서 보면 자기 처벌의 의미도 갖기 때문이다. 어머니라는 타자의 욕망에 지배되면서 그것에 비추어 자신의 욕망이 무엇인지를 찾고자 하기 때문에 햄릿은 언제나 망설이면서 행동하지 못하는 것이다.[12] 어머니의 욕망은 고귀한 존재인 아버지와 비열하고 부정한 간통의 대상인 삼촌 클로디어스 사이에서 분열되어 있는 욕망이다. 라캉에 따르면 어머니의 욕망은 부성 권위와 성적 능력을 상징하는 남근phallus을 향하는데 남근은 죽은 아버지뿐 아니라 사악한 숙부 클로디어스가 구현하고 있기 때문이다.

어머니의 욕망은 항상 변덕스럽고 수수께끼 같기 때문에 햄릿을 혼란스럽게 만드는데 햄릿이 어머니를 비난하면서도 클로디어스의 침실로 그냥 보내는 것도 햄릿이 어머니의 욕망에 지배되고 있는 상황을 잘 보여준다. 햄릿이 클로디어스에게 복수를 하지 못하는 것이나 마지막 장면에서 클로디어스의 이름으로 결투에 나서는 것도 클로디어스가 바로 어머니의 욕망의 대상인 남근을 갖고 있다고 믿기 때문이다. 그런데 이런 어머니의 욕망, 즉 여자의 욕망이 햄릿을 분노하게 만들고 신경증의 원인처럼 작용하는 것은 그것이 햄릿의 이상인 아버지에 대한 사랑을 배신하기 때문이다. 그러므로 〈햄릿〉에서 햄릿의 욕망에 비극적 색채를 부여하는 어머니의 욕망은 '애도'의 부재와 연결해서 해석할 수 있다. 이것은 극중 햄릿의 심중이 담긴 다음 대사에서 잘 드러난다.

> "약한 자여, 그대의 이름은 여자인가! 한 달도 되기 전에, 니오베 여신처럼 온통 눈물에 젖어 아버지의 상여를 따라가던 신발이 채 닳기도 전에 숙부의

품에 안기다니. ……오, 어머니! 어쩌면 이렇게 빠르게 결정하셨나요? 그토록 민첩하게 불륜의 잠자리로 치달을 이유라도 있었나요?"[13]

극을 읽어보면 햄릿은 아직 상복을 입은 채 슬픔에 빠져 죽은 아버지를 잊지 못하고 있지만 왕비나 숙부는 이런 햄릿의 애도를 만류할 뿐 아니라 비난하기조차 한다. '애도'는 어머니의 이중적 욕망뿐 아니라 〈햄릿〉의 전체 분위기를 병리적으로 만드는 주요한 원인이다. 정치적 이유 때문에 마땅히 치러야 할 애도의 의식이 늘 생략되고 삶 속에서 슬픔을 승화시키지 못하고 억누르며 살아야 하는 게 햄릿이 사는 덴마크 왕국의 분위기이다. 이런 분위기를 햄릿은 다음과 같이 표현한다.

"훌륭한 감옥이지. 독방도 있고, 감방도 있고, 지하 감방도 있지만 그 중에서도 덴마크가 가장 지독한 감옥이지."

_ 〈햄릿〉, 418쪽.

'애도'의 부재와 경시, 그리고 감옥 같은 억압, 이것이 햄릿을 욕망 가운데서 길을 잃게 만들고 결국 모든 사람을 죽게 만드는 진정한 원인이라 할 수 있다. 〈햄릿〉이라는 극 전체를 관통하는 음습한 분위기와 물고 물리는 복수라는 테마도 '애도'를 중심으로 읽을 때 더 분명해진다. 이렇듯 '애도'는 극중 인물들의 갈등과 상황을 증폭시키고 뒤얽히게 만드는 키워드다. 예컨대 햄릿이 죽인 폴로니어스의 시체는 감추어졌다가 장례식조차 없이 암매장되며, 오필리어는 종교적 이유로 아주 비밀스럽게 장례가 치러진다. 그리고 이런 상황은 다시 레어티스로 하여금 햄릿을 향해 복수의 칼을 뽑아들게 만든다.

〈햄릿〉에서 '애도'는 개인적 차원의 의식, 즉 슬픔을 표현하고 고통스러워하면서 이를 수용하는 것뿐 아니라 사회적 의미, 즉 죽음에 적절한 의미를 부여하는 집단적인 상징적 의례로 이해해야 한다. 아버지 햄릿이 유령이 되어 구천을 떠도는 것은 그 자신의 죽음이 왜곡되었을 뿐 아니라 사랑하던 아내가 그렇게도 빨리 사랑을 배신하고 왕을 잊었기 때문이다. 제사 음식으로 결혼 잔칫상을 차린다는 햄릿의 말(〈햄릿〉, 386쪽)은 애도가 경시되고 배반당하는 도착된 현실을 잘 보여준다. 죽은 이는 산 자를 위해 속히 망각되어야 하는 것이다. 그런데 생략된 '애도'의 효과는 그냥 사라지는 게 아니라, 남은 사람들의 마음에 죄책감과 두려움을 불러일으키며 씨줄 날줄로 엮여 새로운 사건을 만든다. 프로이트의 말대로 억압된 것(유령)은 반드시 돌아오기 마련인데 이때는 파괴적으로 작용하기 쉽다. 그러므로 의식적인 '애도의 작업'이 삶에는 반드시 필요하다.

'애도 작업'이란 상실에 의미를 부여해 그것을 자아 속에 제대로 자리 잡게 하는 것이다. 라캉은 애도의 작용을 다음과 같이 설명한다.

> "애도의 작용은 무엇보다 의미화 요소들이 존재 속에 생겨난 구멍에 대처하지 못해서 발생하는 혼란을 막기 위해 수행된다."[14]

애도란 상실 때문에 발생한 견디기 힘든 심적 괴로움의 상태이기도 하지만, 존재 속에 생겨난 이러한 구멍을 메우는 상징적 작업으로 슬픔과 고통에 대처하기 위해 마땅히 행해야 할 적응이다. 만약 존재의 구멍을 메우지 못한다면 그 구멍이 우리를 삼키면서 감당할 수 없는 재앙을 줄 수도 있다. 그러므로 우리는 애도를 통해 어떤 대상을 영원이 떠나보내면서 그 대상을 잃어버린 상징으로 간직하면서 통제되지 못한 슬픔이 자아를 황폐하게 만들지 못하게 방어해야 한다고 할 수 있다. '애도'가 제대로 수행되지 않으면 억압된 애도는 오히려 〈쥐덫〉[15]처럼 우리를 붙잡고 괴롭히는데 이것이 위에서 살펴본 우울증의 상태다. 우리는 〈햄릿〉과 같이 애도, 특히 사회적 애도의 부재가 가져오는 파국을 우리 사회에서 최근 쌍용자동차 노동자들의 자살 분석에도 적용해 볼 수 있다.

애도의 부재와 쌍용차 노동자 자살

쌍용자동차 사태는 외견상 한국에서 흔히 볼 수 있는 노동쟁의의 하나처럼 보인다. 그 과정도 사측의 일방적인 구조조정 발표 → 이에 항의하는 노동조합의 파업이나 점거 농성 → 경찰의 강제해산과 사법 처벌 → 해고나 강제 사직 순으로 진행되었다. 점거 농성이 막을 내린 후 노동자들의 절반이 정리해고나 희망퇴직의 형식으로 회사를 떠났으며, 이들 대부분은 재취업의 기회를 얻지 못한 채 일용직, 노가다, 대리운전 등을 하면서 아주 어렵게 생활을 꾸려가고 있다. 이런 가운데 회사는 1년 후 복직을 믿고 무급휴직을 받아들인 사람들[16]에게도 약속을 지키지 않아 노동자들의 어려움이 커지고 있다. 여기까지는 다른 노동쟁의와 유사한 결말이다.

하지만 쌍용차 사태가 지금까지의 다른 노사분규보다 심각한 것은 농성이 끝난 후 참가자들이 정신적, 육체적 고통 속에서 계속 죽음의 상황으로 내몰린다는 사실이다. 물론 파업 노동자들이 겪는 경제적 고통에 따르는 불안감도 크지만 무엇보다 파업으로 인한 손실과 갈등이 온전히 노동자들의 책임처럼 전가되면서 이들이 철저하게 사회로부터 고립되고 있는 점이 문제다. 이런 가운데 총

22명의 노동자나 가족이 스트레스성 질환이나 자살로 생을 마감하였고 사건은 아직도 진행 중이다.

쌍용차 사태는 아마 단일 회사의 파업 후유증으로 가장 많은 사람이 자살하거나 목숨을 잃은 사례로 기록될 것이다. 이 사건은 일개 사업장에서 벌어진 우연한 비극처럼 보이지만 IMF 사태[17] 이후 우리 사회가 얼마나 자본의 이익과 권리보호에 철저하고 약자인 노동자들에게 가혹한지, 그리고 이런 일방적인 희생의 강요와 국가 폭력이 우리 사회에서 얼마나 법적, 이데올로기적으로 구조화되고 있는지를 보여주는 상징적 사건이다. 쌍용차 사태는 용산참사와 더불어 신자유주의 노선을 신봉하는 한국 사회에서 약자에 대한 억압이 죽음을 불러올 정도로 폭력적임을 잘 보여준다.

쌍용자동차에서 해고된 근로자 193명을 대상으로 조사한 노동환경연구소의 보고에 따르면 최근 1년간 쌍용차 노동자 자살률은 10만 명당 151.2명으로 이는 일반 인구의 자살률보다 3.74배 높은 수치이다. 이처럼 자살률이 높은 이유는 구조조정의 고통과 더불어 파업 당시 감당할 수 없는 극심한 정신적 외상이 있었기 때문이라고 노동환경연구소는 설명했다. 또 파업종료 후 쌍용차 노동자의 외상 후 스트레스 장애 유병률은 42.8%이고 3차 조사에서는 52.3%로 더 높아졌는데 이러한 유병률 비율은 성희롱이나 폭력에 자주 노출되는 서비스업 종사자들보다 6~7배 높은 수치라고 한다.[18]

이렇게 정신적 외상으로 인한 심리적 고통이 크고 자살률도 높다는 것은 쌍용차 노동자들의 자살이 경제적 어려움이 아니라, 우울증 등 심리적 요인에 의해 유발되며 이들을 방치한 사회의 책임이 크다는 것을 보여준다. 쌍용차 노동자들의 집단치료를 담당해 온 정신과 전문의 정혜신 박사는 이들을 외상 후 스트레스 장애(PTSD)라고 진단하면서 심리치료를 하고 있다. 정혜신 박사는 극한 상황을 경험하면 아무리 긍정적인 사람이라도 정신이 파괴될 수밖에 없으며 쌍용차 노동자들의 PTSD는 개인적인 것이 아니라 사회적 갈등에서 비롯된 것이라고 설명한다. 물론 쌍용차 노동자들이 77일의 파업과정에서 공권력에 의한 잔혹한 폭력진압을 겪은 충격과 그 후 지역사회나 주변사람들에게 받은 냉담함이 이들에게 심한 외상을 주었고 이것이 자살의 직접적 원인이 되었으리라는 것은 쉽게 수긍할 수 있다. 하지만 지금 이 시간도 살아남은 사람들이 겪고 있는 정신적 고통을 근본적으로 이해하면서 전향적인 해결의 방향을 찾기 위해서는 쌍용차 노조원들의 과거 경험보다는 쌍용차 사태를 〈햄릿〉과 같은 '애도 작업의 부재'라는 관점으로 재해석해 볼 필요가 있다.

애도 작업의 부재 혹은 죽은 자에 대한 배반이 햄릿과 마찬가지로 파업 참여 노동자들에게 PTSD를 유발하면서 나머지 사람들에게 죄책감을 확산시키기 때문이다. 또 애도 작업의 부재를 중심으로 쌍용자동차 노동자들의 자살사태를 분석할 필요가 있는 것은 무엇보다 파업 직후가 아니라 그 후에 노동자들의 자살과 정신질환이 더 심화되고 있기 때문이다. 파업 후유증으로 누군가 죽어도 여전히 자신들이 비난 받고 고립되는 사회적 상황에서 남은 자들은 제대로 된 애도를 할 수 없고 죄책감에 시달릴 수밖에 없다. 쌍용차 사태에서는 이런 측면에 더 주목해야 한다. 그러므로 쌍용 노동자들의 자살은 파업으로 인한 외상이기보다는 파업 후 이들의 정신 상태가 프로이트가 말한 정신병적 우울증 상태로 전락했다고 보는 것이 더 정확한 진단일 것이다. 그렇다면 쌍용차 사태에서 애도 작업의 부재는 어떤 식으로 분석될 수 있을까? 위에서 본 것처럼 애도 작업은 개인적 차원과 사회적 차원으로 나눠볼 수 있다. 그런데 실은 사회적 애도 작업이 선행되어야 개인적인 애도가 가능해진다.

〈애도와 우울증〉에서 프로이트가 말한 '애도 작업'은 무엇보다 사랑하는 대상을 잃어버렸다는 현실을 인정하고 그 고통을 자아가 수용하는 것이다. 그리고 애도 작업을 통해 대상에 투여했던 리비도 에너지를 다시 다른 대상으로 옮기면서 새로운 형태로 욕망을 지속하는 것이다.(〈애도와 우울증〉, 245쪽 참조) 이것은 달리 말하면 현실이 우리에게 부과하는 여러 조건과 명령을 받아들이는 것이며, 애도로 인한 고통에 적응하는 것이다. 애도의 작업을 통해 우리는 조금씩 슬픔과 고통에서 벗어나며 현실을 새롭게 구축할 수 있다. 그런데 대상의 상실이 인정되기 위해서는 그 상실이 정당화되어야 하며 이것은 먼저 사회적 인정의 형태로 이루어져야 한다. 이것을 쌍용차 사태에 적용하자면 파업으로 인한 손해나 동료의 죽음을 우리 모두가 감수해야 할 불가피한 일처럼 인정하면서 노동자들에게 도덕적 책임의 부담을 덜어주는 것이다. 마치 어린 아이가 실수를 했을 때 부모가 그것을 감싸주면서 아이의 자존감을 지켜주는 것과 유사하다.

하지만 우리 현실은 전혀 그렇지 못하다. 온전히 노동자들에게 모든 책임과 비난이 전가되고 이들이 철저하게 배척당하면서 개인적으로 생존을 모색하고 있는데 이런 상황은 사회적 애도와 거리가 멀다. 정혜신 박사는 "아무도 내가 겪는 고통을 모르고 있으며 나 혼자 모든 것을 감당하고 있다고 느낄 때 극단적으로 변하고 스스로를 파괴하게 된다."[19]며 이들의 고립감이 자살의 한 원인임을 지적하고 있다. 정혜신 박사에 따르면 이들이 자신이 겪는 경험이 너무 고통스럽고 끔찍해서 위로받고 싶어 그 마음을 가족과 친구, 이웃 등 가까운 사람들에게 얘기하면 오히려 비난과 질책, 차가운 반응이 돌아오는 경우가 많은데 이런 상황이 2차 외상을 심화시킨다고 설명한다.

물론 주변의 냉담함은 하나의 폭력처럼 외상을 심화시킬 수도 있지만 사실 이런 외상적 상황은 연극 〈햄릿〉과 마찬가지로 '애도의 부재' 혹은 '애도에 대한 배반'이 가져온 결과로 봐야 한다. 〈햄릿〉에서 부왕이 유령이 된 것은 애도와 관련해 시사해 주는 바가 크다. 유령과 햄릿이 만나 대화를 나누는 장면에서 유령은 자신이 소문과 달리 동생 클로디어스에게 독살 당했다는 것을 폭로하고 복수를 부탁하지만 유령이 한탄하는 것은 암살보다는 오히려 죽음을 위한 의식을 치르지 못했다는 것이다. 왕은 죄업이 한창일 때 죽는 바람에 참회를 구할 기도의 시간도 없이 바로 하나님의 심판대에 오르게 되었음을 한탄한다.(〈햄릿〉, 398-399쪽) 이것은 애도 작업의 부재로 해석할 수 있다. 왕의 유령이 구천을 떠도는 것은 이처럼 자신이 왕으로서 마땅히 받아야 할 애도의 작업이 생략되었기 때문이다. 라캉은 이러한 상황을 다음과 같이 말한다.

> 죽은 사람을 충분히 만족시키지 못하고 뭔가를 빠뜨렸거나 거절했을 때, 중요한 의식이 생략되면서 남겨진 구멍 속에 유령이나 도깨비가 나타난다는 전설에서 발견되는 미신 역시 이것으로 설명할 수 있다.[20]

라캉은 오필리어나 플로니어스의 죽음을 이러한 속죄에 대한 희생이라고 해석한다. 쌍용자동차 노동자들이 겪는 정신적 고통도 비슷한데 결과적으로 이들의 희생과 고통을 사회가 외면하고 철저히 억압한 것이 연쇄 자살이나 스트레스성 사망이라는 비극적 결과를 계속해서 낳고 있다.[21] 물론 쌍용차 문제를 경제적 관점에서 볼 수도 있지만 중요한 것은 무급 휴가자를 포함한 해고 노동자의 약 80%가 우울증을 앓고 있으며, 그것도 우울증의 정도가 매우 심하다는 것이다.

이러한 사태의 원인을 순전히 경제적 어려움에서만 찾으면 곤란한데 경제적 어려움이 연쇄 사망의 주된 원인이 되기는 힘들기 때문이다. 이들은 파업이 진압된 후 파업의 낙인으로 재취업의 어려움을 겪으면서 철저히 죄인처럼 취급되고 있는데 이러한 대우 때문에 스스로를 마치 산 자와 죽은 자의 경계에 머무는 유령처럼 생각하는 것이다. 실제로 정혜신 박사에 따르면 이들의 상태는 매우 위태로워 마치 방사능에 노출된 것 같은 심리적 피폭 상태이다. 항상 파업의 기억에 고통스러워하면서, 스스로를 무기력하고 무가치한 존재로 생각하고, 반복적인 자살 충동에 시달리며 가족들과의 관계도 문제가 많다고 한다.[22] 아무도 자신들 얘기에 귀기울여 주지 않고, 너희 문제이니까 너희가 해결하라고 외면하는 사회분위기는 햄릿이 분노하면서 비난한 덴마크의 평온과 비슷하다. 이런 면에서 침묵을 택하는 많은 사람들도 애도를 배신하는 공범자라 할 수 있다.

이제 더 이상 이들의 죽음을 외면하지 말고 쌍용차 노동자들이 겪는 고통에 위로를 보내면서 그들이 상처를 치유하고 일상으로 돌아올 수 있도록 사회가 의무를 다해야 한다. 사회적 약자들이 짊어지는 고통을 함께 아파하고 그것이 그들만의 잘못이 아니라고 말해 주는 것, 그것이 바로 사회적 애도이다. 그리고 이런 애도의 작업은 개인으로 하여금 병리적인 우울증의 나락에 빠지지 않도록 버틸 힘을 준다.

애도를 통한 공동체 건설

2011년 11월 10일 마무리된 한진중공업 사태는 '희망버스'로 상징되는 21세기 투쟁,

즉 사회적 연대와 공감에 기초한 새로운 대중 투쟁의 모델을 한국 노동운동사에 등장시켰다. 한진중공업 사태는 규모만 작을 뿐 쌍용자동차 사태와 유사한 양상을 보였는데 경영상의 어려움을 이유로 사측이 400여 명의 정리해고 안을 발표하고 노조가 파업에 돌입하면서 사회적 관심사가 되었다. 하지만 노동자들만의 투쟁에 그친 쌍용자동차와 달리 한진중공업에는 85크레인의 고공에서 309일 동안이나 단신으로 버틴 김진숙과 그를 지키기 위해 전국 각지에서 달려온 각계각층 사람들의 '희망버스'가 있었다. 트위터 등을 통해 시민들은 의견을 나누면서 자발적으로 시간과 돈을 투자해 희망버스를 만들고 부산으로 달려갔으며, 공권력의 봉쇄와 이념공세 속에 외롭게 싸우던 노동자들을 끌어안았다. 결국 희망버스로 상징되는 시민의 연대와 호응이 정치권을 움직여 국회 청문회가 열리고, 사측이 정리해고자들을 1년 안에 재고용하고 해고기간 생계지원금 2천만원을 지급하는 것을 내용으로 하는 국회 환경노동위원회 권고안을 받아들이면서 한진중공업 투쟁은 타결의 실마리를 찾는다. 이번 일은 그간 고립적인 작업장 단위로 전개되던 노동자들의 생존 투쟁이 시민들의 공감과 정서적 지지를 통해 해결되는 국민 투쟁으로 바뀌면서 새로운 갈등해결의 모델을 만들었다는 데서 주목할 만한 일이다.

희망버스가 던진 메시지는 해고의 문제가 노동자들만 감당해야 할 업보가 아니라는 것과 이제 신자유주의의 희생양이 되고 있는 자들의 절규에 사회가 귀를 기울이겠다는 의지이다. 이러한 공감은 문제해결에 도움이 될 뿐 아니라 당사자들에게 스스로의 가치와 존재 이유를 인정해 주는 힘이 된다. 이런 분위기가 마련되면 비록 일시적인 좌절을 겪는다할지라도 당사자들이 극단의 절망감을 느끼지는 않는다. 희망버스는 사회 구성원들이 어려움에 처한 노동자들에게 손을 내밀었다는 점에서 사회적 애도의 한 양상이라고 말할 수 있다. 한진중공업 사태가 평화적으로 마무리된 후 2011년 12월 7일부터 평택 쌍용자동차 공장 앞에는 '희망텐트'가 설치되면서 노동자들과 시민들이 새롭게 연대하는 제2의 투쟁이 시작되었다. 앞으로 결과가 어떻게 나올지는 모르지만 이제 우리 사회가 IMF 이후 각자의 이기적 생존에만 매달리면서 약자의 희생을 당연시하는 분위기에서 조금씩 벗어나고 있는 것은 사실이다.

주지하다시피 한국은 2010년 자살률이 10만 명당 31.2명으로 OECD 국가 중 1위이며, 국민의 행복도도 거의 최저치에 머문다. 그런데 다른 선진국들의 자살률이 감소추세인 데 반해 한국은 해마다 증가추세에 있으며, 자살자 범위도 거의 전 세대와 전 계층을 포괄한다는 데 심각성이 있다. 자살은 국가적으로 막대한 경제적 손실을 끼치고 사회 분위기를 음울하게 만들 뿐 아니라 가까운 사람들에게 심한 상처와 죄책감을 남긴다는 점에서 이제 시급히 해결책을 모색해야 할 긴급 의제가 되고 있다. 한 가지 분명한 것은 이제 더는 자살을 개인의 선택이나 산업 사회가 낳는 어쩔 수 없는 현상처럼 간주해서는 안 된다는 것이다. 자살의 원인을 분석하고 해결책을 모색하기 위해 사회가 함께 노력한다면 분명 자살률은 줄일 수 있다. 그리고 이러한 해결책의 하나로 필자는 '사회적 애도 작업'의 중요성에 대해 언급했다. 〈햄릿〉과 '쌍용차 사태'에서 보듯 개인의 불행을 사회가 은폐하면서 참기를 강요할 때 개인은 우울증 상태에 빠질 수 있다. 애도는 개인의 고통과 슬픔을 공감하고 그가 겪은 일, 혹은 잃어버린 것, 그의 실수에 함께 공감을 표현해 주는 데서 시작된다.

쌍용차 파업 투쟁 중 부인을 잃은 한 노동자는 집단치료 과정 중 그가 가장 듣고 싶어 했던 말이 "수고했어요."라는 말이었다고 고백했다. 그런데 이 말을 해 준 사람은 주변의 친구나 회사 동료가 아니라 다름 아닌 자살한 부인의

굿을 하던 무당이었다.[23]

애도란 이런 것이다. 그저 너는 죄인이 아니라고 말해 주는 것, 네 실수가 아니라 우리 모두의 잘못이며, 수고했다고 사회적으로 인정해 주는 데서 시작된다. 그리고 이런 사회적 애도가 개인으로 하여금 잃어버린 대상을 안심하고 떠나보내고, 공동체 속에서 새로운 삶을 위해 일어설 수 있게 해준다. 새로운 공동체 건설을 위해 절실하게 '사회적 애도'가 필요한 시점이다.

왜 오이디푸스는 죽지 않았는가?

비루하게 삶에 집착해서는 안 된다는 말이 있다. 동물이 맹목적인 본능으로 삶에 집착한다면 인간은 그냥 삶이 아니라 좋은 삶을 추구한다. 비루한 삶을 그럭저럭 꾸려가는 것보다는 자살이 훨씬 인간적일 수가 있는 까닭이다. 인간은 누구나 품위를 지키면서 좋은 삶을 살기를 바란다. 때문에 그러한 희망이 무참하게 짓밟히면 자살을 대안으로 생각하기도 한다. 이 글에서 필자는 서양의 고전의 고전이라 할 수 있는 ≪오이디푸스 왕≫을 통해서 좋은 삶이 무엇인지 살펴보았다.

김종갑

자살에 대한 고전적인 논문에서 바우마이스터Roy Baumeister는 자살을 "자기로부터의 도피suicide as escape from self"로 규정하였다. 질병이나 우울증, 절망, 무망감 등의 원인으로 인해서 자기를 견디기가 너무 고통스러워지면 "썩은 사지를 절단하여 몸 전체를 구할 수 있는 것처럼, 자살함으로써 보다 큰 악이라 할 수 있는 불행한 삶 또는 수치스러운 죄를 피할 수 있"다는 것이다.(Aqinas, 윤영돈 272에서 재인용) 물론 "자기로부터의 도피"라는 정의는 자살에 대한 충분한 정의가 되지는 못한다. 자살에 대한 기존의 혼란에 또 하나의 혼란을 덧붙인다는 비판이 있을 수도 있다. ≪철학사전*Encyclopedia of Philosophy*≫에서 바틴Battin이 말하였듯이 자살은 명석판명한 정의가 불가능한 개념(318)이다. 자발적인 자기 살해의 모든 유형을 한꺼번에 묶어서 자살로 규정하는 입장이 있는가 하면 행위자의 일차적 목적과 의도가 오로지 자기 삶의 종식에 있는 경우로 좁게 제한하는 입장, 혹은 원칙적으로 자발적인 자살을 인정하지 않는 입장을 포함해서 자살의 범주는 넓은 스펙트럼에 걸쳐 있다. 이러한 정의의 어려움을 피하기 위해 ≪자살론*Suicide: A Study in Sociology*≫에서 뒤르켐Emile Durkeim은 이기적 자살, 이타적 자살, 아노미적 자살, 숙명적 자살로 분류하였지만, 이러한 분류가 정의의 혼란을 종식시킬 수는 없었다. ≪자살의 연구*The Savage God: A Study of Suicide*≫에서 알바레즈Alfred Albarez가 강조하였듯이 자살은 너무나 민감하고 "혼란스럽고 고뇌에 찬 위기와 관련된 것"이기 때문에 객관적으로 정의를 내리기보다는 당사자의 입장에서 주관적으로 느껴야 하는 "실감(15)"의 문제인지 모른다.

그럼에도 기존의 의학적 사회학적 연구는 객관성, 정량화 및 예측이라는 과학적 목적을 추구하면서 "자살은 어떠한 경험인가?"를 묻는 실존적이며 현상학적인 측면을 도외시하였다.[1] 이 점에서 "자기로부터의 도피"라는 정의는 자살의 경험적 측면을 부각시키는 이점을 지니고 있다. 비록 비유적으로 받아들인다고 할지라도 "자기 살해"로 자살이 정의되는 순간 그것이 가진 부정적 함의로 인해서 우리가 경험적으로 공유하거나 공감할 수 있는 범위가 급격하게 수축이 된다. 이 주제에 대한 지나치게 도덕주의적인 태도가 그러하듯이 자살을 "우리"의 문제가 아니라 계몽되지 못한 "그들," 타자의 문제로 간주하기 때문이다. 그러나 "자기로부터의 도피"라는 정의는 이해와 공감의 문을 우리를 — 자살을 상상조차 하지 못했던 사람들을 포함해서 — 향해서 활짝 열어놓는다. 자살이 영원한 자기 도피라면 술과 마약은 일시적인 자기 도피의 한 방법이다. 희유곡이나 도피문학이라는 용어가 시사하듯이 예술도 자기 도피의 한 방편이 될 수 있는 것이다. 물론 그렇다고 해서 자살을 도피문학이나 희유곡과 같은 항렬에 놓아야 한다는 것은 아니다. 전자가 도피를 통해 기쁨과 쾌락을 추구한다면 후자는 자기에게 폭력을 가함으로써 존재를 지워버리는 결과를 수반한다. 그럼에도 우리가 예술이나 술의 힘을 빌려 일시적으로 자기로부터 도피할 수 있다는 사실 자체가 자기로부터의 영원한 도피의 가능성을 열어두고 있다. 인간이 죽어야 하는 존재이기 때문에 그러한 죽음을 앞당기는 자살이 가능하듯이 인간이 자기로부터 순간적으로 도피할 수 있기 때문에 영원한 도피로서 자살도 가능하다.

자살을 자기로부터의 도피로 이해하는 순간, 자살은 사회적 낙인이나 오명stigma의 문제가 아니라 세계와 주체성이라는 실존적 지평으로 이동하게 된다.[2] ≪존재와 시간*Being and Time*≫에서 하이데거Martain Heidegger는 인간을 세계에 속한 존재로서 다자인Dasein일 뿐 아니라 세계의 끝으로서 죽음을 향한 존재로 규정하였다. 다양한 방법으로 세계에 속할 수 있는 가능성은 또한 다양한 방법으로 세계로부터 물러날 수 있는 가능성을 시사한다. 세계에 개입하고 참여할 수 있듯이 세계로부터 도피할 수도 있는 것이다. 또 세계로부터 자발적으로 도피할 수 있다는 사실, 죽어서 무無로 돌아간다는 사실은 우리가 세계와 완전히 동화되거나 거기에 완전히 속할 수 없는 자유의 여지를 남겨 둔다. 기계의 부품처럼 우리가 세계에 완전히 흡수되지 않았기 때문에 세계로부터 몸을 회수할 수도 있는 것이다. 때문에 우리는 세계에 대해 한편으로 "모든 것"이면서 동시에 "아무것도 아닌 것"이다. 우리는 인과의 사슬의 필연이면서 동시에 자유이며, 자연이면서 동시에 문화이다. ≪인간은 누구나 죽는다*All Men Are Mortal*≫에서 시몬느 드 보부아르Simone de Beauvoir는 죽음의 가능성은 또한 자유의 가능성이라고 주장하였다. 과거 노예제도의 치하에서 생산 도구처럼 주인에게 묶인 노예들에게 자살은 자유에 이르는 지름길이었다. 자신으로부터 도피는 곧 노예의 신분으로부터의 도피를 의미하는 것이었다. 에픽테투스Epictetus와 같은 스토아철학자들은 불명예와 오욕의 오물을 뒤집어쓰면서도 삶에 집착하는 사람들을 경멸하였다. 뒤르켐에 의하면 이러한 자살은 '명예자살'이나 '이타적 자살'이 된다.

중요한 것은 그냥 삶, 동물적인 삶이 아니라 좋은 삶, 인간적 삶이다. 동물적 삶이란 생명에 대한 무조건적인 집착으로 인해서 자유가 상실된 삶, 노예적인 삶을 말한다. 우리가 세계에 대해서 모든 것이면서 동시에 아무것도 아닌 것이라면 한편으로 우리는 '주체=세계'이지만 다른 한편으로는 '주체≠세계'라는 말도 된다. 세계가 좋은 삶을 보장해 준다면 주체는 자신의 사회적 역할과 동일시를 하면서 행복하게 살 수 있다. 그러나 인간 대접을 받지 못하는 노예는 자기의 세계와 동일시하는 대신에 세계를 부정하고 거부하는 주체가 될 수 있다. 자살폭탄테러를 비롯해서 자살은 가장 극적인 형태로서 그러한 무와의 동일시이다. 한 치 앞이 보이지 않는 고통과 불행의 수렁에 빠진 주체에게 자살은 그러한 고통에 종지부를 찍는 결단의 행위가 된다.

좋은 삶과 그냥 삶, 자살

그렇다면 불행한 주체와 관련해서 우리가 물어야 하는 질문은 "왜 자살하는가?"가 아니라 "왜 자살하지 않는가?"이다. 고대의 전사戰士들은 연로하고 병들어 죽는 것을 불명예로 생각하였기 때문에 명예로운 자살을 선호하였다.(뒤르켐 262) 그렇다면 다음과 같은 질문이 있을 수 있다. 아우슈비츠 포로수용소에서 짐승처럼 비인간적인 취급을 당하다가 가스실에서 죽임을 당해야 했던 유태인들은 왜 자살을 하지 않았던가?[3] 만약 삶이 기나긴 고문의 과정에 다름이 아니라면 왜 스스로의 손으로 목숨을 끊지 않는 것일까? 공리수의의 효시로 일컬어지는 데이비드 흄David Hume은 〈자살론Of Suicide〉에서 당시 도덕적 · 종교적 관점에서 자살을 비난하던 사람들을 비판하면서 자살의 합리성과 타당성을 주장하였다. 삶의 지속이 출구가 없는 고통의 연속이라면 그것을 중단하는 행위는 충분히 합리적인 선택이라는 것이다. 물론 이와 같이 기쁨과 고통의 양의 대차대조표를 통해서 자살의 타당성을 산출하는 공리주의적 입장에 대한 반론도 적지 않다. 대표적인 것으로 토머스 아퀴나스Thomas Aquinas로 대변되는 자연법 윤리학과 칸트Immanuel Kant의 의무론을 들 수 있다. 아퀴나스는 썩은 사지를 절단함으로써 생명을 구하듯이 자살함으로써 더 큰 불행이나 악을 모면하거나 명예를 지킬 수 있는 가능성을 인정하기는 하였다. 그러나 그는 죽음을 그것보다 더욱 큰 악이나 고통으로 정의함으로써 자살이 불합리하다는 결론을 추론하였다. 자살은 모든 생명체가 가지고 있는 자신을 사랑하고 자신의 존재를 지속하려는 자연스런 성향에 위배되는 것이다. 반면 칸트에게 삶은 선택의 문제가 아니라 엄숙한 의무이며, 삶 자체는 수단이 아니라 목적으로서 간주되어야 한다. 따라서 고통이나 불명예를 피하기 위해 목숨을 끊는 것은 비윤리적이라는 것이다.[4] 그러나 이와 같은 자살반대론은 한편으로는 자살이라는 민감한 주제에 대해 지나치게 제삼자적인 태도를 취하거나, 다른 한편으로는 자살자들은 그러한 진리에 무지한 자라는 듯이 너무나 계몽주의적 태도를 취하고 있다. 일단 자연법이나 의무론을 알게 되면 자살을 생각했던 사람도 그것을 단념할 것이라고 은연중에 가정되고 있는 것이다. 그러나 흄이 〈자살론〉에서 말하였듯이 자살을 시도하는 사람도 그렇지 않은 사람과 마찬가지로 모르는 무지몽매한 주체가 아니라 알고 있는 계몽된 주체이다. 양자 사이에 차이가 있다면 후자에게 진리의 깨달음이 삶이 아니라 죽음의 방향으로 인도하였다는 것이다. 고통이나 치욕으로부터 죽음이 그들을 자유롭게 하는 것이다. 아퀴나스의 주장과 반대는 최고의 악은 자살이 아니라 출구가 없는 고통이나 치욕인지 모른다.

자살이 "자기로부터의 도피"로서 정의가 된다면 자살은 아퀴나스가 생각하였듯이 무지한 행위가 아니라 성찰적 행위로서 이해되어야 한다. 누군가가 자기로부터 도피하기 위해서는 자기를 대상화하고 관조하며 성찰하고 판단하는 또 하나의 계몽된 자기, 프로이트Sigmund Freud적 의미에서 자아와 초자아, 혹은 의식과 자의식으로의 균열이 전제되어야 한다. 이때 관조하고 성찰하는 주체는 무지한 주체가 아니라 계몽된 주체, 자연에 묶인 동물적 주체가 아니라 삶의 가치와 의무를 알고 있는 문화적 · 사회적 주체이다.

자살은 인간이 분열된 존재, 즉 자기를 부정할 수 있는 주체이기 때문에 가능하다. 자의식을 가지고서 자기를 대상화하고 타자의 눈으로 자기를 바라볼 수 없다면 자발적인 죽음은 불가능하다.[5] ≪니코마코스 윤리학≫에서 아리스토텔레스Aristotle는 삶을 그냥 삶(zen)과 좋은 삶(eu zen)으로 구분하였다. 그냥 삶이 본능에 따라서 맹목적으로 움직이는 노예적 삶이라면 좋은 삶이란 주체적으로 사려 분별하는 주인의 삶을 말한다. 돌과 조각품의 관계와 마찬가지로 전자는 기껏해야 인간적 삶의 생물학적 재료에 지나지 않는다. 동물에게는 생명의 유지가 가장 중요하겠지만 인간에게 생명은 좋은 삶을 위한 재료일 따름이다. 중요한 것은 삶의 양이 아니라 질인 것이다.

자살을 주제로 연구한 학자들 가운데서 뒤르켐만이 "불행한 사람이 왜 자살을 하지 않는가?"라는 질문을 하나의 주제로서 명확하게 제시하였다. 이 질문에 대해서 그는 "자살 방지 지수"라는 용어로 대답하였다. 그의 ≪자살론≫에 따르면 고통이나 절망, 가난과 같이 자살을 부추기는 요소들이 많으면 "자살 촉진 지수"가 높아진다. 그런데 그러한 자살 촉진 지수가 매우 높음에도 불구하고 자살률이 매우 낮은 사회가 있다. 또 부유하고 풍요로운 사회에서 자살률이 급증하는 사례도 많다. 우리나라의 경우에도 경제적으로 여유롭지 못했던 1980년대 이전에 비해서 1990년대 이후로 자살이 급증하기 시작했다. 뒤르켐은 이러한 현상의 원인을 사회적 통합과 유대에서 찾았다. ≪자살론≫의 한 구절을 인용하면 "개인과 사회를 연결하는 유대가 느슨해지면서 삶과의 연결고리 역시 약해진다."(259) 아무리 불행한 사람이라 할지라도 그를 인격적으로 인정하고 그의 애환을 함께 나눌 사람이 옆에 있으면 불행도 견디기 쉬워진다. 이때 그의 고통은 무의미한 고통이 아니라 사랑하는 사람을 위한 자기희생처럼 사회적으로 유의미한 고통이 된다. 중요한 것은 고통의 강도나 지속성이 아니라 고통의 의미이다. 이 점에서 은둔형 외톨이처럼 사회와의 연결이나 유대가 끊어진 사람은 사회적으로 죽은 사람, 아리스토텔레스의 용어를 빌리면 그의 삶은 그냥 삶(zen)이 된다. 생물학적으로 살아 있어도 사회적으로는 이미 죽어 있는 것이나 마찬가지다. ≪노예제도와 사회적 죽음*Slavery and Social Death*≫에서 패터슨Orlando Patterson은 사회적으로 죽어 있는 자를 자신의 고유한 이름과 목소리를 갖지 못한 자로 규정하였다.(38-45) 주민등록이 말소된 사람처럼 그의 존재가 사회적으로 승인되지 않으며 인구조사의 대상으로 계산에도 잡히지 않는다. 사회적으로 매장당한 사람은 살아 있는 죽음, 좀비, 혹은 엘리슨Ralph Ellison의 흑인처럼 사회의 눈에는 '보이지 않는 인간invisible man', 즉 유령이 되는 것이다. 뒤르켐은 이렇게 사회적 의미를 잃은 사람들은 사업의 실패나 실직과 같은 장애물에 부딪히면 극복하려 노력하는 대신에 자살의 유혹에 쉽게 노출이 된다고 주장하였다.

그러나 사회적 의미를 상실했을 뿐 아니라 설상가상으로 질병이나 극심한 가난에 시달리는 사람들이 모두 그러한 고통의 "악"을 피하기 위해 자살이라는 "차악의 선택"을 하지는 않는다.[6] 아우슈비츠에서 수치와 기아, 혹독한 노동으로 절망의 눈물을 삼켜야 했던 유태인들 가운데서도 자살을 선택했던 숫자는 소수에 지나지 않았다. "차라리 혀를 깨물고 죽어라!"는 아내의 악담을 들어야 할 정도로 끔찍한 고통에 몸부림을 쳤던 구약의 욥Job도 자살하지는 않았다. 세네카Seneca와 같은 스토아철학자라면 살아 있는 것이 치욕이라 생각했을 형편없는 삶을 사는 사람들 모두가 자살로 도피하지는 않는다. "좋은 삶"이 박탈된 비루한 현실이 반드시 자살을 초래하지는 않는 것이다. 달리 말해 사회적 죽음과 생물학적 죽음이 반드시 일치하지는 않는다. 사회적으로 이미 죽어 있음을 자각하는 유령 주체가 그렇다고 해서 자신의 생물학적 목숨까지 거두지는 않는다. 사회부터 도피하는 자가 자기로부터도 도피하는 것은 아니다. 또 사회가 그의 존재를 부정한다고 해서 그가 자신의 존재마저 부정하지는 않는다. 여기에서 질문은 다시 "왜 자살을 하는가?"가 아니라 "왜 자살을 하지 않는가?"가 된다. 자기로부터 도피할 모든 이유가 있음에도 불구하고 왜 도피하지 않는 것일까? 비록 뒤르켐처럼 개념적으로 정식화하지는 않았지만 이미 2,500년 전에 소포클레스Sophocles는 ≪오이디푸스 왕*Oedipus the King*≫에서 이 질문에 대해 우회적인 대답을 하였다. 소포클레스의 오이디푸스는 자살할 모든 이유를 가지고 있으며 자살하지 않을 이유가 하나도 없음에도 불구하고 자살하지 않은 자의 전범적인 인물이다. 이 점에서 그는 자살에 대한 사유에 있어서 하나의 고유명사가 아니라 추상명사, 개념어의 역할을 한다. 구약의 욥은 절망의 첩첩한 어둠 속에 잠겨 있으면서도 지평선 너머에서 떠오르는 신의 서광을 상상하면서 살아갈 실오라기 이유를 찾을 수 있었다. 그러나 부친살해와 근친상간으로 인해서 사회로부터 버림받고 모든 인격적 유대가 단절된 오이디푸스에게는 귀의할 신의 손길도 없었다. 남편을 죽인 아들과 결혼한 이오카스테Jocasta는 그러한 끔찍한 자신으로부터 도피하기 위해 사살하지 않으면 안 되었다. 자살로 비극의 마을 서둘러 내림으로써 그녀는 오이디푸스에게도 그가 가야 할 길의 선례를 보여주었다고 할 수 있었다. 죽는 것이 사는 것보다 훨씬 합리적이며 바람직한 선택이었던 것이다. 그럼에도 불구하고 그는 자살하지 않았다. "왜 그랬을까?"

오이디푸스 왕과 최악의 선택으로서 삶

≪오이디푸스 왕≫이 비극인 이유는 테바이의 왕으로서 가장 높은 위치에 있던 오이디푸스가 평민보다 더욱 영락한 사회적 죽음의 절벽으로 추락하기 때문이다. 가장 행복했던 인간이 가장 불행한 인간으로, 아리스토텔레스적인 의미에서 "좋은 삶"이 "비루한 삶으로," 카프카적 의미에서 그레고리 잠자가 '지네'로 바뀌는 것이다. 그러한 추락과 더불어서 도시의 중심인 왕궁에서 군림하던 그는 도시의 바깥, 인적이 미치지 않고 동물들이 출몰하는 황야로 도피한다. 자진해서 자신을 사회적으로 매장하고 아무것도 아닌 자, 이름이 없는 자가 되는 것이다.

오이디푸스는 사회의 가장 기본적인 규범인 근친상간의 금지를 범했기 때문에 자신에게 사회적 죽음이라는 징벌을 부가하지 않으면 안 되었다. 구태여 레비-스트로스Levi-Strauss의 인류학이나 프로이트Freud의 정신분석을 빌리지 않더라도 사회가 사회로서, 혹은 사회의 최소 단위로서 가족이 가족으로서 유지되기 위한 최소한의 조건은 근친상간의 금지이다. 어머니(M)는 어머니이고 아내는 아내(W)이며 어머니는 아내가 되지 않아야 한다. M=M이면서 M≠W인 동일률과 모순율이 사회적 장을 가능케 하는 것이다. 더불어서 이러한 동일률과 모순율의 제한은 의미 소통을 위한 최소한의 조건이기도 하다. M이 M이면서 동시에 M이 아니라면 M을 명명할 수 있는 방법이 사라지기 때문이다. 그러한 구별이 폐기되는 순간에 오비디우스Ovid가 ≪변신*Metamorphoses*≫에서 묘사한, 코스모스 이전의 혼돈의 상황이 발생한다. 여기에서는 하늘과 땅, 물과 불, 존재와 비존재, 가벼운 것과 무거운 것 등이 서로 구분되지 않고 혼재하는 미분화의 상태이다. 이러한 우주적 미분화가 사회에 확산되면 왕과 신하, 남자와 여자, 인간과 동물, 부모와 자식, 자음과 모음의 구분까지도 한꺼번에 폐기되어 버린다. 자민족중심주의적 성향이 강했던 고대 희랍인들은 희랍어가 아닌 언어는 분절되지 않은 동물의 언어로 간주하였으며 그러한 동물적 소리를 내는 사람들을 야만인으로 불렀다. 그들의 입은 말하는 인간의 "입"이라기보다는 울부짖는 동물의 "아가리"에, 그들의 얼굴은 인간의 얼굴이라기보다는 동물의 "낯짝"에 가까웠던 것이다. 그래서 이러한 야만인들은 동물처럼 법도 도덕도 없이 난잡하게 살고 있다고 생각되었다. 그렇다면 오이디푸스가 위반한 근친상간의 금지는 폴리스가 해체되고 야만으로 퇴행하는 위기, 혹은 인간이 동물로 퇴행하는 위기를 함축하는 것이었다. 부친을 살해하고 어머니와 결혼했다는 사실을 깨닫는 순간에 그는 자신이 동물적 삶으로 저주받았다고 생각하면서 울부짖는다. 이와 같이 자신을 동물과 동일시하는 순간은 그가 더 이상 말을 할 수 없는 순간, 그의 입이 아가리로 바뀌는 순간이다. 어머니와 아내를 구별할 수 없는 괴물이 아니라면 자기가 행한 일을 차마 입에도 담을 수 없는 것이다. 이러한 최악의 상황에 직면하지 않기 위해서 이오카스테는 자살로 도피해야 했다. 너무나 끔찍한 죄악이기 때문에 사건의 추이를 서술하고 보고하는 코러스와 전령도 근친상간이라 이르지 못한다. 입 밖에 꺼내기만 해도 저주를 받는다고 생각하기 때문에 전령은 근친상간을 근친상간으로 명명하는 대신에 대명사 "거시기"로 얼버무린다. "아비를 죽인 놈을 보여주라고. 어머니의 ……, 그런 불경한 말은 차마 입에 담을 수 없습니다.(144) 여기에서 전령은 근친상간을 발성하지 않음으로서만 오이디푸스에게 일어난 일을 계속해서 보고할 수가 있었다.

사회적 죽음과 자살의 관계에 대한 질문과 관련해서 우리가 ≪오이디푸스 왕≫에 대해 물어야 하는 질문은 왜 똑같은 죄를 범했으면서도 이오카스테는 자살했던 반면에 오이디푸스는 장님으로서의 삶을 선택했는가 하는 것이다. 이오카스테뿐 아니라 오이디푸스에게도 근친상간은 죽음보다 더욱 끔찍한 죄, 그것이 최악의 선택이라면 자살은 차악의 선택이었다. 스토아철학자라면 그러한 불명예와 치욕의 비루한 삶보다는 자살을 권장했을 것이다. 자신이 아들과 결혼했다는 사실을 알게 된 순간에 이오카스테는 이미 사회적으로 죽은 자였다. 자살은 그러한 사회적 죽음의 당연한 결과, 자신의 죽음을 확인하는 의례에 지나지 않았다. 그럼에도 그녀를 따라 당연히 자살해야 할 오이디푸스는 죽음 대신에 장님과 유랑의 길을 선택한 것이었다. 차악의 선택으로서 자살이 아니라 최악의 선택으로서 삶을 선택한 것이다.

왜 그는 자살을 하지 않았던 것일까? 이 질문에 대답하기 이전에 그들의 사회적 죽음과 생물학적 삶에 대해서 한 가지 짚고 넘어가야 할 것이 있다. 사건의 시간과 지식의 시간, 행위의 시간과 지식의 시간, 혹은 죄를 범한 몸과 그것을 깨닫는 머리의 시간이 일치하지 않는다는 사실이다. 오이디푸스와 이오카스

자해를 해서 실명한 오이디푸스는 자신이 왕으로 있었던 테바이 도시를 떠나서 걸식하면서 유랑하는 신세로 전락한다. 딸인 안티고네가 그의 충실한 길잡이 역할을 한다.

샤를르 프랑수아 잘라베이Charles François Jalabeat, 〈테바이를 떠나는 오이디푸스와 안티고네Antigone Leads Oedipus Out of Thebes〉, 1842.

테가 향유했던 '좋은 삶'은 그러한 시간의 불일치라는 조건에서만 가능한 것이었다. 그것은 무지가 보장해 주는 좋은 삶이었다. 만약 양자의 시간대가 일치했더라면, 행동하는 순간에 이오카스테가 그것의 의미를 깨달았다면 그녀는 그 자리에서 자결해야 했다. 죄의 결과로 안티고네와 이스멘Ismene이 태어나기 이전에 죽어야 했다. 그러나 그녀는 두 딸이 아름다운 처녀로 성장할 때까지 근친상간의 행위를 끊임없이 반복하면서 아들/남편과 더불어서 행복한 삶을 살았다. 달리 말해서 자신이 행한 행위의 의미를 알지 않는 한 사회적 죽음의 비극은 도래하지 않는다. 알아야만 사회적 죽음이 '사후적으로' 발생하는 것이다. 사회적 죽음이 우리를 유령으로 변화시킨다면 유령은 자기가 유령이라는 사실을 깨닫지 않는 한 유령이 아니다. 사회적 죽음은 행위의 바로 그 지점과 그 시간에서는 존재하지 않는 것이다.

이러한 행동의 시간과 앎의 시간 사이의 불일치가 ≪오이디푸스 왕≫의 주된 주제이기도 하다. 오이디푸스가 자신이 부친을 죽인 범인이라는 사실을 발견하기 훨씬 이전에 코러스와 예언자 타이리시어스Tiresias를 비롯한 수많은 신하들은 이미 그 사실을 예상하고 있었던 듯이 보인다. 오이디푸스가 자기 행위의 진실을 파악하기 위해 과거로 소급해 올라가지 않도록 만류했기 때문이다. 이들은 부왕 살해라는 특정한 사건의 진상을 미리 알고 있었던 것이 아니라 일반적인 의미에서 행위와 의미는 일치하지 않는다는 사실을 막연하게 알고 있었다. 어쩌면 그러한 불일치와 무지가 사회적 질서를 유지시킨다는 사실까지도 짐작하고 있었던 듯이 보인다. 달리 말해서 사회적 질서는 자신의 근원에 대해서 무지하다는 조건이 충족되어야 질서로서 지속될 수가 있다. 근원에서 자신이 남편이 어머니라는 사실을 모르기 때문에, 혹은 그러한 근원으로 거슬러 올라가려 시도하지 않기 때문에, 아내는 아내라는 사회적 역할을 수행할 수가 있는 것이다. 그러한 무지의 커튼이 사회에 드리워져 있기 때문에 왕은 왕으로서 신하 위에 군림하고, 신하들은 신하로서 평민들 위에 군림할 수가 있다. 왕이 왕답지 않다는 것을 깨닫는 순간에 사회라는 건축물은 굉음을 내면서 무너지기 시작한다. 오이디푸스가 어머니와 잠자리를 같이하였다는 사실을 모르고 있듯이 왕은 자기가 왕이 아니라는 사실을 몰라야 하는 것이다. 사회는 무지의 울타리에 의해서 보호되어야 한다. 그 무지의 보호막 안에서만 왕은 왕이라는 동일률이 성립한다. 이러한 동일률의 논리가 사회에 적용되면 동일시가 된다. 왕은 자신의 존재를 왕이라는 사회적 지위와 동일시해야만 왕이다. 이오카스테가 자살을 해야만 했던 이유도 여기에 있다. 오이디푸스와 달리 그녀는 어머니라는 사회적 역할과 자신의 존재를 철저하게 동일시하였다. 그래서 어머니가 어머니가 아닌 것으로 드러나는 순간은 그녀의 존재가 소멸되는 순간, 그러한 자신으로부터 죽음으로 도피해야 하는 순간이 된다. 사회적 질서와 존재가 동일시된다면 사회적 죽음은 생물학적 죽음을 수반하는 것이다.

사회적 동일시, 사회적 죽음, 그리고 알레고리와 은유

이오카스테가 자신의 존재와 동일시하는 사회적 질서는 플라톤Plato이 ≪국가론*The Republic*≫에서 제시한 것과 같은 위계와 차이의 체계이다. 왕을 정점으로 해서 신하 · 평민 · 노예의 순으로 상하의 사회적 위치가 결정되어 있으며, 그 위치는 각 개인들에 의해서 채워져야 한다. 개인의 존재의 의미가 사회적 지위와 역할에 의해서 결정되어야 하는 것이다. 오이디푸스가 왕이라면 이오카스테는 왕비이고 크레온Creon은 그와 동서지간이고 타이리시어스는 예언자이다. 뿐만 아니라 그들은 주어진 지위와 역할에 일치하는 언행을 해야 한다. 이처럼 그들의 존재가 사회적 역할에 종속되며 그것과 동일화를 이루기 시작하면서 그들의 존재는 소멸하기 시작한다. 사회적 주체의 탄생이 존재의 죽음을 전제로 하는 것이다.

이 점에서 사회적 주체와 존재의 관계는 상징적이라기보다는 알레고리적이다. 선이나 용기, 아름다움과 같은 추상적인 개념을 직접 표현하지 않고 다른 구체적인 대상을 이용하여 표현하는 문학적 기법이 알레고리라면 사회 질서는 알레고리적이다. 왕과 신하와 같은 지위가 직접 표출되는 것이 아니라 오이디푸스나 타이리시어스와 같은 구체적 대리물을 통하여 표현되기 때문이다. 알레고리적 서사의 전례라 할 수 있는 단테Dante의 ≪신곡*The Divine Comedy*≫의 제1곡에는 사자와 표범, 이리라는 동물이 등장한다. 만약 이 작품을 읽는 독자가 사자를 밀림의 왕으로서 상상하고 이해한다면 그는 작품을 제대로 이해하지 못하는 것이 된다. 사자는 오만이라는 추상적 개념을 구체적으로 표현하기 위해 단테에 의해 이용된 매개에 지나지 않는다.[7] 사자는 사자가 아니라 오만이며, 표범은 표범이 아니라 음란이고, 이리는 이리가 아니라 탐욕으로 이해되어야 한다. 사자와 같은 동물이 사자로서 자신의 존재를 잃고 추상적 의미의 체계에 종속되고 동일시되고 존재와 개념이 일대일의 대응관계에 접어듦으로써 알레고리적 체계가 성립하는 것이다. 이 점에서 알레고리적 체계는 폐쇄적 체계이다. 사자라는 존재가 분노라는 개념에 의해서 완벽하게 설명이 되고 여분이 남지 않도록 완전히 그것의 존재가 탕진되어야 하는 것이다. 분노가 사자의 모든 것이라면 그 개념의 울타리를 벗어나게 되는 순간 사자는 아무것도 아닌 것이 된다. 이 아무것도 아닌 것의 상태가 ≪오이디푸스 왕≫에서는 사회적인 죽음이다.

모든 것과 아무것도 아닌 것의 사이 애매모호한 회색의 중간 지대는 존재하지 않는다. 사회적 주체, 아니면 사회적 죽음, 사회 체계가 개인에게 양자선택을 강요하는 것이다. ≪신곡≫에서 사자가 오만의 테두리를 벗어나지 않아야 하듯이 이오카스테도 사회적 역할의 울타리를 벗어나지 말아야 한다. 이 폐쇄회로를 벗어나는 순간에 모든 것이었던 그녀는 아무것도 아닌 것으로 급격하게 수축하기 때문이다. 사회적 역할과 완벽하게 알레고리화된 그녀에게는 존재의 여분이 남아 있지 않다.

그러나 앞서 말했듯이 이오카스테의 사회적 동일시는 무지의 조건 속에서만 가능하지 않은가? 단테의 ≪신곡≫을 이해하기 위해서 독자가 개념으로서 사자가 동물로서 사자라는 사실을 잊어야 하듯이 그녀는 자신의 존재의 의미가 무엇인지에 대해 무지했기 때문에 그러한 사회적 주체의 역할을 훌륭하게 수행할 수 있었다. 그녀에게 사회적 주체의 상실, 사회적 죽음은 곧 존재적 죽음을 가리키는 것이었다. 사회적 죽음과 자살에 대한 질문과 관련해서 오이디푸스가 자살이 아니라 두 눈을 잃고 장님이 되어 테바이의 바깥, 황무지로 떠났다는 사실은 매우 의미심장하다. 황무지는 사회적 의미의 체계에서는 아무것도 아닌 것, 의미가 각인되지 않은 순백의 공간이다. 이오카스테는 황무지의 빈 공간으로 떠날 수가 없었기 때문에, 혹은 자신의 존재를 아무것도 아닌 것과 동일시할 수 없었기 때문에 자살을 택해야 했다. 그녀가 사회로부터 자신의 존재 자체를 지워 버렸다면 오이디푸스는 사회를 바라보고 읽는 자신의 눈을 지워 버렸다. 그는 보이기 때문에 읽지 않을 수 없는 사회적 의미의 체계를 보지 않기 위해서, 즉 사회적 죽음을 자초하기 위해서는, 두 눈을 핀으로 찌르는 선택밖에 없었다.

오이디푸스의 자해 행위는 두 가지 의미의 층위에서 해석될 수 있다. 하나는 이오카스테를 처음 보았을 때 두 눈을 크게 뜨고서 자신의 어머니를 정면으로 보면서도 정작 어머니라는 사실을 알아보지 못했던 자신의 눈에 대한 처벌 행위로서 이해하는 것이다. 이것은 근친상간의 죄악을 전적으로 자신의 책임으로 돌리는 행위, 죄악과의 개인적 동일시이다. 만일 그렇다면 이오카스테의 자살과 그의 자해 사이에는 아무런 실질적인 차이가 없게 된다. 단지 처벌의 양과 강도의 차이만 있을 따름으로, 자살미수의 사건처럼 그가 자살하지 않았다는 사실이 새로운 의미를 더해 주지 않는다. 그러나 모든 책임을 오이디푸스 개인에게 돌리는 이러한 해석의 가능성을 소포클레스는 처음부터 배제하였던 듯이 보인다. 그의 부친살해와 근친상간의 행위는 그러한 행위가 있기 이전에 이미 사회적 질서의 책자(아폴론의 장부)에 기입되어 있었던 행위이기 때문이다. 행위의 주체로서 무대에 등장하기도 이전에 이미 그의 행위는 과거의 사건으로서 완료되어 있었다. 미래완료이어야 할 근친상간이 사실은 과거완료였던 것이다. 여기에서 이 미래완료와 과거완료의 기막힌 모순의 일치, 앞으로 일어날 사건은 이미 일어난 사건이라는 모순율과 동일률의 파기가 가능하기 위한 유일한 하나의 조건은 주체의 무지였다. 무지해야만 그러한 역할을 수행할 수 있기 때문이다. 사회적 질서가 질서로서 유지되기 위해서 그에게 무지를 강요하지 않으면 안 되었다. 혹은 현실이 실제로 실현되기 훨씬 이전에 과거형으로 쓰인 책자에 현실을 일치시키기 위해서는 하다못해 그와 같은 희생양이 조작이라도 되어야만 했다. 라이너스의 실종으로 공석인 왕의 자리가 오이디푸스에 의해서 채워지지 않으면 안 되었듯이 근친상간의 금기도 그가 아니라면 다른 누구에 의해서라도 채워져야 했던 것이다.

그렇다면 진정한 책임의 소재는 오이디푸스 개인이 아니라 그와 같은 개인의 역할을 재료로 해서 완성되는 사회적 질서, 혹은 아폴론에게 있다고 할 수 있다. 오이디푸스가 자신의 행위를 탓하지 않고 운명과 아폴론을 탓하는 이유가 여기에 있다. "그건 아폴론, 아폴론이었소. 친구들이여. 이처럼 잔인한,

잔인한 고통을 신께서 이루었던 것이오."(146) 아폴론이 장기를 두는 신이라면 그의 역할은 기껏해야 장기판의 말에 지나지 않았던 것이다. 그가 신을 비난하는 대목에서 우리가 놓치지 않아야 하는 것은 자신이 신의 노리개였다는 깨달음, 자신의 삶이 자신의 생각이나 의지, 행동과도 무관하게 신에 의해서 좌지우지된다는 사실의 발견이었다. 그의 근친상간의 죄도 그의 존재와는 아무런 관계가 없다. 그것은 그의 사회적 역할에 의해서 구성되는 행위, 더구나 사후적으로 구성되는 행위이다. 그의 존재와 사회적 역할이, 행위와 의미가 일치하지 않는 것이다. 이러한 깨달음의 유무가 그와 이오카스테를 갈라놓는다. 이오카스테를 자살로 몰았던 사회적 죽음의 엄연한 현실이 오이디푸스의 존재의 핵심을 건드리지 못하는 것이다. 그가 자신의 죄악으로부터 도피하기 위해 눈을 찔렀다고 생각하면 안 된다. 그는 자신으로부터가 아니라 위계와 차이로 이뤄진 사회적 질서를 보지 않기 위해서 자해했기 때문이다. 이 점에서 그가 자발적으로 시력을 잃은 것은 소극적인 의미에서의 자기 징벌이 아니라 적극적인 거부와 저항의 행동이라 할 수 있다. 이를테면 그는 ≪신곡≫의 사자와 표범, 이리를 인습적으로 미리 기입된 알레고리의 코드에 따라서 읽지 않기 위해서 보고 읽는 행위 자체를 거부하였던 것이다. 같은 이유로 부친살해와 근친상간도 이미 구성된 사회적 문법에 따라서 해석되거나 판단되지 않아야 했다. 그것은 테바이라는 도시로 대변되는 사회적 질서의 바깥에서 가능한 일이었다. 그는 자살 대신에 탈사회화된 황무지를 선택했던 것이다.

≪오이디푸스 왕≫의 마지막 장면에서 자신이 부친살해의 당사자라는 사실을 발견하기 전까지 오이디푸스는 이오카스테와 마찬가지로 자신의 존재를 사회적 의미와 동일시했다. 알레고리의 차원에서 사자가 오만이듯이 자신의 존재가 왕이라는 지위와 일치한다고 믿고 있었다. 아무것도 아니었던 그(목동)가 모든

것(왕)이 되었던 것도 그러한 알레고리적 동일시의 결과였다. 진실의 발견은 이러한 알레고리적 동일시가 이완되고 해체되는 계기가 된다. 이제 각자 오만과 탐욕으로 개념화되었던 사자와 이리는 그러한 개념과 일대일로 대응하지 않는다. 그러한 대응관계는 데우스 엑스 마키나deus ex machina처럼 사회적 장치에 의해 유지되는 것이었다. ≪오이디푸스 왕≫에서 아폴론—고대 희랍에서 시혜와 질서를 대변하는—이 그러한 데우스 엑스 마키나 역할의 수행자였다. ≪신곡≫을 단테가 저술했듯이 아폴론은 오이디푸스의 각본을 미리 써놓고서 오이디푸스에게 비극적 주인공의 배역을 맡겼던 것이다. 이 극이 성공적으로 상연되기 위한 절대적 조건은 오이디푸스가 자신을 왕의 역할과 동일시를 하는 것이었다. 자신의 출생의 비밀을 발견하는 순간 오이디푸스가 취했던 행동은 그러한 역할과의 동일시를 거부하는 것이었다. ≪신곡≫의 테두리를 벗어나면 사자가 오만이라는 개념과 상응하지 않듯이 오이디푸스의 존재는 왕이라는 역할과 일대일로 대응하지 않는다. 이제 그는 자신의 참여로서 완성되는 이 알레고리적 체계의 한 구성 요소이기를 거부하는 것이다.

이러한 탈알레고리화는 물론 사회적 죽음, 시민권의 상실을 의미한다. 그는 국외자로서 도시의 시민으로서 계산에 잡히지도 않는다. 사회적 죽음과 더불어서 그는 자신을 사회의 바깥, 황무지로 내던졌기 때문이다. 황무지는 아직 의미가 각인되지 않은 공간, 아폴론적 코스모스가 생성되지 않은 카오스의 공간이다. 여기에서 무는 존재론적 무가 아니라 사회적 위계와 차이의 체계(코스모스)가 영점화되는 의미론적 무(카오스)이다. 존재의 부재가 아니라 사회적 의미의 부재인 것이다. 이러한 이유로 인해서 오이디푸스와 황무지와의 동일시는 부정적이라기보다는 긍정적인 행위가 된다. 이 의미 소거의 행위가 적극적인 이유는 그것이 단순한 의미의 제거가 아니라, 기존의 의미를 부정하고 혼란을 야기함으로써 새롭게 편성할 수 있는 계기를 마련하기 때문이다. 또 그것은 그가 사회적 정체성을 위해서 포기하였던 존재의 흔적을 되찾는 계기로서 작용하기 때문이다. 이 점에서 그의 행위는 알레고리의 대립적 개념으로서 상징화의 행위라고 할 수 있다. 알레고리가 사자나 늑대를 오만이나 탐욕과 같은 추상적 개념과 완벽하게 동일시하는 일대일 상응의 문학적 기법이라면, "호랑아, 호랑아, 캄캄한 숲 속에서 이글이글 불타는Tiger! Tiger! burning bright / In the forests of the night"(이재호 56)으로 시작하는 블레이크William Blake의 유명한 시 〈호랑이The Tiger〉처럼 상징은 호랑이가 용기나 순수, 타락 등의 많은 개념과의 일대다一對多의 관계를 유지시키는 문학적 기법이다. 단테의 사자가 오만이라면 블레이크의 호랑이는 호랑이이면서 양이기도 하며, 순진이면서 타락이기도 하고, 아이이면서 어른이기도 하다. 특히 중요한 양자의 차이는 존재론적 지평에 있다. 단테의 사자가 사자이기를 포기하고 오만으로 완벽하게 흡수되고 병합되어 있다면 블레이크의 호랑이는 용기와 순진을 의미하면서 동시에 호랑이로서의 존재를 잃지 않는다. 존재가 의미로 탕진되지 않는 존재론적 잉여를 가지고 있는 것이다. 오이디푸스는 황야의 카오스와 동일시함으로써 이러한 존재론적 잉여와 조우할 수 있는 기회를 포착했다고 할 수 있다. 이오카스테와 달리 오이디푸스가 자살하지 않았던 이유는 이러한 존재론적 잉여에서 비롯된다. 이오카스테에게 사회적 죽음이 곧 존재의 죽음이었다면 오이디푸스에게 사회적 죽음은 사회적 차이와 위계로 환원되지 않은 존재의 잉여와 만나는 충격적 경험이었다.

오이디푸스는 자살할 수가 없었다. 이오카스테에게 도시의 바깥이 죽음이었다면 오이디푸스에게는 그것이 황무지의 카오스였다. 전자의 세계가 차이와 위계의 고정된 질서로 닫힌 세계, 그것이 모든 것인 세계였다면, 후자의 세계는 카오스를 향해서 열린 세계, 사회적 질서가 모든 것은 아닌 세계였다. 그가 범한 부친살해와 근친상간의 행위에는 사회적 코드에 의해서 완벽하게 해명될 수 없는 어떤 잉여가 남아 있었다. 그와 같이 끔찍한 행위를 했다는 사실은 그가 자살로 막을 내려야 하는 가치와 의미의 종말이 아니라 "왜?"라는 질문의 황무지로의 출발 지점이었다. 모든 것을 설명하는 의미의 체계는 존재하지 않기 때문이었다. 그래서 황야로 떠나기 전에 그는 크레온Creon에게 다음과 같이 의미심장한 말을 남긴다. "모든 것을 통제하려 들지 마시오. 통제력이 일생 동안 따라다니지 않았으니까."(155) 이오카스테가 더 이상 씨름하고 고민해야 할 의문의 여지가 없어서 자살을 선택했다면 오이디푸스는 해결해야 할 문제의 한복판에서, 보이지 않는 눈으로 세계를 다시 바라봐야 하기 때문에 사살로 문세를 회피할 수 없었다. 그는 자살이라는 간단한 해결책으로 도피할 수가 없었던 것이다. ≪오이디푸스 왕≫에서 당시의 민의를 대변하는 코러스는 오이디푸스에게 "당신께서 잘 숙고했다고 말해도 되는지 모르겠습니다. 장님으로 사느니 더 이상 살지 않는 편이 나을 테니까요."(147)라고 말한다. 죽음으로의 도피가 장님으로서의 자신을 직면해야 하는 고통보다 훨씬 견디기 쉽기 때문이다. 코러스의 눈에 그의 삶은 "좋은 삶"이 아니라 비루한 고통의 삶으로 보였다. 그러나 그의 고통은 의미의 장부정리가 끝난 무의미한 고통이 아니라 아직도 장부정리가 완료되지 않은 새로운 의미로의 탐색으로서 마땅히 감수해야 하는 고통이었다. 그는 해석이 완료된 알레고리의 개념적 사자가 아니라 아직 의미가 확정되지 않은 황야의 거친 숲을 달려야 하는 호랑이였던 것이다.

종료되지 않은 삶의 의미

절망과 고통의 끝자락에 서 있는 사람에게 자살은 매우 합리적인 선택일 수 있다. 고대 희랍은 정당화될 수 있는 합당한 이유에서 자살을 원하는 사람에게는 쉽게 삶을 마칠 수 있도록 독약을 나눠 주는 관례가 있었다. 세네카와 흄이 〈자살론〉에서 주장하였듯이 인간은 그냥 삶이 아니라 "좋은 삶"을 지향하기 때문에 자신의 삶이 그러한 기준에 미치지 못한다고 판단되면 자발적인 죽음을 선택할 수 있다. 뒤르켐은 이러한 유형의 자살을 이타적이거나 영웅적·숙명적 자살이라고 불렀는데, 인간은 삶에 파묻혀서 그냥 사는 것이 아니라 자신을 대상으로 세워 놓고 바라보면서 좋은 삶인지 아닌지 판단하기 때문에 자발적으로 삶을 중단할 수 있다. 굴욕과 불명예를 감수하는 비루한 삶보다는 죽음이 훨씬 바람직할 수 있는 것이다. 그러나 《오이디푸스 왕》과 관련해서 제기되어야 하는 문제는 좋은 삶의 기준의 문제이다. 균열된 주체로서 인간이 "바라보는 자기"와 "보이는 자기"로 이분되어 있다면 좋은 삶의 기준은 "바라보는 자기"의 시선과 관련되어 있다. 여기에서 오이디푸스가 자살 대신에 눈을 핀으로 찔러서 장님이 되었다는 사실은 매우 의미심장하다. 그에게 자기를 대상으로 바라보는 자기의 시선은 사회적 규범의 시선, 위계와 차이, 금지의 시선, 즉 타자의 감시의 시선이었다. 그는 타자의 눈으로 자기의 행위를 바라보는 것을 거부했던 것이다. 좋은 삶의 기준이 반드시 규범화된 사회적 코드에 의해서 결정되는 것은 아니다. 테바이 도시가 선은 선이고 악은 악인 동일률의 알레고리적 세계라면 황야는 선과 악이 애매하게 혼재하는 상징의 세계이다. 전자에서 행위의 의미가 이미 결정되어 있다면 후자에서는 행위의 의미는 미결정의 상태에 있다. 전자에서 왕은 왕답게 행동하고 신하는 신하답게 행동해야 한다. 단테의 사자가 더함도 모자람도 없이 오만이라는 개념이어야 하듯이 오이디푸스의 존재가 왕이라는 사회적 역할과 동일시되어야 한다. 왕의 프로그램이 입력된 로봇처럼 사물화되어야 하는 것이다. 자신의 출생의 비밀이 밝혀지기 전까지 오이디푸스도 몸에 그러한 운명의 프로그램이 입력된 로봇이나 마찬가지였다. ≪존재와 무*Being and Nothing*≫에서 사르트르Jean-Paul Sartre는 머리끝부터 발끝까지 정형화된 웨이터처럼 행동하는 웨이터를 자기기만mauvais foi의 전형적인 예로 들었다. 웨이터는 다르게 행동할 수 있는 자유를 가지고 있음에도 불구하고 그럴 수밖에 없다는 듯이 필연으로 직업에 임하고, 서비스를 하는 로봇이 아님에도 불구하고 그러한 로봇처럼 행동하기 때문에 자기를 기만한다는 것이다. 그의 역할이 그의 존재를 잠식해 들어가 그를 로봇처럼 사물화시킨 것이다. 그를 웨이터로 바라보는 사회의 시선, 타자의 시선을 자기의 시선으로 내면화함으로써 그는 완벽한 웨이터가 되었다. 그는 웨이터라는 역할에 자신의 존재를 정확히 일치시키는 알레고리적 세계의 시민인 것이다. 이와 같이 존재와 사회적 의미가 일대일로 상응하는 세계에서는 실패자는 실패자이고 나쁜 삶은 나쁜 삶이다. 자신의 행위를 사회적 코드와는 다른 방식으로 상징화시킬 수 없었던 이오카스테는 자기기만의 고전적 사례라 할 수 있다. 테바이가 모든 것이었기 때문에 테바이의 바깥은 카오스가 아니라 무이며 죽음이었다. 그러나 오이디푸스에게 황야의 카오스는 끝이 아니라 고통스럽지만 새로운 의미의 출발점이었다. 이 지점에서 절망과 굴욕의 세월을 보내면서도 왜 노예들이 자살로 도피하지 않았는지 이유가 분명해진다. 그들에게는 노예라는 낙인으로 탕진되지 않는 존재의 여분이 있었기 때문이었다. 이와 같이 열린 세계에서는 사회적 죽음이 곧 존재의 죽음을 수반하지 않는다. 그것은 어쩌면 새로운 존재론적 탄생을 예고하는 사회적 "자아 죽음"일 수도 있다.[8] 블레이크의 호랑이가 하나의 개념으로 포섭되지 않은 의미의 스펙트럼을 가지고 있듯이 노예도 사회적 지위에 의해서 모든 것이 결정되지 않는 애매모호한 상징의 영역에 있다. 근친상간의 행위가 오이디푸스의 존재 전체를 규정하지도 않는다. 물론 사회적 죽음에 따른 합리적인 자살도 가능하다. 그러한 자살은 충분히 정당화될 수 있다. 그러나 합리성과 정당성의 기준[9]은 칸트의 정언명령처럼 무조건적인 진리의 진공이 아니라 언젠가 무너지게 마련인 건물처럼 역사적 조건의 토대 위에 있다. 그렇다면 스토아학자들이 자살의 합리적 명분으로 삼았던 나쁜 삶, 불명예의 삶이라는 것도 도시에 거주하는 타자의 규범적 시선이 아니라, 황야에 사는 국외자의 시선에 의해서 재해석될 여지를 지니고 있다. ≪어록*The Discourses*≫에서 에픽테투스Epictetus는 거세의 굴욕을 감수하느니 차라리 자살을 하는 게 낫다고 말하였다.(9) 그는 거세된 삶을 좋은 삶의 대척점에 있는 나쁜 삶의 대표적인 예로 제시하였다. 그러나 ≪오이디푸스 왕≫은 좋은 삶과 나쁜 삶의 구분이 근원에 대한 망각과 무지에 기초해 있다는 것을 알려준다. 에픽테투스가 내세웠던 자살의 이유와 명분도 그러한 무지의 산물의 하나이다. 새롭게 의미가 부여될 수 없는 고통이나 절망은 없기 때문이다.

소통되지 않는 고통의 경험
— 프리모 레비의 자살[1]

일상의 삶에 느닷없이 밀어닥친 커다란 불운은 그것을 겪은 당사자에게 감당할 수 없는 고통을 안겨주게 마련이다. 심지어, 그러한 경험이 타인으로부터 공감을 얻지 못할 때 그 고통은 배가될 수밖에 없다. 자신의 삶을 와해시킬 만큼 고통스러운 경험이 그가 속한 공동체와 그 구성원들에게 통약 불가능하다면, 그 당사자의 고통은 아무 의미도 가치도 없는 것이 되는가? 이 장에서는 고통의 경험이 소통되지 않을 때, 그것을 경험한 당사자에게 미칠 수 있는 치명적인 영향에 대해 살펴보고자 한다.

서길완

장 아메리Jean Amery는 수많은 자살자들이 에셰크échec를 경험한다고 말한다. 에셰크는 사전상의 정의에 따르면, 체스를 둘 때 외통수에 걸린 것을 나타내는 단어라고 한다.[2] 돌이킬 수 없이 총체적으로 실패하고 만 것을 직시하는 말이라는 것이다. 아메리는 바로 이 에셰크에 저항하는 방편이 '자유죽음(자살)'밖에 없다고 주장한다. 그러나 아메리의 단언적인 주장을 뒤로 하고, 그런 총체적인 실패를 경험한 사람, "도끼날을 맞은 것처럼 뚝 부러지는 분위기를 맛본 사람"[3]들도 분명 에셰크 속에서 꿋꿋하게 살아간다. 물론 그런 충격적 경험을 끌어안고 살아가야 한다면, 그것이 당사자의 등 뒤에 상존하는 위협이 될 것임은 의심의 여지가 없다. 그런데 문제는, 우리 사회에서 끊임없이 에셰크의 위협을 받으며 사는 사람이 너무도 많다는 것이다. 시험에 떨어진 수험생, 파산가, 불치병에 걸린 환자들, 암담한 미래를 담보로 당장의 끼니를 구걸해야 하는 꿈을 가진 젊은이들 등등. 이들에게 에셰크는 물어도 답을 얻을 수 없는 수수께끼와 같은 것이다. 평범한 일상을 살던 그들에게 느닷없이 밀어닥친 에셰크의 곤궁은 도무지 풀리지 않는 문제다. 왜 내가 그런 부당한 일을 당해야 하는지를 물어보지만 누구도 그것에 대해 적절한 답을 줄 수 없는 어려운 문제인 것이다.

성경 속 인물인 욥Job은 그런 부당한 고통을 겪는 인간의 전형으로 꼽힌다. 날벼락 같은 일들이 일어나기 전까지 욥은 그의 올곧고 성실한 성품 덕택에 신으로부터 충분한 은혜를 받으며 살았다. 많은 가축 떼와 아이들, 그리고 하인들을 거느리며 풍요롭게 살고 있었다. 그러던 어느 날 갑자기, 많은 가축들이 번개를 맞아 죽거나 도난을 당해서 그는 빈털터리가 된다. 그리고 그의 장성한 아이들은 강풍에 맞아 죽는다. 모든 것을 잃은 욥에게 남은 것은 하인 한 명과 그의 아내뿐이었다. 예고도 없이 닥친 재앙 저 심연의 고통에서 그는 질문을 던져 보지만 어떤 응답도 받지 못한다, 그러나 "살기 위해서 그리고 제 자신과 세계를 이해하기 위해서"[4]라도 답이 필요하기 때문에 그는 계속해서 질문을 할 수밖에 없다. 올바른 이가 부당하게 억압을 받을 때 제기할 수 있는 물음들은 하나의 질문으로 요약될 수 있다 — 왜 나에게 이런 불행이 닥쳤는가?" 이에 대한 적절한 대답은 주어지지 않았다. 그와 창조자 사이의 무언의 계약은 깨진 것이다. 원칙이 무너진 세상 속에서 선과 악, 옳고 그름의 구별은 무의미해진다. 이 파열은 그를 인간존재의 축에서 떼어내고 인간이 그의 실존에 의미를 부여하는 좌표 바깥으로 내쳐 버린다. 그곳에는 선과 악의 차별도 없고 제 자신을 잃는 일도 없다. 왜냐하면 욥은 이제 그의 고통을 포섭할 의미의 틀을 잃어버렸기 때문이다.

그의 불운을 위로하기 위해서 절친한 지인들이 욥을 찾는다. 그의 고통을 공유하고 위로를 해보려 하지만 그들은 부조리에서 연유한 욥의 고통을 경험하지 않았기 때문에 그 고통을 공유할 수 없다. 그 부당한 고통의 경험을 공유할 수 없기 때문에 그들은 서로 소통하는 데 실패한다. 이미 존립하는 신학의 틀 안에서 욥의 부조리한 고난에 대한 답을 찾지 못한 그들은, 편협한 비난조의 답만 제시할 뿐이다. 결국 서로를 이해할 수 없는 상황, 그리고 그의 고통을 이해하고 이해시킬 수 있는 참조의 틀을 잃어버린 상황에서 욥은 철저히 고립된다. 철학자인 살바토 나토리Salvatore Natoli는 욥이 경험한 것과 같은 고통을 '존재론적인 부조리'라고 규정하고 그러한 고통에서 벗어날 수 있게 하는 실마리를 던져준다.

> 죄 없는 사람이 박해를 당하고 억압을 받는 것은 정당성이 없는 고통을 경험하는 것이다. 왜냐하면 그 고통은 (존재론적인)부조리이기 때문이다. 부조리는 존재할 수 없는 것이므로, 불가능한 현존(실존)으로서 이해될 수 있다. 부조리의 현존은 불가능성의 선언으로서만 발생하는 것이다. 이런 관점에서 부조리는 그 생생한 경험을 증언하는 이가 있기 때문에 존재한다. 의미의 탐색은 고통에 의미를 부여하는 방편이자, 몸과 이성을 찢어발기는 사건에 직면해서 제 자신의 통제력을 잃지 않는 방편이다. 계속된 질문만이 그 자신을 되찾을 수 있게 하는 방편인 것이다.[5]

나토리의 조언처럼, 욥은 고통의 영원한 희생자가 아닌 생존-증언자로 거듭난다. 친구들과 공동체로부터 고립된 욥은 신 앞에 홀로 서서 그의 이야기를 계속한다. 그는 고통을 겪으며, 물어도 대답 없는 신에게 계속 질문을 하고 그의 이야기를 생생하게 전달한다. 그렇게 하여 몸과 이성을 찢어발기는 사건, 즉 에셰크의 직접적인 희생자로서 그의 경험을 계속해서 말하는 욥은, 나토리의 말대로 증언자의 입장에 서게 된 것이다.

말하자면, 증언은 부조리한 고통에 의미를 부여하려는 노력에서부터 발생한다. 한 인간이 에셰크의 충격으로 인해 중심을 잃고 인간 삶의 축에서 튕겨나가 급기야 그곳에서 뿌리 뽑힌 것을 인식할 때, 그리고 그 때문에 고통스럽지만 그 뿌리 뽑힘의 정당한 이유가 없을 때(혹은 그 이유를 이해하지 못할 때), 그의 상황은 부조리하다. 이러한 상황은 그로부터 그의 인간적인 모든 것을 송두리째 앗아간다. 따라서 그 희생자는 자신의 인간성을 회복하기 위해서 계속 질문해야 하는 것이다. 그렇지 않으면 그의 몸과 이성이 에셰크의 충격에 산산조각이 나고 말테니까. 무엇보다도 욥 이야기의 결말은 에셰크의 충격으로 고통을 받는 사람에게 증언의 중요성을 드러내 보여준다. 욥은 끝없는 물음과 자신이 겪은 고난들에 대한 이야기를 계속함으로써 결국 신으로부터 새로운 이해의 틀을 얻게 된다. 더불어 그가 알 수 없는 고난을 당하기 전에 누렸던 복보다 더 많은 복을 얻게 된다.

증언을 통해 부조리한 고통에 대한 새로운 이해의 틀을 얻은 욥의 이야기는 에셰크를 경험했거나 경험할 가능성이 있는 수많은 현대인들에게 유용한 지침서가 될 수도 있을 것이다. 욥에 견줄 만한 부조리한 고통이 아닐지라도, 우리 누구나 살아가면서 한 번쯤, 크든 작든, 이르든 늦든 간에, 아메리가 에셰크라고 부르는 총체적인 실패나 좌절의 경험과 맞닥뜨릴 수 있다. 그러나 그것이 제 인생에서 구체적으로 경험되기 전까지 사람들은 에셰크의 곤궁과 그 무게에 눌린 파국적인 결말, 즉 자살을 남의 일로만 여기기 십상이다. 물론 이해한다고 말하는 사람들도 있다. 하지만 그러한 이해는 욥의 친구들이 그러했듯이, 피상적인 위로나 조언에 그칠 뿐이고 지독한 쓰라림 속에서 에셰크를 감내해야 하는 사람은 결국 당사자뿐이다. 사정이 그렇다 보니 자살자들과 자살미수자들을 위한 수많은 자살 예방(방지)책과 조언들 그리고 동정과 위로가 쏟아지지만 정작 자살을 감행하는 사람의 수는 줄지 않고 있다. 이것은 한편으로, 현대사회가 삶의 가치와 즐거움보다는 냉혹한 에셰크를 더 많이 안겨 주면서, 다른 한편으로 이런 삶은 당연한 듯 외면하고, 그래도 끝까지 살아야만 한다는 우격다짐으로 에셰크를 당한 사람들을 밀어붙이고 있다는 것을 보여준다. 이에 욥은 에셰크를 당한 사람들이 이러한 우격다짐에 함몰되지 않을 수 있는 방편으로 증언자의 역할을 실천적으로 보여주었다. 그렇다면 욥의 실천적인 조언이 부조리한 고난을 겪는 다른 이들에게도 유효할까? 만약 그렇다면, 에셰크의 고통 때문에 스스로 목숨을 끊는 이의 수가 줄지 않는 현대사회에서 욥의 실천적인 조언이 무엇보다도 필요하지 않겠는가?

욥의 실천적인 조언을 진심으로 받아들이고 실제 그의 삶의 지침으로 삼은 이가 있다. 성경 이야기의 욥의 상황과 너무도 흡사한 곤경에 내몰린 인물로서, 20세기 한계 상황의 전형이라고 할 수 있는 아우슈비츠에서 생환한 프리모 레비Primo Levi가 바로 그 주인공이다. 레비는 자신이 처한 이해할 수 없는 고통의 이유를 묻는 질문에 몰이해로 답하여지는 상황('왜'라는 질문조차 가능하지 않는)에서 살아남았다. 그리하여 수용소에서 해방 된 이후 풀리지 않는 그와 그의 동료들의 고통의 수수께끼를 이해하고 또 이해시키기 위해 그의 나머지 생을 받쳤다. 그 자신의 의지와 상관없이 벌어진 홀로코스트의 대재앙을 이해하기 위해 레비는 그가 죽기 불과

몇 달 전까지 그 대재앙을 기록하고, 왜 그런 일이 발생했는가를 묻는 작업을 멈추지 않았다. 그러나 해방 후 40여 년이 지난 어느 날 갑자기 그간 해 온 노력을 멈추고 그는 돌연 자살을 택했다. 그렇다면 그의 돌연한 죽음은 아우슈비츠 이후 그의 생존의 근간인 증언 작업, 즉 글쓰기와 불가분의 관계에 있다고 볼 수밖에 없다. 보다 엄밀하게 말하자면, 증언의 실패와 관련이 있다. 앞으로 살펴보겠지만, 증언의 실패는 소통의 부재와 실패를 의미하며, 그것은 곧 에셰크와 같은 트라우마적 사건을 경험한 이들에게 그 사건 자체보다 더 치명적인 결과를 초래할 수 있다.

레비의 글쓰기와 증언 작업

1987년 4월 11일 오전 10시경, 홀로코스트 생존 작가이자 20세기의 산증인인 레비가 자신이 태어나서 자란 아파트 3층에서 몸을 던져 사망했다. 그의 죽음은 정황상 분명한 자살로 판명되었다. 그럼에도 그의 죽음과 그 죽음의 원인을 둘러싼 논쟁들은 끊이지 않고 있다. 그렇다면 레비가 죽은 지 25년이 되어가는 현시점에도 그의 죽음이 첨예한 논쟁의 대상이 되고 있는 이유는 무엇인가? 그것은 레비가 수용소에 갇혀 있을 때뿐 아니라 해방 후에도 끊임없이 밝힌 그의 소명 때문이다. 레비는 나치스의 끔찍한 압제에 의해 인간성이 벗겨져 인간이 아닌 몰골을 하고서도 살아남은 이유는 그 잔혹한 현장과 그곳에서 겪은 고통을 증언하기 위함이라고 반복해서 말한 바 있다. 그러므로 말하기 위해서, 증언하기 위해서는 죽음보다 더한 고통에서 살아남은 생존자의 독기로 나머지 삶을 밀고 나가겠다는 것이 그의 결의였던 셈이다. 더욱이, 해방 후 40여 년 동안 그는 자신에게 부여한 증언자로서의 소명을 충실히 수행해 왔다. 글쓰기, 인터뷰, 강연 등의 활발한 활동을 통해 수많은 청자들과 독자들을 확보하면서 명실공히 증언문학의 최고봉으로 자리매김한 것이 그 증거다.

1986년의 한 인터뷰에서 왜 글을 쓰냐고 묻는 대담자 페르디난도 카몬Ferdinado Camon의 질문에 레비는 "쓸 수밖에 없었기 때문에 썼다."고 답한다.[6] 그리고 작가로서의 그의 소임을 설명하는 짧은 에세이 〈작가 아닌 작가The Writer Who is Not a Writer〉에서 레비는 글쓰기는 글쟁이가 되고 싶어서 선택한 일이 아니며 "빨갱이로 체포되어 유태인으로 강제수용소에 갔기 때문에" 작가가 되었고, 그러므로 "식욕과 우리 이야기를 하고자 하는 욕구는 동일한 차원의 원시적인 숙명"이라고 쓰고 있다.[7] 말하자면 글쓰기 작업은 아우슈비츠 이후 그의 생존의 근거와 목표라는 것이다. 그러나 동시에 레비는 그 일이 탄탈루스Tantalus가 처한 끔찍한 상황(신들의 비밀을 누설한 벌로 지옥의 물에 턱까지 잠겨 목이 말라 물을 마시려 하면 물이 빠져나가는 상황)에 비견될 만큼 완수하기 힘든, 아니 거의 불가능한 일임을 인식한다. 레비는 사무엘 테일러 콜리지Samuel Taylor Coleridge의 시 〈고수부의 노래Rime of the Ancient Mariner〉에서 자신과 거의 흡사한 딜레마에 빠진 또 다른 인물과 그의 고통을 발견한다. 특히 ≪익사한 자와 구조된 자≫의 에필로그로 사용되는 콜리지 시의 어두운 구절은 레비의 그런 어려운 처지를 잘 대변해 주고 있다. "그때 이후, 불확실한 시간에 / 고통이 되돌아온다 / 그리고 나의 섬뜩한 이야기가 말하여질 때까지 / 내 속의 심장은 불타리라." 요컨대 이들 설명에 비춰 볼 때, 우리는 아우슈비츠 이후 그의 생존의 근간인 글을 되짚어보지 않고서는 그의 죽음을 이해할 수 없다고 할 것이다.

레비는 해방 후 2년 뒤에 소위 '생존기'라고 할 수 있는 ≪이것이 인간인가≫(1947)를 발표하기 시작해서, 몇 년간의 공백기를 거쳐 ≪휴전≫(1963) ≪주기율표≫(1975), 그리고 몇 편의 단편소설들과 수십여 편의 시들을 썼으며,

마지막으로 ≪익사한 자와 구조된 자*The Drowned and The saved*≫(1986)를 쓰고 그의 생을 마감했다. 그렇다면 이토록 열정적으로 증언 작업을 행하던 그가 왜 스스로 목숨을 끊었는가? 증언 작업이 해방 후 그의 삶을 움직이게 하는 원동력임을 스스로 인정한 레비는 왜 불현듯 그 일을 중단하고 죽음의 세계로 건너갔을까?

수치의 경험들

많은 학자들이 레비의 죽음의 치명적인 원인으로 꼽는 것은 '수치감'이다. 그도 그럴 것이, 비록 '수치'라는 말이 직접적으로 사용되지 않더라도, 레비의 거의 모든 글들에서 수치에 관한 이야기가 발견된다. 만약 수치감이 그의 증언을 막아서고 종국엔 그를 죽게 한 원인이라면, 우리는 그의 수치감을 보다 구체적으로 살펴보아야 할 것이다. 다른 어떤 글들에서보다도 ≪이것이 인간인가≫, ≪휴전≫, 그리고 ≪익사한 자와 구조된 자≫에서 수치의 경험들은 보다 구체적으로 설명되거나 분석된다. 연대기적으로 볼 때, 레비의 첫 증언집이라고 할 수 있는 ≪이것이 인간인가≫를 먼저 살펴보는 것이 순서에 맞는 듯 보인다. 하지만 그보다 뒤에 나온 ≪휴전≫이 해방과 동시에 레비에게 일어났던 변화와 이후 그가 겪어야 할 고통을 요약적으로 보여준다는 점 때문에서 먼저 소개하기로 한다. 특히 이 책의 첫 장과 마지막 장의 에피소드들은 우리에게 그의 수치의 경험(감정)을 생생하게 증언해 주고 있다.

먼저, 첫 장은 오로지 생존만을 위해 모든 인간적인 것을 의식의 언저리에 밀쳐놓았던 수인들에게 해방의 순간은 결코 행복과 즐거움으로 다가오지 않는다는 사실을 피력한다. 레비는 이 복잡한 심경을 뒤에서 설명될 그의 마지막 증언집에서도 되새김질한다. 생존자들에게 해방의 시간은 그들이 "인간, 말하자면 책임감을 가진 인간이 되고 있다."[8]고 느끼게 하는 순간이며 동시에 한동안 그들이 의식의 저편에 묻어두었던 "인간 존재들의 슬픔을 되살이"하게 하는 순간이었다고. 레비가 인간으로 되돌아오고 있다고 느꼈던 바로 그 순간에 책임감 있는 인간으로서 그가 경험한 감정이 바로 수치감이라는 것이다. 이 감정은 레비가 러시아 해방군인들과 맞닥뜨리는 장면에서 가장 적나라하게 묘사된다.

이 장면은 아우슈비츠의 해방을 예비적으로 알리는 러시아 군인들이 동료의 주검을 묻기 위해 고군분투하고 있는 레비와 그의 친구 샤를을 발견하면서 시작된다. 온 사방에 주검들이 널브러져 있는 아우슈비츠 수용소의 상황을 보고 그들은 레비가 익히 잘 알고 있는 당혹스러운 감정을 표출한다. "입술은 옴짝달싹 못하고 장례식 장면에 눈길을 떼지 못하는" 그들의 얼굴에선 "가스실로 보내질 인원 선발이 끝난 뒤, 그리고 매번 모욕을 당하거나 그런 자리에 있어야 할 때마다" 느꼈던 수치, "타인들이 저지른 잘못 앞에서 올바른 자가 느끼는 부끄러움", "그런 잘못이 존재한다는 것"과, "그런 잘못이 존재하는 세상에 돌이킬 수 없이 그 자신도 휘말렸다는 것에서 느끼는 수치", 그럼에도 "자기의 선의지"는 "아무 쓸모도 없었다는 것에 가책을 느끼게 만드는 바로 그 부끄러움"이 내비쳐진다.[9] 해방군이 함께 느꼈던 바로 이 수치감을 안고 레비는 아우슈비츠에서 이탈리아로 가는 긴 여정을 거쳐 그의 고향에 도착한다. 하지만 그가 안착한 가정의 현실은 수용소에서 애타게 갈망했던 것과 다르다. 겉으로는 긴장과 고통이 없는 평온하고 느긋한 일상을 향유하는 것같이 보이지만, 밤이면 그에게 찾아드는 악몽으로 인해 그는 불확실한 공포에 시달린다. ≪휴전≫의 가장 마지막 장, 〈다시 깨어남〉은 꿈속의 꿈을 통해 그의 불확실한 두려움의 실체에 다가선다.

> 나는 가족들이나 친구들과 함께 식탁에 앉아 있거나 일터에 있거나 푸른 전원에 나가 있다. 그럼에도 알 수 없는 미묘하고 깊은 불안감을, 닥쳐오는 위협을 또렷하게 느낀다. 그리고 이제 이것이 무엇을 의미하는지 나는 안다. 그리고 내가 그것을 항상 알고 있었다는 것을 안다. 그것은 내가 다시 라거에 있고, 라거 밖에 있는 그 무엇도 진짜가 아니었다는 사실이다. 나머지, 가족과 꽃이 핀 자연과 집은 짧은 휴가 또는 감각의 속임수, 곧 꿈이었다. 이젠 안의 꿈, 꿈속의 꿈, 평화의 꿈은 끝이 난다.[10]

안의 꿈에서 깨어난 레비는 바깥의 꿈에서 그가 익히 들어 알고 있는 SS대원의 기상 명령 소리를 듣는다—"브스타바치(기상)". 요컨대 해방의 시점으로 시작해서 다시 죽음의 수용소로 되돌아가는 꿈으로 끝을 맺는 ≪휴전≫의 이야기는 결국 해방 후 그가 겪게 될 고통을 예고하는 것이다. 평화로운 삶 속에서도 끊임없이 수용소의 삶과 죽은 이들을 재대면해야 한다는 것, 그의 궁극적인 비천함을 되살이reliving해야 한다는 것이다.

그런데 레비가 해방과 함께 인간으로 되돌아가는 과정에서 느꼈던 수치감은 ≪휴전≫뿐 아니라 그의 다른 작품들에서도 반복적으로 묘사된다. ≪휴전≫보다 먼저 쓰인 ≪이것이 인간인가≫의 〈최후의 한 사람〉의 장에서 수치의 경험은 매우 찰나적으로 묘사된다. 그도 그럴 것이, ≪이것이 인간인가≫는 매순간 죽음에 내몰리는 수용소의 삶을 주로 다루고 있기 때문이다. 모든 인간성이 박탈된 수용소의 동물적인 삶에서 수치와 같은 인간적인 감정은 지속될 수 없다. 그러나 매우 드물게 이들 수인들에게도 그 상황을 벗어날 수 있게 하는 순간들이 찾아든다. 며칠 되지 않는 쉬는 일요일, 잠들기 직전 쏜살같이 지나가는 몇 분, 혹은 공중 맹폭격이 있는 시간이 그러한 순간들이다. 그러나 레비의 기억에 따르면, 이 찰나적 순간들은 고통스럽다, 왜냐하면 외부에서부터 그들(수인)의 "추락을 가늠할 기회를 제공해 주기 때문이다."[11] 〈최후의 한 사람〉은 이 찰나적 고통의 순간을 극적으로 보여준다. 여기서 레비는 수용소의 반란에 동조한 죄로 공개처형을 당하는 한 남자와 그의 죽음을 대하는 수인들의 모습을 그리고 있다. 그의 공개적인 죽음을 초래한 반란은 가스실에서 사체 처리를 강요받은 유태인 특별작업반 340명이 일으킨 반란으로 수용소 역사상 유일무이한 무장저항이었다. 그러나 그 저항은 나치 친위대의 공격을 받아 모든 반란자들이 희생되는 것으로 종료된다. 저항의 끝자락에서 들려오는 것은 희생자들의 절규일 뿐이다. 레비는 그 절규가 "오랫동안 지속된 무기력과 굴종의 두터운 방벽을 뚫고서" 그들 수인들의 "내부에 살아 있는 인간의 마음을 뒤흔들어 놓았나."고 고백한다.[12] 그리고 최후까지 살아남은 한 남자는 그가 죽어야 할 마지막 순간에 수인들을 향해 "동지 여러분, 내가 최후의 인간이오!"라고 외치며 형장의 이슬로 사라진다. 레비는 이 남자의 죽음 앞에서 찰나적이긴 하지만 그들이 아직 인간으로 살아 있음을 느끼게 했던 그 감정이 작은 동요, "수근거림, 동의하는 목소리"로 표출되기를 간절히 바란다.[13] 그러나 희생자의 마지막 숨이 남아 있는 그 순간에, 그 자신을 포함한 "비굴한" 수인들은 아무 말 없이 "다시금 열을 지어 단말마에 떨고 있는 시체 앞을 지나갔다."고 레비는 반추한다.[14] 이러한 회상적 묘사는 해방 후 몇 달 혹은 몇 년의 세월이 흐른 뒤에도 여전히 레비가 자신의 패배감과 망가짐을 목격하고 있었다는 것을 시사하는 것이다.

레비는 수치감과 관련하여 위에서 묘사된 사건들을 그의 마지막

책인 ≪익사한 자와 구조된 자≫에서 재조명한다. 그러나 이번에는 〈수치Shame〉라는 제목 아래 자살의 문제와 연결해서 보다 분석적인 설명을 시도하다. 우선 레비는 "자살은 동물의 행위가 아닌 인간의 행위"라고 말하면서 생존하는 데만 전력을 다한 그와 같은 생존자들에게는 한동안 괄호 묶인 그런 인간적인 행위임을 강조한다. 그러면서 레비는 대부분의 경우 "자살은 어떤 처벌로도 경감될 수 없는 죄책감"[15]에서 탄생한다고 말한다. 그런데 레비에게 있어, 생존자의 죄책감은 위젤이 공식화한 "나는 살아 있다. 그럼으로 유죄다."[16]와 같은 막연한 죄책감이 아니며, 그렇다고 개인적인 죄는 부인하면서도 모든 전후 독일 세대가 떠안겠다고 나서는 일반적인 '집단적 죄책감'도 아니다. 이러한 죄책감들은 꼭 자기 자신이 아니더라도 어느 누군가 대신해서 떠안을 수 있는 대체 가능한 것이라는 점에서 어느 누구의 죄도, 죄책감도 아니기 때문에 레비는 거부한다. 그렇다면 어떤 죄책감인가? 레비는 〈최후의 한 남자〉의 사건을 상기시키며 이성적인 도식에서는 부끄러워야 할 것이 없을지 모르지만, 그럼에도 저항할 힘과 가능성을 가졌던 사람들에게 영속하는 불편한 감정, 즉 "수치감"이 그것이라고 말한다. 말하자면, 그것은 사건 당시에는 그들을 "거의 응시를 하지 않았지만 사후에 되돌아온 생각"이며, "생존자가 그의 이야기를 듣는 사람들의 눈을 통해 그가 본다고 믿는 판결"이라는 것이다.[17]

요컨대, 아무리 찰나적인 순간이라 할지라도 수치감은 생존자가 사후적으로 희생자들과 그들의 경험을 조우하는 과정에서 발생하는 감정이다. 말하자면, 극한의 에세크 상황에서는 제대로 인식하고 대처하지 못했던 것을 사후적으로 이해하고 반응하는 것이다. 이 같은 에세크의 트라우마적 성격을 고려해 볼 때, 재경험 없이 비천한 과거를 기억하는 것은 사실상 불가능하다. 순식간에 덮친 트라우마적 재앙은 당장 제 한 몸 지켜내기도 버거운 한계 상황이다. 이런 상황에서 이성이 제대로 작동될 리 만무하다. 그러한 상황이 제대로 인식되기 위해선 사후적인 재대면이 불가피하다. 레비의 경우, 수용소의 야만적인 일상이 잠시 멈추는 찰나적인 순간에, 되풀이되는 악몽을 통해, 그리고 청자의 눈에 비춰지는 판결을 통해 그 자신의 비천한 과거와 다시 만난다. 이러한 회고적인 시선 속에 떠오르는 수치감을 통해 그의 트라우마적 상황을 기억하는 것이다. 그렇다면 여기서 우리는 수치가 레비의 해방 후 삶에 미친 부정적인 영향에 대한 많은 학자들의 관점을 재고하지 않을 수 없다. 물론 수치의 경험이 비천한 과거 되살이라는 점에서 그것이 레비의 해방 후 삶에 끼쳤을 부정적인 영향도 간과할 수 없다. 비천한 과거를 되살이하는 일은 아픈 과거의 상처를 다시 덧나게 하는 이중의 고통을 안겨 줄 수 있기 때문이다. 그럼에도 레비가 경험한 한계 사건은 그 일이 벌어질 당시엔 온전히 인식될 수 없는 트라우마적 사건이라는 점을 상기한다면, 증언-작가로서의 레비에게 수치의 경험은 결코 부정적인 요소가 아니다.

앞에서 묘사된 레비의 수치의 경험들을 통해 알 수 있듯, 수치감은 트라우마적 경험에 대한 뒤늦은 인식과 반응, 즉 사후적인 기억의 역할을 하고 있다. 그런 의미에서, 수치의 경험은 증언-작가로서의 레비가 증언 작업을 하는 데 있어 필수적인 요소가 될 수밖에 없다. 이러한 관점은 수치감 자체가 그의 죽음의 궁극적인 원인이 아님을 시사해 준다. 증언하기 위해 살아 돌아온, 그리고 그 일을 위해 살아가고 있는 레비와 같은 생존자에게 수치감의 결여가 오히려 사후적인 삶을 위협하는 위험인자가 된다고 말하는 것이 옳은 듯 보인다.

수치감의 결핍과 부재, 레비의 자살, 그리고 우리의 과제

레비는 그의 마지막 증언집에서 수치감의 결핍 혹은 부재와 관련해서 다음과 같이 심경을 토로했다. 고통의 수위가 올라 거의 잠식당할 것 같은 상황에서도 "눈을 감거나 외면"할 수 없다.[18] 그런 일은 "12년간, 히틀러 시대의 대다수 독일인들이 했던 것"이기 때문이다.[19] 그 당시 대다수의 독일인들은 "보지 않는 것이 알지 못하는 방식"이며 "알지 못함은 곧 공모나 묵인의 잘못에서 벗어나는 것"이라고 스스로를 기만함으로써 막대한 수치감을 피할 수 있었다.[20] 말하자면, 그들은 아우슈비츠의 끔찍한 현실과 그 고통을 정면으로 통과하지 않음으로(진정으로 관계하지 않음으로) 증언의 필연성을 느끼지 못하거나 혹은 손쉬운 말로 그 끔찍한 사건을 봉합할 수 있었다는 것이다. 역으로 레비는 바로 그런 이유 때문에, 수치감에 따른 고통이 위험수위에 달했음에도 비천한 과거의 기억을 피하지 않았다.

이 같은 레비의 강한 의지는 그의 말년에 불어닥친 일련의 재앙들로 인해 점점 약화된다. 그가 죽기 몇 년 전 레비는 그의 친한 친구에게 아우슈비츠와 관련된 악몽이 멈추었다는 말을 했다고 전해진다.[21] 일반적으로 끔찍한 악몽을 꾸지 않게 된다는 것은 그 고통으로부터 벗어난다는 것을 의미한다. 그러나 수용소 해방 후 레비의 글쓰기(증언) 작업을 떠올려 볼 때, 그의 악몽은 단순히 병리적인 증상 이상의 의미를 갖는다. 그것은 수용소에서 익사한 자들과 그를 연결하는 "기억의 끈(기념물)과 의례 행위"[22]가 되어가고 있었다. 밤마다 그를 괴롭힌 악몽은 나치 시대의 대다수 독일인들이 외면하고 그를 비롯한 수인들이 생존하는 데 급급해서 응답하지 못한 문제를 뒤늦게 풀 수 있게 하는 실마리 역할을 했기 때문이다. 따라서 어느 한순간, 그에게서 악몽이 사라진다는 것은 증언 작업을 계속 수행할 수 없게 됨을 뜻한다. 그는 이제 복잡하게 엉켜 있는 실타래를 풀 실마리를 놓쳤기 때문에 더 이상 과거의 문제와 조우할 수 없고, 또 그러한 만남의 상실은 곧 수치감의 상실을 의미하는 것이기에 궁극적으로 증언은 실패할 수밖에 없다는 어두운 결론에 이르렀던 듯 보인다.

설상가상으로, 비슷한 시기에 레비의 기억력도 감퇴되어 가고 있었다.[23] 1983년에 쓰인 시 〈한 마리의 쥐A Mouse〉에서 화자는 모든 기억들을 떠올릴 충분한 시간이 없다는 것을 한탄한다. 이 시에서 말이 많고 민활한 생쥐는 화자에게 "어쩌고저쩌고, 시간은 점점 짧아져가네 / 잃어버린 시간은 결코 다시 돌아오지 않으리 / 시간은 돈이라네"라고 설교를 한다.[24] 여기서 화자인 레비가 기억상실과 시간에 대해 걱정하고 있는 이유는 앞의 악몽의 상실에 대해 걱정하고 있는 바와 같은 이유에서다. 불운하게도 그의 걱정은 사회, 역사적인 차원에서 '역사가 논쟁'을 통해 현실화된다. 이 논쟁에서 표면화된 수정주의자의 주된 입장은 아우슈비츠를 상대화해서 전후 독일의 새로운 정체성을 형성하는 것이다. 서경식의 지적대로, 논쟁의 승패를 한마디로 총괄하기 어렵지만, "언론에 드러나지 않는 대중은 일상 의식 속에서 수정의자 측을 더 많이 지지했다."[25] 서경식은 이러한 지지의 배경이 "독일인의 긍지에 대한 욕망"과 "독일 국민으로서의 집단적 책임을 귀찮은 짐으로밖에 여기지 않는 새로운 세대의 의식"에 있다고 평가한다.[26] 레비가 끈질기게 붙들고 있던 악몽은 사실 이 새로운 세대의 의식에 연결될 끈이었다는 점에서 그가 입었을 타격을 상상해 볼 수 있을 뿐이다.

한편, 독일 국민으로서 무조건적으로 책임을 떠안겠다고 나서는 청자listener로서의 전후 세대도 과거의 극복을 위해 분명한 목소리를 드러낸다. ≪익사한 자와 살아남은 자≫의 7, 8장은 레비의 수용소의 삶에 대해 젊은 세대들이 그에게 던진 전형적인 질문들[27]과 그의 글을 읽고 영향을 받은 독자들과 주고받았던 서신의 내용 일부를 공개하고 있다. 그러나 레비가 보기에, 그들 대부분은 과거의 악행의 무게를 파악하지 못하거나 결코 그렇게 하지 않을 태세다. 레비에게 있어, 당대의 사람들이 취하는 이 같은 태도는 나치 시대 대다수의 독일인들이 막대한 수치감과 마주하지 않기 위해 행했던 과오와 별반 다를 바 없다. 살육의 현장을 직접 목격하지 못한 전후 세대들이 던지는 전형적인 질문들은 회피와 외면의 또 다른 모습에 불과하다는 게 그의 판단이다. 게다가, 깊은 반성(성찰) 없이 무조건적으로 전 세대의 과거를 떠안고자 하는 후세대들의 책임의식 역시, 레비에게는 익사한 자들과의 상상적인 동일시를 통해 과거를 극복하려는 태도, 즉 수치감이 결여된 태도로 여겨질 뿐이다. 궁극적으로 현시점에서 레비의 이야기를 듣고 영향을 받은 사람들은 그가 경험한 트라우마적 사건과 그것으로 인해 죽거나 죽은 거나 다름없이 살아 돌아온 사람들을 진정으로 대면할 자세를 취하고 있지 않는 것이다.

결국 레비의 부조리한 고통의 이야기는 그것을 듣고 이해해야 하는 사람들에게 들리지 않은 이야기로 남게 된 셈이다. 그의 아픈 이야기가 의미를 갖기 위해선 그것을 들어주고 그 이야기를 전달해 줄 진정한 청자가 필요하다. 그렇지 않으면, 욥의 친구들이 그러했던 것처럼 오히려 에셰크의 희생자를 더 좌절하게 만들 뿐이다. 그 당시의 신학적 논쟁의 틀 안에서 욥의 친구들이 제시한 질문과 답들은 레비의 독자(강의 청취자, 서신을 주고받는 사람)들이 던진 전형적인 질문들의 성격과 크게 다르지 않다. 그럼에도 욥이 레비보다 더 나은 점이 있다면, 그의 부조리한 고통이 보다 광대하고 보다 더 유의미한 우주의 틀 안에서 해독되었다는 것이다. 그러나 욥의 고난과 달리, 레비의 고통은 그것을 경험한 당사자들은 물론 그 이야기를 들어줄 후세대들에게도 해독 불가능한 질문으로 남게 되었다. 당초에 탈출 자체가 불가능한 한계 상황에 대해 "어떻게 탈출하지 않죠?", "왜 저항하지 않았나요?"[28] 라고 묻는 학생들의 단순하고 정형화된 질문은, 저항할 수 없는 극한의 상황에 대한 이해의 깊은 골을 드러내는 것이다. 그런 의미에서, 레비가 죽기 바로 1년 전에 쓴 그의 마지막 증언집의 말들은 그의 해독되지 않은 고통은 물론 그와 유사한 고통을 안고 있는 사람들에게 의미 있는 메시지를 던진다.

> 그러한 현상(형언할 수 없을 만큼 고통스러운 타인의 고통을 단순화하고 정형화하는)은 비단 가까운 과거나 역사적인 비극에 대한 인식에만 국한되어 있지 않다. 우리가 다른 사람의 경험을 이해하기 어려워하거나 이해할 수 없는 부분은 훨씬 일반적인 현상이다. 타인의 경험이 명백해질수록 이 경험들은 시간, 공간, 질적인 면에서 우리의 경험과 더 멀어지게 된다. 우리는 그러한 경험들을 관련 있는 것과 두루 뭉실하게 같이 엮으려 든다. 마치 아우슈비츠의 허기가 한 끼 식사를 건너뛰는 것과 같은 것처럼, 혹은 트레블링카Treblinka[29]의 탈출이 일반적인 감옥에서 탈출한 것과 비슷한 것처럼 받아들이는 경향이 있다.[30]

02

누가 Quis 자살하는가?

청춘의 자살은 유죄?

지금 한국 사회에서 왜 청춘들의 자살이 급증하는가? 거기엔 물론 취업난이나 등록금 문제, 희망이 보이지 않는 사회에 대한 불안을 비롯한 여러 가지 복잡한 사회적인 원인들이 있을 것이다. 그러나 비슷한 문제로 고민하는 모든 청춘들이 다 자살하는 것은 아니다. 삶에 대한 가치관의 문제도 크게 작용하고 있는 것이다. 한때 자살 미수 사건을 겪었던 실제 경험에서 출발하여, 청춘들의 삶의 의미와 가치를 다시 묻고, 청춘들의 자살이 부당한 윤리학적 근거들을 추적해 본다.

김운하

나는 길을 잃을 것이고 상처받을 것이다.

그러나 그것만이 삶이기에 생각한 대로 말하고

말한 대로 행동하고 행동한 대로 살아내겠다는 용기를 내련다.

_ 김예슬 선언 중에서

자살로 내몰리는 청춘들

21세기 들어 자살 문제는 한국 사회의 긴급한 문제로 부각되고 있다. 지난 10년 동안 자살률이 거의 2~3배 증가했고 자살률은 이미 세계 1위다. 더욱 문제가 되는 것은 10대에서 30대까지 사망원인 가운데 자살이 1위를 차지하고 있다는 사실이다. 2009년 통계청에서 발표한 사망원인과 사망률 자료를 보면 특히 20~29세에서 자살(44.6%)이 암(9.3%)보다 거의 5배나 높은 수치를 보이고 있다.

청소년과 청년들이 인생이 무엇인지 이해하기도 전에, 또 인생을 충분히 살아보기도 전에 자살이라는 극단적인 형태로 삶을 끝내는 것은 사회적 손실 여부를 떠나 개인적인 차원에서도 분명 심각한 문제다. 그러므로 당면한 문제에 대처하기 위해서는 자살에 관한 사변적이고 거시적인 이해도 중요하지만, 지금은 보다 실질적이고 구체적인 대응방안도 시급히 필요하다.

그러나 일부 임상심리학이나 의학계에서 자살 문제를 지극히 개인적인 문제로 국한시켜 이해하려는 것은 오늘날 당면한 한국 사회의 심각한 자살 문제에 대한 올바른 진단이 될 수 없다. 왜냐하면 설령 자살자들 대부분이 넓은 의미에서 우울증을 앓고 있었다고 하더라도, 그런 우울증을 초래하게 된 궁극적인 원인은 개인적인 것이라기보다는 오히려 대부분 사회적 삶이나 사회적 관계에서 비롯되었다는 사실을 간과하게 될 우려가 있기 때문이다.[1] 예를 들어 2011년 한 해만 하더라도 20대 30대 청년들이 몇 명씩 모여 자살하는 집단자살 사건이 전국에서 십여 건에 이른다. 대부분 인터넷 자살 사이트에서 만나 이루어진 집단자살 사건들이다. 그들이 남긴 유서를 보면 "사는 게 너무 힘들다", "앞이 안 보인다"는 등 취업 문제를 비롯한 사회적 삶의 한계 상황에 부딪쳐 절망한 나머지 자기 징벌적인 차원에서 자살을 시도한 것임을 알게 된다. 그들은 자기 자신을 패배자, 낙오자로 스스로 낙인찍고 있는 것이다.

물론 자살자들 가운데는 지극히 개인적인 이유에서 자살한 경우도 있다. 하지만 최근에 심각하게 불거지고 있는 한국 청년들의 자살은 거의 '사회적 자살'이라고 봐야 한다. 즉 청년들을 고통과 절망에 빠뜨리는 현실의 문제가 일차적인 원인이 되어 일어나는 자살들인 것이다. 실제로 한 언론기관에서 대학생들을 대상으로 설문조사를 한 결과를 보면 대학생들 가운데 1/3이 넘는 응답자들이 자살 충동을 느끼거나 자살을 시도한 적이 있다고 답변했다고 한다. 그러한 자살 충동과 시도 원인을 보면 '경제 문제(등록금 포함)'가 57%로 1위를 차지하고, '취업 문제'가 30%로 그 뒤를 잇고 있다. 더 구체적으로 보면 과도한 학업 스트레스, 감당하기 어려운 등록금 문제, 취업난, 빈부 격차의 심화에 따른 상대적 박탈감, 극한적인 경쟁을 요구하는 사회적 압박감과 희망이 없어 보이는 미래에 대한 불안감이 한국 청년들을 삶의 벼랑으로 몰고 있는 것이다. 그런 의미에서 한국 청년들이 자살하는 원인들은 사실 복잡하지 않고 아주 명료해 보인다.

그러나 한국 청년들이 삶에 좌절감을 느끼는 이유들이 단지 이처럼 정량적으로 객관화할 수 있는 문제들에서만 비롯되는 것은 아니다. 어떻게 보면 객관적인 원인들 못지않게 중요한, 정량화하기 어려운 삶의 가치의 문제 또한 있다. 그것은 바로 한국 사회의 물질 숭배주의, 물질 만능주의 가치관 문제다. 삶의 다양성과 가치의 다양성을 인정하지 않고 오직 물질적인 부와 소유의 크기로 삶과 개인의 가치를 평가하려는 획일적이고 속물적인 한국 사회의 분위기가 청춘들의 마음을 황폐하게 만들고 있다. 삶의 목표와 가치가 다양해지고, 그러한 다양한 목표와 가치가 모두 나름대로 사회적으로 소중한 개성의 발현으로 존중받고 인정받을 수 있을 때, 약육강식의 치열한 경쟁도 완화될 수 있을 뿐 아니라 사회의 고른 발전도 가능하게 된다. 그러나 단 하나의 가치, 물질적 부의 소유와 그 크기만이 유일한 가치로 될 때, 사회는 온통 그것을 쟁취하기 위한 무자비한 경쟁과 서열을 낳게 되고 흔히 말하는 '승자 독식'의 구조 속에서 대다수 패자들은 상대적 박탈감 속에서 패배의식에 젖게 되고, 그 결과 삶에 대한 의지를 상실하게 되는 것이다. 단도직입적으로 말해 부자아빠가 좋은 아빠이고 가난한 아빠는 나쁜 아빠라고 노골적으로 홍보하는 지금과 같은 한국 사회는 정신적으로 깊이 병든 사회이지 결코 건강한 사회가 아닌 것이다. 그런 사회는 인간성을 잃어버린, 오로지 먹을 것을 둘러싸고 이전투구를 벌이는 말 그대로 짐승의 사회라고 해도 그리 틀린 말이 아니다. 현재 한국 사회에서 발생하고 있는 청년 자살의 문제는 단지 사회적 자살 문제일 뿐 아니라 '가치 자살' 문제이기도 하다는 것을 간과해선 안 될 것이다.

그러므로 최근에 심각한 문제로 부상하고 있는 노인 자살 문제뿐 아니라 청년들의 자살 문제에 관해서도 그저 개인적인 문제로 치부할 것이 아니라 공동체 전체가 안고 있는 문제임을 직시하고 공동체 전체가 진지하고 심각하게 고민하면서 근원적으로 문제를 해결할 방안을 찾도록 해야 한다.

올해 들어 국회와 범정부 차원에서 「자살예방 및 생명존중문화 조성을 위한 법률」이 제정되어 자살예방사업에 대한 법적인 근거가 마련되었고 예산 지원도 따를 예정인 것은 우리 사회가 뒤늦게 문제의 절박성을 깨닫고 있다는 증거일 것이다. 그렇지만 자살 문제에 대해 공동체적인 차원의 대책 마련도 일차적으로 중요하고 또 시급하지만, 그것만으로 자살 문제가 모두 해결될 수 있는 것은 아니다. 사회적인 차원뿐 아니라 개개인들의 대처 문제 또한 그에 못지않게 중요하기 때문이다. 예를 들어 학업 스트레스나 취업난 같은 동일한 사회적 자극에 대해 개인들마다 각기 다르게 반응한다는 사실은 사회적인 원인들뿐 아니라 개인의 인성과 가치관 문제도 있음을 의미하기 때문이다.

소통 문제를 연구하는 사회과학자 김주환은 ≪회복탄력성≫이라는 책에서 살인적인 경쟁, 징벌적 등록금, 취업난 등 구조적인 문제들이 있지만 그런 사회문제들은 촉발제일뿐, 근본적인 자실 원인은 청년들의 정신적 나약함에 있다고 주장하고 있다.[2] 그는 회복탄력성이라는 개념을 제출하고 있다. 이 개념은 시련과 고난을 딛고 일어서는 힘을 의미한다. 긍정적인 마인드를 가진 사람들일수록 회복탄력성 지수가 높다고 한다. 삶과 자기 자신을 바라보는 생각과 가치관은 자살과 깊은 연관을 맺고 있다. 그러나 청년들의 정신적인 나약함이 과연 청년 자살률 증가의 근본 원인인지는 의문이다. 자살 원인 전체를 놓고 본다면 한국 사회에서는 객관적인 사회문제가 더 큰 근본 원인이며, 개인적인 인성 문제는 작은 원인이다. 그럼에도 개개인의 마음가짐과 태도의 문제도 결코 간과할 수 없다. 두 가지 원인이 서로 상호작용한다는 전제 아래서, 작은 이유도 살펴보아야 한다.

한국 청년들이 삶과 자살에 대한 순수한 철학적 관념만으로 자살하는 경우는 별로 없을 것이다. 삶의 의미와 가치에 대한 비관적이고 허무주의적인 관념에 빠져 목숨을 끊는 경우를 철학적 자살이라고 한다면, 설사 그런 관념을 가졌다 하더라도 깊은 사유를 통해서라기보다는 사회적이거나 개인적인 원인들로 인해 생기는 극심한 스트레스와 절망, 무기력, 희망의 부재, 자괴감과 우울 같은 감정이 촉발제가 되어 삶에 대한 비관적이고 허무적인 관념을 갖도록 만드는 것이다. 하루에도 몇 번씩 죽음의 그림자가 스쳐 지나감을 느끼면서 살얼음판을 걷듯이 하루하루를 보낸다는 언론에 보도된 어느 젊은이의 고백은 가혹한 삶의 현실에 짓눌린 한 인간이 삶에 지친 나머지 어떤 관념과 감정을 가지게 되는가를 잘 보여준다.

다시 말하면 가치 자살의 이면에는 사회적 원인들이 간접적으로 작용하고 있다고 할 것이다.

그러나 설사 고통스럽고 불안한 삶의 현실에 부딪쳐서도 삶을 긍정하고 신뢰하는 윤리학적인 신념과 의지가 있다면 희망을 완전히 포기하지 않고 고난과 역경을 도전으로 받아들이면서 삶을 살아갈 수 있을 것이다. 인간성과 삶의 가치를 탐구하는 인문학이 청년들의 자살을 예방하고 대처하는 데 일정한 역할을 할 수 있다면, 바로 이러한 접근에서 이루어져야 할 것이다. 움베르토 에코Umberto Eco는 어느 책에선가 문학의 사회적 가치가 무엇인가 하는 질문에 대해 문학은 살고 죽는 방법을 가르쳐 준다며 강조한 적이 있다. 인간이 사고하는 동물인 한, 신념과 가치를 성찰하게 하는 인문학의 능력은 자살 문제를 풀어가는 데도 결정적이고 유용한 접근이 될 수 있다.

자살 문제를 해결하는 데 공동체적인 접근 외에 개인적이고 윤리학적인 접근이 유효하다면, 청년층의 삶과 자살 문제를 둘러싼 윤리학적 핵심 문제는 두 가지가 될 것이다. 첫째, 사회적 삶 속에서 겪게 되는 어떤 불행이나 시련, 고통에도 불구하고 자살하지 않고 인내하며 끝까지 살아가야만 하는 타당한 이유가 있는가? 즉 인간의 존재와 삶에 어떤 가치와 의미가 있는가? 둘째, 나는 과연 나 자신을 믿을 수 있는가?

나를 사로잡았던 죽음의 유혹

이 문제에 답하기 위해 나는 나 자신이 직접 겪은 개인적인 이야기부터 하고 싶다.

문학이 결국 구체적인 실존을 탐구하는 것인 한, 내가 청춘기에 겪었던 자전적인 이야기도 일종의 논픽션 소설의 일부로 성찰할 수 있고, 자살 위기를 실제로 겪었던 한 실존의 이야기를 통해 삶과 죽음의 문제를 반추해 볼 수 있기를 기대하기 때문이다.

나는 고등학교 3학년 때이던 열아홉 살 때 심각한 자살 충동에 시달렸고, 자살 직전까지 갔던 순간이 있었다. 나는 열아홉 살과 스무 살, 2년에 걸쳐 부모님을 모두 잃었다. 아버지의 갑작스런 죽음으로 인한 충격으로 나이 드신 할머니는 병석에 누웠고, 외동아들이었던 나는 졸지에 고아가 되었다. 원래 가난하던 집이라 나는 대학입시도 포기해야 했고, 당장 생계를 책임지고 할머니를 돌보아야 하는 처지가 되었다. 상주가 되어 장례를 치르고, 병들어 누운 할머니를 바라보며 나는 말 그대로 공포를 느꼈다. 나는 화가가 되는 것이 꿈이었다. 초등학교부터 고등학교까지 줄곧 꿈을 길러왔다. 동녘에서 해가 떴다가 캄캄한 밤의 어둠이 대지를 뒤덮는 순간까지 하루 종일 화판 앞에 앉아 그림에 몰두하고 있어도 조금도 피로하거나 지치지 않을 정도로 그림 그리기에 몰두했었다. 한참 후에 글쓰기의 쾌락에서 동일한 열정을 발견하게 되었지만, 당시까지는 그림을 그릴 수 없는 삶이란 결코 상상할 수 없었고 상상하기조차 싫었다. 하지만 내가 서 있던 지반이 붕괴되자, 나는 화구들과 함께 어두컴컴한 타르타르소의 심연 속으로 굴러 떨어지게 되었다. 미래는 갑자기 그때까지 살았던 과거 전체와는 완전히 단절된 균열과 불연속성을 드러내며 나와는 전혀 무관한 폭력적인 괴물의 얼굴을 하고서 내 앞에 나타났다.

그랬다, 그 순간 내 앞에 모습을 드러낸 미래는 악마의 얼굴을 하고 있었다.

화가의 꿈도, 대학 입학도 모두 포기해야만 하는 상황에 처하게 되자, 이 예측 불가능하고 폭력적인 얼굴을 한 삶이 두려워졌다. 삶에 관해서는 아무것도 모르는 철부지였을 뿐이던 나는 갑작스럽게 닥친 불행을 감당하기 어려웠다. 고3이었지만, 학교에도 나갈 수 없었다. 부모님의 죽음 후에 나를 기다리고 있는 것은 가난이었다. 병든 할머니와 나 자신을 부양하기 위해서 나는 당장 무슨 일이든 해야만 했다. 생계를 위해 나는 처음으로 직업전선에 뛰어들었다. 그러나 아무런 직업적인 기술도 없이 할 수 있는 일이라고는 막노동밖에 없었다. 집에는 병든 할머니가 누워 있었고, 나는 매일 새벽같이 일어나 고된 노동 현장에서 온몸이 부서지는 듯한 괴로움을 느끼며 일을 했다. 미래, 꿈, 아니 내 삶 자체가 나락으로 굴러 떨어져버린 기분이었다.

그런 순간들 속에서 나는 요즈음 극한적인 경쟁의 스트레스와 학자금, 취업 문제로 고통 받는 청년들이 느낄 만한 모든 감정들을 고스란히 느끼고 있었다. 나는 삶에 대한 의욕과 열정을 잃어버렸다. 하루하루 사는 것이 고통일 뿐이었고, 그런 식으로 삶을 영위해 가는 것이 무슨 의미가 있겠는가, 하는 의문에 사로잡혔다. 나는 얼마 전에 신문에서 집단 자살해 버린 몇 명의 청년들이 남긴 글에서 이런 문장을 읽었었다. "미래가 안 보인다. 사는 게 너무 힘들다."

그 짧은 문장 너머에서 느껴지는 공포와 두려움이 너무나 생생하게 느껴져, 나는 잠시 먹먹한 상태에 빠지고 말았다. 막노동 현장에서 지친 몸을 질질 끌고 집으로 돌아와 불을 끄고 누울 때마다 내 머릿속에서 왕왕 울려 퍼지던 바로 그 문장이었던 것이다!

나는 매일 밤마다 삶과 죽음에 대한 허무하고 비관적인 생각에 사로잡혔고, 내 삶과 존재가 무의미하다는 생각에 사로잡혀 괴로워했다. 나는 구약성경의 욥이 모든 것을 잃어버린 후에 참혹한 고통 속에서 탄생 자체를 원망하고 부정하듯 삶의 존재 자체를 부정하고 있었다. 삶 전체가 끔찍한 고통과 불행으로 가득 차 있을 뿐이라면 도대체 그 삶이 굳이 삶으로써 존재해야 할 필연적인 이유가 있는가? 죽느냐 사느냐, 이것이 문제로다! 라고 했던 햄릿의 외침은 마치 나 자신의 목소리인 양 귓전에 울려 퍼졌다.

가혹한 운명의 화살을 맞고도
죽은 듯 참아야 하는가, 아니면
성난 파도처럼 밀려드는 재앙에 맞서 싸워야만 하는가
죽는 건 그저 잠자는 것일 뿐, 잠들면
마음의 고통과 육신에 따라붙는 무수한 고통은 사라지지
죽음이야말로 우리가 간절히 바라는 결말이 아닌가
그저 칼 한 자루면 이 모든 것을 깨끗이 끝낼 수 있는데….

_셰익스피어 ≪햄릿≫ 제 3막 1장

나는 매일 밤 씁쓸하면서도 달콤하게 느껴지는 죽음의 유혹에 시달렸다. 머릿속에서 죽음과 자살에 대한 생각을 떨쳐버릴 수 없었다. 그것은 공포이자 매혹이었고, 도피이자 구원이었고, 끝이자 새로운 시작처럼 보였던 것이다. 그러나 그것은 사실 암울하고 희망이 보이지 않는 현실과 미래에 대한 나의 불안과 공포가 반영된 생각일 뿐이었는지도 모른다. 당시 만일 어떤 의사가 내 정신 상태를 진단했다면 나를 우울증 환자라고 진단했을 수도 있다. 그러나 나는 결코 우울증 환자가 아니었다. 나는 단지 절망하고 공포에 사로잡힌 영혼이었을 뿐이다. 즉 가족의 죽음과 가난이라는 객관적인 원인이 나를 공포와 불안에 빠뜨렸고, 그러한 생에 대한 공포가 나의 죽음에 대한 충동으로 몰아갔던 것이다.

나는 한 치 앞도 보이지 않는 암흑 한가운데서 허우적거렸다. 불안과 공포에 짓눌린 나머지 그렇게 몇 달이 지난 어느 날 밤, 결국 고되고 지친 나머지 이 미래 없는 무가치한 삶을 끝장내 버리기로 결심했다. 나는 "칼 한 자루면 이 모든 것을 깨끗이 끝장낼 수 있는데…" 하고 읊었던 햄릿의 유혹에 넘어갔던 것이다.

나는 마침내 결심을 실행에 옮겼지만, 최후의 순간에 마치 내 행동을 보고 있는 듯 자리에 누운 채로 내 이름을 부르는 할머니의 목소리에 정신이 번쩍 들었다. 일찍 돌아가신 어머니를 대신하여 어머니 이상으로 나를 사랑하며 길러주신 할머니의 목소리가 나를 살렸다. 그때 나 자신도 그랬지만, 대부분 자살을 시도하는 이들은 오로지 자기 자신에게만 몰두한 나머지 주변 상황을 침착하게 생각하고 돌아보지 못한다. 나는 공포감에 휩싸인 나머지 나 자신만 생각했던 것이다. 그러나 그 순간은 용케 지나갔지만 절망과 두려움이 사라진 것은 아니었다. 나는 비록 어린 나이였지만 삶이라는 것과 죽음의 관계에 대해 많은 생각을 했다. 나는 왜 살아야 하는지, 삶이 왜 존재하는지 답을 얻고자 했지만 결코 답을 얻을 수 없었다. 삶은 전적으로 무의미해 보였고 고통과 절망만이 가득한 것처럼 보였다. 다만 그 순간엔 나 자신이 아니라 할머니를 위해서라도 살아야 한다는 생각만 나를 사로잡았다. 나를 사랑하는 할머니가 저렇게 병져 누워 있는데도 내가 삶을 저버린다면, 영혼의 세계에서도 나는 차마 할머니의 얼굴을 볼 수 없을 것 같았다. 무책임하다는 스스로에 대한 비난과 내 영혼을 가득 채울 죄책감을 생각하니 그 또한 생의 고통만큼이나 끔찍하게 여겨졌다.

기왕에 살아남아 성난 파도처럼 밀려드는 재앙들에 맞서 싸워야 한다는 생각을 하자, 문득 이상한 오기가 내 속에서 솟구쳐 올랐다. 나는 마치 삶이란 달리기 경기의 출발선에 서서 포즈만 취하다 느닷없이 실격당해 쫓겨나 버린 듯한 기분이 들었다. 싸워 보기도 전에 벌써 패배당한 운 없는 권투선수 같다는 생각에 분노가 일었다. 나를 절망의 구렁텅이에 빠뜨린 이 삶이란 것에 대해 도전하고 이겨 보고 싶다는 열망이 솟아났다. 그 당시 나의 도전이란, 주경야독을 해서 내가 목표한 대학에 들어가는 것이었다. 나는 한편으론 노동일을 하고 또 한편으론 병든 할머니를 돌보면서 죽기 살기로 대학입시를 준비했다. 불행히도 입시를 준비하는 와중에 할머니가 돌아가시고 말았지만, 나는 오히려 더욱 이를 악물고 공부를 했다. 그리하여 아버지가 돌아가신 이듬해, 나는 마침내 원하던 대학에 입학할 수 있었다. 그때가 스물한 살이었다. 나는 인생 곳곳에 우리를 절망에 빠뜨리기 위해 매복하며 기다리고 있는 어둡고 고통스런 터널의 첫 번째 터널을 겨우 빠져나왔다.

그럼에도 왜 죽지 않고 인생을 살아가야만 하는가? 하는 질문은…

사실 나에게 부모님의 죽음이란 사건은 인생에서 기다리고 있는 어둡고 고통스런 터널의 고작 첫 번째 터널이었을 뿐이다. 그토록 갈망하던 대학생이 되었건만, 나를 기다리고 있는 것은 여전히 내 삶의 발목을 잡고 있는 가난과 그리고 불의한 정치현실이었다. 나는 다시 절망했다. 세상은 악으로 가득 차 있었고, 삶은 너무 부조리해 보였다. 내 삶의 의미를 발견하고 더 나은 공동체를 실현하기 위한 노력으로 미친 듯이 책을 읽기도 했지만, 어떤 책에서도 내가 원하는 답을 얻을 수 없었다. 최루탄이 난무하는 거리 투쟁에 나서기도 하고, 밤새워 선배들과 술을 마시며 토론을 하곤 했지만 마음속 깊은 곳에서는 끊임없이 나를 사로잡는 어떤 질문으로부터 벗어날 수가 없었다. 두 번의 죽음을 겪어버린 나는 밤마다 불을 끄고 잠자리에 누울 때마다 나 자신이 "무의 감정"이라고 이름 붙인 허무의 감정에 붙들리곤 했다.

그것은 한마디로 "나는 왜 아직 죽지 않고 살아 있는가? 나는 무엇 때문에 굳이 살아야만 하는가?", "인간 삶의 의미는 어디에 있는가?" 하는 문제였다. 우연히 생으로 던져진 채 그저 맹목적으로 살기 위해 살다가 가는 삶이란, 생존과 번식, 그리고 죽음밖에 없는 동물들의 삶이나 전혀 다름없는 것으로써, 내게는 그런 삶은 전적으로 무의미하고 무가치하게 보였을 뿐이다.

나는 대학시절 알베르 카뮈의 ≪시지프의 신화≫라는 책을 열심히 읽었다. 그 책의 서두는 당시 내가 고민하던 문제의 핵심을 정확하게 대변해 주고 있었던 것이다.

> 참으로 진지한 철학적 문제는 오직 하나뿐이다. 그것은 바로 자살이다. 인생이 살 가치가 있는지 없는지를 판단하는 것이야말로 철학의 근본적인 문제인 것이다…. 인생이 살 만한 보람이 없기 때문에 자살한다는 것, 그것은 필경 하나의 진리이다. 그러나 너무 자명하기에 아무 데도 쓸모없는 진리다. 삶에 대한 이러한 모욕, 삶을 수렁으로 빠뜨리는 이런 부정은 과연 삶의 무의미에서 유래하는 것일까? 삶의 부조리는 과연 희망이라든가 자살 같은 길을 통해 삶에서 벗어나길 요구하는 것일까? 이런 질문이야말로 모든 군더더기를 치워 버리고 우선적으로 밝히고 추구하고 해명해야 할 문제인 것이다.[3]

그 책이 전하는 메시지는 명료했다. 생은 무의미의 바다 속에 우연히 던져진 형벌이나 마찬가지이며, 그런 의미에서 삶은 시지프의 무의미한 노동을 닮았다. 시지프는 무거운 바위를 짊어지고 산꼭대기까지 고되게 올라가지만, 정상에 오르는 순간 바위는 다시 바닥으로 굴러떨어져 버린다. 시지프는 처음부터 다시 시작해야 한다. 그렇게 시지프는 영원토록 무의미한 노동을 계속해야만 한다. 그럼에도 카뮈는 휘파람 부는 시지프를 상상해야만 한다고 주장하고 있었다. 시지프는 불굴의 의지로 그 무익하고 희망이라곤 없는 노동을 감내하며, 그러한 부조리를 명료하게 인식하며 반항적인 삶을 살아가는 바, 그것이 바로 반항적인 영웅이라는 것이었다. 반항하는 인간. 카뮈에게 반항이란, 한마디로 '사막에서 벗어나지 않은 채 그 속에서 버티는 것'을 의미했다. 자살로 삶을 회피하거나 헛된 희망으로 스스로를 기만하지 않은 채 세계와 생의 부조리를 정면으로 응시하면서 생을 감내하는 것, 그것이 반항하는 삶, 부조리의 영웅의 초상이었다.

그러나 불행히도 카뮈의 논리는 나를 온전히 설득하지 못했다. 나는 휘파람 불면서 무익하고 희망 없는 고역을 반복하고 있는 시지프를 상상해 보았다. 그러한 부조리를 명료하게 의식하면서 형벌을 감내하는 것이 시지프 자신에게는 반항적인 가치를 가지는 것인지는 모르겠지만, 그럼에도 불구하고 객관적으로 볼 때 시지프의 노동이 여전히 무익하고 무의미하다는 사실 자체는 달라지지 않는다. 예를 들어 이유도 모르는 채 사형선고를 받고 독방에 갇힌 수인을 생각해 보자. 그 사람이 자신의 부조리한 사형을 의식하면서 사형 당하는 그날까지 수인생활을 감내하며 버틴다고 해서 그의 삶이 과연 유익하고 값진 어떤 것이 되는가? 그렇게 버티다 가는 삶에 과연 어떤 윤리적인 의미가 있는가? 그건 그저 자기만족적인 혹은 지나치게 낭만주의적인 변명에 불과할 수도 있지 않을까? 또 만일 삶의 윤리학적 가치가 객관적인 것이 아니고 알베르 카뮈가 하는 방식처럼 전적으로 주관적인 평가에 달린 것이고, 세상의 모든 개개인들이 자신의 삶에 내리는 가치 평가가 가치론적으로 대등하다면, 세상 모든 것이 모두 예술작품이라면 그 어떤 것도 예술작품이 아닌 것처럼, 세상의 모든 주관적 가치도 결국 무가치로 전락해 버리는 것이 아닌가?

내가 보기엔 차라리 비트겐슈타인Wittgenstein이 〈윤리학 강의〉에서 말한 태도가 더 솔직하고 정당해 보였다. 그는 모든 윤리학적 명제를 사실에서 당위를 이끌어 내려는 자연주의의 오류에 빠진 것으로 보고, 윤리학 자체를 부정해 버렸던 것이다. 세계는 오직 사실들로만 이루어져 있고 따라서 모든 윤리학적인 명제는 의미를 판단하는 것 자체가 무의미한 명제들에 불과하다. 비트겐슈타인의 논의는 명료하고 설득력이 있었지만, 그럼에도 당시 나에게는 그것이 무엇인지 명료하게 인식할 순 없었지만 무언가 빠진 듯한 느낌이 들었다. 자연세계와는 다른 인간 세계의 어떤 특수성을 고려하지 않는 사실과 당위의 이분법은 마치 진짜 꽃과 인공의 조화를 구분하지 않는 것처럼 맹목적인 것으로 보였던 것이다. 내가 보기엔 사실들로만 이루어진 자연계와 달리 인간적인 현실은 사실과 가치가 엄밀하게 구분하기 어려울 정도로 중첩되어 있는 것으로 보였고, 그런 의미에서 삶의 객관적인 의미에 대한 윤리학적 질문은 여전히 유효하다는 생각이 들었다. 어떤 인간도 맹목적으로 살아가진 않는다. 사고하는 동물로 진화한 인간은 불가피하게 자신의 존재 의미와 삶의 가치를 추구할 수밖에 없다. 니체가 인간에 대해 '가치 평가하는 동물'이라고 규정했던 이유도 거기에 있을 것이다.

나의 20대 청춘은 온통 그런 문제를 둘러싼 방황과 표류에 불과했다. 나는 여전히 끊임없이 무의 감정에 시달렸고, 삶의 의미와 가치에 대한 질문을 추구했지만 답을 얻진 못했고, 아마도 그랬기 때문에 나는 쉽게 삶을 내던져 버릴 수 없었는지도 모른다. 열아홉 살 때 그랬던 것처럼, 내 속의 어떤 오기가 나로 하여금 삶을 계속 추구하게 만들었다.

대학에 입학한 이후부터 지금까지 나는 오직 나 혼자만의 힘으로 살아왔다. 요즘의 경제적으로 가난한 대학생들처럼 과외를 비롯한 온갖 아르바이트를 해서 학비와 생활비를 벌었다. 학업과 생활, 그리고 불의한 시대에 대한 저항, 나 자신의 삶의 의미에 대한 질문과 추구 속에서 나의 청춘은 시난고난 표류하며 흘러갔다. 그리고 그런 대답 없는 질문들을 끌어안은 채 유학을 갔고, 지금은 기이한 운명의 선택에 이끌린 끝에 글을 쓰는 작가가 되어 연구하고 글을 쓰는 삶을 살고 있다.

나는 지금도 여전히 대부분 한국의 작가들이 그렇듯 가난하고, 또 솔직히 말하자면 아주 행복해서 어쩔 줄 몰라 하며 살고 있지도 못하다. 그리고 가끔 정말로 힘든 순간들이 닥칠 때면 나는 내가 자살 충동에 시달리던 그 시절로 되놀아간다. 그리고 스스로에게 묻곤 한다. "그때 죽지 않고 지금까지 살아 있는 것은 정말로 잘한 일일까?", "스무 살 때 가능했던 죽음을 언제인지 모를 미래의 어느 한 순간으로 연기한 것을, 나는 지금뿐 아니라 나아가 그 미래의 어느 한 순간에 이르기까지 결코 후회하지 않을 것인가?"

이런 아뜩한 질문들 속에서는 내 마음은 흔들리며 흩어지는 담배연기처럼 쉽사리 산산조각나 버리곤 한다. 만일 그때 삶의 악마적인 얼굴에 압도당해 햄릿의 시구를 따라 결국 자살을 실행하고 말았더라면, 나는 지금 눈에 보이지도 않는 잿빛 먼지가 되어 세상의 텅 빈 허공을 떠돌아다니고 있었을 것이다. 보잘 것 없는 작품들이긴 하지만 몇 권의 책도 쓰지 못했을 것이다. 그리고 무엇보다 생생한 감각과 느낌, 반성적인 사고 능력과 내면을 가진 인간이란 존재로서, 내가 살면서 경험했던 모든 아름다운 것들, 행복한 순간들, 사랑으로 충만하던 순간들, 그리고 놀랍고 경이로운 많은 것들을 만나지도 못했을 것이다. 내가 맞닥뜨린 매순간들이 모두 아름답거나 멋지고 훌륭하지만은 않았고 오히려 추하고, 현기증 날 정도로 절망스런 순간들이 더 많았다 할지라도. 그리고 지금 내가 알고 있는 삶과 존재, 이 세계에 관한 많은 것들도 전혀 모르게 되었을 것이다. 내가 열아홉 살 때 죽어 먼지가 되었더라면 이후 세월이 내게 가져다준 그 모든 경이로움들을 잃어버렸을 것이라고 생각하면 나는 지금도 가슴 한편이 아득해진다.

위에서 던진 질문들을 다시 곱씹으면서 지금 이 순간 새삼 방황하며 지나온 과거를 돌아볼 때, 진심으로 말하건대, 그리고 진정으로 다행스럽게도, 나는 그때 자살하지 않았던 것을 진심으로 다행하게 생각한다. 지금 내가 부자이거나 성공했거나 행복해서가 아니다. 나는 세속적 기준으로 본다면 여전히 가난하고, 성공이나 행복한 삶과는 거리가 먼 편이다. 나는 스무 살 그때와 마찬가지로 이 세상에서 살아남기 위해 투쟁해야만 하고, 그런 괴로운 투쟁 속에서도 나 자신을 잃지 않으려고 전전긍긍하고 있다고 말하는 게 솔직할 것이다.

삶의 의미와 가치에 관한 생각은 저마다 다르겠지만, 나는 세속적으로 성공하거나 부자가 되기 위해서 살아오진 않았다. 물론 나는 모든 존재하는 생명들이 존재를 지속하면서 가급적 더 완전하고 행복해지길 원할 권리가 있다는 사실을 부정하지 않는다. 아리스토텔레스도 말했듯이 행복에 대한 갈망은 인간의 가장 깊은 본성일 수도 있다. 우리는 행복을 꿈꾸고 갈망하지, 굳이 고통과 불행을 애걸하며 찾아다니진 않는다. 그러나 동시에 나는 누구에게나 행복한 삶을 꿈꿀 권리가 있고 그것이 중요한 삶의 가치 혹은 의미가 될 수도 있겠지만, 그것만이 유일무이하고 절대적인 삶의 의미라고 생각하지는 않는다. 나는 어느 책에선가 아르헨티나의 소설가 호르헤 루이스 보르헤스Jorge Luis Borges가 사랑, 지혜, 행복 가운데 자신은 지혜, 사랑, 행복 순으로 중요하게 생각한다고 말하는 것을 읽은 적이 있다.

스무 살 무렵에 던졌던 삶의 의미와 가치에 대한 숱한 질문들, 그리고 그 질문들에 대한 답을 얻기 위한 오랜 내적인 여정 가운데서 나는 마침내 인간의 삶의 가치와 의미에 관한 어떤 명료한 답을 얻은 것일까? 솔직히 말하자면 나는 여전히 질문을 던지고 있다고 해야 정확한 말일 것이다. 그럼에도 불구하고 지금 누군가가 나에게 인간의 삶의 의미에 대해 질문을 한다면, 나는 그에 대해 이렇게 답할 것이다 — 인간의 삶의 의미는 삶을 온몸으로 경험하면서 삶이 무엇인지, 그리고 그 삶을 겪는 주체인 자기 자신이 궁극적으로 무엇인지를 깨달아 가는 데 있다. 신비와 비밀, 경이로움으로 가득 차 있는 삶과 존재를 느끼고 경험하고, 그리고 인식하는 것. 그러니까 우리는 삶을 통해 삶이 무엇인지를 배우고, 궁극적으로 자기 자신이 누구인가를 깨닫기 위해 삶을 살아가는 것이다. 나는 이러한 답변이 단지 개인적이고 주관적이기만 한 답변이 아니라, 인간적인 객관성을 가진 윤리학적 명제라고 생각한다. 인간이란 자연계의 무생물이나 다른 여타 동물과는 달리 근본적으로 가치를 추구하는 동물로 진화했고, 따라서 가치 자체가 이미 인간적 사실들에 속하는 것이다. 다시 말해 인간이 가치를 추구한다는 것 자체가 이미 인간 뇌의 신피질 기능을 통해 진화론적으로 검증된 객관적 사실이며, 따라서 삶과 세계의 의미를 탐구하는 삶의 과정 자체가 삶의 객관적 의미이기 때문이다.

나는 여기서 삶의 의미에 대한 객관주의와 주관주의의 긴 논쟁을 열거하고 싶지는 않다. 우주적 관점에서 본다면 우리가 속해 있는 이 우주 자체도 영원하지 않고, 태양계 전체가 사라져 버린다고 해도 우주는 무관심하다. "저 광막한 우주의 영원한 침묵"에 전율을 느꼈던 파스칼의 심정은 우주론적 관점에서 존재하는 모든 것들을 바라볼 때 절로 느껴지는 인간적 허무의 감정이다. 그러나 노베르트 엘리아스Norbert Elias가 ≪죽어가는 자의 고독≫에서 명쾌하게 밝혔듯이, 삶의 의미와 가치를 묻는 행위 자체는 이미 사회적인 행위다. 즉 '의미'라는 언어적 범주가 이미 나를 포함한 타자들의 세계를 전제로 하는 것이다. 질문을 던지는 자들과 그 질문을 이해할 수 있는 자들이 없다면, 세계에는 어떤 의미도 존재하지 않는다. 의미가 발생하는 까닭은 우리 인간이 욕망과 더불어 사유하는 능력을 가진 존재이기 때문이다. 사유한다는 것은 결국 하이데거가 말한 것처럼 질문을 던진다는 것이다. 존재에 대해, 삶에 대해, 그리고 자기 자신에 대해. 인간은 그런 무수한 질문들 가운데서 살아가는 존재다. 그것도 세계로부터 단절되고 고립된 자기 충족적인 개체로서가 아니라, 인간과 동물, 식물, 무생물 등등 자기를 존재하게 만들어 주고, 자기와 관계를 맺고 있는 무수한 타자 존재들과 더불어, 그런 '연루됨' 가운데서 질문을 던지며 살아가는 것이다. 연루와 질문 던지기는 그러므로 하나의 객관적인 존재론적 사건이기도 하다. 그것은 타자들과 관계를 맺는 것이며, 그러한 관계들의 형식 속에서 삶은 긍정적이거나 부정적인 혹은 능동적이거나 수동적인 힘의 현실을 구성한다. 그런 관계 맺는 사건들이 바로 삶의 객관적인 의미를 구성한다.

그러므로 삶이 정녕 살 만한 가치가 있는가? 고통과 불행, 시련에도 불구하고 살 만한 가치가 있는가? 라는 질문에 대해서는 나는 충분히 그렇다, 라고 대답할 것이다. 왜냐하면 연루됨과 질문하기라는 존재론적 사건은 결코 완료될 수 없는 현재 진행형의 생성 사건이며, 우리가 죽음에 당도하는 최후의 순간까지 중단 없이 이어지는 끊임없는 과정이기 때문이다.

우리는 각자 끊임없이 자신의 삶의 가치와 의미에 대해 질문을 던진다.

왜 죽지 않고 살아야 하는가? 왜 사는 것이 죽는 것보다 더 가치 있는가? 내 삶에는 어떤 가치가 있을까? 등등. 그러나 그런 어려운 질문들에 스스로 답을 내릴 수 있으려면 그 어려운 질문에 답을 얻을 수 있을 만큼 충분한 세월을 살아보아야 한다고 말할 것이다. 고작 20년 혹은 30년이나 40년 살고서 삶이 무엇인지, 자신의 운명과 삶의 가치가 무엇인지 알 수는 없다. 나는 그렇게 생각한다. 지금도 내가 존재하고 살아가는 이유는 사소한 것이다. 앎에 대한 갈망과 책과 글쓰기, 사랑에 대한 믿음 때문에 살아간다. 나 자신이 세월과 경험, 사색으로 어떻게 변해 가는가를 실험하고 관찰하며, 궁극적으로는 나 자신이 누구인가를 알기 위해 살아간다. 아직도 삶이 무엇인지에 관해 충분한 답을 얻었다고 생각하지 않으며, 아마도 그러한 탐구의 여정은 평생이 걸려도 모자랄지도 모른다. 그렇기 때문에 나는 아직도 살고 있고, 삶과 나 자신을 탐구하고 있다.

청춘의 자살은 유죄?

그러므로 내가 제출하고 싶은 명제는 청춘의 자살은 일종의 유죄라는 것이다. 여기서 유죄라는 단어는 법학적 개념이 아니라 윤리학적인 내용을 전달하기 위한 은유적 표현이다. 수사학적인 강조법일 수도 있고, 그저 그르다, 라는 소극적 의미만을 가질 뿐, 도덕적이거나 신학적인 심판의 의미를 전혀 내포하고 있지는 않다. 그렇다면 나는 왜 청춘의 자살이 윤리적으로 잘못 인도된 삶의 지향성이라고 보는가? 첫째는 위에서 언급했다시피 삶의 의미가 무엇인지, 삶이 살만한 가치가 있는 것인지 어떤지를 제대로 판단하기 위해선 긴 세월이, 삶 전체가 필요하기 때문이다.

세계 철학사상 가장 염세적이고 비관적인 인생관을 설파했던 쇼펜하우어조차도 당시 콜레라가 번졌을 때 서둘러 도피했을 뿐 아니라, 천수를 다 누리고서야 생을 마감했다는 사실은 꼭 언급하고 싶다. 만일 그가 세상의 외면과 무관심을 긴 세월 동안 인내하며 생을 버티지 못하고 일찍 생의 문을 닫아 버렸다면 노년에 찾아온 커다란 명성과 영예의 꽃다발도 받을 수 없었을 것이다. 나는 가끔 세상의 영광에 둘러싸인 노년의 쇼펜하우어가 자신의 고독하고 쓸쓸하던 청춘시절을 돌아보면서 무슨 생각을 했을지 궁금해 하곤 한다.

소설가 밀란 쿤데라Milan kundera는 ≪커튼*Le Rideau*≫이라는 제목을 가진 아름다운 책에서 "무엇보다도 먼저 그 사람의 나이를 이해하지 않고는 그 누구도 다른 사람을 이해할 수 없다."고 쓰고 있다.[4]

그는 청춘들의 특징을 방황이라고 보는데, 방황 가운데서도 특별한 방황이라고 쓰고 있다. 그 이유는 청춘은 방황하면서도 방황하고 있다는 것을 모르는 채로 방황하기 때문이고, 또 이중적인 의미에서 경험이 없기 때문이라고 한다. 이중적인 의미란, 청춘은 경험이 부족하기 때문에 삶과 세상을 모르고 또 아직 삶의 경험이 부족하기 때문에 자기 자신이 누구인지 모른다는 의미다. 어른이 되어서 거리를 두고 볼 때에야 방황이 방황으로 보이며, 더 나아가 그렇게 거리를 두고 볼 때에야 방황의 개념 자체를 진심으로 이해할 수 있다고 본다. 그는 또 이렇게 말한다. "출생에서 죽음 사이를 잇는 선 위에 관측소를 세운다면 각각의 관측소에서 세상은 다르게 보인다. 그 자리에 멈춰 있는 사람의 태도도 변한다… 삶의 나이는 커튼 뒤에 숨어 있다."

나는 청춘이기 때문에 정신적으로 미성숙하다고 말하고 싶진 않다. 사실 청춘뿐 아니라 인간이란 존재 자체가, 인간의 미성숙 문제에 관한 한 가장 탁월한 철학자인 소설가 비톨트 곰브로비치Witold Gombrowicz가 ≪페르디두르케 FERDYDURKE≫라는 작품에서 신랄하게 그려냈듯이 어쩌면 영원토록 미성숙한 상태로 머무는 것인지도 모른다. 밀란 쿤데라가 말한 것처럼, 나 자신만 하더라도 내 삶의 각각의 관측소에서 지금까지 살아온 삶 전체를 조망해 보면 삶에 대한 내 생각이나 태도가 얼마나 여러 번 바뀌었는지를 보게 되는데, 그때마다 나는 깜짝 놀라곤 한다. 10대, 20대, 30대, 각 시기를 거친 나는 지금의 나와 너무나 달라서 과거의 내가 지금의 나와 같은 존재라는 것이 믿기지 않을 때도 있다. 삶을 바라보는 관점이나 시선이 과거와 너무나 판이하게 달라져, 과거를 돌아볼 때마다 나는 미성숙이 아니라 어리석음에 빠져 있었음을 깨닫곤 소스라치게 놀라게 된다. 그럴 때마다 나는 나의 이 영원한 미성숙과 어리석음을 통탄하게 된다. 삶에 관한 한, 제법 많이 살아온 지금도 여전히 미숙하고 어리석기 짝이 없다는 사실을 잘 알고 있다. 그러나 이런 무지가 삶에 관한 새로운 호기심과 흥미, 탐구심을 불러일으킨다. 삶이 무엇인지를 알려면 일단 끝까지 살아봐야 한다. 그것이 한때 자살을 꿈꾸었던 내 자신을 지금 되돌아보면서 그때 심정을 충분히 이해는 하지만, 객관적으로는 부정적으로 생각하는 이유다.

두 번째로, 청춘의 성급한 자살이 유죄가 될 수 있는 까닭은 청춘의 자살은 자살이 아니라 사실상 타살이나 다름없기 때문이다. 왜냐하면 청춘은 자신이 누구인지 모르는 무지 속에서 마치 자신이 누구인지 잘 안다는 착각을 하는 가운데, 실제로는 자신이 아닌 누군가를 죽이는 행위이기 때문이다. 우리는 자기 아버지를 죽이고 어머니와 결혼하여 자식을 낳고 살아야만 하는 비극적인 운명의 주인공 오이디푸스 이야기를 잘 알고 있다. 나중에야 오이디푸스는 자기가 누구인지를 깨닫고는 그 끔찍한 운명을 견디지 못하여 자기 눈을 찌른다. 오이디푸스 이야기가 전해 주는 윤리학적 함의가 있다면 이런 것이다 ― 인간은 결코 자기 자신이 누구인지, 무엇인지 모른다.

오이디푸스는 주관적으로는 자기 자신이 한 왕국의 왕이요, 스핑크스의 수수께끼를 풀 정도로 세상에서 가장 지혜롭고 똑똑한 인간이라고 생각하지만, 관객인 우리는 오이디푸스가 착각하고 있다는 사실을 알고 있다. 오이디푸스가 누구인지는 오이디푸스 자신이 죽는 최후의 순간에야 비로소 드러난다. 오이디푸스가 보여주듯 한 삶의 객관적 의미는 그 삶이 끝난 이후에야 객관적으로 드러나게 마련이다. 주관적으로 스스로에게 부여하는 가치는 착각이거나 오류일 가능성이 크다. 우리는 인생을 다 살고, 늙어서 죽기 전까지는 자기 자신이 누구인지 모른다. 자신이 누구인지도 모르면서 하나의 몸을 죽이는 것은 일종의 살인 사건이다. 낯선 타자를 죽이는 행위일 수 있는 것이다. 그렇기 때문에 청춘의 자살은 자살이 아니라 타살일 가능성도 생각해야 한다는 것이다.

세 번째, 삶은 우리에게 무한하게 다양한 가능세계들을 열어 놓고 있다. 지금 당장은 미래가 없어 보이고 죽을힘을 다해도 결코 넘지 못할 높은 장벽이 사방을 가로막고 있는 듯이 보이지만, 인내하며 살아가다 보면 어느 순간 그 장벽이 갑자기 사라지고 아름답고 향기로운 꽃길이 펼쳐질 수도 있다. 인생에는 예측 불가능한 불행과 고통이라는 함정이 도처에 숨어 있기도 하지만, 또한 마찬가지로 예측 불가능한 행운과 축복도 운명처럼 예비 되어 있을 수 있다. 그렇기 때문에 인생을 사는 것은 모험을 떠나는 것에 비유할 수 있다. 혹은 돛단배를 타고 홀로 멀고 낯선 길을 떠나는 것이다. 미래는 무수한 가능세계들로 이루어져 있고, 선택과 결단, 그리고 운에 따라 삶의 형태가 달라진다. 청춘은 이제 막 길을 나서는 시점이다. 어떤 가능세계가 펼쳐질지 알 수 없다. 삶은 결국 삶을 경험하면서 삶이 무엇인지,

그리고 궁극적으로 자신이 무엇인지를 깨닫는 과정이다. 나는 누구이며 무엇인가를 발견하는 여행. 그러므로 서둘러 여행을 중단해 버리는 것은, 긴 여행에서 만나게 될지도 모를 모든 가능세계를 경험할 기회를 스스로 포기하는 것이다.

네 번째, 청춘의 자살뿐 아니라 모든 자살이 부정적일 수밖에 없는 이유는 자살 충동에 시달리거나 자살하는 사람들이 자신을 사랑하는 이들에 대한 책임으로부터 안전히 자유로울 수 없기 때문이다. 나는 최근에 칼라 파인Carla Fine이 쓴 ≪너무 이른 작별*No Time To Say Goodbye*≫ 라는 제목의 자살 유가족 문제를 다룬 책을 감명 깊게 읽었는데, 그 책은 나에게 자살 문제에 대한 나의 생각을 많이 바꾸어 놓았다.[5] 그 책에는 자살로 사랑하는 사람을 잃은 수많은 자살 유가족들의 이야기가 실려 있는데, 그 가운데 한 젊은 여대생의 자살과 가족들의 이야기가 있다. 고작 스무 살밖에 안 된 여대생이 어느 날 갑자기 기숙사에서 목을 매 자살해 버리는 사건이 일어나고, 그로 인해 그녀의 아버지와 어머니는 말로 형용할 수 없는 절망적인 고통을 겪는다. 모든 자살은 물론 이기적인 것이고, 또 그 책에서 말하듯 자살 자체가 비합리적인 행위이기 때문에 살아남은 유가족들이 아무리 자살 이유를 밝히려 해도 유일하게 이유를 알고 있는 사람이 세상에 존재하지 않기 때문에 결코 이유를 명료하게 알아낼 수도 없다. 때문에 자살 이유를 알고 싶어 할수록 오히려 자살 유가족들의 고통은 더 커지기만 할 뿐이다.

나는 그 이야기를 읽으면서 일본의 문학평론가 가라타니 고진이 ≪탐구≫에서 설득력 있게 논증했던 단독성Singularity와 특수성Particularity의 구분을 떠올리지 않을 수 없었다.[6] 나에게는 지금은 돌아가셨지만 김성호라는 이름을 가진 아버지가 계셨다. 내 아버지는 어쩌면 세상의 모든 아버지들 가운데 한 아버지라고 말할 수도 있다. 아버지라는 집합 속의 한 명인 것이다. 이렇게 아버지를 보는 것은 특수성의 관점에서 보는 것이다. 그러나 예를 들어, 나에게 같은 김성호라는 이름을 가진 내 아버지가 아닌 다른 아버지가 생긴다고 해서 그 새아버지가 돌아가신 내 아버지와 같은 아버지는 아니다. '내' 아버지는 세상의 어떤 아버지와도 교환될 수도, 대체도 불가능한 바로 '그' 아버지이기 때문이다. 이럴 때 내 아버지는 바로 단독적인 아버지가 된다. 우리가 누군가 한 여자/남자를 사랑하게 되는 것도 그녀/그가 그저 여성 혹은 남성 집합 중의 한 명이기 때문이 아니라, 바로 '그' 사람이기 때문에 사랑하는 것이다. 그렇기 때문에 바로 '그' 사람을 잃는 것이 그토록 고통스러운 것이다. 자살로 딸을 잃고 극단적인 좌절과 고통에 빠지는 부모들. 그들이 절망에 빠지는 것은 그저 세상의 모든 딸들 가운데 한 명을 잃었기 때문이 아니라, 바로 '그' 딸을 영원히 잃어버렸기 때문이다. 세상의 모든 개별적인 사람들이 바로 그런 '단독성'을 갖고 있다. 누군가가 세상에서 사라지면 바로 '그' 누군가는 영원히 사라진다. 그 무엇으로도 바로 '그' 사람을 대체할 수 없다.

자살이 잔인한 것은, 바로 그 단독적인 존재가 삶의 세계에서 영원히 사라져버리고, 그로인해 살아남은 유가족들이 그 무엇으로도 보상할 수 없는 슬픔과 절망, 고통에 빠지게 만들기 때문이다.

물론 역설적으로 스스로 단독적인 존재임을 의식하면서도 누군가에게 복수하기 위해서나 혹은 상실로 인해 겪을 고통과 슬픔보다 살아 존재함으로써 자신을 사랑하는 이들이 더 큰 고통을 겪을 것이라는 판단, 즉 짐이 된다는 생각 때문에 자살할 수도 있다. 실제로 미국의 임상 심리학자 토머스 조이너는 ≪자살에 대한 오해와 편견≫이라는 책에서 자살자의 전형적인 심리 상태로 '짐이 된다는 의식'과 '소속감 부재'를 들고 있다.[7] 그러나 실제로 짐이 되는지 어떤지는 자살자 자신만이 판단할 있는 문제가 결코 아니다. 그런 주관적인 잘못된 판단은 자칫

유가족들에게 자살자 자신은 상상조차 하지 못하고 또 결코 원하지도 않을 치명적인 결과를 초래할 수도 있음을 생각해야만 한다. 내가 죽는다고 내 인생과 관련된 모든 일이 완전하게 끝나는 것이 아니다. 그것은 자살자가 결코 원하지 않는 치명적인 불행과 고통의 시작이 될 수도 있다는 걸 누구나 깊이 생각해야 한다. 왜냐하면 누구든지 그 사람은 누군가에게는 대체 불가능한 유일무이한 단독적인 존재이기 때문이다.

실험과 도전으로 이루어지는 삶

무엇보다 삶은 실험과 도전의 연속이다. 예술가나 과학자와 같은 실험정신이 필요하다. 성패 자체에 집착하지 않고 실험 자체를 즐길 수 있어야 한다. 실패를 두려워하지 않고 역경과 시련을 도전으로 받아들이는 용기가 필요하다. 끝까지 포기하지 않을 수 있는 자기 사신에 대한 확고한 믿음이 필요하다. 나는 헤르만 헤세Hermann Hesse가 ≪황야의 이리≫에서 썼던 문장을 그대로 인용하고 싶다.

> 인간은 아직 완성된 피조물이 아니라 오히려 정신에서 시작하는 도전이며, 구함을 받는 만큼 두려움을 받는 머나먼 가능성이기도 하다. 거기에 도달하는 과정은 아직 단거리가 답사된 데 불과하며, 그것도 가공할 고초와 희열이 뒤따른 것이었다. 이 가능성은 오늘은 처형대, 내일은 기념비가 될 소수의 경우에도 그러한 것이다.[8]

가공할 고초와 희열, 이 두 가지 가능성 모두를 제공하는 가능성의 세계가 바로 삶의 세계다. 나는 이 지금 세계가 마음에 들지 않으면 도전하고 투쟁해야 한다고 생각한다. 지난 1970년대와 1980년대를 살았던 청춘들이 독재정권에 맞서 민주주의를 되찾기 위해 투쟁했던 것처럼, 투쟁해야 한다. 삶을 위해 투쟁하는 것도 자기 자신을 긍정하는 하나의 아름다운 방식이다. 오늘날 대학사회의 부조리에 과감히 맞서 싸우기 위해 자퇴 선언을 했던 고려대 김예슬 학생이나 반값 등록금 투쟁에 나서는 학생들은 정녕 꽃보다 아름다운 청춘들이다. 그들에게서 우리 청춘들의 아름다움과 힘, 그리고 우리 사회의 미래를 본다. 그런 청춘들이 존재하는 한, 삶과 세상에는 희망이 있다. 청춘들을 자살로 내모는 것이 이 사회라면, 자신을 죽일게 아니라 그런 나쁜 사회에 맞서 목소리를 내야 한다.

나는 지금까지 청춘들이 강한 의지와 긍정적인 윤리적 태도로 이 삶의 사막을 건너야 한다고 주장했지만, 그렇다고 해서 지금 우리 사회에 만연한 청년 자살의 책임이 청년들 자신에게 있다고 주장하는 것은 결코 아니다. 청춘들 각자의 가치와 태도의 전환 이상으로 더 중요한 자살 방지책은 우리 사회가 그들에게 건강한 삶을 살아갈 수 있도록 구조적이고 정책적인 개선을 추구해야만 한다. 청춘들에게 자살의 윤리적 책임을 지우기에는 국가와 사회의 책임이 너무 크다.

시선에 던져진 여성의 자살

이 글은 현대에 심각하게 대두되는 자살의 문제가 삶의 재현 및 창출을 선도하는 매체로서의 문학과 어떻게 결합되어 상호간에 영향을 주고받는지 살펴본다. 문학은 몸을 텍스트화하는 과정에서 죽음을 여성성과 미의 결합을 통해 섹슈얼하게 전달하는 동시에 여전히 여성 자살을 사회 저항과 정체성 회복 목적의 담론과 결합시키려 한다. 이러한 접근 방식은 실존적인 몸의 고통을 지우고 죽음을 신비화하는 동시에 미화시킴으로써 죽음동기를 왜곡시킨다. 또한 자살의 성격, 자살시도자들의 결함과 모순들을 단정적이고 단순화시킨 문자로 대치하여 자살을 합리화하고 선동하기도 한다.

최은주

아름다운 여성의 죽음은 의심할 여지없이 세상에서 가장 시적인 주제이다.

_ 에드거 앨런 포

서구 남성 사회의 전통에서 자살은 폭정에 대한 상징적 저항행동과 희생자의 자유의지로 여겨지다가 18세기 이성의 시대가 오면서 자아의 소멸, 분열과 같은 정신적으로 연약하고 불안정한 것으로 취급되었다. 나아가 정신분석학의 발달에 따른 여성의 히스테리에 대한 연구로 인하여 19세기에는 자살 자체가 수동적인 여성 행위로 여겨지면서 여성화되었다. 18~19세기에 영국 여성은 수동적이고 종속적인 대상으로서의 천사, 즉 참된 여성Proper lady이라는 성적 특징을 반영한 대상, 아니면 괴물, 즉 ≪제인 에어≫에 등장하는 로체스터 백작의 갇힌 아내처럼 미친 여자로 이분화되었다. 사회적이고 심리적인 강요로 인해 고유의 특성으로 둔갑한 '참된' 여성으로부터 출현한 성역할은 가족 간의 관계와 정치, 사회, 그리고 경제관계에까지 영향을 미쳤다.[1] 이 때문에 성적 특징으로 매겨진 여성의 위치는 딸이나 아내, 어머니, 과부에서 나아가 처녀 아니면 창녀와 같은 식으로 정형화되었다. 특히 불륜이나 강간을 당한 여성이 참된 여성의 지위를 박탈당한 것은 물론, 적대적인 사회와 맞서 싸울 수가 없었던 것은 당연했다. 따라서 그 결과는 천사의 이미지를 지킬 수 있는 유일한 방법이라고 여겨졌던 자살로 이어지곤 하였다.

문학적 담론 또한 이러한 위치에 놓인 여성 자살을 다루었고 부도덕하거나 버림을 받은 여성을 당위적인 죽음에 이르게 하는 식이었다.[2] 주로 사랑에 매달리는 여성이 좌절하면서 죽음을 선택하는 것이 최상인 양 이미지화하였던 것이다. 이렇게 문학에서 재현된 여성 자살은 다시금 재반영되어 현실 속의 여성들을 고뇌하게 만들었고, 결국 심리적 마비를 겪게 하기도 하였다.[3] 바로 여기가 문자언어의 부정성이 열리면서 문학의 타락이 시작되고 공동체의 붕괴가 일어나는 지점이다. 여성 자살의 선동에 앞선 역할을 다름 아닌 문학이 맡아했던 것이다. 나아가 여성의 죽음이 취급되는 방식이 존재론적이 아니라 육체적인 묘사로 시각화에 집중되는 것을 주목할 수 있다. 이러한 시각화는 오히려 여성작가들이 의도하는 것처럼 보이기도 하는데, 사회 저항이 동기화된 자살을 묘사하면서도 비주얼한 심미화의 장소로서 육체를 곧잘 드러냈다. 이 때문에 아름다움은 여성의 죽음에까지도 긴밀하게 연결되는 것처럼 보인다. 남성의 죽음 재현을 간략한 후속 서술로 남기는 것[4]과는 달리, 여성의 경우는 생각이나 음성이 아닌 육체의 묘사를 통해 그 방법과 생각을 대신하려고 했다. 여기에서 생성되는 문학적 효과는 여성들의 죽음 동기보다 자살 행위의 과정에 드러나는 몸에 더 큰 주목을 끌어낸다. 많은 경우에 문학은 자살을 정체성의 분열로 연결시키는 지점에서 젠더를 촉매로 사용한 것이다.

이 글의 목적은 문학에 나타나는 여성 자살의 재현을 연구하는 데 있다. 현대에 심각하게 대두되는 자살의 문제가 삶의 재현과 삶의 창출을 선도하는 매체인 문학과 결합되어 상호간에 영향을 주고받을 수 있다. 즉 몸을 텍스트화하면서 여성의 죽음을 미화시킬 때 죽음동기의 효과가 왜곡될 수 있다. 그리고 여성의 자살이 사회 저항과 자신의 정체성 회복을 목적으로 한다면 이러한 섹슈얼한 여성 육체의 재현은 죽음의 원칙을 제대로 전달하기 어렵다. 여성성과 죽음, 그리고 미의 결합은 정체성 회복과 정체성 분열의 문제를 교묘하게 결합시키려 한다. 서양에서 여성성과 죽음은 문화적으로도 중요하게 얽히는 수수께끼와도 같은 것이었다. 이것은 여성 주체가 동시에 대상이고, 육체에서 이탈된 텍스트 또한 결국은 여성의 텍스트화된 몸으로 이루어지기 때문일 것이다.[5]

미화되는 죽음, 여성, 몸

자살의 역사를 살펴보면, 남성과 여성의 자살 행위는 문학에서뿐만 아니라 현실에서까지 아주 다른 의도와 의미가 부연되어 있다. 안티고네나 클레오파트라와 같이 남성적인 자살 방식을 택한 고전적인 인물들과는 달리, 여성의 자살 방식은 남성에 비해 충동성과 폭력성이 더 낮은 편이었다. 히고넷Margaret Higonnet에 의하면 "현실과 문학에서 여성들은 자신의 자살을 폭력보다는 시각적으로 묘사할 수 있는 방식에 대해 생각한다."[6] 그렇기 때문에 자살의 역사를 보더라도 남성과 여성의 자살 방법은 상이하게 나타난다. 여성의 경우 시도율은 높았지만 실제 여성 자살률이 남성보다 낮았던 것은 자살 행위를 폭력적으로 선택하지 못하는 여성의 성향으로 추정된다. 이러한 성향이 자살의 문학적 모티브를 여성들의 죽음묘사에 강조를 두게 한 배경이었을 수 있다. 이로써 죽음과 여성, 몸은 문학 재현을 통해 예술작품이 되었다.

≪햄릿≫의 주요 인물이자 죽음과 여성성의 원형이기도 한 오필리어Ophelia의 죽음은 에크프라시스ekphrasis[7]에 의한 죽음, 여성, 몸을 다룬다. 여성 자살 재현의 문제에 대한 대표적 케이스인 오필리어는 사랑에 좌절하고 사랑하는 사람으로 인해 죽임을 당한 아버지를 칼이 아니라 광기 어린 죽음으로 복수한다. 자살과 광기로 인한 익사라는 해석의 경계에서 모호한 오필리어의 죽음 묘사는 육체에 집중되어 있다. 햄릿의 어머니이자 왕비인 거트루드Gertrude가 오필리어의 죽음을 묘사하는 부분은 인간 비극을 보여주기보다는 오필리어의 익사에 대한 장식적인 면모를 드러낸다. 거트루드의 심리가 개입되면서 오필리어의 고통이나 육체가 지워지는 것이다.

> 비스듬히 자라는 버드나무가 서리 맞아 하얀 그 잎을 거울 같은 수면에 비치고 있는 시냇가에서 오필리어가 미나리아재비, 쐐기풀, 데이지, 자란 따위를 섞어 만든 신비스런 화관을 쓰고 왔지. 자란에 대해서는, 입이 건 목동들은 상스런 이름으로 부르고 있지만, 얌전한 소녀들은 그것을 '사자의 손가락'이라 부르지. 늘어진 버들가지에 화환을 걸려고 올라가는 참에, 심술

굿은 은빛 가지가 부러져 화환과 함께 사람은 시냇물 속에 떨어지고 말았지. 그러자 옷자락이 활짝 벌어지고 마치 인어처럼 물에 한참 둥실둥실 떠서 옛날의 찬송가를 토막토막 부르는데, 절박한 불행도 아랑곳없이 마치 물에서 자라 물에서 사는 생물 같기만 했지. 그러나 그것도 잠시, 물을 먹은 옷이 그 애의 노래를 잡아당기더니 결국 물속으로 끌고 들어갔지, 아름다운 노래는 사라지고.

말이 가진 장식적인 속성 때문에 거트루드의 이러한 묘사는 비극적인 사고이기보다는 그림같이 아름답게 전달되었고 이것이 화가들의 상상력을 자극하고 재현을 가능하게 하였다. 거트루드는 마치 자신을 투사하듯 말한다. 섹슈얼리티에 굴복히고 남성이 반든 제도에 굴복한 자신의 모습으로 오필리어를 대신하면서 말이다. 주체가 사라진 상황에서 오필리어의 음성마저 사라지자 거트루드의 내러티브에 의해 오필리어는 심미적인 아우라 속에 미화되지만 자연의 오필리어를 감춰버린다. 이러한 오필리어의 죽음 장면은 "햄릿의 형이상학적 좌절과 대조적으로 광기로 인한 여성적 특성의 원형"[8]으로, 여성성과 불합리성을 결합시키고 물이 여성의 구조적 상징인 피, 젖, 눈물이라는 유동성의 전통을 그대로 전달한다.[9]

18세기 화가들은 일반적으로 오필리어를 중요하지 않은 존재로 여긴 반면, 19세기 중반의 화가들은 점차적으로 오필리어의 익사 순간에 주목하기 시작하였다. 거트루드의 화법에 의해 간접적으로 묘사된 이 사건을 복화술로 축소시키면서 텍스트적인 권위와 상관없이 화가들은 지속적으로 오필리어의 죽음 장면에 물과 드레스 같은 관례적인 기준을 사용했다.[10] 시각적 재현은 분명히 오필리어에게 새로운 생명을 불어넣는다. 실제의 구체적인 자신을 포기했지만 그녀는 시대를

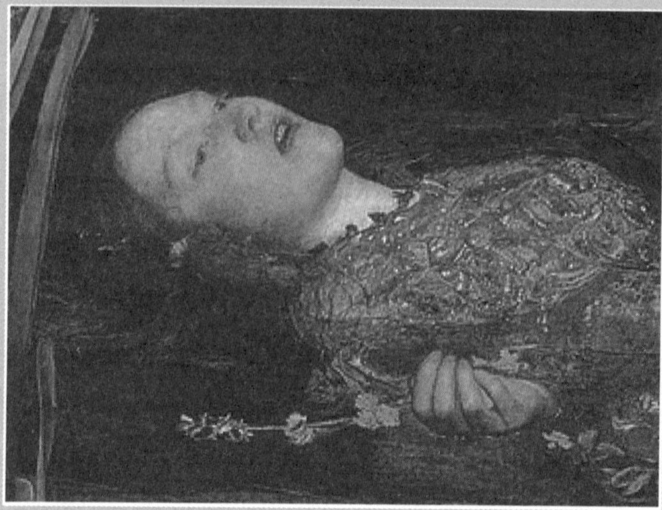

존 밀레이John Everett Millais, 〈오필리어〉, 1852.

비운의 여주인공인 오필리어는 비극적인 사고라기보다 그림의 장식성으로 미화된다.

존 워터하우스John William Waterhouse, 〈오필리어〉, 1894.

초월하는 예술작품 속에서 생명을 초월하면서 고양된다. 이 때문에 오필리어는 현대에도 진짜로 죽은 것이 아니라, 관련 없는 여행상품이나 달력 같은 물질들에 오용되면서 영원히 산다. 그리고 그녀의 고뇌와 고통은 누락된다.

한편, 오필리어가 죽었을 때 사제는 사인에 대한 의문스러운 점이 있지만 칙명이 관례를 굽혔기에 장례를 치러 주고, 그렇지 않았다면 그냥 부정한 땅에 매장되어 최후의 심판 날까지 방임될 수밖에 없었을 것이라고 말한다. 그런데 지체 높은 여인이기 때문에 간단하지만 장례식을 치러 주는 것은 칙명에 얽힌 자살을 인정하지 않으려는 풍조 때문이기도 하다. 여성이 익사를 죽음 방식으로 택하는 경우는 자살의 여부를 혼동하게 만드는 수단이기도 하였다. 자살을 은폐할 수 있고 남아 있는 가족 또한 사고사라는 안타까움만 가지고 슬픔에 빠질 수 있었던 것이다. 그러나 누구의 장례식인지 모른 채 엿보게 된 햄릿의 눈에도 오필리어는 무모하게 제 손으로 목숨을 끊은 것으로 보였다. 여성 죽음에 대한 왜곡은 해석학적 측면에서도 나타난다. 오필리어는 우울과 망상으로, 자기-살해를 겪은 불온한 인물로 평가되는 한편, 그녀의 죽음 장면은 욕망이나 젠더적 해석에 의해 재차 여성화된다.

여성작가든 남성작가든 여성의 죽음을 육체의 재현으로 완성하고, 나아가 비평가들마저 그 현상을 젠더 차이에 초점을 두는 것이 일반적이었다.[11] 그리고 여성작가는 여성의 몸을 의미의 장소로 보고, 죽음을 통해 몸을 거부하는 것으로 주체적 위치를 얻는다는 식의 자살 기능을 선택하고 있다. 즉 자기 텍스트의 표현으로 자살이 이용되면서 주체성과 자기주장, 그리고 자율성, 다른 한편으로 변화를 나타내는 기호로서 사용하는 것이다. 그리고 이러한 작가 의도를 더욱 확대시키는 비평가들의 해석 또한 작품 속의 인물을 공동체의 제도와 계약체계를 맺도록 한 것이지 자연의 인물을 그대로 드러내지 못하는 것이 대부분이다. 거트루드의 언어에 의해 전달되는 불안정한 오필리어의 상태처럼 문학작품을 해석하는 비평가들의 언어 또한 불투명하고 일방적일 수 있다는 것을 상기할 필요가 있다.

19세기 빅토리아 시대에 남자는 가정에 군림하지만, 가정을 이해하지는 못했다. 이 때문에 부부간에 의사소통은 이루어지지 않아 아내는 고립되었다. 이중적 기준에 의해 다르게 적용되었던 남녀의 불평등한 행동기준 때문에 남자는 결혼생활을 노력과 배려로 영위하지 않았던 것이다.[12] 이 때문에 가부장제적 가족하의 권력의 배분 문제는 지배와 종속으로 불만에 차 있었다. 이 동일한 주제로 19세기와 20세기에 각각 출현한 쇼팽Kate Chopin의 ≪각성*The Awakening*≫과 레싱Doris Lessing의 〈19호실로To Room Nineteen〉는 여성을 주인공으로 놓으면서 주체적이지 못한 삶에 대한 복수이듯 각 각에게 미결의 자살을 해결책인 양 선택하게끔 한다. 특히 그들의 죽음 장면은 숨겨야 하는 금기가 아니라 시각적인 에크프라시스를 통해 성취되는 어떤 것으로 재현된다. 그러나 육체를 포기하는 것으로 사회적 이슈의 동기를 실현하고자 한 서사전략에도 불구하고 자아에서 일어나는 싸움의 실천이 세계를 향해 목소리를 내기에는 빈 곳이 많다.

페미니즘이 투사하고 보충하는 여성의 몸

'미국의 ≪마담 보바리≫'라고도 불리는 ≪각성≫은 19세기 미국 남부의 보수적이고 관습적인 사회의 중산계층에 속하는 여성을 주인공으로 놓고 있다. 에드나는 늪이 우거진 아열대 기후의 루이지애나 주, 뉴올리언스에서 가까운 그랜드 섬에서 가족들과 휴가를 보내다가 안전하지만 단조로운 결혼생활에서 탈피할 수 있는 삶의 가능성을 발견한다. 이로 인하여 반복해 오던 손님맞이 접견일도 없애고, 아이를 돌보는 일과 살림살이도 소홀히 하면서 자신이 원하는 일을 시작한다. 남편은 자상한 편이고 사랑을 베풀지만, 아내를 소유재산 정도로 생각할 뿐 진정으로 아내를 이해하지는 못한다. 사회적 체면을 중시하는 남편의 무심함에 자신의 삶을 새로이 생각하게 되는 에드나는 달콤한 삶에서 깨어나 신여성으로서의 로맨스, 모성, 결혼 모두를 탈신비화한다. 그녀가 깨달은 주체로서의 삶은 당대 사회와는 대치될 뿐이다. 따라서 더 이상 살아갈 수 없는 인간이 취할 수 있는 마지막 실존주의적 선택을 자살로 합리화시키는 것이 이 소설의 플롯이다. 에드나의 자살은 페미니스트적인 자기-정의로서 긍정적으로 묘사되는 것이 일반적인 평이지만, 소설은 시각적인 섹슈얼리티를 보여준다. 즉 자신을 텍스트화하는 과정을 육체로서, 죽음으로서 보여주는 것이다.

> (에드나는) 거추장스러운 수영복을 벗어버렸다. 그리고 이 세상에 태어나서 평생 처음으로 광활한 천지에 태양을 맞으며, 자신을 가볍게 때리는 미풍을 맞으며 자신을 은근히 유혹하는 파도를 마주하고 알몸으로 섰다. 하늘 아래 이처럼 알몸으로 서 있다는 것이 얼마나 기이하고 끔찍한 일처럼 여겨졌던가! 그러나 실은 얼마나 달콤한 일인가! 에드나는 새로 태어난 생명체가 과거에는 전혀 알지 못했던 따사로운 세상에서 처음으로 눈을 뜨는 것과도 같은 기분에 젖어들었다. 작은 파도가 거품을 내면서 그녀의 하얀 두 발을 향해 감겨 올라왔고, 발목에서 뱀과도 같이 똬리를 틀고 있었다. 에드나는 걸어 나갔다. 바닷물은 서늘했지만 그래도 계속 걸었다. 물은 깊었으나 그래도 하얀 육체를 들어 올리고는 천천히, 길게 손발을 놀리며 바다 속으로 헤엄쳐

나갔다. 바다의 감촉은 육감적이고, 몸 전체를 그 부드러운 포옹으로 꼭 안아주고 있다.

과연 이 장면은 폭력적인 대신 아름다운 긍정적 희생을 재현한 것일까? 에드나의 모습은 마치 거트루드가 오필리어를 묘사하듯 작가 쇼팬의 상상력에 의해 이미지화되어 인위적이다. 그리고 오필리어와 마찬가지로 결말을 몸과 물의 이미지로 마치는데, 수영을 할 줄 모르다가 수영을 배웠기 때문에 익사를 죽음 방식으로 택한 것은 반드시는 아니더라도 여전히 에드나의 자살을 사고사로 위장할 수도 있다는 점에서 소극적인 죽음 방식의 묘사일 수 있다.

소설 전반에서 에드나는 치열한 데가 없고 결정론적인 데도 없는 모순적이면서 소극적인 성격의 소유자로, 감정, 생각, 행동 어디에도 자살을 고의적으로 결정할 만한 인물로 그려지지 않는다. 에드나는 남편의 잔소리에 눈물을 흘리다가도 사교클럽에서 따온 돈을 받으면 돈을 좋아하는 대다수 여자처럼 기쁘게 받는다. 수영을 할 줄 모르다 수영을 배우게 되면서 환희와 도취의 감정을 경험하게 되고 그것이 그녀에게 각성의 전환점이 되지만 그녀가 더 이상 당대 삶에 어울려 살기 어렵다는 이유로 자살의 계기가 된다는 설정은 극한 지점으로서의 자살 행위와는 대치된다. 그렇기 때문에 에드나의 자살은 자살의 충동성을 인정한다 하더라도 서술적 개연성은 부재한다고 볼 수 있다. 다시 말해 자살의 언어가 침묵과 결부되는 점을 고려할 때 자살의 설명은 소설의 언어로는 직조되기가 부족하다는 것이다. 독자가 이 장면을 마주했을 때 실제 삶을 소비하면서 욕망에 의해 진행해 온 그동안의 독서활동에 가해진 텍스트의 총체성은 무너지지 않을까? 내러티브를 통해 사라지는 에드나와 사라진 에드나의 현전이 텍스트로 교환되는 순간 그녀의 모순적이고 모호한 태도와 음성은 제대로 전달되지 못하고 죽음 하나만을 향해 치닫는다. 이것이 결말의 서술구조이다. 그렇기 때문에 의미는 과잉되고 문자는 빈 곳을 남긴다.

나아가 해석학적 주장 또한 페미니스트적 겉옷을 덧입을 따름이다. 에드나의 자살은 주로 자포자기와 절망에서 나온 행위로 추정되면서도, "19세기 후반부터 20세기 페미니스트의 의식 발전의 관점에서 보았을 때 반항과 저항의 존재론적 행위로 재정치화"[13]된다는 비평의 역설을 만들어낸다. 따라서 에드나가 각성을 하는 데 있어 근본적으로 중요한 점은 "이별을 깨닫는 것과 개인적 존재의 중요성을 깨닫는 것, 그리고 완전한 연합의 꿈에 대한 절망감을 깨닫는 것"[14]이고 그래서 결국 자신의 시대정신에서 배치되는 여성의 역할을 깨닫지만 그 인식이 좌절로서 펼쳐질 것이라는 사실도 알기 때문에 자살을 선택할 수밖에 없다는 것이다. 이것은 "19세기라는 제한적인 문화 너머에 있는 상상의 세계를 향해서 나아가는 것이기 때문에 패배가 아니라 당대를 지배하던 '여성의 본성'에 대한 제한적인 사회규범에서의 진정한 탈출이라는 승리",[15] 또는 에드나에게 자살이 "바다와 일체가 되는 것, 바다가 상징하는 유목적인 공간 자체가 되는 새로운 실험"[16]으로 볼 수 있다는 것이다. 길버트Sandra Gilbert 같은 비평가는 에드나가 자살을 한 것이 아니라 죽음을 실현한 것, 즉 자신의 비전으로 어린 시절의 개방 속으로 되돌아간 것으로 해석하기도 한다.[17]

이와 같은 평은 에드나의 죽음에 대한 2차 텍스트로서 쇼팬보다 더 가능성 있는 생명력을 제공한다. 물론 쇼팬은 에드나의 자살을 계획적으로 구성했고 그것은 쇼팬의 페미니즘과 상호 관련되어 있다.[18] 그럼에도 불구하고 부권 사회에서의 사회 저항을 보여주기보다 자신의 운명에 대해 통제를 하지 않고 감정에 의해 영향을 받았다는 점을 주목해야 한다. 에드나의 죽음묘사는 '은근히 유혹하는 파도'와 알몸으로 마주하면서 섹슈얼하게 진행된다. 그녀의 죽음 행동은 따라서 의식적이라기보다는 무의식에 더 가까울 수 있다. 그렇기 때문에 몸으로 글을 쓰는 형태, 기호의 물질화, 죽어가는 몸과 죽은 몸을 물질적으로 투명하게 사실화하면서 마치 확실하고 권위 있는 진실로 자기-텍스트화하려는 시도를 그럴 듯하게 만드는 것도 같다. 그러나 실제 현실이 그랬다 해도, 그래서 자살이 행해졌다 해도 문자는 자살 동기에 서린 빈 곳을 메우지 못한다. 자살 행위의 근거는 텍스트에서 분명히 재현되는 것이 아니라 도덕을 초월한 문제이며 사회학적 · 심리학적 예방을 초월한 문제일 수 있다.[19] 이 글이 자살을 의도적으로 신비화하려는 의도는 없다. 그러나 사회학이 좋아하는 통계로 보든, 역사 및 문화사를 보든 자살은 외부적 불행만으로 단정 지을 수는 없고 정신분석학적 측면의 자기 파괴 충동과 쾌락 원칙으로만 추측할 수 있는 개인적인 것도 아니다.

알바레즈Alfred Alvarez가 자살에 대한 모든 '해석'이라는 것은 편파적일 수밖에 없으므로 문학의 측면이 자살을 밝혀 줄 것이라고 예측한 것은 이런 점에서 아이러니가 아닐 수 없다. 플라스Sylvia Plath 같은 시인처럼 증오와 절망, 사랑으로 가득한 격정적 행위로 자살을 실험한 경우가 있는가 하면, 자살에 대한 문학의 전반적인 태도는 묵인이었다. 절망을 은총으로 본 도스토예프스키를 비롯해서 자신의 인생과 죽음이 예술이었던 다다이스트까지 자살은 궁극적 관심사로 대두되었다. 문학이 저항하는 것은 부조리하고 제멋대로에, 부당하고 까닭 없는 사회에 대해 온 몸으로 받아내는 것이었다. 그리고 역시 여전히 "문학에서 죽음이 미학적으로 만족감을 주는 것"[20]은 그것이 실제 삶과의 경계를 어떤 식으로든 나누기 때문이었다. 프로이트Sigmund Freud는 이를 문학적 허식이라고 했다. 허구의 세계에서 독서활동을 통해 삶의 현실과 죽음의 극단까지 경험하면서 환희를 반복할 수 있다. 그렇기 때문에 독자는 자신과 동일시하였던 허구의 주인공과 기꺼이 함께 죽을 수 있다. 그러나 여전히 살아남아 또 다른 주인공과 다시금 안전한 죽음을 맞이한다. 이것은 "사회적 존재로서의 현실감을 결핍하면서 삶을 거세적으로 위협하는 죽음의 현전으로 삶의 환상을 깨뜨린다."[21]는 점에서 독서활동을 비유적인 자살로 본 데리다의 해석과 중첩된다.

소설의 언어는 에드나를 통제할 수 없는 사건들의 독립적이면서 특정 개인과는 상관없는 상태의 존재임을 지속적으로 주장하고 있다. 따라서 직설적인 페미니스트 독서로 읽기에는 문제가 있다. 그리고 다른 문화나 역사와 관련해서 쇼팬과 에드나를 젠더 기반의 페미니스트적 문맥에 놓기가 부적절하다고 여겨지기도 한다.[22] ≪인형의 집≫에서 노라Nora가 집을 나갔듯이 자살 또한 선택사항이 될 수 있다. 그러나 ≪각성≫은 마치 깨닫는 것이 죽는 것임을 주장하려는 듯 보인다.[23] 수수께끼인 것은 깊이를 알 수 없는 인간의 생각이다. 숨겨진 자유로운 생각을 우리는 알지도 못하고 이끌지도 못하고 지휘하지도 못하고 억누르지도 못할 뿐이다.[24] 독서활동의 몰입은 그것이 현실을 환상으로 바꾸어서, 혹은 현실을 버릴 만큼 현실보다 더 현실적인 개연성 상에 놓여야 가능한 것이다. 자살의 가능성과 불가능성을 논하기 전에 자살의 언어가 문학의 언어로 교환될 수 있어야 한다. 문학적 허식일망정 내러티브의 힘이 자살을 향해 간다면 대의명분은 문자의 자율성에 따라 어쩔 수 없이 따라가는 것으로서 독자와 공모될 수 있을 것이다.

결국 에드나가 몸으로 자신의 이야기를 쓴 것을 받아들인다 했을 때, 몸은 마치 언어의 껍질 속에서 싹트기를 기다리는 씨앗과 같이 언어에 의해 존립할 수밖에 없다. 그러나 문학작품이 정당화하고 미화하는 죽음과는 별개로

부부간의 의사소통이 이루어지지 않았던 19세기 가정에서
여성은 고립될 수밖에 없었다.

카유보트Gustave Caillebotte, 〈실내〉, 1880.

현실의 고통과 통증의 반향은 약화되어 있다. 그것은 바로 문학 속에서 죽음은 위험하고 불안한 것이 아니라 욕망이기 때문이다. 바제인Beth Bassein에 따르면 여성의 죽음은 남성의 죽음과는 다른 생산 방식에 귀속되어 성적 측면이 그녀의 죽음에 더 자주 책임이 있다.[25] 20세기는 자살에 대한 내성이 생기면서 마치 예술의 공동재산이 된 때이다. 그러나 자살언어가 자살에 정당성을 부여하기 위해 자살을 복제하는 과정은 자살의 연구와 관련된 수많은 책이 밝혀내지 못한 자살의 핵심과 마찬가지로 맹목화된다.

반면에 레싱의 〈19호실로〉는 시각적으로 미화되는 여성 죽음 재현과는 다른 면모를 보여준다. 19세기 서구에 여성운동의 바람이 불기는 했으나 아버지이자 남편 중심의 가부장적 가족의 모습은 20세기에도 변치 않고 드러난다. 그것은 자본주의와 관련된 경제권의 문제이기도 하지만, 여성의 역할은 어쨌든 거의 변한 것이 없다. 레싱의 〈19호실로〉는 표면적으로 행복한 가정을 보여준다. 그리고 결혼 전에 각자 직업이 있던 남녀라는 점에서 동등하게 시작된 관계임도 알 수 있다. 결혼과 동시에 직장을 그만두면서 수전Susan Rawlings은 남편과 아이들을 위해 산다. 그것은 희생이라기보다는 행복을 위한 당연한 선택처럼 보인다. 그러나 수전은 자신의 모든 삶이 가족과 연루되어 있으므로 어떤 자유도 가질 수가 없다고 생각한다. 집에서 자신만의 방을 갖기는 하지만, 들락날락하는 아이들과 매사를 묻는 가정부 때문에 그 장소도 안전하지는 못하다.

그녀에게 찾아온 공포는 정원 끝 하얀 돌에 앉아 있는 어떤 존재로 나타난다. 그 존재는 도마뱀인지 뱀인지가 똬리를 틀고 있는 막대를 사용해 주위를 휘젓고 있었다. 그러한 공포와 불안, 그리고 자기만의 방을 꿈꾸던 그녀가 고안해 낸 것은 시내의 호텔방에 하루 몇 시간씩 머무르는 것이다. 아내의 행동이 의심스러웠던 남편은 아내를 미행시키기도 하고 다른 남자가 있을 거라 추측하기도 한다. 자신만의 공간을 꿈꾸다가 좌절한 수전은 그런 남편과 아이들을 뒤에 두고 빌린 호텔방에서 자살을 한다. 처음에는 남편이 자신이 남자 때문에 자살을 한 것이라 생각할 텐데 편지를 한 통 써야 하나 하는 현실적인 생각을 한다. 그러다가 그런 자신의 생각을 우스꽝스럽다 여기며 그만둔다. 이 부분은 ≪각성≫과는 다른 면모를 보여준다. 남편이 아닌 다른 남자와의 사랑을 실현하려 했지만 좌절하게 되는 에드나의 경우와 달리, 자신에게 남자가 있을 거라고 오해하는 남편과 그 상황에 대해 수전은 조롱하고 싶을 따름이다.

> 그 악마들은 여기에 없었다. 그녀가 그들로부터 자유를 샀기 때문에 그들은 영원히 사라졌다. 몸속에 흐르는 피와 같이 내부에서 그녀를 애무하는 듯한 어두운 결실의 꿈속으로 그녀는 이미 미끄러져 들어가고 있었다. 더 이상 머물 기력이 없어서 그들을 떠나려고 하는 마당에 여기 앉아 아이들에 대해 걱정하는 것은 얼마나 위선적인가. 그녀에게는 약 네 시간 정도가 남아 있었다. 그 시간을, 강의 가장자리에 자신을 서서히 서서히 밀어 넣으며, 즐겁고 어둡고 달콤하게 보냈다. 그리고 의식 속에 어떤 끊김도 없이 일어나, 얇은 양탄자로 문틈을 막고, 창문이 꼭 닫혔는지 확인한 후, 미터기에 2실링을 넣고 가스를 틀었다. 그 방에 드나들기 시작한 이래 처음으로 그녀는 퀴퀴한 냄새가 나는, 땀과 섹스의 냄새가 나는 딱딱한 침대 위에 누웠다.
>
> 그녀는 녹색 공단 침대보 위에 누웠는데 다리가 으슬으슬했다. 일어나 서랍장 맨 밑에 개켜져 있는 담요를 찾아 조심스럽게 다리에 덮었다. 그녀는 거기에 만족스럽게 누워 방으로, 그녀의 허파 속으로, 머릿속으로 쏟아져

들어오는 가스의 희미하고 부드러운 쉬익 소리를 듣고 있었다. 어두운 강으로 떠내려가면서.

〈19호실로〉는 주로 부권사회와 가정 내 노동의 문제, 즉 가사노동의 젠더화(유제분, 2008; 홍승현, 2009)와 자기만의 방에 대한 열망이면서 '출구 없음'과 '빈둥지 증후군'(최선령, 2010)에 대한 것으로 평가된다. 많은 경우, 이 작품이 서구 부르주아 중산계급 여성으로서의 수전의 전형적인 삶에 대한 공감에 더하여 기꺼이 죽음을 선택하는 그녀의 마지막이 고통스러운 패배만이 아닌 승화로 그려졌다는 방향으로 해석된다.[26] 여기에서도 페미니스트 비평가들의 이데올로기적 관점이 텍스트의 의미를 과장하도록 만드는 측면을 볼 수 있다. 도리스 레싱조차 자신의 작품을 페미니즘과의 관련 속에서 읽어내는 일에 과민할 정도로 거부반응을 보인 점은 차치하더라도 "가정의 가치가 높이 강조되던 일종의 반동기였던 1950년대와 오히려 대치되는 주인공의 성향"[27]을 고려했을 때 문맥의 의도추론에 대한 해석은 이데올로기적 해석을 위한 더욱 확고한 편견에 근거한다.

여성 육체의 재현을 다소 삼간 레싱의 〈19호실로〉도 미화까지는 아니더라도 자살을 묵묵히 수용하고 있다. 수전이 그토록 열망한 자신만의 공간은 돌아갈 수 없는 혼자서만 오롯이 온전할 수 있는 욕망의 공간이다. 그러나 궁극적으로 "아무 공간도 차지하지 않음으로 인해 보이지 않는 존재가 되는 것, 즉 스스로를 삭제하는 일에 참여하는 것"[28]이 이 소설의 궁극적인 대안인지는 의문이다. '땀과 섹스의 냄새', '딱딱한 침대'의 표지에서 묻어나는 타인의 흔적 위에 자신을 누이고 '다리가 으슬으슬'할 만큼의 몸을 흘려보내는 것은 부조리한 자살을 그럴싸하게 보여주기도 하지만 독자가 읽어내기에는 허탈하고 부족한 문자의 비켜감, 맹목성만

남을 뿐이다. 그렇기 때문에 어떤 비평은 분별력과 지성을 갖춘 수전이 "비합리적인 열정과 생각들을 대립 항으로 파악하는 한계를 벗어나 자유로운 삶으로 나아가는 구체적인 가능성을 열어 내지 못하고 대신 죽음을 선택해서 상투적인 이성 대 감정의 이분법이라는 것을 확인시킨 것에 지나지 않는다."[29]고 읽어내는 것이다. 그러나 대안으로서의 희망적 선택, 예를 들어 직장으로 돌아간다는 가능성과 같은 것의 제시가 오히려 녹록하지 않은 현실을 왜곡하는 것일 수도 있다. 실제 삶에 있어 선택사항은 그리 넓지 않기 때문이다. 그러한 녹록하지 않은 현실성을 수용하지 않았다 하더라도, 그래서 현실감이 떨어지게 하는 자살의 이미지, 불합리함, 그리고 문자가 그것을 비켜가며 읽어낼 수밖에 없다는 점, 어떻게 해도 비켜간다는 사실이 자살 자체를 부재하게 만든다.

자살의 대리보충 — 문자, 문학, 언어

구체적인 내가 포기되면서 자살은 자기 소유와 자기소외의 형식으로 나눠진다. 글쓰기는 부재하고 재현되는 대상으로 존재를 지우는 효과를 위해 어느 빈 곳에서부터 나타나 자연적인 나의 모습을 사라지게 하고, 대신 의미와 언어를 열어놓는다. 자아의 문제, 그리고 자아와 연계된 타자성, 죽음을 서술하려면 글자로 되돌아가야만 하는 것이다.[30] 글쓰기는 전체와 일체를 다시 얻으려 한다. 그러나 자살의 속성에 비추어보았을 때 언어로 중재되는 문학의 문맥 또한 의도적 추론에 불과하다. 무의식을 언어화한 정신분석학조차도 자살의 역학을 제대로 조명해 내지는 못했다. 프로이트는 자살을 죽음의 본능이 초자아의 질환의 일종으로서의 우울병을 이어받은 것이라고 정의했을 따름이다. 이것은 자살의 신비화가 아니라 자살이 해석학적인 접근으로 불가능한 점이 다분하다는 것을 의미한다. 이렇기 때문에 의미형성에 불확정성이 과장되어 있는 언어로 자살을 제대로 짚어내지 못하는 것은 당연하다. 마음의 침묵 속에서 이미 준비되어 있는 자살의 풍경에 언어의 불확실성, 비효율성, 흔적, 차연만이 보충되는 것이다. 정신분석 대상의 환자들을 상담할 때 나오는 서술적 약점을 여기에 접목시켜 볼 수 있다.

환자들은 자기 삶을 비논리적이며 모순되게 표현하되, 설명의 힘이 부족하다. 환자가 하는 설명은 빈틈과 기억력상의 결함, 설명할 수 없는 연대 상의 모순, 억압된 일을 감추는 온전하지 못한 기억 때문에 수수께끼와도 같다. 그 이야기는 구문이 잘못되었으며 미사여구에는 설득력이 없다.[31] 따라서 결백하지도 중립적이지도 않은 언어를 문자를 가지고 자살언어를 만들어낸다는 것, 혹은 자살을 해독한다는 것 자체가 모순이다. 그렇기 때문에 관찰결과를 학술적인 문장으로 옮겨놓았을 때 상담자들이나 조사자들은 이제 인간에 대해서는 별 관심이 없고 출처 분명의 사례 기록이나 통계 그리고 그들의 이론을 뒷받침해 줄 만한 사실에만 관심을 갖는 것이다.[32] 결국 물리적 담론이나 알레고리의 문학적 표기, 문자는 자살을 직접적으로 대면한다기보다 모순들을 악화시킬 수 있다. 문자언어를 통해 자살 자체에 첨가되면서 이미지 또는 대리로서 첨가될 뿐이다.

특히 자기 이미지들을 해설하는 일은 문학 상상력의 특성이기 때문에 문학적 이미지의 허구적 꾸밈에 해설 붙이기가 이뤄질 수밖에 없다.[33] 문자의 텍스트성이 벗어나 존재하는 것이 없다는 이야기다. 현실적인 것이 흔적과 대리보충에 호소함으로써 의미를 취할 때만 도래하고 첨가되기 때문이다. 그러나 죽음이라는 문제에 독자를 끌어들이는 방식은 논리적 추론만 가지고는 어렵다. 문자와 자살이 만나는 지점의 모호함은 상상과 현실이 모순적으로 얽혀있는 독자들을 끌어들이기에 쉽지 않기 때문이다. 문학작품은 그 자체로 문맥에서 떼어낼 수 없는 것이다. 작품을 해석하는 일 또한 작품만 혼자 객관화시킬 수 있는 것이 아니다. 가공품으로서 독자들의 자율성의 차원을 제공할 수 있는 역할 대행도 불가능한 것이다.[34] 다시 말해 언어의 자율적 관점, 의미를 만들어내기에 지나칠 정도로 언어의 불확정성, 매이지 않는 텍스트성과, 이데올로기와 인간에 대한 해석자의 관점이 불균형하게 강조되었던 것이다.

여성작가들이 재현한 목적 지향적 자살 행위와 서술의 지점은 두려움과 죄책감의 감정으로 얼룩진 고통스러운 것이 아니라 성별화되고 미화되면서 상상력으로 승화된다. 자살이 과장되거나 합리적인 것이 되는 것이다. 특히 사회적으로 여성피해자의 목소리를 대변하는 페미니즘의 경우 빈틈과 언어의 어눌함으로 범벅되어 있는 자살을 무엇보다 의식화하려 한다. 그리고 가시적인 이미지의 불충분함에도 불구하고 시각적 이미지에 호소하기에 이른다. 결국 죽음으로의 초월이라는 측면이 문자의 빈 곳에 의해 억압되어 버리는 것이 일쑤였다. 수많은 해설이 있는 것처럼 자살을 다룬 문학 또한 시대 내외적 해석에 노출되어 있음은 물론 글쓰기와 독서의 내러티브 간에 관점의 균형이 맞지 않게 되는 것이다.

그러나 작가에게는 욕망이 있다. 화자의 목소리를 통해 실제로 그 어떤 현실적 체험으로도 일깨울 수 없는 환상적이고 가시적인 이미지들을 형태적 상상력으로 하여금 받아들이려 하거나 모든 것을 언어 속에 취하려고 하는 욕망이다. 이러한 욕망과 동시에 모호하고 비어 있는 음성을 끌어모아 구조화하여 거대 담론으로서 연계하려는 야망도 있다. 바슐라르Gaston Bachelard가 니체Friedrich Wilhelm Nietzsche의 ≪짜라투스트라≫를 인용한 것도 한계 상황에서 정신적 상상력, 영웅적 상상력을 마련하여 은유의 절대적인 현실을 살 것을 권장하기 위해서였다. 다시 말해, 찾아오는 고통을 회피할 것이 아니라 충실히 체험하는 능동적인 삶을 열어두는 것으로, 포기도 절망도 빗나간 해방도 아닌 발을 땅에 붙인 채 성취하는 초월이다. ≪각성≫에서 보여주었던 바와 같이 여성에게 있어서의 물의 의미와 달리 ≪짜라투스트라≫의 물은 죽음에의 유혹이나 용해에의 유혹으로 결코 나타나지 않는다.

> 이제 모든 것은 잔다, 바다는 잠들었다라고 그는 말한다.
> 그 바다의 눈은 낯설고 조는 듯이 나를 향해 있다.
> 하지만 그의 숨결은 더웁다, 나는 그것을 느낀다.
> 그리고 나는 또한 그가 꿈꾸는 것을 느낀다.
> 그는 딱딱한 베개들 위해서 자며 뒤척인다.
> 들어보라! 들어보라! 얼마나 고약한 추억들이
> 그를 신음케 하는가! 또는 그것들은 나쁜 전조들인가?
> 슬프나! 나는 너와 함께 슬프다, 캄캄한 괴물이여,
> 그리고 너 때문에 나는 내 자신을 원망한다.[35]

바슐라르에 의하면 물에 의한 재생을 찾아 바다에 뛰어드는 대신, 모든 무게와 회한과 과거를 향해 있는 마음속 모든 것을 던져버리면서 자신이 갇혀 있던 감옥으로부터 자유로이 벗어나 자신에게 성실해질 수 있다.[36]

그러나 이 글은 자살을 반대하고 삶을 영유해야 한다는 주장으로 결론을 단순화하려는 것이 아니다. 단지, 몸을 시각화하는 재현기법으로 인해 실존적인 고통이 아니라 여성화되고 미화되면서 자살의 성격, 자살 시도자들의 결함과

모순들이 명백한 문자로 대치되는 것을 염려하는 것이다. 이러한 접근 방식이 자살을 오히려 단정적으로 재정의해 버릴 수 있다. 다시 말해, 자살을 통합하는 체계라는 것이 마련되고 나아가 마치 해법적인 역할로 둔갑하면서 문학에서, 그리고 해석에서 자살 기능이 더욱더 합리화되고 선동될 수 있는 것이다.

소녀 자살 담론과 지식장
—K여고 연쇄 자살 사건을 중심으로

1950년대 이전의 자살 사건에는 생활고와 신병비관, 가정불화 같은 분명한 원인이 존재했다. 그런데 1962년 K여고생 자살 사건은 분명한 원인이 없다는 점, 자살에 이르는 과정이 기이하다는 점이 지적되면서 사회적인 이슈로 대두되었다. 소녀 집단자살 사건이 담론화되고 해명되는 방식은 이 시기 첨단의 지식 개념이 개입되고 활용되었다는 것이 이 글의 핵심이다.

1962년 K여고 자살 사건을 둘러싼 다기한 해석장은 1960년대적 에피스테메를 구성하는 계기였다. 하나의 사건이 시대의 역사성과 복잡성을 반영하고 생산한다는 점에서 이 사건은 단순 사건의 이상의 의미를 갖는다. 이를 거울로 삼을 때, 2000년대 한국 사회의 자살 문제를 성찰하는 방법을 제시할 수 있다

임지연

최근 자살률의 급등과 함께 자살은 사회적 문제로 증폭되고 있다. 우리 사회의 핫 이슈로 떠오른 자살의 문제는 '개인적이고 사회적이고 심리적인' 요소들의 복합된 문제라는 방식으로 유통되고 있는데, 이는 허구적인 측면이 강하다. 개인적, 사회적, 심리적이라는 층위의 선언은 '자살의 문제는 복잡하다'는 점만 강조되었지, 사실 현실적으로는 '개인적' 차원으로 집중되고 있다. 특히 정신과를

위시한 의료계에 의해 선점됨으로써 자살의 실질적 예방과 치료라는 관점으로 접근되고 있는데, 이는 자살을 정신질환의 측면에서 개인의 범주로 확정하려는 입장을 벗어나지 못한다. 또한 자살에 대해 그 전모를 명확히 '알 수 없다'는 태도도 문제가 된다. 이는 자살자 개인에게 모든 책임을 떠넘김으로써 삶과 죽음이라는 멘털리티적 시각을 차단하게 한다. 정신의학의 관점에서 해결하려는 최근 자살 담론[1]의 단초는 사실 1960년대 소녀 자살 사건에서 본격화되고 있다.

1960년대 소녀 자살에 주목한 이유는 우리 사회의 현대성 모델의 본격성이 이 시기에 출발하고 있다는 점에서 현재성의 단초를 파악할 수 있다는 판단 때문이다. 가령, 자살과 관련하여 정신과 의사들의 적극적 개입은 1960년대 초반에서부터 본격화되었다. 이 시기 프로이트주의나 정신의학은 K여고생 자살 사건에 개입하면서 자살 담론을 형성하게 되는데, 이는 최근 우리 자살 담론에 정신과적 질병론이 전면 개입되는 과정의 어떤 단초를 보여준다. 1960년대 자살의 문제가 어떻게 고유한 시대적 에피스테메로 작동하는지를 살펴보는 이유는 '지금 여기'의 자살 문제 역시 고유한 자기 작동 방식을 갖고 있다는 성찰의 계기를 제공할 수 있다는 점 때문이다.

이 글은 1960년대 자살 사건들에서 사회적 핫이슈로 다루어졌던 소녀 자살이 단지 젠더 차원에서뿐 아니라, 당대 지식장知識場의 지식 개념들과 어떻게 연관되어 있는지를 파악하고자 한다. 소녀 자살의 문제는 당대 정치, 사회, 철학, 의학 담론들과 교직 교차되면서 지식 개념을 강화해 주는 개념이었다. 즉, 소녀 / 자살의 문제가 지식장의 자기 증식 개념으로 활용되기도 했다는 점에 주목하고자 한다. 이 글은 소녀성 개념이 역사적으로 부정되고 배제되는 과정을 경험하면서도 지식장의 현실적 활용의 장이 되고 있다는 점을 포착하여 자살에 대한 1960년대

에피스테메를 구성할 것이다.

K여고 연쇄 집단자살 사건의 전모와 특이성

자살을 어떻게 이해할 것인가의 문제는 자살이 말해지는 그 시대의 총화라는 차원에서 접근할 필요가 있다. 가령, 식민지 시대의 자살은 근대적 개인이라는 개념의 수입과 함께 이해할 수 있다. 근대 초기의 도덕적 수치에서 비롯되는 정치적이고 이데올로기적 의미를 갖는 분사憤死에서 근대의 수입된 정사情死의 형태나 개인의 내면을 드러내는 염세와 우울에 의한 자살,[2] 삶과 죽음을 성찰하는 내면을 형성해 주는 여성의 자살,[3] 육체를 관리하는 근대적 '처방'의 일종,[4] 식민지 현실에 대한 저항의지[5]로의 새로운 죽음형식으로의 변화가 그것이다. 한국전쟁 이후 1950년대의 자살률은 눈에 띄게 증가[6]했는데, 이는 자살의 일반적 원인인 생활고 자살 이외에 전쟁 후유증 비관자살, 제대군인이나 상이군인 자살, 전쟁 트라우마 자살[7] 등이 우세하다는 사실에서 한국전쟁과 관련한 당대의 삶과 죽음에 태도를 단적으로 파악할 수 있다. 이처럼 자살의 문제는 시대적 개념으로 작동되어 왔다.

1960년대 자살의 역사성은 어디에 있을까? 1961년 한국의 자살률은 이미 세계 최고 수준이었다.[8] 4·19 부상자 청년의 총상재발에 따른 자살 기도 사건[9] 이촌향도에 따른 빈번한 일가족집단자살[10] 등은 1960년대 자살의 역사성을 보여주는 사건들이다. 또한 10대들의 자살률[11]이 급격히 증가하여 사회적 문제가 되었다. 그 중 여고생들의 자살이 집중되었던 시기[12]라는 점에서 10대, 여고생 자살 사건 역시 1960년대의 뚜렷한 특징이기도 하다. 그런데 왜 K여고생 자살 사건에 주목하는가? 'K여고 세 여고생 연쇄 자살 사건'은 1960년대 자살 사건에서 볼 때 전형적인 경우가 아니었다. 새로운 형태의 자살 사건이라는 점에서 세간의 큰 주목을 받았고, 이 사건을 해명하기 위해 각 분야의 지식인들은 지식 개념을 동원하여 다양한 해석을 하기 시작하였다.

먼저 사건의 개요를 정리하면 다음과 같다. K여고 세 여고생인 문 양, 권 양, 김 양은 친구 사이였다. 이들은 언제 어떻게 죽자고 의논을 한 바 없지만 자살 형식의 죽음에 대하여는 논의하기도 하였다. 먼저 문 양이 가정형편으로 비관자살한 후, 권 양과 김 양이 장례식에 참석하고 서울로 돌아오는 길에 김 양은 기차 안에서 극약 키니네[13]를 복용하였다. 이후 둘은 다방에서 만나기로 했지만 권 양은 오지 않았고, 서울역 대합실에는 같은 학교 최 선생이 와 있었다. 이미 권 양은 다량의 키니네를 먹고 자살하였으나 김 양은 최 선생에게 발견되어 생존하였다. 1962년 2월 13일에 일어난 사건이다. 이 사건은 신문에서 대서특필되었을 뿐 아니라, 소녀와 자살이라는 문제를 사회적으로 공유하게 한 동력으로 작용했다. 이와 유사한 집단적 소녀 자살 사건은 1960년대 지속적으로 발생했다.

이 사건이 주목받았던 이유는 첫째, 자살의 이유가 분명치 않다는 점, 둘째, 자살의 행동 방식이 이해할 수 없다는 점으로 요약된다. 문 양의 경우만 제외하고는 김 양과 권 양은 가정적으로 문제가 없다는 경찰 조사 결과가 있었던 만큼 이들에게 자살할 외부적 조건은 없다고 판단되었다. 그렇다면 이들은 왜 자살을 하게 되었을까에 대한 세간의 관심은 열도가 높을 수밖에 없었다. 동시에 이들이 자살에 이르게 되는 행동 양태 역시 기왕의 소녀성과는 거리가 멀었다. 이들은 서로에게 알리지 않은 채 약국에서 키니네를 구입하고, 김 양과 권 양은 같이 있으면서 각자 극약을 복용한 채 아무렇지 않게 웃고 이야기를 나누다 서로 다른 곳에서 죽음에 이르게 되는 과정을 보여주는데, 이는 당대로서는 충격적 사건이었다. 그러므로 이 자살 사건은 사회적 환경을 비관한 이전의 자살 담론과는 다른 층위에 있었다.

1960년대 소녀 자살 담론은 1960년대적 특이성이 중첩되어 있다는 것이 이 글의 주요 아이디어이다. 1950년대와 비교하면, 1950년대의 일반적 자살 사건의 원인은 대개 "생활고와 신병비관, 가정불화"[14]가 지목되었고, 소녀 자살의 원인도 일반론에서 멀지 않았다. "이유 있는 반항"으로 가정환경이나 사회환경에 의한 것으로 이해되었다. 1950년대 자살 사건은 대체로 전쟁으로 야기된 사회적인 문제였다는 것이 이 시기 자살의 원인에 대한 접근 방식이었다. 한국 전쟁 이후의 사회적 변동에 따른 자살 사건의 급등 현상을 사회학적 관점인 뒤르켐의 ≪자살론≫으로 접근[15]하고, "위성가爲政家"[16]의 정치적 책임을 묻는 것이 자살의 해결 방식이었다. 심지어 정신과 의사의 자살 논문에서조차 사회학적 요인을 먼저 고찰[17]할 만큼 이 시기 자살의 원인은 사회로 환원되었다. 자살에 대한 사회학적 설명은 자살자들의 실패목록을 나열하고, 그것들을 독립변수로 삼아 자살이라는 종속 변수와 통계적 상관관계를 갖는지 설명할 수 있지만, 다분히 과도한 결론[18]에 도달할 수밖에 없다. 일반적으로 자살 담론은 사회환경적 요인에 의해 일방적 영향을 받아 목숨을 끊었다는 단순한 시각이 지배적이었다. 사회적 책임이라는 해법은 문제해결을 유보하는 추상적 방안이기도 했다.

반면 1962년 K여고생 자살 사건의 특이성은 이유 없는 원인이라는 점에 있다. 물론 1960년대에도 가정환경, 생활고, 상급학교 진학 좌절이라는 이유 있는 자살 사건이 빈발했지만, 이 사건은 이전 사건과는 분명한 차이를 보여주었다. 자살소녀들의 가정형편, 학교 성적문제를 점검했던 것도 원인 없는 자살 사건이라는 점을 강조하기 위해서였다. 또한 이 사건은 집단성을 띤다는 특이성을 보여준다. 1960년대 집단자살의 경우 가족자살의 형태로 횡행하고 있었다. 소녀들의 집단자살은 드문 경우였다.

그런 점에서 원인 없는 소녀 자살은 당대 한국 사회에서 대단히 새로운 죽음 형식을 보여주는 사건이었다. 이들의 집단자살 사건은 가족주의적 집단과는 다른, 오히려 가족주의를 해체하는 개인주의의 극단처럼 보인다. 가족이 아니라 친구와 죽음을 함께하고, 나아가 함께하는 친구와 별개로 자살행동을 실행하는 방식은 가족집단주의에 균열을 내는 모호한 개인 주체를 발견하게 한다. 이처럼 특이한 죽음의 형태에 대해 미디어는 대서특필하였고, 지식장은 이 모호한 사건을 해명할 필요를 느끼기 시작하였다. K여고 자살 사건을 둘러싼 지식장의 해석과정은 복잡한 의미들이 교직 교차되는 의미생산의 장을 형성하였다.

소녀 자살과 생물학적 신체성

보수적 젠더화와 신체성

K여고생 자살 사건은 소녀들을 젠더화 과정 속에서 어떻게 배치할 것인가에 대한 문제와 관련된다. 소녀성의 문제는 세간의 이목을 집중할 만큼 사회적으로 큰 충격을 주었다. 일반적 의미의 소녀 표상은 분홍빛 뺨의 순수성으로 통용되고 있었던 반면, 이 자살 사건의 소녀는 그로테스크한 모호성으로 표상되었다. 기존 소녀 정체성에 균열을 내는 충격적 사건이었다. 이 자살 사건은 먼저 소녀들의 신체성을 강조하면서 담론화되었다.

> K여고 사건. 먼저 최근의 세칭 K여고 연쇄 자살 사건을 들어 보겠다. 이미 널리 알려진 바와 같이 이 사건은 지난 2월 1일, 그 이틀 전에 음독자살한 M양의 장례식에 참가했다가 돌아오는 길에, 그의 다정한 벗이었던 K, T 두 여학생이 음독, K양만이 살아남음으로써, 사회와 교육계에 일대 충격을 주었었다. 자살의 동기는 확연히 들어나지 않은 채, 각자기 억측을 자아냈다. 특히 죽은 K양 노트 속에서는 "선생님은 비열하다. 원수를 갚아달라"는 등의 알쏭달쏭한 수수께끼의 쪽지가 나왔었다. (중략) 소생한 T양은 ① 세상이 추해서 죽고 싶었다는 것, ② 위대한 베스트셀러작가가 되려고 했는데 소질이 없음을 알고 비관자살하려 했다고 기자들에게 말했다. 그러나 사람이 스스로의 목숨을 끊는다는 것, 어떤 정신적인 질환이 없는 한, 쉽사리 또 그렇게 간단한 이유만으로는 실현되기 어려운 것이다.[19]

이 글은 여고생들의 탈선과 도피 행각을 비판하기 위해 K여고생 자살 사건을 중심에 배치하고 있다. 이후 서술되는 글은 '윤락'인데, D여고 여학생이 교사에게 순결을 바치고, 이후 불량소녀로 타락한 후 스스로 윤락녀가 되는 과정을 사례로 들고 있다. 즉 여고생의 자살은 성 모럴의 파괴와 지성의 결핍, 정신적 질환과 같은 이유로 지적되면서 비판된다. 대개 여고생의 자살이 담론화되는 방식은 이처럼 부정적이었다.

같은 사건의 여고생 담임이었던 K여고 교사의 글에서는 당대 여고생 자살이 어떻게 유통되는지를 전형적으로 보여준다. '정'이라고 불리는 자살 여고생의 특성을 다음과 같이 목록화한다. ① 말이 없고 조용한 소녀, ② 외로운 방관자, ③ 내성적 성격, ④ 가정불화, ⑤ '햄릿'과 같은 고민, ⑥ 사춘기(심리적, 신체적)

⑦ 약자의 표본[20]이 그것이다. 여고생 자살은 사회적 이슈가 되었지만 이 죽음형태가 갖는 성찰성의 의미화[21] 작업은 이루어지지 않았다. 오히려 사건은 부정적 방식으로 규정되었다. 자살자 여고생이 사후적으로 규정되는 방식은 결국 방관자, 사춘기의 특성, 약자의 표본이었다.

여고생 자살의 원인은 심리적으로는 불안으로, 신체적으로는 사춘기적 특징으로 접근되었다. 특히 여고생의 불안은 사춘기라는 생물학적 신체와 함께 발현되는 것이라고 보았기 때문에 이 시기 여성잡지는 일제히 사춘기에 주목함으로써 소녀들을 계몽하기 시작한다.

소녀적 감성은 "연약한 새싹과 같은" 이미지로 표상되면서, 이들이 가지는 불안은 "인간이면 지녀야 할 당연한 것이고, 인간이라는 숙명적 불안"으로 해석되었다. 이러한 소녀적 불안을 극복하기 위해 이성과 지성, 결혼과 우정이 필요하다고 역설되었다. 특히 지성의 문제는 소녀들에게 강조되었다. 역설적으로 말하자면 이들은 지성의 결여자라는 것이다. 지성의 강조는 생물학적 신체성의 층위에서 강조되었다.[22]

남성보다 여성은 불안의식이 더 많을 수밖에 없다고 진단되었는데, 그것은 여성적 신체 자체에서 기원한다고 보았다. 사춘기, 연애와 결혼, 임신과 출산, 남편과 자녀, 갱년기라는 여성적 신체 사이클이 여성적 불안의 진원지라는 것이다. 특히 사춘기 소녀의 불안이 극심한데 "참되고 착하고 아름다운 것에 절대적인 가치를 부여하고 감수성이 예민하며 갖가지 욕구와 불만에 가득차고 자그마한 자극에도 동요되기 쉬운"[23] 특징은 불완전한 신체 구조에서 기인한다는 것이다.

또한 1960년대 초반 여고생들의 집단 자살 문제가 사회적으로 이슈화되면서 자살의 문제는 일반적으로 소녀의 층위에서 주로 담론화되었다. 이때 자살은

"결국 자기를 보존하는 본능을 무시하고 자유의사로 조기에 자기 생명을 끊어 버리는 것", "본능에 반대되는 행위"[24]로 개념화되었다. 자살의 문제 역시 '본능', '생명'과 같은 생물학적 신체성과 관련되었다. 본능과 생명이라는 개념이 긍정적으로 사용될 때, 소녀 자살의 문제는 더욱 부정적인 좌표 위에 설정될 수밖에 없었다.

소녀들의 자살 문제는 자살자의 고통이나 다기한 원인을 파악하는 데로는 나아가지 못했다. 사춘기라는 생물학적 신체와 관련시킴으로써 자살의 책임을 스스로 지게 했다. 모든 문제가 생물학적 신체에서 야기되는 본질주의적 관점으로 접근되면서 공론장 혹은 지식장은 어떠한 책임도 지지 않을 수 있었다. 따라서 문제 해결은 결혼을 통한 고독과 불안의 해소, 지성의 보완이라는 틀에서 제시됨으로써 결론적으로 여성을 보수의 틀에 가두는 효과를 거두었다.

'소녀'와 '자살'이라는 불안정하고 부정적인 개념들이 논리적 고리를 맺게 되면서 이 둘은 서로의 개념을 증폭시켰다. "여성의 정신적 특징에는 많은 자살위험을 조성할 만한 요소가 있"다고 말할 때, 자살은 여성이라는 젠더적 정체성을 규율하는 개념적 메커니즘을 형성한다. 특히 소녀 자살을 예방의 차원에서 언급할 때 그 보수성은 강화된다. "결혼생활은 자살률을 감소케 하는데 특히 여성들에게 있어서는 자살위험성을 감소케 한다는 보고가 있다."[25]는 언설들은 청춘기의 여성들을 결혼제도 안으로 포섭해 버리는 효과를 갖는다. 정리하자면 소녀의 생물학적 신체성은 자살과 결합되어 소녀들에게 부정적 가치를 지닌 젠더 정체성을 부여하였다.

생물학적 과학주의와 신체성의 의미 굴절

이처럼 소녀는 사춘기의 생물학적 특성에 의해 보수적 경향으로 젠더화되었다. 자살 사건을 통해 부정적 신체로 구성되는 과정을 살펴보았는데, 신체성의 강조는 단순히 소녀들의 신체에 국한되지 않았다는 점에 주목할 필요가 있다. 생물학적 신체성의 강조는 이 시기 지식장이 궁극적으로 지향했던 '현대성 비판과 극복'이라는 현대성 담론의 핵심적 화두이기도 했다. 이 시기 현대성 담론의 핵심은 현대라는 시기를 어떻게 이해하고 완성할 것인가에 있었다. 현대는 '정신-인간'과 '육체-인간'을 성찰하고 발견하지만, 조화와 질서를 이루지 못해 혼란을 겪는 시대로 이해되었다. 이때 '과학적 휴머니즘'으로 불리는 휴머니즘[26]의 한 부류인 '진화론적 휴머니즘' 이론은 생물학적 세계관을 토대로 현대의 정신/육체라는 이분화 구조를 해결하고자 하였다.

과학적 휴머니즘의 과학적 세계로서의 자연주의를 특징으로 한다. 과학적 휴머니즘론은 자연을 유일한 실체로 보는 철학체계로서, 인간 역시 자연의 일부로서 존재한다고 본다. 이 관점은 생물학의 진화론적 생명관에 입각해 "정신은 생명으로부터 불의에 나타난 것이고, 생명은 더 저차원의 물리화학적 수준에 있는 존재로부터 불의에 나타난 것"[27]이라고 보았다. 생명(육체성)과 정신의 기원은 우연적으로 나타난 것이기 때문에 어떤 것이 더 근원적인 것인지 분명치 않다는 지식 개념을 통해 육체/정신이라는 근대적 이분화 구조를 깨트리고자 하였다.[28]

문제는 현대성 극복을 지향하는 과학주의가 인간을 생물학적으로 이해한다는 사실에 있다. 이는 정신에 의해 억압되었던 근대적 인간을 극복할 수 있는 대안으로 제시되고 있다는 점에서 세계적으로 유행하는 이론이었으며, 지식인들의 행동적 실천으로 이어지기도 했다. 생물학적 인간 이해는 당대 인간을 이해하는 가장 대안적이고 실천적이며, 철학적인 사유 방식이었다. 이성이나 지성이 아니라, 피와 살이 도는 인간의 물질적 육체성을 더 근원적인 것으로 사유하였다.

따라서 인간을 신체 그자체로 인정한다는 사실은 이성에 짓눌린 근대적 인간을 넘어서는 대안적 사유체계였다. 따라서 소녀들의 정체성을 생물학적으로 구성하는 방식은 지식장 안에서는 대단히 새롭고 긍정적인 현대적 인간상일 수 있었다.

그런데 문제는 소녀들의 신체성을 해석하는 방식에는 긍정적 사유체계가 적용되지 않았다. 생물학적 신체성은 정신과 육체의 이분화 구조를 극복할 수 있는 급진적 사유체계일 수는 있었지만, 그것이 젠더화의 기준이 될 때 남자/여자의 구별은 문화적 차이가 아니라 본질적 차이에 의해 변별되기 때문이다. 생물학적 신체성을 근거로 할 때 성차란 "근본적으로 그 육체적인 구조의 차이에 의존되어 있는 것"[29]이었다. 이는 생물학적 과학주의라는 지식 개념이 잘못 사용되었다기보다 논리 자체에 오류를 내포하고 있었기 때문이다. 자연적 신체의 긍정을 통해 근대적 인간의 오류를 극복할 수 있을지는 몰라도 성차의 문제에 있어서는 급진적이거나 대안적일 수 없었다.

성차의 문제가 "육체적 구조"에 의한 것이라는 논법은 여성을 문화적 구성물로 바라볼 수 없는 한계를 갖는다. 생물학적 신체성에 의해 도출된 젠더 정체성은 기왕의 여성성을 본성화하고 보편화할 수밖에 없었다.

게다가 자살소녀들의 신체를 다룰 때 이들의 신체는 긍정될 수 없었다. K여고 자살 사건에 대한 결론은 ① 문학소녀의 감상성感傷性, ② 허무적 자살 동기, ③ 아름다운 사의 찬미, ④ 막연한 자살 모의로 정리되었다.[30] 10대 소녀들의 일시적 충격에서 온 염세, 허무, 죽음동경은 자살소녀들에게 부여된 문화적 정체성이었다. 자살소녀들에게 부여된 이런 식의 문화적 정체성은 소녀 신체 담론 과정에서도 동일하게 맥락화되었다. 감상感傷, 허무, 죽음 동경, 염세, 문학소녀, 센치와 같은 용어들과 함께 소녀적 정체성은 확정되었다. 이는 소녀적 정체성을 감상적이고 비생산적며 비이성적이라는 부정적 의미로 구획하는 것이기도 하다.

그런 점에서 볼 때 생물학적 과학주의 같은 최첨단의 지식 개념은 소녀 자살 사건에 직접 개입하지는 않았지만, 간접적 방식으로 충분히 이들 사건을 해석하는데 일조했다고 볼 수 있다. 사춘기 소녀의 자살 사건이 부정적 신체성으로 맥락화되는 방식은 신체성을 거론하고 긍정하는 첨단의 논법이 사용되었다. 그러나 성차라는 특수한 문제는 신체성 긍정을 통해 현대성을 극복하려는 진보적 이론으로 쉽게 처리될 수 없는 까다로운 문제였다. 자연적 신체 그 자체에서 발생하는 성차는 기왕의 여성억압의 논리를 재현 혹은 강화할 수밖에 없기 때문이다.

아직 성인이 되지 못한 불완전한 신체구조라는 특징을 부각하고 그것으로부터 소녀들의 정체성을 '불안'으로 구조화하는 방식은 지금으로서는 한계가 분명한 낡은 젠더화 방식으로 보이지만, 당대로서는 현대성이라는 세계적 담론 구조에 참여하는 세련된 방식이었을 수도 있다. 그러나 소녀들의 신체 특히 자살소녀들의 신체는 긍정될 수 없었다. 젠더의 복잡성을 첨단의 이론이라고 해서 쉽게 해결할 수 없었다. 오히려 신체를 긍정했던 첨단의 지식 개념들은 소녀들의 신체성을 비윤리적이거나 불안이라는 비정상적인 특징을 본질화하는 논리의 바탕이 되었다.

소녀 자살과 심리학적 해석장

프로이트주의의 두 층위와 심리

K여고 자살 사건에 프로이트주의의 개입은 필수적이었다. 원인을 알 수 없으며,

죽음에 이르는 그로테스크하며 비합리적인 행동은 자살소녀들의 내면 심리를 해명할 필요를 부추겼다. 프로이트는 한국전쟁 이후부터 본격 소개되다가 1958년경부터 체계적으로 수용되었다.[31] 이후 1960년대에 이르러서는 정신분석이론에 대한 대중적 소개와 함께 성에 대한 관심이 집중되면서 프로이트주의는 지식장에서 주요한 트렌드로 설정되었다. 프로이트는 성, 죽음, 심리, 우울증과 노이로제, 사회적 정신위생, 문학과 예술 등에 접합되었다. 정신과 의사는 각종 신문, 잡지의 주요한 필진으로 자리매김되면서 사회 현상을 심리적 문화 현상으로 파악하려는 시도들이 유행하였다.[32]

그런데 프로이트 이론이 K여고 자살 사건에 개입하는 방식은 두 층위였다. 생물학적 신체성을 긍정하는 리비도론과 인간 본성을 비합리성으로 이해하는 방식이 그것이다. 앞서 신체성 긍정이 생물학적 과학주의의 논리에 힘입어 간접 논리화되었다고 하였는데, 이 논의에 프로이트의 '리비도' 이론도 일정한 역할을 수행한다. 이 시기 프로이트주의에 의해 생물학적 본능으로서의 성性이 파악되고 있다는 점을 주목할 필요가 있다. 프로이트의 이론적 핵심은 "성적 에네르기", "성의 만족", "생의 본능"으로서의 '리비도'에 초점이 맞추어진다.

> 리비도란 성욕의 만족을 구하는 것, 성적性的 에네르기이를 리비도라고 부른다. 이 리비도는 최초는 자기의 몸에 향하고 차차로 성장함을 따라서 자기 이외의 사람에게 행한다고 생각한다. 자아自我에 향하는 때 나르시시즘・리비도narcissism libido라고 하고 타인 또는 물物에 향할 때 대상對象・리비도라고 하며 또 생生의 본능을 리비도라고 한다. (중략) 프로이드 심리학心理學은 역동적力動的 심리학心理學이다. 개인이 생동적인 에네르기를 가진 것을 가정하

고 이것을 리비도라고 하였다. 이 리비도는 정신적 에네르기이의 전체로서 식욕이나 충동과는 다르다. 이 생동적生動的 에네르기이의 본질은 성적性的인 것에 프로이드는 범성설汎性說의 기초를 이루고 있다.[33]

프로이트 정신분석학의 핵심은 리비도에 맞춰졌고, 일반적으로 프로이트주의=범성설이라는 등식으로 통용되었다.[34] 1960년대 성 담론에서 인간은 본성적으로 성적인 특징을 갖는다고 이해되었는데, 이때 프로이트의 범성설의 개입은 자동적인 것이었다. 인간이란 "본능에 지배되는 존재"로 이해하면서 프로이트 이론은 이성 중심의 근대를 비판할 수 있는 새로운 이론 틀로 제시되었다. "본능에 지배되는 존재"로서의 인간 이해는 새로운 현대적 인간형의 탐구에서 필요한 개념이었다. 정신과 육체의 이분화 구도를 극복하기 위해 이성・정신으로서의 근대적 인간을 넘어서는 개념이 필요했기 때문이다.

당대 프로이트의 리비도 개념은 생물학적 지향을 벗어나지 못했던 것으로 이해하고 있었다.[35] 그것은 프로이트주의의 한계로 지적되기는 하였지만, 실제 신체의 자연적이고 본능적인 차원은 긍정되었다. 앞서 생물학적 과학주의가 신체를 긍정하면서도 젠더의 차원에서는 성차를 본질적인 것으로 이해할 수밖에 없었다는 논리적 한계를 짚어냈는데, 프로이트의 리비도론도 마찬가지 역할을 수행했다. 소녀 자살 담론에서 소녀의 신체는 철저하게 자연적이고 본능적인 층위에서 이해하고 있음에도 긍정적인 가치 평가로 이어질 수 없었던 내적 논리의 한 축이 여기에 있었다.

두 번째 프로이트주의가 K여고 자살 사건에 개입하는 방식은 인간 심리의 비합리성에 대한 접근이었다. K여고 자살 사건은 이전 시대의 자살 형식과는 분명히 다르며, 그것을 해석하는 방식 역시 다르다는 점에서 1960년대적인 특이성을 보여주는 사건이다. 규명할 수 없는 원인과 기괴한 자살 행동은 소녀는 누구인가, 소녀의 심리는 무엇인가에 대한 심층적 질문을 던지게 하였다. 이때 정신분석적 개념에 의한 접근이 필요하였다.

이 사건을 합리적으로 해명할 수 있는 방식은 이 시기 홍수처럼 닥쳐왔다고 해도 괴언이 아닌 프로이트[36] 이론이었다. 프로이트주의는 자연적 신체 그 자체를 긍정하면서도 동시에 비합리성을 인간 본성으로 파악하여 인간을 잘 이해하는 개념이 될 수 있다고 받아들여졌다. "인간의 불합리적인 경향을 밝히고 무의식적이고 분열된 억압된 면의 인격을 의식 속에 가지고 들어와서 받아들이게 함으로써 인간의 단편화(분열)를 극복"하는 것을 프로이트의 공헌[37]으로 이해했다. 비합리성은 진정한 현대적 인간 이해를 위해 긍정적인 가치로 귀환되었다. 그런 점에서 1960년대 이유 없는 소녀 자살 사건은 프로이트적 비합리성이라는 개념으로 접근될 수 있었다.

소녀 자살의 비합리성은 프로이트주의가 현대인의 아포리아를 해명해 주는 적절한 지식 개념으로 부각될 수 있는 현실적 장을 마련해 줄 수 있었다. 그러나 자살 소녀들의 이유 없는 행위는 "비정상 심리 상태"에 지나지 않는 것으로 설명되었다. 프로이트주의의 맥락에서도 소녀 자살의 이유 없는 비합리성은 과학적으로 해명되지 못했다. "정신적으로 완전히 건강한 사람이라는 것은 찾을 수 없을 게고 누구든지 병적 요소를 조금은 가지고 있는 것은 확실"[38]하다는 현대인에 대한 프로이트적 심리 평가는 소녀 자살 담론에서는 적용되지 않았다. 심리라는 지식 개념은 부정화의 방식으로 활용되었다.

이 사건에 대한 한 보도 기사에서 "과연 이들이 음독한 심리를 어떻게 해석해야 할지"라는 의문이 제기된다. 괴기한 자살시도 소녀들을 해명하기 위해서는 심리라는 프로이트적 개념이 필요하게 되었다. 심리학 권위자들의 인터뷰를 종합한 기사는 이처럼 "감상소녀", "아프레"와 같은 부정적 방식으로 규정하였으며, "비정상적 심리상태"[39]라는 언설에서 알 수 있듯이 이들은 비정상인이었다. 가정적 · 사회적으로 원인 없는 자살은 '심리'라는 과학적 내면을 만들어냈으나 이들은 비정상인이라는 범주로 설정될 수밖에 없었다. 이러한 정상 영역으로부터의 배제는 심리학자들의 개입을 필요로 했다. 위 인용문에는 장병림 서울대 문리대 교수, 윤태임(심리학 전공) 서울대 사대 교수의 분석내용에 기대어 쓴 기사문이다.

이들은 "환상 속에 살려는 소녀를 현실로 안내해야 한다."는 계몽적 차원의 '정서교육'을 대안으로 삼는다. 현실과 배치되는 의미인 '환상'의 몫이 소녀들에게 부여되었다.

동아일보 2월 14일자에는 보다 다양한 전문가들의 견해가 게재되어 있다. 이진숙 서울대 심리학과 교수, 장병림 서울대 심리학과 교수, 소설가 박화성, 서울지법 지원장 권순영, 이화여고 카운슬러 최종옥, 소설가 김동리 등이 필자로 포진되어 있다. 이들은 조기 발견과 예방(이진숙), 가정환경과 사회환경에서 열등감 문제(장병임), 얕은 감상(박화성), 학교 측의 교도와 부모들의 선도(권순영), 문제아 속히 발견(최종옥), 허무주의적 독서경향 문제(김동리) 등을 해결책으로 제시하였다. 이처럼 소녀 자살의 문제는 사회적 해법으로 접근하려는 것처럼 보이지만 결론은 동어반복이었다. 감상, 센치, 니힐은 소녀적 감수성의 특징이면서 동시에 이들의 정체성 구성의 요목들이었다. 그러므로 병약한 소녀들은 계몽의 대상으로 여겨졌다. '심리'는 소녀들에게 본래 있었던 내면이 아니라, 당대 프로이트 이론이나 심리학이라는 지식장의 과학적 개념들에 의해 만들어진 것이었다.

정신의학의 본격화와 건전 정신

소녀 자살 사건이 세간의 관심을 끌고 지식장이 개입했던 것은 이유 없는 자살이라는 점, 자살의 방식이 이해할 수 없다는 점 때문이었다. 이는 1950년대적 자살 담론과는 완전히 다른 면모를 보여주었다. 앞서 말했듯이 1950년대 자살은 분명한 사회적 이유들을 갖고 있었다. 1950년대의 자살에 대한 접근 방식은 대체로 사회적 원인들과 관련되어 있었다. 그런 점에서 이 시기 뒤르켐의 ≪자살론≫을 소개하면서 자살을 사회적 의미로 접근했던 것도 이와 관련된다. 자살 사건에는 분명한 이유가 있으며, 이는 사회정치적으로 책임져야 한다는 것이 해결방법의 골자였다. 기왕의 자살 담론이 분명한 원인을 찾아내서 사회의 경종을 울리는 사건으로 활용되고 있었던 반면, K여고생 자살 사건은 자살에 대한 새로운 관점을 요구하였다.

여기에 부응하기라도 하듯 1963년 '카톨릭 중앙의료원 부속 자살예방센터'에서 자살에 대한 종합적 검토를 하게 되는데, 여기에는 자살에 대한 새로운 시각을 제시하고 있다. 이 논문은 사회적 접근, 정신위생학적 접근, 임상적 접근을 통해 자살의 원인을 사회, 가족, 개인의 층위에서 복합적으로 검토[40]하고 있다. 여기에서 새롭게 제시된 관점은 정신의학의 관점에서 자살 기도자들을 임상적 차원에서 일종의 심리부검[41]을 행하고 있다는 점이다. 이는 자살의 문제가 복합적 원인을 갖는다는 입장을 제시하면서도 동시에 지극히 개인의 내면, 혹은 정신과적 질병이라는 입장을 체계적으로 제시하고 있는데, 이 시기 자살에 대한 새로운 관점을 보여주는 것이었다.

이 논문은 지금 보아도 상당히 종합적이고 체계적인 자살에 대한 보고서이다. 연령별 자살지표에 따르면 17세 자살률이 가장 높으며, 학생군으로 나누면 고등학생의 비율이 가장 높다. 여학생은 남학생의 4배의 자살률을 통계로 보여주고 있다.[42] 이 시기 여고생 자살이 빈번하게 발생하였음을 보여주고 있다. 이 논문의 특징은 자살요인을 정신병리적 차원에서 접근하기도 한다는 점이다. 자살 기도자를 대상[43]으로 하여 그 유형을 정신분열, 우울신경증, 기질적 뇌증후군, 조울병의 우울형, 성격적 장애, 불안신경증 등으로 분류하였다. 약을 투여하는 치료과정이 나타나 있는데, 이 시기 정신의학은 자살에 대한 새로운 접근 방식을 보여주었다. 자살은 사회적 원인이기도 하지만, 우울증과 같은 뇌의 병리 현상이며 약을 투여하여 치료될 수 있다는 사실은 자살이 사회적 원인에 의해 일어나는 사건이라는 단순 이해를 넘어서 있다. 정신의학의 자살 접근법은 질병과 치료라는 의료계의 담론이 본격적으로 대두된 시기였다. 자살소녀가 "비정상적 심리 상태"로 특징될 때 정신의학의 논리는 이 사건에 간접적으로 개입하게 된다.

정신의학의 전제 논리는 프로이트의 '타나토스'론이었다. 사실 프로이트주의와 정신의학은 지식장 내부에서 뚜렷하게 전문화되지는 못한 것 같다. 독자 영역은 있었지만 정신의학의 이론적 출발은 프로이트주의였고, 임상적 논리는 또 자신의 독자 개념을 사용하였다. '심리'라는 지식 개념은 대중적 의미화를 꾀하였다. 가령 노이로제라는 정신의학 개념은 정신과 의사에 의해 "사회 노이로제"[44]라는 말로 확대되기도 하였는바, 이는 개인 내면의 심리 분석이 나아가 사회를 분석할 수 있는 틀로 활용되었던 것이 1960년대였다. '노이로제'라는 정신의학적 용어는 한국 사회를 분석하는 개념이 되었다.[45] 이때 자살은 사회 노이로제를 증명하는 정신 불건강의 적절한 예에 해당하였다. 자살은 강간이나 소년범죄와 같은 파괴행동으로서 사회적 정신 불건강 상태의 하나로 취급되었다.[46] 그런 점에서 보면 소녀 자살은 정신 불건강 상태의 가장 나쁜 예가 현실로 드러난 경우였다. 이는 동시에 복잡 미묘한 개인의 내면을 '심리'라는 심리학적 지식 개념이 자기를 확대하고 정교화하고 대중화하는 계기로 사용되었다고 할 수 있다.

또한 소녀 자살의 문제는 1960년대의 사회역사적 자기 정체성 구성 방식과도 연관된다. 자살은 서구화된 현대성의 표상으로 인식되기도 하였다. 2차 대전 이후 구미제국에서는 정신건강이 보건문제의 으뜸가는 지위[47]를 차지한다는 점에서 자살이나 정신병은 그 자체로 현대성의 지표였다. 일종의 현대적 문화의 부산물[48]과 같은 것이었다. 즉 정신병자는 문명사회의 지표 혹은 선진국가의 증거[49]로 받아들여지고 있었다. 자살의 경우도 같은 맥락에서 현대의 문제적 인간에게 나타나는 정신위생상의 문제[50]로 파악되었다. 그러므로 자살이라는 죽음의 형태는 복잡한 도시문명사회의 부정적 결과이기는 하지만, 문명인 혹은 문화인이라는 현대성의 지표로 해석되었다.

그러나 한국의 상황으로 오면 인격이 미숙한 충동적 성격의 소유자[51]로 낙인찍힌다. 자살과 정신병은 사회적 자기 정체성을 구성하는 코드로 작용했지만, 담론의 내부에서는 두 층위로 분열되었다고 보여진다. 그것은 선진성으로 대표되는 현대성의 표상이지만 한국의 상황에서는 미숙과 충동이라는 후진성으로 맥락화되었다. 자살이 문화인의 행위로 이해될 때는 '인간 본성'이라는 보편적 인간을 이해하기 위한 계기이지만, 한국이라는 현실 상황에서는 '6·25 동란을 겪은 우리나라'의 열등감의 표식이었고, 그러므로 재빨리 극복되고 치유되어야 할 대상이었다.

분석과정은 인간본성의 심리적 차원에서 해석되었지만, 구체적 해법은 간단하였다. "건전한 정신은 건전한 신체에 깃"들기 때문에 "정신적으로 안정을 얻어 긴장과 초조감에서 벗어나 명랑하고 씩씩한 생활"할 것이 요청되었다. 이는 곧 건전한 사회와 건전한 정신은 서로 필요충분조건으로 요구되는 것으로 파악하였다. 자살과 정신병의 문제는 건전사회, 건전 정신을 해법으로 내놓으면서 당대의 사회역사적 자기 정체성을 건전성, 명랑성의 방향으로 제시하는 역할을 하게 된다. 이는 제3정권의 건전 신체 담론과도 연관된다. 박정희정권의 '조국 근대화' 논리의 한 축이 경제제일주의였는데, "생산적인 인간, 근로적인 인간"[52]의 신체를 요구했다. 생산적이고 근로적인 인간 신체의 대척점에 있는 것이 "프랑스 시집을 읽는 소녀"의 "고운 손"[53]이었다. 하물며 분명한 이유도 없이 자살하는 소녀의 신체는 더욱 반근대적이고 비생산적인 것으로 부정되었다.

노이로제나 불안에 의해 자살을 행하는 병리적 인간으로부터 벗어나는 방법은 건전한 신체, 건전한 정신이었다. 이러한 해법은 정신과 의사들에 의해 전파되었다. 이는 1960년대 초반 쿠데타 세력의 건전 신체 담론과 유사하다. 정신의학의 건전 정신 담론은 우연적으로 정권의 논리를 강화하기도 하였다. 이처럼 지식장은 지시 개념의 확장을 통해 자기 개념을 일반화하려고 하였지만, 우연히도 권력의 논리를 강화하는 역할을 하기도 하였다. 여고생 자살 사건을 둘러싼 해석장의 복잡성은 우연의 효과화와 함께 지식 개념들에 의해 활용되었다.

자살의 해석적 복잡성 이해하기

이 글은 1962년 K여고 자살 사건을 둘러싼 해석장을 중심으로 소녀 자살과 지식장의 관계를 고찰하였다. K여고 자살 사건은 다른 자살 사건과 달리 분명한 원인이 없다는 점, 죽음에 이르는 과정이 기괴하다는 점, 집단성을 띠지만 가족주의를 해체하는 극단적 개인성에 기초하고 있다는 점에서 뚜렷한 차이가 있다. 이 자살 사건을 해명하고 해결하기 위해 지식장의 첨단 개념이 필요하게 되었다. 이 글은 사춘기 신체성의 본성 규명을 통한 젠더론, 자연주의적 신체 그 자체를 긍정하여 현대의 모순을 해명하려 했던 생물학적 과학주의, 비합리적인 자살소녀들의 내면 심리를 파악하기 위한 프로이트주의와 정신의학 개념들이 개입되는 과정과 그것이 효과화되는 과정을 검토하였다.

이를 몇 가지로 정리하면 다음과 같다. 첫째, 소녀 정체성이 형성되는 방식은 단순히 역사적이거나 계급적이거나 단순한 젠더적 논리에 의해 배제되는 과정 이상을 내포한다. 배제의 과정은 다기한 지식장의 개입과 지식 개념의 의미 굴절 과정을 통해 더욱 복잡성을 띠고 있음을 확인할 수 있다. 또한 지식장의 개입에 의해 소녀 자살 사건은 일정한 의미생산의 장을 형성하다는 점에서 배제와 생산이 동시에 발생하고 있었다.

둘째, 소녀 자살 사건은 첨단의 지식 개념들이 아카데믹한 장을 벗어나 구체적 현실로 투입되는 과정이었다. 물론 지식 개념은 현실적 공론장에 개입하면서 의미와 효과의 굴절이 일어나고 있지만, 사회적 요구에 부응하면서 대중적으로 확산될 수 있었다. 그러나 소녀 자살 사건의 경우 의미의 굴절이 자살소녀와 소녀 일반을 부정적으로 의미화하는 경향을 띤다.

셋째, K여고생 자살 사건을 둘러싼 복잡한 해석의 장은 이 사건이 단순히 신문지면에 게재된 사회적 사건을 넘어서 1960년대적인 의미를 두껍게 덧입은 의미화된 사건으로 확장된다. 자살의 해석과정을 통해 모호하고 비합리적이며 불분명한 1960년대 개인 주체와 새로운 죽음의 형식 역시 드러나게 하는 효과를 갖는다.

넷째, 1962년 K여고 자살 사건을 둘러싼 다기한 해석장은 1960년대적 에피스테메를 구성하는 계기였다. 하나의 사건이 시대의 역사성과 복잡성을 반영하고 생산한다는 점에서 이 사건은 단순 사건의 이상의 의미를 갖는다. 이를 거울로 삼을 때, 2000년대 한국 사회의 자살 문제를 성찰하는 방법을 제시할 수 있다. 정신의학적 예방과 치료가 아니라, 삶과 죽음에 대한 2000년대식 에피스테메를 구성할 만큼 복잡성을 띠는 자살의 문제를 다층적으로 성찰할 필요가 있을 것이다.

한국 소설의 '자살' 형상화 양상

1900년대 신소설에서 자살모티프는 매우 흔하지만, 어디까지나 전통적 유교윤리를 수호하기 위한 '포즈'이며 실제로 자살에 성공하는 경우는 거의 없다. 그런데 1910년대 단편소설에서는 '전신全身' 개념이 흔들리면서 자살이 '성공'으로 이어지는 경우가 등장한다. 그리고 1920년대 소설에서는 자살 모티프가 매우 자주 나온다. 특히 여성의 자살을 그린 1920년대 소설은 여성들의 달라진 성윤리의식, 사랑과 삶에 대한 주체적 선택 의지, 젠더 불평등에 대한 자각 등을 형상화하려 하였다. 이러한 작업을 통해 여성에게도 구체적이고 다층적인 내면이 존재한다는 '상상'이 가능해졌다.

이영아

'자살'이라는 형식의 죽음은 문학에 있어 특별한 의미를 지닌다. "피해자 자신이 일어날 결과를 알고서 행동하는 적극적, 또는 소극적 행동의, 직접적, 또는 간접적 결과로서 발생하는 모든 죽음의 사례들"[1]이라 정의되곤 하는 자살은 인간 특유의 가능성이다. 인간은 다른 동물들과 달리 자기 자신의 고유한 실존을 포함하여 존재하는 모든 사물과의 관계를 포기할 수 있기 때문이다.[2] 따라서 인간의 자살을 문학으로 형상화한다는 것은 인간의 실존에 대한 근원적인 통찰을 내포한다.

자살은 근대 이전의 경우 사회나 이데올로기에 포섭될 수 있을 경우에만 허용되어 왔다. 즉 나 자신의 생명을 포기하는 일을 나 자신을 위해서가 아니라 사회 또는 지배이념을 존속시키기 위해서만 할 수 있었던 것이다. 조선시대의 유교윤리에 따른 자결自決이 그 대표적인 예이다. 그래서 〈사씨남정기〉나 〈옥루몽〉에서의 여성의 자살,[3] 〈조웅전〉, 〈유충렬전〉, 〈최척전〉, 〈권익중전〉 등에서의 남성 인물의 자살 등은 열烈, 충忠 등의 이념을 지키기 위한 행동으로 형상화된다.[4] 그런데 근대 이후 문학에서는 이것과는 무관한, 개인적 선택으로서의 자살이 문학적 상상력의 영역 내로 인입되었다. 그래서 근대문학 속의 '자살'은 역사성을 지니고 있기도 하다.

이 글에서는 1900~1920년대라는 한국 근대 초기 소설에 있어서 자살이 가지는 시대적, 문학적 함의를 살펴보고자 한다. 이 논의는 필자가 〈1910년대 유학생 단편소설에 나타난 죽음의식〉[5]에서부터 〈1920년대 소설의 자살 형상화 양상 연구〉[6]에 이르는 동안 한국 근대 문학에서의 자살 모티프의 형상화 양상이 변해 온 과정을 추적한 결과물이다. 1900년대부터 1920년대의 소설에서의 '자살'에 이르기까지 자살들 사이의 차이는 무엇이며, 각 시대의 '자살'의 특수성은 어떤 것인지, 그리고 그것이 지닌 시대적·문학적 의의는 무엇인지를 살펴보고자 한다. 이 과정에서 특히 1920년대 자살이 가지는 '젠더적' 특성에 주목해 보고자 한다.

1900~1910년대 소설에서의 자살

1900년대부터 1910년대 초반까지의 신소설에서 자살 모티프는 거의 모든 작품에서 등장할 정도로 매우 흔하다. 그런데 신소설의 자살 모티프는 어디까지나 '포즈'이며 실제로 자살에 성공하는 경우는 거의 없다.[7] 그들이 자살을 기도하는 동기는 대부분 겁탈의 위협, 즉 여성의 순결성의 훼손 위협에 있고, 이 위기에서 여성들은 '차라리 죽더라도 내 몸은 내가 지킨다'는 의지의 표현으로 자살을 기도하는 것이다. 이는 이 시기의 신문에서 청상과부가 된 여성이 남편을 따라 죽는다거나 정조를 지킨 '열녀'들에 대하여 칭송하는 기사가 계속해서 실리고 있는 상황과도 맞물려 있다.[8] 그러나 그들에게는 구원자가 나타나 자살 위기에서 벗어나게 된다. 여기가 조선 중기 이후 강화된 열녀 이데올로기에 의해 훼절의 위기만으로도 자살을 해야 한다고 여겼던 성윤리와 결별하는 지점이다. 겁탈의 '위협', 실절의 '소문'만으로도 이미 '더럽혀진' 것으로 간주되어 자살을 해야 했던 것이 전대의 성윤리였다면, 신소설에서는 그런 '위협', '소문'만으로 죽을 필요까지는 없다고 생각했던 것이다. 오히려 그러한 위협, 위기는 소설의 긴장감을 북돋우는 서사적 장치로 활용되었다.

그리고 이 위기를 주변인의 도움으로 극복함으로써 그들에겐 '갱생'의 기회가 주어진다. 또한 '불경이부不更二夫'의 원칙 대신 개가改嫁하는 여성들을 긍정적으로 그리는 〈고목화〉, 〈홍도화〉, 〈우중기연〉, 〈검중화〉, 〈탄금대〉, 〈한월〉 등이 있다. 이러한 여성 주인공들은 재가한 초기에는 고난을 겪기도 하지만 마지막에는 결국 모두 행복하게 살게 된다. 간음을 하거나 매음을 하거나, 성적 욕망이 지나치게 강하거나, 첩이거나 해도 신소설 텍스트에서는 처벌을 받지만, '정식'으로 '합법적'인 혼인절차를 밟아 두 번째 지아비를 맞은 여성 주인공들의 삶은 '해피엔딩'인 것이다. 이러한 점에서 볼 때 신소설 여성 주인공의 자살 기도는 '열'의식이 아닌 새로운 성윤리로서의 '정숙성'의 이데올로기를 지키기 위한 수단으로서만 기능한다고 할 수 있다.[9]

그런데 1910년대 유학생들에 의해 주로 창작되었던 단편소설에서는 신소설에서부터 와해되기 시작한 전통적 유교윤리의식이 좀 더 전면적으로 붕괴되고 있다. 여성 주인공들의 정절, 순결의식은 깨어지며 남성 주인공들은 부모와 선조로부터 받은 몸을 온전하게 유지하는 "전신全身"이라는 개념에 근거한 효 사상을 저버린 채 자살을 꿈꾼다. 그리고 1910년대 단편소설들에서는 실제 자살이 '성공'으로 이어지는 경우가 등장한다.

1910년대 유학생 단편소설 중에서 이광수의 단편 〈무정〉(≪대한 흥학보≫, 1910. 3-4), 현상윤의 〈한의 일생〉(≪청춘≫ 제2호, 1914. 11.), 〈박명〉(≪청춘≫ 제3호, 1914. 12.), 〈재봉춘〉(≪청춘≫ 제4호, 1915. 1.), 〈청류벽〉(≪학지광≫ 제10호, 1916. 9) 등은[10] 남녀 간의 애정 문제를 주된 테마로 다루고 있고, 여성 주인공의 수난사가 그려진다는 점에서 신소설의 서사를 계승하고 있다. 그러나 신소설의 여성 주인공들은 대개 갖은 시련을 극복하여 행복한 결말을 맞는 반면에 신소설 축약형 단편에서는 비극적 결말에 이르는 경우가 대부분이다. 즉 신소설이 보여준 '해피엔딩'이라는 대중적 서사[11]의 익숙한 문법을 거부하고 수습이 불가능한 파탄의 서사구조를 취하고 있기 때문이다. 이처럼 주인공들이 치명적인 손상 · 타락에 의해 극한적 상황으로 치닫는 1910년대 단편 소설은 결국 '자살'이나 '죽음'이라는 귀결을 허용하게 된다.

이들 작품에서의 자살 동기는 유교윤리가 아닌 개인적인 '괴로움'이며, 더 이상 '구원'의 모멘트도 존재하지 않는 비극적 세계관을 담고 있다.[12] 그들은 세상이 자신들을 배반하고 괴롭게 하여 상황이 극한에 처하게 되었을 때 자신을 죽이는 행위를 통해 자신을 거부한 세상에 복수하는 것이다. 이러한 작품들의 등장인물에게 닥치는 극한적 상황은 곧 세계의 붕괴를 의미한다. 자신의 사회적 존립 근거 자체가 남편의 죽음, 배신, 버림받음, 가난 등에 의하여 완전히 소멸되어

버리자 인물들은 살아갈 의욕을 잃고 자살을 하는 것이다.

한편 1910년대 단편 중에는 〈방황〉(≪청춘≫ 제12호, 1918. 3), 〈윤광호〉(≪청춘≫제13호, 1918. 4), 〈김경〉(≪청춘≫제6호, 1915. 3), 〈핍박〉(≪청춘≫제8호, 1917. 6), 〈슬픈 모순〉(≪반도시론≫제10호, 1918. 2), 〈마을집〉(≪청춘≫제11호, 1917. 11) 등과 같이 작가와 완전히 분리되지 못한, 그래서 '극화되지 못한' 주인공들의 내면을 서술하는 작품들도 있는데,[13] 이러한 작품들은 근대소설 양식의 전환을 가장 특징적으로 보여준다.[14] 이들 작품에서는 실제 주인공의 자살이 일어나는 대신, 작중인물 혹은 서술자(작가)가 자살 충동이나 우울증을 토로한다.[15]

1910년대 작가들은 어떻게 유교적 윤리의 속박으로부터 벗어나 나(만)의 삶과 죽음을 생각할 수 있었는가. 그들이 문학 속에서 누군가를 죽이거나 죽고 싶어 하도록 형상화했던 이유는 무엇일까. 이러한 의문들은 당시 작가들의 '유학留學' 체험으로 설명할 수 있다.[16] 유학생들은 당대 일본 문예사조의 영향을 받았으며,[17] 유학을 통해 부형父兄과 떨어져 지내는 삶이 가능했던 이들은 처음으로 조선과 부형세대들에 대해 타자화할 수 있었다. 또한 고국을 점령한 근대적 문명국가 일본의 현실을 체험하면서 조선이 1910년 국권을 잃은 것을 유교에 뿌리를 둔 탓이라고 여기게 되었다.[18] 또한 '죽은' 반도의 젊은이로서 조선인유학생들은 고국에 대해 '애증'의 감정[19]을 동시에 느끼면서 비극적인 세계관과 패배감을 지닐 가능성이 높았고, 이러한 세계 인식이 '파탄', '비극', '죽음'의 서사를 통해 소설에도 일정 부분 드러나게 되었다. 또한 이들은 유학생으로서 외롭고 힘든 고학 생활을 지속하면서 우울해하고 자살 충동을 느끼기도 하였다. 그리하여 신소설에서는 금기시되었던 주인공 육체의 죽음과 자살이, 1910년대 단편소설에서는 가능해진 것이다.

이러한 흐름 속에 이광수의 〈무정〉(≪매일신보≫, 1917. 1. 1~6. 4)도 존재

한다. 〈무정〉은 신소설과 유사한 스토리구조를 가지고 있다.[20] 그런데 주인공인 영채의 서사가 신소설과 갈라지기 시작하는 지점은 영채가 배학감과 김현수에 의해 청량사에서 겁탈을 당하는 장면에서부터이다. 앞서 말한 바와 같이 신소설에서 여성 주인공은 수차례 성적 위협에 처하기는 해도 이를 실제로 당하는 경우는 〈옥호기연〉이나 〈빈상설〉에서와 같이 겁탈자가 훗날 배우자가 되는 스토리를 제외하곤 없다. 그런데 〈무정〉에서는 기생인 영채가 무뢰배들에 의해 순결성을 훼손당한다. 이로 인해 자살을 하러 평양행 기차를 타는 영채의 이야기는 1910년대 단편소설들에 가까운, 신우선의 표현대로 '모 다메다もう 駄目だ'의 '파탄'이다.[21]

그런데 영채는 기차 안에서 만난 병욱과의 대화를 통해 좀 더 분명하게 신소설과 '결별'한다. 병욱은 영채의 사연을 듣고 제일 먼저 묻는 말이 "그러면 지금도 그 형식을 사랑하시오?"[22]였다. 병욱은 정절은 부모에 의해 일방적으로 결정된 정혼자가 아니라, '사랑하는' 사람을 위해 필요한 것이므로, 형식을 사랑하지 않는 영채가 이런 일로 죽을 이유가 없다고 말한다.[23] 이 말에 설득된 영채는 자살 결심을 거두고 새로운 삶을 시작한다. 그리하여 이 대목은 "젠더사와 자살의 문화사에서 결정적인 한 장면"[24]이 된다.

요컨대, 이광수의 〈무정〉은 전통적 유교윤리를 완전히 청산하지 못한 여성 주인공(영채)을 내세우고, 그녀의 순결성을 훼손시켜 1910년대식 파탄의 서사를 구현하지만, 근대적 인물(병욱)의 입을 통해 '절' 이념을 '사랑'의 개념으로 대체하여 비극적 상황을 극복하는 과정을 보여준 작품이다. 즉 1910년대 유학생 단편소설의 비극적 세계관이 〈무정〉에서는 미래에 대한 낙관적 전망으로 전환되고, 사랑이라는 개념이 새롭게 대두하면서 자살의 논리에 변형을 가져왔던 것이다.

1920년대 소설의 자살과 여성

속죄의 자살을 통한 새로운 성윤리의식의 형성

1920년대 소설 속 여성의 자살은 많은 작품들이 성윤리와 관련된 속죄 및 결백 증명을 위해 행해진다.[25] 그런데 이들이 자신들의 '과거'에 대한 사죄를 하는 글을 남긴 뒤 자살하는 이야기구소에 대해 기존의 논자들은 여성을 억압하는 전통적 유교윤리를 답습했다고 비판하기도 했다. 그러나 텍스트를 꼼꼼히 검토하면 이를 곧 전통 윤리와 동일시할 수 없음을 발견하게 된다.

〈출학〉의 영숙, 〈제야〉의 정인, 〈거츠른 터〉의 영애, 〈미해결〉의 정순은 그들의 성적 방종과 관련하여 속죄를 구하고 자살하는 인물들이다. 그러나 그들은 단순히 '훼절'을 했기 때문에 자살을 하는, 즉 유교적 정절 개념에 따라 자살을 선택한 것은 아니다. 이미 1910년대 소설인 〈청류벽〉, 〈한의 일생〉, 그리고 장편 〈무정〉에서 그 전조를 보여주었듯 여성들이 평생 한 지아비만을 섬겨야 한다는 윤리의식은 1920년대 소설에서는 거의 보이지 않는다. 그들은 여러 차례의 사랑을 경험하고, 시간이 흐름에 따라 감정이 변하는 것에 대해 나름의 자기 합리화를 할 수도 있는 존재들이 되었다.

그렇다면 그들은 왜 자살이라는 문학 내 서사적 처벌을 받는가? 여기서 주목해야 할 것은 실제 그들이 자살을 결심하는 순간이 언제인가이다. 〈출학〉의 영숙이 자살을 결심하는 것은 병철을 잊고 윤모를 사랑하게 되었을 때가 아니라, 윤모 앞에서 병철을 모른 척했던 사실에 대한 죄책감을 느낄 때이다.

그날 저는 참 병철 씨에게 죄를 지었어요. 제가 몇 만 번 이 고깃덩이를 더럽혔다 할지라도 그때 병철 씨에게 행한 죄는 그것에 비할 수 없어요. 그러하나 육체의 죄를 지을 그때에는 오히려 두려웁고 부끄러운 생각이 있었으나 그때 병철 씨가 반기어 인사를 하시려 할 때 정윤모 씨와 같이 섰으므로 인하여 답례는 그만두고, 당신이 누구십니까, 하고 할 그때에는 아무 주저와 부끄러움이 없이 대담히 하였습니다.[26]

즉 그녀가 육체의 죄를 지을 때보다 더 부끄러웠던 것은 자신의 지난 사랑을 모른 척 했던 자신의 비겁함과 뻔뻔함이었다. 이와 더불어 학교에 그녀의 방종 사실이 밝혀져 퇴학 처분을 받아 가족들에게도 볼 면목이 없어진 순간 그녀는 자살을 결심하였던 것이다.

〈제야〉의 정인 역시 그녀가 자살을 마음먹은 순간은, 그녀가 다른 남자(P)의 아이를 임신했을 때나 그 사실을 남편에게 들킨 순간이 아니라, 그가 그녀를 용서하여 다시 자신에게로 돌아와 달라는 편지를 보냈을 때였다.

여긔까지 겨우 읽은 나는, 울엇습니다. 울엇습니다. 나에게도 눈물이 잇드냐고 의심할 만치 울지 안흘 수가 업섯습니다. 지금도 웁니다. 일생을 통하야, 單 한번 貴엽은 눈물을 흘려 보앗습니다. 나의 25년의 짤븐 生涯에, 무엇을 하얏느냐고 뭇거던, 울엇다고 대답하야 주십시요. 최후의 일에 울엇다고, 대답하야 주십시요. 울 수 잇는 깃븜! 사막 가온대의 오아씨스가 그것일가요. 눈물을 본 나는, 자기 눈물에 껄리어, 그날 밤은 왼밤을 울며 새엇습니다. 그 후 엿새 동안! 아-, 더 쓸 기운도 업습니다. 지금 나의 이 결심이, 그동안 無意識한 가운대에, 不知中 마음에 새겨잇섯던 것인지 모릅니다마는, 나의

> 눈물은 나를 淨케 하얏습니다. 나의 눈물은, … 새 생명의 샘이엇습니다. 나는 삽니다. 나는 삽니다. 영원히 삽니다. 貴君의 품에 안기어, 영원히 삽니다. … 이, 허리에 매인 한 줄기 치마 끈이 나에게 영원한 생을 주겟지요.[27]

그의 편지를 받기 전까지만 해도 정인은 다른 신여성들처럼 아이를 낳은 뒤 다시 자신의 삶을 '뻔뻔하게' 살아나가리라 결심하고 있었다.[28] 물론 세상에 나오게 될 아이가 마음에 걸리기는 했지만, 그게 그녀의 생명을 포기할 만큼 중대한 문제는 아니었다. 그런데 남편이 자신을 용서하고 사랑과 신앙의 힘으로 두 생명을 모두 받아들이겠다는 편지를 보내자 그녀는 비로소 '귀군의 품에 안기어 영원히 살기' 위해 자신의 목숨을 버리기로 마음먹은 것이다. 이때의 '영원한 생'은 1920년대 작가들에게서 자주 등장하는 '참생(활)'론과도 맞닿아 있다. 진정한 삶, 영원한 생명을 죽음을 통해 구현하려고 하는 것은 거짓된 삶, 잘못된 생을 끊어버리는 것으로써 가능하다는 논리이다.

그 외에 〈거츠른 터〉의 영숙의 경우 단순히 다른 남성을 사랑하거나 다른 남성과 관계를 맺었다는 문제가 아니라 그 상대가 남편의 동생이었다는 점 때문에 죄책감을 느낀다. 〈미해결〉의 정순도 혼외의 아이를 낳고 어떻게든 살아가고 있었으나 아버지의 강요[29]에 의해 자살을 하게 된다. 〈이심〉에서도 온갖 타락과 방종의 삶으로 형상화되었던 춘경이 남편 창호에 의해 유곽에 팔려가고 그곳에서 벗어날 길이 없다고 판단하여 자살한 것은 자신의 성적 방종에 대한 반성이 아니라 절망적 현실에 대한 반응일 뿐이다.

또한 결백을 주장하는 〈배따라기〉의 아내는 남편이 의심을 하자마자 자살한 것이 아니라 몇 차례의 의심과 폭력에도 "죽에라, 죽에라! 난 죽어도 이

집에선 못 나가!"라며 강하게 저항했으나 마지막 '쥐잡기' 사건에 이르러 실제로 집에서 쫓겨나고 "샹년! 죽어라! 물에래두 빠테 죽얼!"이라는 저주를 들었을 때에서야 자살한다.

〈딸의 업을 이으려〉의 화순은 억울한 누명으로 시집에서 쫓겨났을 뿐 아니라 그 사실이 언론의 스캔들로 비화되어 뭇사람들의 손가락질을 받게 되었을 때, 친구인 경애가 사실대로 해명할 것을 권유하자, "그만두어요. 세상이 다 잊으려 할 때 다시 그런 일을 떠들쳐 내면 무얼 합니까. 한 달만 지나면 세상이 다 잊어버릴 일을……"[30]이라며 그저 덮어두고 "하루바삐 늙어 죽고 싶"어 할 뿐이다. 그러나 그녀는 경애를 만나고 반년이 지난 뒤에 자살을 한다. 그녀는 사건이 일어난 직후가 아니라 반년 넘게 밤마다 잠을 못 이루고 매일같이 울며 지냈다는 점에서 일종의 우울증에 시달리다가 자살을 한 것이라고 보아야 할 것이다. 〈진주는 주엇스나〉에서는 남녀가 함께 자살 기도를 하였고, 그 이유가 조작된 '오각연애'의 스캔들과 '깊은 관계'라는 누명 때문이라는 점에서 전통적 유교윤리와는 거리가 멀다.[31]

이처럼 1920년대 소설에서는 자살을 결심하는 여성들의 윤리적 죄의식의 수위水位와 성격이 전통적인 유교윤리와는 차이를 보인다. 즉 여성들의 자살이 조선 후기의 열절烈節의식이나 1900년대 이래의 정숙성에 위배되는 행위를 했을 때 행해지는 것이 아니라, 한 인간으로서의 성찰을 거쳐, 실존의 문제에 대한 고민에 이른 끝에 행해지고 있는 것이다.

'사랑'과 '삶 / 죽음'에 대한 여성의 주체적 선택

여성이 자신의 실존에 대해 고민과 성찰을 하는 과정에서 중요시되는 문제 중 하나가 '사랑'이다. '정사情死' 또는 치정에 의한 살해 및 자살은 1920년대에 처음으로 등장하는 자살의 유형이자, 소설에서 여성뿐 아니라 남성들의 자살을 형상화하는 데에도 사용되었다.[32] 그만큼 1920년대 소설에서 '사랑'은 중요한 자살 동기였다. 이에 속하는 작품으로는 〈청춘〉, 〈환희〉, 〈그립은 흘긴 눈〉, 〈젊은 이상주의자의 사〉, 〈물레방아〉 등을 꼽을 수 있는데, 여기서 자살은 에로스와 타나토스의 결합으로서의 자살로 볼 수 있다.[33] 에로스Eros는 삶을 진지하게 탐구하고 이를 통해 생의 의욕을 다지는 충동이고, 죽음의 본능 즉 타나토스Thanatos는 말 그대로 파괴 본능으로서 일체를 해체하고 파괴하는 충동적인 힘이다. 그리고 인간은 삶의 충동인 에로스와 죽음의 충동인 타나토스 사이에서 긴장된 삶을 살 수밖에 없는 운명을 지닌 존재이다.[34] 죽음까지 파고드는 열정적인 사랑과 사랑의 실패, 그리고 그것을 다시 자살로써 적극적으로 극복하려는 의지를 통해 사랑의 본질에 다가가는[35] 모습이 1920년대 소설 속에 구현되어 있었다. 격렬한 사랑, 집착, 욕망을 지닌 자아가 자신의 대상으로부터 거절당하거나 대상과의 사랑을 방해하는 외부적 요인에 맞서 사랑Eros을 지키기 위해 자살Thanatos을 선택하는 것이다. 이 부류에 속하는 작품들은 1910년대까지의 소설에서 보기 힘든, 사랑에 대한 통찰의 서사를 거쳐 죽음에 이른다는 점에서 특징적이다.[36]

"1920년대의 숱한 자살과 정사는 '연애'의 대중적 기호였다."는 소위 '연애의 시대'[37]를 맞아, 1920년대 작가들은 근대적 의미의 사랑을 소설을 통해 구현해 보려 하였다. 그래서 1920년대 소설에서 '사랑'에 대한 규정, 자신의 연애관계에 대한 회의, '참사랑'에 대한 갈구를 토로하는 장면은 매우 흔하다.

> 어떠한 여자의 사랑이 참사랑인가. … 산곱고 물맑은 자연 세계에서 힘 없고 순결하고 단조하게 자라난 처녀의 사랑이 참사랑이 아닌가? 하였다. … 사랑

이란 결코 저 사람의 인물과 학식과 성질을 다 알아가지고 반드시 생긴다는 것은 거짓말이다. (…) 한순간의 사랑이 참 진정한 사랑이라도 순간을 지나면 세상의 사념이 그 사랑을 침노하는 것이 아닌가? 하였다.[38]

치웁다.- / 지금 나는 肉體가 熱을 求하야 마지 안는거나 맛찬가지로, 나의 靈魂도 熱을 求하야 마지안는 경우에 와 잇다. 그러나 그 熱은 업다. 일즉이, 나에게 戀愛라는 것이 잇슬 때에 그 때에는 나에게 熱이 잇섯다. 그러나 失戀은 나에게서, 나의 生命에서, 나의 靈魂에서 熱을 빼아서 버렷다. 熱이 업스면 草木은 죽는다. 지금 나의 靈魂은 시든다.

人生에 對한 情熱로, 眞理에 對한 感激도, 지금은 업다. (…) 나를 救할 사람은 英愛하나 밧게 업다! (…) 참말로 왜 살고 잇노? 사람은 반드시 사러야만 한다는 理由가 어대 잇나. 나에게는 希望이 업다.[39]

그러나 1920년대 소설에서 남녀 간의 사랑이 행복한 결말을 맺는 경우는 드물다. 대부분의 사랑은 실패하고, 어긋나고, 비극으로 종결된다. 특히 사랑의 실패와 함께 등장하는 것이 인물들의 죽음이다. 1920년대 작가들은 자신들의 문학을 이전 세대와 구별 짓기 위해 '참인생(생활)', '참사랑', '참예술'을 추구하는 문학을 표방했다. 그리고 참문학=참인생(생활)=참예술=참사랑의 도식을 설정하면서, 이를 '부정negative'의 방식으로 문학적으로 형상화하려 했다. 자신들의 문학이 새로운 것, 참된 것이 되기 위해서는 참생활, 참예술, 참사랑을 그려야 하는데, 그들 스스로도 이를 아직까지 경험한 적이 없기 때문에 상상도 문학적 형상화도 어려웠던 것이다.[40] 결국 스스로 상상해 내지 못하는 그들은 '참○○'의 안티테제를 통해 자신들의 입지점을 만들어낸다. 즉 참생활이 아닌 것, 참예술이 아닌 것, 참사랑이 아닌 것을 거부하고 포기하는 방식, 즉 '죽음'으로써 역으로 그 존재를 증명해 보려 한 것이다.[41] 다시 말해 자신이 추구하는 사랑을 얻을 수 없을 때 생을 포기함으로써, 타나토스를 통해 에로스가 구현된다.

〈청춘〉과 〈환희〉에서 자살을 택하는 정희, 설화도 참사랑을 얻지 못했을 때 자살을 택한다. 사랑의 실패로 인한 '상실의식'이 자아에게 미치는 가장 큰 영향은 '자애심自愛心의 추락'이다. 자신을 쓸모없고 무능력하며 도덕적으로 타락한 자아라고 스스로 비난하는 것이다. 그러나 이들의 자기 비난은 실상 타인을 향한 것이며 그들로부터 무시당했다는 느낌, 그들에 대한 실망에서 기인한 것이다. 여기서 자아는 나르시시즘적 퇴행을 겪게 되고, 자신에게 상실감을 안겨준 대상을 자아와 일치시킨다. 이것이 자학증, 급기야는 자살 행위로 표출되어 대상에게 복수하는 것이다.[42]

〈환희〉의 기생 설화가 자신이 사랑하던 영철이 자신을 버렸을 때 자살을 하는 모습은 당시에 사랑이라는 가치가 매소부賣笑婦인 여성에게까지도 얼마나 강력한 영향을 끼치고 있었는지를 보여준다. 반면 사랑이 아닌 경우에는 함께 죽을 이유가 없다. 〈그립은 흘긴 눈〉의 기생 채선은 '그이'를 사랑한 것은 아니기 때문에 정사情死를 거부한다. 〈그립은 흘긴 눈〉의 스토리는 1923년 조선 사회를 떠들썩하게 했던 강명화와 장병천의 정사 사건을 모티프로 한 듯하다.[43] 두 사람의 죽음 후 이를 모델로 한 딱지본 소설들이 줄을 이어 간행되고, 두 사람의 사랑을 그린 연극이 차례로 무대에 오르는 등 가히 '강명화 신드롬'을 일으킨[44] 이 사건은 근대의 새로운 자살 형식으로서의 '정사'를 대두되게 만들었다.[45] 조선총독부 통계에 의하면 1920년대 정사는 전체 자살 건수의 0.19%에 불과할 만큼(1930년대는

1923년 강명화와 장병천의 정사 사건이 세간의 화제가 되면서 이 사건을 모티프로 한 다양한 작품이 창작되었다. 그림은 그러한 작품 중 하나인 '강명화의 설움'의 표지.

0.7%) 실제 정사자는 그리 많지 않았음에도 불구하고 정사 사건은 항상 매체에 크게 보도되었다. 그래서 근대 초기 자살과 젠더의 관계를 표징하는 자살의 형식은 남녀 동반자살, 곧 정사였다.[46]

〈그립은 흘긴 눈〉은 바로 이 강명화 사건이 일어난 다음해에 쓰인 작품이다. 그런데 이 작품에서의 남녀는 '강명화 신드롬'의 주인공들과는 사뭇 다른 모습을 보이고 있다. 강명화에 대응될 수 있는 채선은 말로만 "따라 죽지"라고 했을 뿐, 그가 삼키라고 준 아편을 입안에 고스란히 물고 있다가 홀로 살아남는다. 그녀는 애초에 죽을 마음이 전혀 없었다고 말한다. 작품 곳곳에서 '그이'의 자신에 대한 감정은 사랑이라 표현되어 있지만 채선 자신의 그에 대한 마음은 한 번도 사랑이라 표현되지 않았다. 즉 그녀는 그를 '살림 들어긴' 남자, '같이 사는 성의'가 있는 남자일 뿐 사랑했던 것은 아니었다. 그러니 함께 죽을 이유가 없었다.

또한 장병천에 해당할 '그이'는 채선이 자신을 배신하고 살아남는다는 사실에 분노하여 죽는 순간 눈조차 감지 못한다.[47] '죽음으로도 갈라놓을 수 없는 사랑'을 완성한 강명화-장병천과 달리, '죽음'의 순간 채선과 그는 자신들의 관계가 얼마나 허구적이었는지를 체감하는 것이다. 사실 '같이-죽음'이란 애초에 불가능한 기획이다. 동반자살이라는 형식을 통해 상대방에 대한 영원한 독점을 성취하고, 타자와 자아의 경계를 허물어 버리기 위한 노력은 실패할 수밖에 없다.[48] 현진건은 이 점을 냉철하게 간파하고 있었던 것으로 보인다.

〈물레방아〉는 이에서 한 걸음 더 나아가 자신의 목숨을 걸고서라도 사랑에 있어서 자신의 감정에 충실한 모습을 보여준다. '사랑하지 않으니 함께 죽을 수 없다'가 아니라 '사랑하지 않으니 죽는 한이 있더라도 당신에게 돌아가지 않겠다'고까지 항변하는 여성이 등장하는 것이다.[49]

〈물레방아〉의 스토리는 1910년대의 〈한의 일생〉(현상윤, 《청춘》 제2호, 1914. 11)을 떠올리게 한다. 〈한의 일생〉에서 가난한 약혼자인 자신을 배신하고 돈 많은 상호에게 가는 영애를 용서하지 못한 춘원은 상호, 영애를 모두 죽인 뒤 자신도 자살한다. 그런데 이 작품에서는 영애의 목소리는 거세되어 있다. 또한 영애에게 춘원이 애정을 호소하는 장면도 없다. 다만 춘원이 일방적으로 영애의 변심을 비난하고 돈과 세력에 이끌리는 인정세태를 원망하는 말을 쏟아놓은 뒤 그녀를 죽이고 자살한다.

반면에 〈물레방아〉에서는 이방원의 처의 목소리가 분명하고도 주체적이다. 이방원은 어떻게든 아내의 마음을 돌이키려 협박과 애원을 번갈아했지만, 아내는 "내가 그까짓 칼쯤을 무서워서 나 하고 싶은 것을 못한단 말이요?"라며 자신의 뜻을 죽음 앞에서도 굽히지 않는다. '나의 마음', '나 하고 싶은 것'이라 표현된 자신의 솔직한 감정, 사랑, 욕망을 위해 목숨까지 내어놓는 그녀의 모습은 당당함 그 자체이다.

이처럼 1920년대 소설에서 여성은 사랑을 하고 이에 따라 자신의 삶/죽음을 선택하는 문제에 있어서도 능동적이고 주체적인 모습을 보여준다. 그것이 자살로 귀결지어지든, 홀로 살아남든, 상대 남성에게 살해를 당하든 자신의 감정과 판단에 충실했다. 물론 남성작가들이 이러한 여성들의 자립적인 목소리를 긍정적인 시선으로 그려냈다고 보기는 어렵다. 1920년대 소설에서 여성들의 '배신'은 자주 강도 높은 비판의 대상이 되기 때문이다. 그러나 여성이 배신을 할 수 있다는 것은 곧 여성들이 그만큼 주체적인 판단을 한다는 것을 의미한다. 즉 남성작가들이 의도한 바는 아니었을 것이나 이러한 작품들은 결국 여성들의 자아가 과거에 비해 뚜렷해져가고 있었던 현실을 반영한다고도 할 수 있다.

여성의 젠더 불평등 자각에 의한 자살

한편 〈어느 소녀의 사〉, 〈전제자〉, 〈눈을 겨우 뜰 때〉, 〈2년 후〉 등에서는 여성의식이 보다 뚜렷하게 부각된다. 이 소설들에서는 젠더 불평등의 문제가 시대적 변화 속에서 여성들에게 자각되고, 이 때문에 좌절한 여성들이 자살하는 과정을 그리고 있다.[50] 〈어느 소녀의 사〉는 부모의 강요에 의해 돈 많은 난봉꾼의 첩으로 팔려가게 된 18세의 한 소녀가 두 통의 편지를 남긴 뒤 자살한다는 내용이다. 그녀의 두 언니들은 부모의 뜻에 따라 부잣집 남성들의 첩으로 들어갔다가 버림받은 뒤 성매매를 하며 살고 있다. 소녀는 언니들을 보며 자신은 언니들처럼 살지 않겠다고 다짐한다. 그래서 그녀는 자신까지 악의 구렁텅이로 빠뜨리려 하는 부모에게, 그리고 신문기자에게 각각 한 통씩의 편지를 남긴 뒤 한강 철교에서 뛰어내렸다. 소녀는 성적 착취를 당하게 될 현실에 맞서며 죽음과 편지로써 자신이 하고 싶은 말을 남긴 것이다.[51]

〈전제자〉의 순애는 자신의 아버지, 남편, 그리고 남동생에까지 이어지는 남성들의 '전제적' 모습, 자신을 핍박하는 그들의 태도에 절망감을 느껴 자살을 한다.[52] 〈눈을 겨우 뜰 때〉에서는 기생 금패가 여학생들과는 달리 "10년만 있어" 보면 모든 걸 잃게 될 미래에 대한 자각, 기생을 무시하는 손님들을 겪으면서 들었던 기생신분에 대한 회의, 그리고 주변에 드리워진 죽음의 그림자(자신을 좇아다니던 A의 동사凍死, 우연히 목격하게 된 한 소녀의 자살장면) 등에 의해 그네에서 뛰어내려 자살을 한다.[53]

이들 소설에서는 위와 같이 여성들이 자신들의 상황에 대해 자각하는 순간들이 등장하며, 이것에서 분노, 자기 연민 등의 감정을 품다가 자살에 이른다. 그들이 자각하는 '상황'이란 곧 자신이 여성으로서 겪고 있는 불평등한 대우이다.

〈어느 소녀의 사〉, 〈전제자〉, 〈눈을 겨우 뜰 때〉에서도 이처럼 시대 현실에 눈뜬 주인공들이 자신들의 자각에 비해 여성에 대한 처우는 답보상태에 그치고 있는 현실에 분노하고 좌절하여 삶을 포기한다. 〈어느 소녀의 사〉에서는 부모의 강압에 의해 성적 대상화가 될 수밖에 없는 여성의 절망이, 〈전제자〉에서는 미망인 순애를 둘러싼 가부장제 질서의 억압성이 적나라하게 드러나고, 〈눈을 겨우 뜰 때〉에서는 기생 금패의 내면을 통해 기생-여학생으로 대비되는 사회에 '노출된 여성'들의 삶이 심도 있게 성찰되고 있다.

팸펠은 여성의 젠더 불평등과 자살률의 상관관계를 설명하면서 '보호약화'라는 개념을 제시한다. 보호약화 개념은 사회 전반에 걸친 평등을 향한 움직임이 여성 자살률을 증가시켰다는 것이다. 여성이 남성보다 자살을 적게 하는 것은 가족 외의 사회생활에 여성이 덜 관여되어 있기 때문이라는 뒤르켐의 논의를 인용하면서, 여성을 일, 정치, 사회생활로 통합하는 사회변화는 보호를 감소시키게 되며, 사회역할의 평등이 커질수록 남녀 간 자살률은 일치하게 될 것(즉 여성의 자살률이 증가할 것)으로 예측한다.[54]

1900~1910년대 소설에서 여성들은 부모의 강압에 의해 결혼을 한다거나 성적착취를 당하는 문제, 가부장제 질서에 의한 억압, 기생으로서의 삶 등과 같은 여성에 대한 구조적 불평등에 대해 의문을 품지 않았다. 여성들의 고통은 단지 돌발적 사건이나 개인적 운명으로서 이해될 뿐이었다. 신소설의 경우에는 오히려 그러한 성적 불평등에 기초한 여성 억압적 이데올로기에 순응하기 위해 자살 기도를 했다. 반면 1920년대 여성들은 그 억압과 불평등을 받아들이지 못해서 자살을 택한다.

그들의 자살은 젠더적 현실에 대한 좌절을 의미한다. 하지만 그 좌절은 또한 여성들이 사회현실에 '의문'을 품기 시작했다는 점에서 중요한 의미를 지닌다. 전통적 젠더 구조가 여성들의 자살이라는 '현실 저항적' 행위를 통해 불합리한 문제로 제기되고 균열을 일으키기 시작했음을 보여주는 증거이기도 하기 때문이다.

1920년대 소설에서 전경화된 여성의 내면

현실의 자살을 이해하기 위한 '유서'의 서사

지금까지 살펴본 바와 같이 1920년대에는 자살을 모티프로 한 소설이 많았으며, 그 중에서도 여성의 자살을 다룬 경우가 대부분이었다. 왜 그러했으며, 그리하여 어떠한 문학사적 변화지점이 생겨났을까? 염상섭의 작품 중에 〈유서〉(≪신민≫, 1926. 4)는 이에 대한 답을 찾는 데에 하나의 단서를 제공해준다. 이 작품은 나도향(D)과 염상섭(S)이라는 실존인물을 바탕으로 한 모델소설이다.[55] 〈유서〉에서 S의 동경 하숙집에 얹혀살고 있는 폐병에 걸린 D는 어느 날 밤 유서처럼 보이는 편지를 남겨 둔 채 사라진다. S는 불길한 예감에 그를 찾으러 돌아다니고 "정말 그가 자살을 하러 갔을까?"를 끊임없이 생각하는데, 결국 다음날 무사히 돌아온 D를 보며 안도하는 내용이다. 이 소설에서 '유서'라는 것에 두 사람이 흥미를 갖기 시작한 계기는 S가 "서울서 작년 세모에 X신문에 연재한" 소설 때문이었다.[56] 이 소설의 결말에 나오는 효범의 유서를 두고 두 사람은 '유서란 어떠해야 하는가?'에 대해 토론을 하였다. 그런 이야기를 나눈 날 밤 D가 편지를 써놓고 사라졌으니 S는 좀처럼 마음이 놓이지 않았던 것이다. 밤새 그를 찾아 동경 거리를 헤매고 다니는 S의 모습과, 그 과정에서 자신이 '과잉걱정'을 하는 것이 아닌가 싶어 다른 사람의 시선을 의식하는 내면이 흥미롭게 묘사되고 있다.

그런데 실상 D의 편지에서는 자살을 한다는 말은 적혀 있지 않았다.[57] 이 글은 읽는 이에 따라서 자살이 아니라 조선으로의 귀국이나 단순한 외출, 또는 여행 정도로 파악할 수도 있는 것이었다. 그럼에도 S가 이 글을 '유서'로 받아들인 것은 "D군의 생활환경이라든지 사상 감정이나 잠재의식이 나의 그것과 비교적 많은 공통성을 가졌다"는 점 때문이었다.[58] 즉 D의 글에 S가 공감, 또는 감정이입이 되었었다는 것이다. 그래서 자신이 자살 충동을 느끼듯 D도 자살 충동이 있을 수 있을 것이라고 짐작했고, 때문에 노심초사하며 그의 안녕을 걱정했던 것이다. 자살은 나, 너 또는 그에게 얼마든지 일어날 수 있는 일이라고 생각했기에 간단한 작별의 인사말에도 식겁하게 된 것이다.

당대 문인들 사이에서 자살이라는 것이 얼마만큼의 '실감'의 문제로 다가왔는지 분명치는 않다. 그러나 지인知人의 자살 소식은 심심치 않게 들려왔던 것이 당대의 현실이다. 한국 문인들에게 큰 영향을 끼친 일본 작가 아리시마 다케오有島武郎의 자살도 1923년에 일어난 사건이었다. 또한 신문이라는 대중매체를 통한 '상상의 공동체' 속에서 '그 누군가'의 자살이 자기 주변의 일처럼 가깝게 들려오게 되었던 문화적 변화와도 관련이 있을 것이다.[59] 그리고 1910년부터 조선총독부는 한국인의 자살에 대해 통계를 내고 이를 공표하였다. 즉, 실제 1920년대 작가들에게 자살은 머나먼 이야기가 아니었다. 〈거츠른 터〉,[60] 〈딸의 업을 이으려〉,[61] 〈젊은 이상주의자의 사〉,[62] 〈2년 후〉[63]와 같은 작품들에서 자살이 '소식', '풍문'의 형태로 인입된 것은 이러한 사회·문화적 정황을 반영한다.

이처럼 어느 날 생각지 못한 지인의 부고, 그것도 자살 소식은 주변인들을 충격과 의문에 휩싸이게 만든다. 과거처럼 사회적 이데올로기로 수렴될 수 있는 자살들이 아니었기에 더욱 그랬다. 주변인들은 그때부터 "그는 도대체 왜 자살을 했는가?"에 대한 고민을 시작한다. '고통의 심문'이라 불리는 이것은 자살이 일어난 이유와 뒤에 남은 자들이 그것을 어떻게 이해해야 하는지에 대해 끝없이 되풀이해 묻는 경향을 말한다.[64] 1920년대 소설은 바로 이러한 문제들을 다루고 있다. 이 시기 자살모티프의 소설에 '유서'의 형식이 자주 도입되는 것도 그런 이유에서이다. 자살을 다룬 소설들인 〈출학〉, 〈제야〉, 〈환희〉, 〈어느 소녀의 사〉, 〈거츠른 터〉, 〈진주는 주엇으나〉, 〈미해결〉, 〈청춘〉, 〈젊은 이상주의자의 사〉, 〈X씨〉에는 모두 자살자의 유서가 실려 있다. 특히 〈출학〉, 〈제야〉, 〈거츠른 터〉, 〈젊은 이상주의자의 사〉의 경우는 작품의 거의 전체가 그들이 죽기 전에 남긴 마지막 기록(유서, 편지, 일기)을 중심으로 선개된다. 이러한 점은 자살자의 '내면'을 만들어주는 서사적 장치이다. 이를 통해 그들이 왜, 어떠한 계기로 자살을 선택하게 되었는지를 이해할 수 있게 된다.

사실 자살의 동기를 밝혀내는 일이란 거의 불가능한 것이다. 자살의 이유에 대해서 생각해 볼 때, 단순하고 분명한 단 한 가지 원인만이 우리들 자신으로 하여금 스스로를 파괴하는 행위로 이끄는 것이라고는 믿기 어렵다. 즉, 자살이라는 현상에 관해서는 단 한 가지 이유, 한 가지 비밀만을 찾아야 하는 것이 아니라 여러 가지 이유와 여러 가지 비밀, 어쩌면 산일散逸되어 있으면서도 상호간에 서로 얽히고설킨, 이루 헤아릴 수 없는 수많은 요인들을 찾아야 한다.[65]

그럼에도 불구하고 '살아남은 자'들은 이 원인을 밝히고자 애를 쓴다. 왜냐하면 '그들은 왜 죽었는가'를 알아야, '나는 왜 죽지 않(아도 되)는가'를 말할 수 있게 되기 때문이다. 모든 자살이 이와 같은 유서를 남기는 것은 아니지만, 적어도 유서를 남긴 자살은 성찰적이며 '소통적인 자살'이라고 할 수 있다. 유서는

성찰성, 메시지, 타자 지향성을 그 구성 요소로 한다.[66]

1920년대 소설의 '유서'의 서사는 유교적 이데올로기로부터 벗어난 개별 자살의 사례들을 주변 혹은 매체를 통해서 접하게 된 이 시기 작가들이 자살 소식에 문학적으로 대처하는 방식이었다. 자신들의 삶을 포획하기 시작한 '자살'을 '서사화'를 통해 '이해 가능한' 것으로 바꿈으로써, 이에 대한 공포와 동경으로부터 자유로워지려 한 것이다. 또한 '유서'는 자살자의 내면을 구성해 낸다. 가라타니 고진의 방법론을 한국 문학에 적용한 이 시기 소설의 '고백'이라는 제도가 '내면'을 만들어 냈다는 논의[67]는 이미 익숙한 것이다. 비슷한 맥락에서 1920년대 소설의 '유서' 또는 '자살의 서사'는 죽음이라는 극한적 상황에 처한 자의 성찰적이고 소통적인 내면을 문학 속에서 처음으로 형상화한 것이라 볼 수 있다.

1920년대 여성의 자살과 여성의 내면 만들기

특히 1920년대 초까지 자살에 대한 풍문은 여성들을 주인공으로 하는 경우가 많았다. 조선식민지행정의 일환으로 조선총독부에 의해 인구의 출생·사망이 통계화되기 시작한[68] 1910년부터 1920년대 초까지는 여성들의 자살률이 남성들보다 높았다. 보통 자살 기도율은 항상 여성들이 높지만 자살 성공률, 즉 자살에 의해 실제로 사망한 사람의 수는 항상 남성들이 높다.[69] 그런데 1910년부터 1920년까지는 여성들의 자살률이 남성들보다 높았으며, 1921~1922년은 남녀 비율이 거의 동일하고, 1923~1926년까지는 남성이 100명 정도 많다가, 1927년 이후부터는 200명 이상, 1930년대는 400명 이상으로 남성 자살자 수가 점점 더 많아진다. 즉 국가적 통계작업이 시작된 이래 초기의 약 10~13년간만은 유독 여성들의 자살률이 더 높게 추산되고 있는 것이다.[70]

물론 식민지 초기일수록 아직 통계 시스템이 안정적으로 운용되지 않았을 가능성, 그로 인한 통계의 오류 가능성을 감안해야 할 것이다. 즉 통계상의 수치를 액면 그대로 받아들이는 데에 신중할 필요가 있다. 그러나 통상적으로는 자살에 대한 사회적 '낙인'효과나 가정 내 젠더 불평등적 상황 때문에 여성의 자살이 남성의 경우보다 외부에 노출될 가능성이 오히려 적다는 점[71]을 감안하면, 그럼에도 이 시기 여성의 자살자 수가 더 높다는 것은 실제로도 여성 자살자가 적지 않았던 사실의 방증이라고 볼 수도 있다.

이러한 사회적 상황 속에 존재하는 것이 여성의 자살을 주로 다루었던 1920년대의 소설이다. 신소설과 1910년대 소설들에서의 자살도 남성보다는 여성들의 경우가 내다수이다. 즉 근대 초기부터 1920년대 소설까지 여성 인물의 자살이 더 자주 등장하는 것은 우연찮게도 1910년대부터 1920년대 초까지 조선 현실의 자살이 여성들에게서 더 자주 일어났던 사실과도 부합하고 있는 것이다. 1920년대의 소설에서는 이와 같은 한국 여성들의 자산 문제가 소설가들에게 더 큰 영향을 미치고 있었다. 현실의 여성 자살 소식들이 소설가들에게 여성 자살의 내면을 그려보고 싶은 충동과 상상력을 자극했을 것이다.

그런데 1920년대의 소설들이 다룬 여성의 자살에서는 자살하려는 여성인물들에게 '내면'이 생겼다는 점은 주목을 요한다. 1900~1910년대 소설에서도 여성 주인공들이 자살(기도)을 하는 장면은 많았지만 그들이 자살을 하는 순간 깊은 번민에 빠지거나 삶과 죽음에 대해 성찰하는 대목은 눈에 띄지 않는다. 그들의 자살은 주어진 상황에서 손쉽게 도출되는 '명명백백'한 결말로 간주된다. 예를 들어 1910년대 소설 〈청류벽〉에서는 "그래 나는 벌서죽어싼년이로다 다시 무엇을 바래고…… 낙이라고는 반분어치업고 생기는 것이 고생뿐인팔자에…… 죽는 것이

상책이다(중략)아아 자연아 나를 다려다주렴…… 아모고로움업고 구속업는 님잇는 곳에…… 아이고나를 노아만주렴 노아만주어-"[72]라는 구절이 영은이 자살을 결심할 때 가지는 생각의 전부이다. 즉 그들은 사는 것이 힘들기 때문에 자살한다는 것으로 자살의 동기와 결심과정이 단순화되고 있다. 이것은 1910년대 내면을 토로하기 시작한 소설들에서 남성인물 혹은 작가가 보여주는 보다 구체화, 다면화된 자살(충동)과 다른 점이다.

반면 1920년대 소설의 자살하는 여성들에게는 개인적이고도 구체적인 자살의 동기가 부여되기 시작했다. 〈출학〉, 〈제야〉, 〈거츠른 터〉 등은 소설의 거의 전체가 주인공 여성의 번민, 상념들로 채워져 있으며 〈환희〉에서도 혜숙이 자살을 결심하기까지의 내면의 추이가 매우 상세하게 그려져 있다. 이는 남성작가들이 여성의 내면을 재구성해 보려는 노력들로, 문학적 형상화의 양상에 있어 전대 소설과 구별되는 지점이다.

물론 그것이 어느 정도의 핍진성을 획득했느냐의 여부는 별개의 문제이다.[73] 이 글의 대상 텍스트들이 거의 대부분 남성 작가들의 작품이라는 점에서, 그리고 1920년대가 아직 여성들의 목소리가 사회에 충분히 드러나기 이전 시기라는 점에서, 이들 작품에서의 여성 화자의 내면은 실제 여성의 그것이라기보다는 남성들에 의해 만들어진(혹은 남성들 자신의) 내면일 가능성이 크다.[74] 그렇다 하더라도 여성들이 유서나 편지 등을 남기고 자살을 함으로써 자신의 삶과 죽음에 대해 성찰적인 모습을 보이는 존재로 그려진 것은 분명 주목할 만한 변화이다.

다만 이와 더불어 염두에 두어야 할 것은 1920년대 남성 작가들이 이러한 서사적 장치를 통해 여성들에 대한 자신들의 개인적 욕망을 투사하였다는 점이다. 자유로운 남녀 간의 교류가 가능해지고 모두가 '연애'를 꿈꾸게 된 1920년대에, 현실 속 자신이 욕망하는 여성에게서 거절당하거나 배신당한 남성 작가들은 소설 속에서나마 여성들의 행동을 새로운 윤리로 단죄하고[75] 자살이라는 문학적 처벌을 가했던 것이다. 즉 자신들의 현실 속 '연애'의 상처를 문학 속 여성의 속죄와 자살 모티프로 보상받고자 했다.[76]

노인 자살과 생태공동체

생태공동체는 모든 생명체의 공생과 공존을 목표로 하기에 어떤 특정 세대나 특정 생명을 지칭할 것 없이 생명존중문화운동을 펼치기에 가장 적합한 곳이다. 하지만 특히 어르신들의 삶의 지혜와 경험을 긴요하게 사용하고 온화한 마음과 관대함 등을 매우 필요로 하는 곳이다. 따라서 어르신들이 삶의 보람과 기쁨을 느낄 수 있는 곳이다.

사지원

우리나라 자살 현상의 특징 중 하나는 연령대가 높아짐에 따라 자살 사망률이 증가한다는 점이다. 특히 60세 이상의 노인층의 자살률이 다른 연령층에 비해서 월등히 높으며 80세 이상의 자살률은 더욱 높다. 즉 연소노인보다 고령노인의 자살률이 높다. 그 이유는 고령노인들의 신체가 더 약하므로 건강상태가 더 나쁠 것이고 이로 인해 우울증과 스트레스에 시달리고 주변에 부담이 된다는 생각 때문일 것이다. 또 노인 남자가 노인 여자보다 자살률이 높다. 이는 그동안 집안에서 또 사회에서 중심 역할을 하다가 그 역할을 잃어버리는 데서 오는 자존감의 상실 및 소외감이 높아진 데서 기인할 것이다. 이 노인 자살은 앞으로 고령화 사회가 본격화되면 더욱 심각해질 것이기에 사회적으로 반드시 해결해야 할 문제이다.

따라서 이 글에서는 노인 자살의 현황을 상세히 알아보고 이를 해결하는 방안에 대해서 통합적으로 고찰해 보고자 한다. 즉 정신의학 및 정신 보건, 그리고 사회복지적인 측면의 대안뿐만 아니라 인문학적 측면의 대안까지 총체적으로 살펴보고자 한다. 지금까지는 자살 문제를 주로 정신의학과 정신보건 및 사회복지 차원에서만 접근하여 왔기 때문에 한계가 있었다. 하지만 자살은 인간의 생명을 다루는 막중한 문제이니만큼 그 원인을 분석하고 해결하는 데 있어서 통합적인 고찰이 이루어져야 한다. 따라서 이 글은 현재까지 발표된 노인 자살에 대한 연구에서 결여된 부분인 인문학적인 방안을 제안하는 데 중점을 두고자 한다.

그러면 우리나라의 노인 자살의 현황부터 살펴보기로 하자.

노인 자살의 현황

우리나라의 노인 자살률은 1990년 100,000명당 14.3명이던 것이 2009년 100,000명당 77명 증가를 하였다. 또 2000년부터 2010년까지 65세 이상 노인의 자살률은 65세 미만의 자살률의 4배로 증가하였다. 특히 연령이 높아질수록 자살률이 높은 것으로 나타나고 있는데, 우리나라의 노인 자살률은 OECD 국가 중 가장 높다.

[표] OECD 국가의 자살사망률

국 가	연령별 자살률(10만 명당 연령표준화 자살 사망률)							
	15~24세	25~34	35~44	45~54	55~64	65~74	75세 이상	전체
핀란드	20.8	26.0	20.1	22.9	16.9	16.5	12.4	16.5
프랑스	9.4	17.2	19.6	22.4	18.4	21.3	18.9	14.6
헝가리	9.5	15.3	32.1	33.6	27.2	26.5	36.1	21.0
일 본	21.2	24.9	24.6	29.9	22.0	17.9	14.6	19.4
한 국	14.3	18.3	16.3	25.2	42.7	81.8	160.4	24.7

출처: OECD (2009)

노인 자살의 원인

노인 자살의 비율이 높아진 것은 기본적으로 인구연령층의 변화, 즉 고령화 사회가 되었기 때문이다. 하지만 그 외에도 여러 가지 이유를 들 수 있다. 그 이유를 구체적으로 살펴보면 이러하다.

첫째, 사회적 고립감에서 오는 상실감, 즉 퇴직 후 급격히 사회로부터 멀어짐으로써 느끼는 소외감과 자존감의 상실이다.

둘째, 경쟁 및 업적 사회에서 쓸모가 없고 미래에 대한 희망이 없다는 좌절감이다.

셋째, 소통의 부재에서 오는 고립감. 사회로부터 밀어지니까 자연히 소통의 부재를 느끼게 된다. 아이러니한 것은 요즘처럼 전 세계가 동시다발적으로 소통하는 소셜 네트워크 시대에 정작 우리 이웃에 있는 노인들은 고립감에 시달린다는 점이다.

넷째, 일자리의 결여로 경제적 어려움을 느낀다.

다섯째, 고령으로 인한 여러 질환이나 만성질환에 시달리고 있다. 더구나 생태계 파괴로 인한 이상기후(급격한 온도변화, 폭설 폭우 등)가 면역력이 약한 노인들에게는 더욱 악영향을 미친다.

여섯째, 배우자의 사망으로 인한 충격과 그로 인한 새로운 환경에 대한 두려움, 즉 혼자가 됨으로써 요양원이나 양로원으로 가야되지 않을까 하는 압박감을 느낀다.

일곱째, 주변 인물들에게 부담을 주고 있다는 생각이 우울증을 유발한다.

여덟째, 우리나라 특유의 정서인 나이에 대한 강박증이 스트레스를 유발한다. 즉 '늙으면 죽어야지', '늙은이가 뭘 아나?' '늙은이가 해서 뭘 해?' 등 나이를 따지는 사회적 분위기가 소외감을 갖게 한다. 더구나 지식정보사회에서 지식 정보의 주기가 짧아지면서 이런 경향은 더욱 가속화될 것이다.

노인 자살의 특징

노인 자살은 젊은이들의 자살과 달리 다음과 같은 특징이 있다.

첫째, 노인들은 주변에 부담을 줄까봐 속내를 드러내지 않는다. 따라서 자살의 징후를 보이지 않고 조용히 시도한다. 그리고 대개는 한 번에 성공한다. 때문에 노인 자살 선별도구를 만드는 일이 쉽지 않다.

둘째, 노인들은 젊은이들과 달리 이성적으로 판단하여 자살을 선택한다. 노인들은 촉발 사건, 즉 대인관계의 갈등이나 싸움과 같은 사건이 일어난 직후 즉각적으로 반응하여 자살하지 않고 객관적으로 판단하여 출구와 대안이 없다고 생각할 때 자살을 선택하게 된다.

그러니까 노인 자살은 순간적으로 생명의 중요성을 잊거나 어떤 해방감을 얻고자 하는 데서가 아니라 것이 아니라 순전히 삶에 대한 체념이고 포기에서 기인한 것이다.

위에서 열거한 것처럼 노인 자살에 대한 원인은 심리적, 육체적, 사회적 요인 등 다원적이기에 그 대책 또한 쉽지 않다. 뿐만 아니라 즉흥적이지 않고 이성적이며 조용히 시도하여 한 번에 성공하는 경향이 있기 때문에 더 이상 우리 사회가 방관해서는 안 되는 사회문제이다.

그러면 이 노인 자살을 예방하기 위한 대책은 무엇이 있을까?

노인 자살 예방을 위한 대안

필자는 노인 자살을 예방하기 위한 대안을 크게 두 부분으로 나누어 생각해 보았다. 하나는 정신의학과 심리학 및 사회복지학 전공자들이 다루는 분야이며 다른 하나는 인문학자들이 논할 수 있는 분야이다. 전자는 이 분야 전공자들이 언급하고 있는 내용과 중복되는 부분이 있음을 미리 말해 둔다.[1]

사회(복지)적 · 심리적 · 정신보건적 대책

1) 정책 차원

첫째, 정신보건관련기관과 보건복지기관 간의 공식적인 네트워크 구축 - 노인 대상의 간호 및 복지서비스를 제공하는 노인 돌보미가 정기적 또는 상시적으로 우울증 검진, 기관에 의뢰, 치료하는 시스템을 운영해야 한다.

둘째, 우리 사회에는 여전히 정신과 치료를 회피하는 경향이 있다. 따라서 노인 보호자들에게 정신과 치료의 유용성 홍보하고 정신과 치료에 대한 인식을 개선할 필요가 있다.

셋째, 지역사회에 있는 자살예방 관련기관들이 신속히 정보를 교환하고 가능한 경우 인력도 서로 지원해 줄 수 있도록 네트워크를 구축해야 한다.

넷째, 사전에 예방할 수 있는 정신건강 증진 프로그램을 개발해야 한다.

다섯째, 가족의 부담을 덜고 결집력을 높이기 위한 수발 지원뿐만 아니라 가족 관계 증진 프로그램을 활성화해야 한다.

여섯째, 노인들이 병원을 방문했을 때 단순히 신체적 질환만을 진료하는 것이 아니라 동시에 정신건강 상태까지 체크하는 동시관리체계를 구축해야 한다.

일곱째, 개인별 맞춤형 관리체계를 구축해야 한다. 즉 연령, 성별, 주거 형태 등을 고려한 개별화된 프로그램을 개발하여 적용해야 한다.

여덟째, 노인 자살 예방 전문가를 양성할 뿐만 아니라 이 전문가 집단의 네트워크를 구축해야 한다.

아홉째, 노인 자살을 예방하고 선별할 수 있는 도구를 개발해야 한다.

열째, 노인들이 삶의 보람을 느낄 수 있도록 자원봉사 프로그램 전담기구를 설치하고 재정 지원을 해야 한다.

열한째, 사회스포츠계와 연계하여 지역사회 내의 생활체육과 여가활동 프로그램을 확대해야 한다.

2) 노인복지 차원

(1) 사회보장제도의 확충: 사회보장제도의 확충을 위해서는 무엇보다 공적 연금의 사각지대를 해소하고 기초노령연금 대상과 지원수준의 확대하여 경제적 안정을 도모해야 한다. 뿐만 아니라 장기요양보험제도와 노인성질환 관리시스템을 구축하여 건강보호체계를 보다 강화해야 한다. 또 정년 후 재고용 제도와 노인취업 알선센터 기능을 강화하여 지역사회에서 할 수 있는 다양한 역할에 대한 기회를

확충하여 한다.

(2) 사회복지 서비스의 확충: 사회복지 차원의 서비스 역시 크게 확충해야 한다. 사회복지 차원의 서비스에 어느 것이 먼저 이루어져야 한다는 순서를 따질 수 없겠지만 편의상 정리하여 나열해 보면 이러하다. 첫째, 노인 양로 및 요양시설을 증대해야 한다. 둘째, 상담 및 안부 전화 및 말벗지원 시스템을 구축해야 한다. 셋째, 지역축제와 같은 지역 문화행사에 노인들을 초대하여 지역의 어른이자 지역의 주민이라는 존재감과 소속감을 확인하는 기회를 제공해야 한다.

인문학적 대책 — 생태공동체에 의한 대안

우리 사회는 그동안 경제가 급성장하면서 공동체의식이나 협동심과 배려심 및 어른공경과 같은 우리 고유의 정신적 자산을 많이 잃어버렸다. 뿐만 아니라 요즘 우리의 젊은이들은 동시대를 사는 서구의 젊은이들보다 더 서구적이고 인간중심적이며 개인적이라서 오히려 서구의 젊은 세대들이 더 자연친화적이고 자연중심적인 사유를 하고 있다고 볼 수 있을 정도다. 때문에 우리 사회의 노인들이 겪는 충격은 18세기 말부터 핵가족화가 일어나고, 이후 꾸준히 노인복지정책을 실시한 서구 사회 노인들의 충격보다 크다. 이에 따라 자살률도 서구사회의 노인보다 클 수밖에 없다. 때문에 이를 해결하기 위해서는 위에서 언급한 정부차원의 여러 정책과 복지서비스의 구축과 확대 이외에 공동체의식과 협동심 및 어른 공경하는 마음을 부활시키는 문화운동을 펼쳐야 하며 이 운동의 일환으로 생태공동체를 중심으로 한 생명운동을 확산시켜야 한다. 그런 의미에서 이 자리에서는 노인과 젊은이와 어린이가 함께 생활하는 생태공동체를 소개하고 노인 자살 예방에 대한 대안으로 제안하고자 한다.

1) 생태공동체의 개념

요즘 생태라는 용어, 예컨대 생태건축, 생태디자인, 생태문학, 생태경영 등 생태라는 용어가 유행한다. 또 환경이라고도 불린다. 그러면 환경과 생태의 개념은 무엇인지 우선 개념 정의부터 해보자.

환경이란 주변세계를 의미한다. 그래서 인간과 주변이라는 이분법적 사유를 기반으로 하는 인간중심주의적 개념이다. 반면에 생태란 지구상의 모든 생명체를 포함하며 이 모든 생명체가 유기적으로 서로 연계되어 있다는 유기적이고 일원론적인 가치관을 담은 개념이다.

이 가치관을 이념으로 공동체를 이루어 생활하는 집단이 생태공동체이다. 이 공동체의 가장 중요한 지향점 중의 하나는 생명이며 생명을 발아시키는 바탕이 농업이다. 왜냐하면 농사에는 생명의 기본이 되는 에너지의 흐름과 자연의 주기 및 생명의 그물 등을 몸으로 직접 경험하고 머리로 이해하고 가슴으로 느낄 수 있기 때문이다. 그러니까 생태공동체는 머리가 육체를 지배하고 사람이 자연을 지배하는 현대사회에서 몸을 사용하여 살아가는 곳이다. 이 생태공동체는 세 가지 기본 요소를 바탕으로 하고 있다.

생태공동체의 기본 요소

첫째, 생태적이어야 한다. 이는 에너지, 집의 구조, 자원의 순환 등 모든 것이 생태적 원리, 즉 모든 생명체를 존중한다는 원리를 따라야 한다는 의미로 의식주의 자급자족을 원칙으로 한다.

둘째, 사회적으로 공동체를 형성해야 한다. 이는 공동체의 모든 구성원이 동등한 권리와 의무를 가진 수평적인 공동체이며 의사결정에 있어서는 민주적인 원리를 따른다는 의미이다.

셋째, 문화적이며 영성적이어야 한다. 이웃과 자연을 위해 시간을 내주고 소통하며 물질과 문명보다 정신적 가치와 정신적 풍요를 추구한다. 또 대중문화와 차별화된 지역사회의 민속 문화를 지역사회와 긴밀하게 연계하여 보존 및 재창출해야 한다.

2) 왜 생태공동체여야 하는가?

언급했듯이, 생태공동체는 대량생산과 대량소비를 하지 않고 필요한 물품만을 서로 협동하고 분담하여 직접 생산하고 소비한다. 때문에 이곳에서는 노인들의 오랜 인생경험과 생활의 지혜 및 노동력을 매우 필요로 하고 긴요하게 사용한다. 그러니까 생태공동체에서는 생명체를 직접 재배하고 키움으로써 식물과 동물들과 직접 소통을 하는데, 이러한 과정은 인간에게 생명의 신비스러움과 생명의 소중함을 일깨우고 자연과 소통하는 방법을 터득하게 한다. 따라서 생태공동체는 생명체의 소중함을 알리고 깨닫게 하는 생명운동을 펼쳐 나가기에 가장 적합한 대안사회의 형태이다. 특히 노인들에게는 아이 돌보기, 가사와 농사일 거들기와 같은 일거리를 제공하고 노인들이 늘 아이들과 젊은이들과 함께 소통함으로써 존재감과 유대감을 느끼게 할 뿐만 아니라 크고 작은 생명체들과 함께 생활함으로써 활력을 느끼게 한다. 또 이러한 공동체에서는 그동안 우리 사회가 급성장 하면서 잃어버린 공동체 의식과 배려, 협동심, 어른 공경과 같은 우리조상들의 소중한 정신적 자산을 부활시킬 수 있다. 그러니까 왜 생태공동체여야 하는가를 요약하면 공동체의 구성원 모두가 하나의 가족이라는 생각이기 때문에 다른 지역공동체보다 소속감과 유대감이 훨씬 강하다. 그래서 노인 자살 예방 또는 노인 자살률 감소에 적합하다고 할 수 있다.

3) 생태공동체의 형태 및 현황[2]

공동체의 형태는 그 기능에 따라 유통중심, 생산중심, 교육중심 등으로 나누어 볼 수도 있다. 이 글에서는 생태라는 개념을 바탕으로 크게 세 가지 유형으로 분류한다.

① 기존마을형: 농촌의 기존마을의 주민들이 농산물의 생산방식을 환경농법 또는 유기농법으로 전환하여 생산하고 삶의 방식을 생태적으로 개선하는 마을의 형태, 흔히 생태마을이라고 부른다. 이 마을들은 대부분이 환경농업시범마을 또는 자연생태우수마을로 지정되어 있으며 정부지원금을 받고 있다.

예) 충남 홍성군의 문당리 마을, 전남 장성의 한마음공동체, 경남 산청의 안솔기 마을, 경북 상주의 푸른 누리, 경남 함양의 두레마을, 전북 무주 진도리 마을, 하동의 청미래 마을, 가평의 하늘소마을, 전북 장수의 하늘내 들꽃마을 등.

② 계획형: 생태적 이념과 철학을 공유한 구성원들이 자치적으로 마을을 조성한 경우이며 일종의 생활공동체이다. 때문에 획일적이거나 개성을 무시한다고 생각할 수 있으나 개인의 자율성과 다양성을 최대한 인정하고자 하며 취미와 특기를 살릴 수 있도록 지원하고 예술 공방을 운영하는 곳이 많다. 또 이 공동체들은 공동체 유지를 위해 체험학습장 생태실습장, 유기농산물의 판매, 등 여러 사업을 하고 있다.

예) 경기 화성의 산안마을(야마기시 미요조 사상을 실현), 경남 산청의 간디 생태마을, 경남 산천군 신안면의 민들레공동체, 변산 한울공동체, 경남 합천군

용주면의 생명누리, 전북 진안군 부귀면의 이랑둥지, 경남 함양의 도리촌, 경북 상주시 화북면의 푸른 누리 등.

③ 혼합형: 계획형으로 시작해서 귀농인과 마을주민을 끌어들여 생태마을을 형성한 경우이다. 대표적으로 실상사 인드라망 생명공동체가 있다. 실상사 인드라망 생명공동체는 전북 남원 산내면의 실상사가 1996년에 절의 소유부지 3만 평으로 농장을 만든 것을 시작으로 인근 지리산 자락에 교육장, 실습장, 농장, 귀농학교 등을 위해 7만 4천 평을 사들여(총 9억 5천만원, 정부보조 3억원을 들여) 귀농인과 마을 주민들과 함께 생태산촌마을을 조성하였다. 현재 전국적으로 불교생명연대를 이루고 있으며 해외지부를 두고 있다.

위의 세 가지 형태 중에서 계획형과 혼합형 생태공동체가 노인 자살을 예방하는 데에 더 적합할 것이다. 이들이 생태적 가치관을 바탕으로 모여 형성된 마을이기 때문에 결속력이 더 강할 것이기 때문이다. 또 기존의 농촌마을이 생태마을로 전환하고 있는 마을들은 이미 노인층이 상당한 비율을 차지하고 있기 때문이다.

그러면 노인들과 생태공동체를 어떻게 연계할 수 있을까? 그 실행 방법을 구체적으로 생각해 보자.

4) 실행 방법

(1) 생태공동체의 소개와 홍보: 우리 사회에는 아직 생태공동체라는 개념이 낯설다. 따라서 생태공동체에 대한 홍보가 필요한데, 특히 다음의 대상들에게 생태공동체의 존재를 알려야 한다.

① 생태공동체의 존재를 모르는 어르신

② 시골에서 살고 싶어도 살 집과 땅때기가 없어서 못 가신 어르신

- 생태공동체는 이미 터전이 있다.

③ 요양원과 같은 시설로 가기 싫으신 활동능력이 있는 어르신

④ 독거노인

이 어르신들 중에는 정부지원금을 받는 분들이 있고 요양원도 정부지원금을 받는다, 이 지원금을 생태공동체로 전환하면 재정적으로도 크게 문제가 없을 것이다. 또 노인들이 농사를 직접 짓는 것이 아니라 가사 돕기나 농사일 거들기 또는 아이돌보기 등을 하기 때문에 신체적으로 크게 무리가 되지 않을 것이다.

(2) 생태공동체와 지역행정부 및 보건복지부와 환경부의 연계 시스템 구축 및 재정 지원: 생태공동체는 이미 지역행정부(도시건설과)로부터 허가를 받아서 조성된 마을이기에 지역행정부와의 연계는 이미 되어 있다. 또 생태공동체는 늘 지역과 연계 하에 어떤 방식으로든지 지역에 기여하고자 하기 때문에 이러한 연계는 어렵지 않다. 그래서 시범적으로 몇 공동체와 연계하여 실행해 보고 점점 여러 공동체 내지는 지역단위로 확대 실행하는 방안을 구상해 볼 수 있을 것이다.

(3) 생태공동체 중심의 생명존중 확산운동: 지역행정부와 환경부와 보건복지부가 행정적·재정적으로 지원한다면, 생태공동체가 지역사회의 생명운동의 메카가 될 수 있을 것이다.

정리하면 중앙행정부와 지역행정부와 자살예방센터 및 전문가들이

생태공동체와 긴밀한 연결망을 갖고 협력하면 노인 자살의 예방 내지는 노인 자살률 감소에 기여할 수 있을 것이다.

나가는 말

현재 우리나라는 소도시들의 통합으로 점점 광역화가 늘어나고 있다. 때문에 작은 공동체들이 지속적으로 붕괴되고 공동체 문화와 이웃이 사라지고 가족 간의 단절도 더욱 심각해지고 있다. 동시에 공동체의식이나 협동정신 또는 어른 공경하는 마음과 같은 우리 고유의 전통적인 가치와 도덕성도 더욱 약화되고 있다. 이러한 실정 속에서 가장 타격을 받는 사람들은 신체적 · 정신적으로 약하고 경제력이 없는 노인들이다.

위에서 살펴보았듯이 외로움과 고립감에 고통 받는 노인들이 극단적인 선택을 하지 않도록 하기 위해서는 정부의 노인복지정책과 사회복지 서비스 등을 확충하는 방안도 중요하지만 무엇보다 크건 작건 모든 생명체를 중시하고 배려하는 생태의식을 사회 전반에 확산시키는 운동이 필요하다. 생태의식의 확산으로 생태사회가 되면 지금처럼 큰 것이나 광역화가 아니라 작은 것이 아름답다는 것을 깨닫고 작은 공동체를 추구하게 될 것이며 자연스럽게 생태공동체들이 조성될 것이기 때문이다. 뿐만 아니라 선진국들처럼 도시에도 생태공동체들이 형성될 것이다. 생태공동체는 특히 어르신들의 삶의 지혜와 경험을 긴요하게 사용하고 온화한 마음과 관대함 등을 매우 필요로 하는 곳이다. 따라서 어르신들이 삶의 보람과 기쁨을 느낄 수 있는 곳이다. 사실 생태공동체는 모든 생명체의 공생과 공존을 목표로 하기에 어떤 특정 세대나 특정 생명을 지칭할 것 없이 생명존중문화 운동을 펼치기에 가장 적합한 형태이다. 때문에 생태사회로의 전환운동 내지는 생태공동체 확산운동은 우리 사회에 생명존중문화를 정착시키기에 가장 좋은 방안이라고 할 수 있다. 요컨대 생태공동체는 현재 우리 사회에서 가장 큰 화두 중의 하나인 생태와 자살 문제를 동시에 해결하는 대안이 될 수 있다.

03

어떻게 Quomodo 자살을 해석할 것인가?

살아남은 사람들을 향한 마지막 이야기
— 유서분석을 통해 살펴본 '소통적 자살'의 개념과 의의[1]

자살이라는 행위는 개인의 내부에 침잠되어 다른 사람과 단절된 개인적 행위가 아니라 다른 사람을 향한 의미 있는 행위이며 소통을 지향하는 행위라 할 수 있을 것이다. 여러 가지 문제 상황은 자살을 증가시키는 조건이 되지만, 그 자체가 직접적으로 자살 행위를 일으키는 것이 아니다. 많은 경우 문제 상황에서 자살에 이르는 과정에는 '성찰'과 '의미부여'라는 중요한 사회학적 변수들이 매개하여 작용하고 있는 것이다. 이 글에서는 이러한 과정을 거치는 자살 행위를 '소통적 자살'이라는 개념으로 포착하였다. '소통적 자살'이라는 개념은 자신의 삶과 죽음을 객관화시켜 자신의 문제 상황과 삶에 대한 평가의 과정인 '성찰성', 이러한 성찰의 과정을 거쳐 도출된 '메시지', 그리고 메시지를 전달하고자 하는 의도인 '타자 지향성'을 구성 요소로 하는 자살을 지칭하는 것으로서, 자살자들이 남긴 유서의 내용분석을 통해 자살 행위에 있어서 '성찰성'과 '소통 지향성'의 구체적인 양상을 살펴볼 수 있다.

박형민

최근 약 10여 년간 그 이전에 비해 자살에 관한 다양한 연구들이 수행되고 있으며 여러 분야에서 의미 있는 학문적 성과들이 축적되고 있음을 발견하게 된다. 이러한 추세는 우리 사회에서 자살의 급속한 증가가 배경이 되어 연구들을 추동하고 있다고 보여지며, 자살이라는 주제는 정부와 학계, 시민사회 모두가 커다란 관심을 가지고 있는 주제인 것이다.

현재 우리 사회에서 수행되고 있는 자살연구는 크게 '질병 모델', '실패 모델', '좌절 모델'이라는 세 가지 지형으로 구분할 수 있을 것이다. 먼저 '질병 모델'은 자살이라는 행위가 질병 혹은 질환에 의한 것이라는 관점으로서 자살을 감소시키기 위해서는 가장 중요한 것이 효과적인 의료서비스의 제공이며, 자살을 야기하게 되는 정신과적 증상을 치료하기 위한 전략을 수행하는 것이 주된 목표일 것이다. 이 모델은 현재 정신과 의사들이 주축이 되어 활동하고 있는 정신보건센터 혹은 정신보건센터를 기반으로 설치된 자살예방센터들이 견지하고 있는 관점으로 볼 수 있다.

'실패 모델'은 삶의 중요한 과정에서의 의미 있는 실패를 자살의 주요 원인으로 파악하고 있는 모델이다. 즉 실직 · 파산 · 부채 등의 심각한 경제적인 몰락, 지병이나 갑작스러운 발병과 같은 신체적 문제 등이 자살을 야기한다는 관점이며, 특히 경제적인 실패로 인한 문제해결 능력의 상실이 스스로 목숨을 끊게 하는 데에 중요한 변수로 작용한다고 본다. 따라서 자살을 고민하고 있는 사람들에게 다양한 사회복지 서비스를 통해 문제해결 능력을 제공하면 자살을 예방할 수 있을 것이라 보는 것이다. 이러한 관점은 노인복지관 등의 사회복지기관을 기반으로 설치된 자살예방센터에서 주로 채택하는 관점일 것이다.

'좌절 모델'은 자살을 순간적인 심리적 몰락에 의해 발생하고 있으며, 적절한 상담서비스를 제공하여 자살의 위기를 넘길 수 있도록 하고 삶의 의미를 되살려 주는 것이 자살을 예방할 수 있는 가장 효과적인 전략이라 파악하고 있는 것으로 보인다. 이 모델은 전화상담 서비스와 인터넷 상담 서비스 등의 제공을 중요한 사업으로 설정하고 있는 생명의 전화 등의 단체가 채택하고 있으며, 임상심리 전문가, 종교인 등이 많이 활동하고 있는 것으로 보인다.

물론 위에서 언급한 자살에 대한 세 가지 모델은 일종의 이념형에 가까운 것이 사실이며, 따라서 어느 자살예방 기관에서도 이 중 하나의 모델만을 가지고 자살을 예방하려는 무모한 시도는 하지 않는다. 즉 질병 모델을 기반으로 자살예방사업을 벌이고 있는 정신보건센터에서도 자원연계 서비스와 상담서비스는 배제되지는 않으며, 실패 모델을 견지하고 있는 자살예방센터에서도 적절한 치료와 상담을 무용하다고 보지는 않는다. 좌절 모델에서도 역시 좌절의 원인이 되는 경제적 몰락이나 질병 등의 영향력이 크다는 것을 인정하고 있다. 비록 각 기관들은 주된 모델에 기반하여 활동하면서 다른 서비스는 부차적이거나 보완적인 것으로 여기고 있기는 하지만, 적어도 자살에 대한 다양한 관점을 통합하여 총체적으로 접근해야 한다는 점에서는 이견이 많은 것 같지는 않는다.

그런데 이러한 모델들의 공통점은 자살을 선험적으로 '문제'로 규정하고, 이 같은 문제를 제거하는 방안을 찾는 데에 활동의 초점을 맞추고 있다는 것이다. 이러한 관점에 따르면 자살은 외적이든 내적이든 개인이 어쩔 수 없는 요인들에 의해 발생하는 것으로 자살자는 이러한 요인들에 의한 피해자이며, 자살을 방지하고자 하는 자는 이들의 문제를 치료하거나 관리하여 다른 행위를 유도하는 위치를 점유하고 있는 것이다.

여기에서 우리는 이러한 세 가지 모델과는 다소 차별성을 가지는 소통적 자살 개념을 통해 자살이라는 행위를 이해하고자 한다. 이러한 관점은 '성찰 모델'로 명명할 수 있을 것인데, 성찰 모델은 '실패'와 '좌절'이 '자살'에 이르게 되는 기존의 관점은 받아들이되, 각 단계에서 자살자가 부여하는 의미의 중요성을 강조하고자 하는 모델이다. 즉, 경제위기나 신체적 고통 등과 같은 실패 상황이 자살자들의 객관적 상황이라면, 이것이 좌절로 이르게 되는 과정은 자살자의 상황에 대한 해석이라는 '의미부여'가 중요한 매개가 된다는 것이며, 따라서 좌절이라는 상황은 단순히 심리적인 상황이 아니라 행위자들의 주관적 상황 판단이 되는 것이다. 또한 이 같은 주관적 상황이 자살이라는 실제 행위로 이어질 때에도 상황 속에서 자신의 행위를 의도적으로 선택하는 '전략'이 중요한 매개 변수의 자리를 차지하고 있으며, 이 행위자들의 전략에 따라 자살은 다른 사람을 향한 의도를 가진 '의미 있는 행위action'가 된다고 할 수 있는 것이다. 이때 자살자의 지위는 피해자나 반응자가 아닌 '행위자'이다.

'소통적 자살'의 이론적 자원

자살 행위에 있어서의 성찰성

뒤르켐의 자살이론은 사회의 구조에 따라 개인의 자살률에 차이가 있음을 드러냄으로써 분업화된 산업사회에서 사회의 통합과 규제가 자살에 미치는 영향을 분석하고자 하였다. 이 같은 뒤르켐 자살연구의 가장 탁월한 업적은, 자살이 단지 개인적인 문제가 아니라 '사회적 힘'이 작용하는 '사회적 사실'이라는 점이며, 사회의 변화에 따라 발생하는 아노미anomie라는 심리적 상태가 자살을 발생시키는 가장 중요한 동인이 된다는 점을 밝힌 것이라 할 수 있다. 뒤르켐의 아노미 개념은 실증적으로 검증되지 않은 모호한 개념이라는 비판을 받고 있기는 하지만,[2] 이후 자살을 연구하는 많은 연구자들에게 중요한 시사점을 주고 있으며, 이를 토대로 하여 다양한 개념들을 생산할 수 있도록 해 주고 있다.

이와 같은 뒤르켐의 아노미 개념은 머튼Merton에 의해 그 의미가 확장되었다 할 수 있다.[3] 머튼의 아노미anomie 개념은 뒤르켐의 기본적인 생각을 계승하고 있으나, 사회나 구조의 결정력과 함께, 구조 속에서 개인의 성찰의 과정을 암시한다. 머튼에 의하면 일탈이란 사회 구성원들의 아노미 상황에 대한 하나의 '적응'으로 간주되며, 아노미는 문화와 구조 간의 통합이 결여된 결과로 파악한다.[4] 머튼은 이러한 압박에 대응하는 적응유형mode of adaptation을 문화적 목표와 제도화된 수단의 획득 여부에 따라 구분하여 설명하고 있는데, 이 같은 머튼의 '적응' 개념은 구조 영향력 아래에 있는 개인들이 자신의 태도와 행위를 선택하려는 행위자로서 나타나는 모습을 보여준다. 즉, 승인된 사회적 수단을 가지고 있지 않은 아노미 상태에 있는 개인은 이러한 상황을 극복하기 위하여 다양한 대안들을 고려하고 있으며, 비록 제한된 조건 하에서이기는 하지만 개인의 행위는 여러 가지 대안들 중 선택한 능동적인 행위로 볼 수 있다는 것이다.[5]

뒤르켐과 머튼 전통의 연장선에서, 파웰Powell은 '자아의 사회적 정당화가 인간의 근원적인 목표'라는 가정에서 출발하여, 개인들은 자기 자신을 정당화하지 못할 때 자살에 이르게 된다는 주장을 펼치고 있다.[6] 파웰의 주장에 따르면, 사회 제도는 개인에게 사회적 지위에 맞는 역할을 부여하게 되는데, 개인이 이 역할을 수행하지 못할 때 자신을 정당화하지 못하는 상황을 야기하고, 정당화되지 못한 자아는 자살의 위험성에 노출될 가능성이 크다는 것이다. 사회제도에 의해 부여된 역할을 수행하지 못하는 상황이 바로 아노미의 상태이며, 이는 문화적 규범에 의하여 자기 자신을 적절히 정당화하지 못하는 것을 의미한다. 결국 사람들은 자기 자신을 정당화하지 못할 때 자신을 죽인다는 것이다. 비록 파웰의 이론에서는 자아의 정당화를 직업적, 경제적 성공이라는 측면으로만 파악하여, 직업 지위에 따른 사회적 범죄와 공식 자살률만을 가지고 설명을 시도했다는 한계를 가지고 있기는 하지만,[7] 자신이 상황에 대한 '정당화'라는 성찰의 과정을 설정하여 객관적인 문제 상황이 아노미라는 주관적 좌절에 이르는 경로를 설명하고자 하는 것이다.

한편 브리드Breed의 연구는 경제적 위신(즉, 사회적 지위)의 상실과 자살의 연관성을 보여주고 있는데, 이는 자신에 대해 정당화를 성공하지 못하는 것을 '지위불일치'라는 개념으로 설명하고자 하는 것이다.[8] 그 역시 자살은 원론적으로는 사회의 구조적 긴장의 산물이라는 점을 인정한다. 그러나 자살이라는 구체적인 행위는 '직접적으로' 개인의 긴장의 산물이며, 이러한 긴장은 '자아'와 '유의미한 타자'의 평가의 불일치에서 발생한다. 따라서 브리드에게 있어서 자살에 이르게 하는 것은 지위변동 자체가 아니라, 그것으로 인한 '지위불일치'가 문제라는 것이다. 이 같은 브리드의 이론에서는 '유의미한 타자'가 중요한 개념으로 등장한다. 즉 지위불일치를 '아노미'로 해석하는 데에는 다른 사람의 평가라는 사회적인 상호작용이 중요한 준거가 되고 있으며, 자신의 지위변동이라는 객관적인 문제 상황은 타인을 염두에 둔 성찰의 결과 주관적인 실패로 인식되게 되는 것이다.

그 밖에 헨리와 쇼트Henry and Short는 아노미 이론의 모델 안에서 사회심리학적인 좌절-공격이론을 통합하고자incorporate 시도하였다. 자살이 살인과 마찬가지로 '공격성aggression'과 관련이 있는데, 사회 집단 내에서의 개인들이 공격성을 표출할 때에, 공격의 대상은 좌절에 대해 책임이 있다고 여겨지는 대상이라는 것이다. 그들은 이것을 '좌절에 대한 책임부여imputation of responsibility for his frustration'라 명명하는데, 살인과 자살이 좌절에 대한 책임부여의 결과로서 공격성 표출의 서로 다른 양상이라고 주장하고 있다.[9] 이 또한 개인적 좌절이 직접적으로 자살이나 살인과 같은 공격성을 표출하는 것이 아니라, '책임부여'라는 매개변수가 있다는 것을 주장하는 것이며, 이것은 자신의 실패에 대한 일종의 성찰의 과정이라 할 수 있는 것이다.

자살 행위의 소통 지향성

자기 자신에 대한 정당화의 과정이나 실패에 대한 책임 부여의 과정에서는 '타인'이라는 변수가 중요하게 고려되는 요소였다. 이것은 자살 행위의 선택에 있어서는 다른 사람을 염두에 두는 의미작용이 중요하다는 것을 보여주는 것이며, 따라서 자살이라는 행위 역시 다른 행위와 마찬가지로 타인을 지향하는 행위라는 점을 보여준다. 이 같은 타자에 대한 관념은 자살 행위의 소통 지향성을 보여주는 것으로서 특히 유서 등을 통해 자기 죽음의 이유를 다른 사람에게 설명하고 자신의 의도를 관철시키고자 하는 자살 행위에 두드러지게 나타난다.

자살 행위의 소통 지향성을 강조하는 이론적인 입장들은 뒤르켐적인 자살이론에 대해 비판을 가하면서 등장한다. 이들은 뒤르켐이 객관적인 사회적 변수에 대한 집중으로 인하여 자살을 선택하는 개인의 주관적 의미에 대해서는 상대적으로 관심을 기울이지 않았다고 비판하며,[10] '사회적 사실은 자연과학적 사실과는 다른 특징을 가지고 있기 때문에 그 행위의 의미를 해석하고 이해하여야 한다'는 베버Weber의 견해와, '행위는 타자에게 연관되고 타자에게 지향된 의미를 동반한다'는 미드Mead의 견해를 적극적으로 수용하고 있다. 그러므로 뒤르켐적인 자살연구가 뒤르켐의 모델을 따라 아노미, 사회해체, 지위변동 등을 검증하는 것을 목표로 삼는다면, 여기에서 소개할 이론적인 입장은 뒤르켐의 자살이론을 비판적으로 검토하여 뒤르켐이 가지고 있는 이론적인 난점을 해결하고, 자살의 풍부한 의미를 발견하고자 하는 시도들이라 할 수 있을 것이다.

이들은 뒤르켐 등의 이론가들이 사용한 개념과 자료에 대해 문제제기하면서 자신의 주장을 펼치고 있는데, 먼저 애트킨슨Atkinson은 검시관과 관료들에 의하여 작성된 문서를 검토하여, 특정 유형의 죽음이 자살로 정의되는 과정을 드러내고자 하였다.[11] 애트킨슨은 경찰관이 서구 사회에서 일반적인 문화적 가정과 일치하는 증거를 찾을 수 있을 때, 죽음이 자살로 기록될 것이라는 것을 보여주고 있다. 문화적 가정과 일치하는 증거란 '죽음의 방법(ex. 목맴, 음독)', '죽음의 현장에서의 의미 있는 증거', 유서, 그리고 '사망자의 인생사로부터 특정한 증거(ex. 의기소침, 사회적 문제, 고독)' 등으로서, 이것들이 자살의 단서로 작용하여 특정한 죽음이 자살로 구분된다는 것이다. 따라서 애트킨슨은 공식통계를 통해서 발견할 수 있는 것은 자살의 원인이나 단서가 아니라, 오히려 특정한 죽음이 자살로 이름 붙여지는label 공식적인 규준뿐이라고 주장한다. 그런데 이것은 단지 공식통계에만 적용되는 것이 아니라, 어떠한 이론적 · 실천적 전제를 가지고 있든 간에 어떤 개념을 통해서 자료를 수집하는 작업은 그것을 구분하는 사람의 가치에 따를 수밖에 없다.[12] 그러므로 실증주의적 연구에서 가정하는 관찰 가능한 세계에 대한 객관적이고 직접적인 접근은 실제로는 불가능한 과제이며, 연구자들이 할 수 있는 것은 자살행동의 의미를 살펴보고 그것을 사회적 맥락 안에서 이해하는 것이라는 주장하고 있다.[13]

애트킨슨Atkinson에 앞서 더글러스Douglas는 뒤르켐의 실증주의positivism에 대한 대안으로 해석주의interpretivism를 주장하였다.[14] 더글러스는 뒤르켐의 가장 큰 문제가 뒤르켐이 사용한 자료의 문제라고 지적하는 것으로부터 그의 주장을 시작하는데, 더글러스의 주장에 따르면 뒤르켐이 분석의 근거로 사용한 공식통계는 사회적 사실을 그대로 반영하는 것이 아니라 단지 공식통계를 작성하는 기관의 관료적 정의와 인식을 반영할 뿐이라는 것이다. 즉 공식통계를 작성하는 기관에서는 자살에 대하여 뒤르켐과는 다른 정의를 가지고 현상을 분류하기 때문에 그러한 입장에서 수집된 자료를 사회적 사실로 인정하고 분석하는 것은 명백한 오류라는 것이다. 그리고 각각의 문화와 하위문화는 자살에 관하여 매우 다양하고 상이한 신념을 가지고 있는 것이다. 이러한 난점을 극복하기 위한 더글러스의 해결책은 사회적 사실로서의 자살행동의 배치distribution를 연구하기보다는, 각각의 문화에서 자살이 의미하는 바와 그러한 자살의 의미가 주어진 상황에서 적용되는 양상을 살펴보아야 한다는 것이다. 이러한 작업의 주요 함의는 자살률이나 자살이 명백한 사회적 사실일 필요가 없다는 것이다. 오히려 자살은 협상, 판단, 의사결정의 사회적 과정의 결과이며, 사회적 정의definition의 산물이다. 그러므로 자살을 연구하고자 하는 사람들의 목표는 자살이라는 행위에 대하여 그 의미를 포착하는 것이 되어야 한다고 주장한다.[15]

배쉴러Baechler 역시 더글러스의 접근을 따라, 자살행동의 맥락적 의미를 살펴보고자 시도하였다.[16] 배쉴러에 따르면 자살행동은 단순히 어떤 원인이나 동기의 결과가 아니라, 사람들이 무언가 다른 목적을 획득하기 위한 의미 또는 전략이다. 그는 자살이 자살자들에게는 처한 사회적 환경에서의 실존적인 딜레마를 해결하기 위한 이성적인 해결책이었다고 주장하는데, 특히 점증하는 위기와 참을 수 없는 상황에 대한 문제해결의 전략으로 기능한다는 것이다.[17] 그러므로 배쉴러에게 있어서 자살에 대한 설명은 사람들이 주어진 상황을 이용하는 자살의 전략을 발견하는 것이었으며, 그는 자살을 그 전략의 내용에 따라 회피적escapist 유형, 공격적aggressive 유형, 희생적oblative 유형, 유희적ludic 유형으로 구분하였다.

결국 이들에게 중요하게 분석되어야 할 것은 자살이라는 행위 속에 내포되어 있는 '의미'와 타인의 반응을 기대하는 행위의 '전략'인 것이다. 이것은 자살 행위의 소통 지향성을 이루는 것으로 자살을 통해 전달하고자 하는 메시지의 내용과 타자 지향성의 형식에 대한 분석이 필요함을 보여주고 있다.

'소통적 자살'의 단서 — 유서

유서는 그 존재 자체로 자살의 소통성을 보여주는 핵심적인 자료라 할 수 있으며, 이에 대한 분석을 통해 '소통적 자살'의 발현 양상을 드러내 보일 수 있다. 유서가 자살의 소통성을 드러낸다는 것의 첫째 이유는 자살자가 유서를 남겼다는 사실을 통해 그가 자신의 죽음에 대해 최소한의 성찰의 과정을 거쳤다는 것을 보여준다는 것이다. 자신의 죽음의 이유와 과정을 설명하는 장문의 유서는 말할 것도 없으며, 비록 단순히 자신의 죽음이 자살임을 알리는 단 한 줄의 유서를 작성했다고 하더라도, 자살자가 유서를 작성하는 그 순간은 자신의 죽음을 객관화시켜 성찰하는 과정의 시간이라 볼 수 있는 것이다.

둘째로는 그가 작성한 유서는 자살자가 남아 있는 사람들에게 남기고 싶은 여러 메시지들 중 선택된 메시지라는 점이다. 자살자가 유서를 작성한 기간은 몇 년에 거친 오랜 시간일 수도 있고, 죽기 직전의 아주 짧은 시간일 수도 있다. 그러나 자살자의 유서는 그 작성 기간과는 상관없이 자신에게 주어진 시간 동안 자신의 삶과 죽음, 문제 상황, 또는 자신의 심리적 상황 등을 성찰한 결과를 문자의 형태로 표현한 것이라는 것이다.

셋째 이유는 자살자들의 유서는 자살자가 남아 있는 사람들에게 자신의 의도를 전달하고자 한다는 소통의 의지를 보여준다. 유서의 수신자는 가족이나 연인 등 구체적인 대상자일수도 있고, 혹은 불특정인일 수도 있다. 그러나 그 어떤 경우이건 간에 유서는 누군가에게 전달되기를 의도하고 작성된 것이라는 것이다.

물론 유서 등의 단서가 발견되지 않았다 하더라도 특정 자살이 성찰의 과정이나 소통의 의지가 없다고 간주할 수는 없다. 또한 자살자가 유서를 작성하였으나 그것이 발견되지 않아 우리가 확인할 수 없을 뿐일 수도 있다는 가능성 역시 배제할 수는 없다.[18] 그러나 유서를 남기지 않은 많은 자살의 경우에는 자살자 자신이 자신의 죽음에 대해 깊은 성찰의 과정을 거치고 자신의 죽음에 대하여 수없이 풍부한 의미를 부여하고 있다 하더라도, 우리에게 그것이 전달될 수 있는 가능성이 없는 것이다. 일반적인 사회적 행위에 대해서는 그 행위가 이루어진 맥락과 의미를 사후에 직간접적으로 포착할 수 있는 반면, 자살의 경우 그 행위의 성공은 행위자의 죽음을 의미한다. 그러므로 유서는 실행 이전에 그가 자살이라는 행위에 부여한 주관적 의미를 파악할 수 있는 가장 중요한 자료라 할 수 있는 것이다.

또한 이 밖에도 자살 연구에 있어서 유서를 분석하는 것은 다음과 같은 장점을 가진다.

첫째, 자살자가 유서를 남겼다는 사실은 그의 죽음이 자살이라는 것을 확증하는 중요한 증거가 된다. 따라서 유서가 있는 자살의 경우 적어도 자살로 가장한 타살일 수 있는 가능성은 현저하게 줄어든다고 할 수 있는 것이다.

둘째, 유서에 대한 분석은 전형적인 불개입적인 내용분석 방법으로 이 글에서 분석할 유서들은 이미 작성이 완료되고 자살자가 사망한 사례들이기에, 연구자가 기록의 작성 과정에서 개입할 여지가 없으며, 따라서 자료에 대한 연구자의 편이bias가 작용하지 않는다.

그러므로 유서에 대한 분석은 이 글에서 개념화한 '소통적 자살'을 연구하는 데에 유용할 뿐 아니라, 자살 일반을 연구하는 데에 있어서도 가장 중요한 연구 방법이라 할 수 있는 것이다.

그러나 유서라는 자료를 분석 대상으로 삼을 때에 유서의 형식과 내용은 사례에 따라 다양하게 나타나기 때문에 그것을 일률적인 틀을 가지고 분석에 사용할 수 없다는 점과, 유서를 남기지 않았거나 발견되지 않은 많은 자살 사례들이 배제될 수밖에 없다는 점을 유의하여야 한다. 그러므로 유서를 분석할 때 이것을 구조화된 틀에 맞추어 코딩하는 등의 양적인 접근으로는 위와 같은 문제들을 해결할 수 없을 것이다. 유서에 대한 양적인 분석을 수행하게 될 때 유서의 형식과 내용의 다양성으로 인하여 구조화된 조사표를 작성하기 어려울 뿐 아니라 많은 변수에 대해 과다한 결측값의 존재를 인정하여야 할 것이며, 유서가 쓰여진 맥락에 대한 이해 없이 언표되어 있는 문장이나 단어만을 코딩하게 된다면 실제의 의미가 왜곡된 자료가 생산될 가능성이 있는 것이다. 또한 분석되지 않은 다수의 자살 사례가 배제된다는 점에서 표본의 대표성에도 문제가 발생한다. 이러한 문제점들을 고려하여 볼 때 소통적 자살의 빈도나 비율을 양적으로 확인하고자 하는 것은 오류의 가능성을 항상 내포하고 있다고 할 것이다. 단지 여러 가지 단서들을 통해 그것을 포착하고 이해의 노력을 기울일 수 있을 뿐, 간접적인 단서들을 통해 추정할 수 있을 뿐이라는 것은 인정하여야 한다.

따라서 이러한 문제점은 유서에 대한 질적인 접근을 통해서만 극복이 가능하다고 할 수 있는데, 질적인 접근에서는 유서의 형식이나 내용적 다양성 자체를 중요한 분석 대상으로 삼을 수 있다. 또한 유서에서 모호하거나 왜곡되게 표현된 사항이라 할지라도, 그것을 맥락 속에서 파악한다면 오히려 자살자의 주관적 의미를 더욱 명확하게 보여주는 단초가 되기도 하는 것이다. 그리고 확률적 표본추출에 의한 통계적 일반화를 지향하는 양적 분석에 비하여, 범주의 다양성과 새로운 사실을 지향하는 질적 분석은 표본의 대표성의 문제를 완화시킬 수도 있다.

소통적 자살의 구성 요소와 발현 양상

이 글에서는 자살자들의 유서에 나타난 이야기들을 통해 '성찰성', '메시지', '타자 지향성'이라는 구성 요소를 통해 '소통적 자살' 개념을 구성하고자 하였다. '성찰성'의 요소는 사람들의 자살이 즉흥적이거나 우발적인 것이 아니라 죽음에 대한 심리적, 실제적 준비를 거치는 과정이 있음을 보여주며, 그들이 죽음 이전에 자신의 삶과 죽음에 대한 평가와 해석의 과정을 겪었음을 보여준다. 그리고 이와 같은 자신의 삶에 대한 평가, 문제 상황에 대한 해석 등 성찰의 과정을 거친 행위자의 주관적 의미는 다른 사람을 향한 '메시지'를 이룬다. 또한 주관적 상황 인식 속에서 죽음을 통해 이루고자하는 자살의 의도 역시 남아 있는 사람들을 향한 '메시지'들인 것이다. 이 같은 '메시지'가 다른 사람을 지향한 행위라는 측면에서 소통적 자살의 '타자 지향성'을 발견할 수 있는데, 모든 유서는 수신인이 있는 진술이며, 자신의 죽음을 통해 남아 있는 사람들에게 실제적이거나 정서적으로 영향력을 행사하고자 한다는 점에서 그러하다.[19]

성찰성

소통적 자살의 첫 번째 구성 요소는 자신의 삶과 죽음을 객관화시켜 숙고하는 성찰의 과정을 거친 자살이라는 점이다. 따라서 소통적 자살은 즉흥적이거나 우발적 죽음이라기보다는, 스스로 죽음에 대한 심리적, 실제적 준비의 기간을 갖는 준비된 죽음이다. 물론 이 준비의 기간은 상대적으로 길지 않을 수도 있으나, 몇 달 혹은 몇 년에 거친 오랜 기간 동안 죽음에 대해 숙고하기도 한다. 이때 성찰의 내용은 자신의 죽음과 자살에 대한 형이상학적 고민의 과정이 포함되지만,

가장 중요한 것은 자신이 겪는 문제 상황에 대한 인식과 자신과 삶에 대한 스스로의 평가일 것이다. 특히 자신의 실패가 누구로부터 기인했는지에 대한 평가는 이후 행위의 선택에 중요한 준거를 이룬다. 그러므로 소통적 자살에서 성찰성은 자살자들이 자신의 문제 상황을 내면화하여 죽음을 선택하게 되는 주관적 상황을 형성하는 것이다.

이와 같은 '성찰성'은 자신이 죽음을 오랜 기간 동안 준비해 왔음을 밝히면서 드러나기도 하며, 죽음의 시간과 장소를 의미 있는 시간과 장소로 선택함으로 드러나기도 한다. 이러한 선택은 자신의 죽음이 다른 사람에게 끼치는 피해를 최소화시키려는 방식으로 표현되기도 하며, 때로는 자신의 죽음을 통한 메시지를 다른 사람에게 깊이 각인시키려는 방식으로 표현되기도 한다. 또한 자신이 죽음을 선택하기까지의 고민의 과정을 유서에 밝히는 경우도 있었다.

> 죽고싶다는 생각은 100번도 넘게 해봤습니다 / 죽으면 끝날까 / 죽으면 편해질까… / 이대로 죽기엔 15년밖에 못 산 내 인생이 너무 아깝지만 / 계속 이렇게 사는 것보단 나을 것 같다 / 이대로라면… 남은 8년이 정말 자신이 없다 / … / 만약에 이 죽음에 성공하면 뭐라고 하실거예요 / 반항심에 저지른 충동적 자살? / 아니요. / 아주 오래전부터 계획해 온 일입니다.
>
> _[14세, 여, 중학생, 2005년 1월 6일 추락사]

> 이대로 오래 살아서 자식들한테 큰 짐이나 되어 죽는 날까지 고생할까 생각하니 무섭고 숨이 막힌다 / … / 살기가 너무 고통스러워 오랜 생각 중에 이제 모든 것을 정리하려고 결심을 하고 방도 내놓았다 이런 내 마음을 백번 이해하여

주기 바란다 / 그동안 너희들이 잘 보살펴 준 것을 정말 고맙게 생각한다 / 너이들에게 힘든 일만 부탁하여 미안하다는 말밖에는 할 말이 업구나 / 온 가정에 건강과 행복하길 바란다 / 엄마가 하루속히 열락하여 잔금받고 살림살이 치워 주기바란다 / 계약금이백은 통장에, 잔금 천 사백이다

_[60세, 여, 무직, 2004년 10월 23일 의사]

아무튼 이제 다 되었다 생각해요 미련이 더 남기 전에 떠나야 할 것 같아요. 마지막 장소가 정했고 내가 사라져 없어질 장소도 정했고, 마지막 글도 준비가 되었고, 마음의 준비도 어느 정도 되었으니 이제 떠나기만 하면 될 것 같아요 / … / 아빠 대충이나마 마음의 정리를 했어요 시금에서야 비로써 나 역시 떠날 수 있을 것 같아요, 나는 아직 이 세상에 남겨놓은 게 없으니 다시 홀가분하게 떠날 수 있을 것 같아요 / … / 내 부탁이지 마지막 소원은 단 한 가지이니 반드시 들어주세요. / 무엇이냐 하면 나는 죽으면 발견 즉시 화상해 주세요 / 나를 위해서 3일장 하지 마세요 나는 아버지가 나에게 3일장 해주는 것 원치 않아요 3일장 받고 싶지도 않고 3일장 하게 되면 그만큼 죽어서까지 이곳에 남아 있는 시간이 많아지잖아요 / … / 난 죽어서까지 이 세상에 단 하루도 있고 싶지 않아요

_[27세, 남, 회사원, 2003년 3월 23일 의사]

이처럼 오랜 기간 동안 죽음을 준비한 자살자들의 경우, 자살이 바로 자신의 선택임을 강조하는 경우도 종종 보인다. 그리고 이러한 유서에서는 죽음과 삶 사이에서 갈등하며 고민하는 모습이 드러나기도 한다.

술 담배 커피도 마실 줄 모리고 하루 장기 윷 바독 노래도 할 줄 모리는 친구도 업는 나로서는 이 길박기 택할 수가 업섯소 / 나으 운명이오 / … / 나으 죽음은 나으 선택 이온이 어느 누구도 관여하지 마세요 / 나으 자손들애개 막겨 주새고 나으 유언대로만 하면 댐이다 / 조용한 노인당에서 죽을야고 하엿슨나 / 노인당에서 죽고나면 존경하는 동직원이나 불상한 노인당 갈이 인이 다치가바 / 자식 집이 가서 죽사온이 어느 누구도 문책하지 마세요 / 이것은 나으 운명 나으 선택임이다

_[73세, 남, 무직, 1998년 11월 26일 의사]

아직 칼도 사질 못했다 / 뭔가 내가 병신인건 알지만 바뀔 수 없단 말인가 / … / 아직 죽기는 섭섭한가보다 / 이런 내가 밉다 정말 밉다 / 아 ! 슬프다 이 병신 같은 정신땜에 슬프다 무지 / 난 왜이리 못난걸까 / … / 뭐하기로 해서 끝을 본적이 없다 / 첨엔 잘 나가다가 끝엔 병신 아주 병신이 된다 / 추한 모습 제일 추한 모습을 보인다 / … / 뭘 어떻게 해야 할지 몰라 안절부절이다 / 왜이리 항상 불안하기만 한지… / 참 바보다 바보 / … / 그냥 죽으면 될 줄 알았는데 / 정말 죽으면 될 것 같은데 / 지금 내가 죽지 못한 이유가 뭘까? / 막상 살려하니까 다리에 힘이 없고 온몸이 나른하기만 하다 / … / 죽으면 모든게 잊혀질까? / 그럴까? / 그렇다해도 가슴한구석엔 이만한 것이 남아 있을텐데.. / 어머니 착한 내 동생 / … / 살아도 사는게 아니다 / 미치겠다 / 모든걸 내가 짊어져야 한다는 걸 알면서도 / 다시 뛰어들 용기가 나질 않아 / … / 산다? 그럼 당장 직장은 어떻게? 또 가서 잘 할 아니 적응할 자신이 있나? / 하~ 이러지도 저러지도 못하고– / 머리만 멍하고 가슴이 아프다 벌렁벌렁 뛴다

/ 꼭 도둑질하다 숨은 것처럼… / … / 어떻게 사냐구 / 돌아가서 아무일 없는 듯 살고 싶어도 이걸 어떡해~ / … / 아직도 난 칼을 사지 않았다 / 오늘 사자 일단 사야겠다 / 복권과 함께 / … / 정말 되는 일이 없는 놈이다 / 팔자도 사나운데 되는일까정 없으니… 정말 뒈지는 수밖에 / … / 하- 뭐가 그리 섭섭한게냐 뭐가 그리 아쉬워 못죽는게냐 거참- / 궁지에 몰릴 때까지 볼려 최고로 비참한 꼴을 보고 싶은거야 지금 - ? / 하- 하- 하- / 두렵다 살아도 죽기도 넌 비겁하고 병신같지만 사실이다 / 하- / 뭐 하나 실천하는게 나에게 이렇게 어려운 일인줄 몰랐다 / … / 조금 사는 쪽으로 마음을 기울였더니 되는 일 없이 힘만 드는구나 / … / 아- 이래도 고달퍼 저래도 고달퍼 / 숨쉬고 사는 게 정말 힘든 일이구나 / … / 죽을 곳을 찾지 못해서도 상당히 고달프구나 / 하-

_[27세, 남, 무직, 2001년 9월 12일 의사]

그리고 많은 자살자들은 자기 삶의 실패에 대해서 나름의 원인이 있다고 해석하고 있었는데, 그것은 무능력이나 정신질환과 같은 자기 내부에 원인이 있기도 하지만, 가정환경과 같은 상황적 요인이 작용했다고 평가하기도 한다. 이 같은 실패의 '책임부여'는 성찰성의 중요한 차원을 이루고 있다 할 수 있는데, 실패의 책임에 대한 성찰은 자신의 삶에 대한 스스로의 평가에 주로 근거하고 있으며, 이후 행위의 선택에 중요한 준거를 이루고 있다. 실패에 대한 성찰의 결과 실패가 자신에게 책임이 있다고 평가하는 '자기 귀책적 평가'에 따르면 이후의 행위에서는 자신이 처한 문제를 회피하거나, 자신이 처한 상황에 대해 이해를 부탁을 하고자 하는 의도가 나타난다. 또는 죽음을 통해 자신이 처한 문제를 해결하고자 하거나, 죽음으로써 자신의 문제가 다른 사람의 부담이 되지 않도록 배려하려는 의도가 나타나기도 한다. 자신의 실패가 자신에게 책임이 있다고 생각하고 있는 사례들을 살펴보면, 자신이 겪는 문제 상황의 원인이 자신에게 있기 때문에 자신이 그 상황에 대한 책임을 져야 한다고 생각한다. 이러한 태도는 주로 경제적인 실패를 겪고 있었던 자살자들에게 나타나는데, 이들이 주로 가지는 정서는 다른 사람에 대한 죄책감이다.

> 아~ 이젠 경기가 상향이야 하고 자신감 있게 밀고 벌린 사업 1년도 안되다 허물어지고 남은 것은 빚과 문제들뿐 / 염창동 너무나 큰일이다 나만 믿고 이름주고 돈주고 또 세입자들 / 계약은 했으나 잔금은 쳤으나 등기 못 주고 못 받는 것 융자연장, 승계, 하자투성이 / 이걸 어찌하나, 잠 못 이루고 모두 죽이게 하고, 나 먼저 가련다 / … / 죽일 놈 / 죽은 놈 / 용서가 안 되지 / 욕심버리고 작고 알차게 살기위해 다시 태어날게 / 모두 해결하고 가야하는데 한 발짝도 움직일 수가 없어 / 움직이면 점점더 많은 사람이 다치기만 하고 골만 자꾸 깊어지고 단 한 곳도 발붙일 곳이 없어 끝 / … / 나로 인해 모두가 고통만이 남는 자끼리 서로를 괴롭혀봐야 모두가 결론은 꽝 / … / 내가 만든 작품이니까 / … / 악마 같은 놈 교만 아무것도 없는 것이 한번 해보고 싶은 마음에 펼친 사업이 / 이것인 내 작품(내 주변 모두가 피해자) 모든 것이 하자투성이
>
> _[43세. 남. 사업. 2003년 2월 23일 추락사]

> 하지만 정말이지 왜 이렇게 태어났는지 정말 많은 고민을 했습니다 / 어느 누구의 탓도 아니란 걸 압니다 그렇게 똑바로 살아 라고 말해준 사람이

제 주위에 많았지만 / 제가 듣지 않는 것뿐이니까요 / 왜 이렇게 살아왔는지 많은 고민을 했지만… / 정말 모르겠습니다 / 왜 그래야만 했는지.. 정말 바보 같은 짓인걸 알지만 / 이렇게라도 하지 않으면 안 될 것 같습니다 / 무능력하고 사회에 필요 없는 존재이자 짐이 될 뿐이라면 / 사는 것보다 죽는게 낫다고 생각이 들었습니다 / 그래서 이렇게 마지막을 선택합니다 / … / 정말이지 무능력한 존재일 뿐입니다 / 살아야 할 가치가 없는 존재인가봅니다 / 신은 인간에게 살아야할 이유와 꼭 필요한 존재만을 세상에 보낸다고 하셨는데 신께서 실수로 절 잘못 보냈나봅니다 / … / 하지만… 더 이상의 짐이 되지 않겠습니다 / … / 하지만 전 정말 태어나지 말았어야할 인간인가 봅니다 태어나서 이날 이때까지 줄곧 인간답게 살지 못했으니까요.. / 정말 다음에는 인간답게 태어나서 살고 싶습니다.

_[23세. 남. 무직. 2003년 9월 29일 의사]

한편 실패에 대한 성찰의 결과 실패가 타인에게 책임이 있다고 평가하는 '타인 전가적 평가'에 따르면 이후의 행위에서는 다른 사람에 대한 원망이나 비난, 다른 사람에 대한 저주 등을 통해 책임을 전가하려고 하는 의도가 나타나며, 때로는 타인의 잘못에 대한 고발이나, 자신이 당한 억울함을 탄원하는 의도가 나타나기도 한다.

사랑하는 ○○ 보아라 / 부는 1934. ○○. ○○ 충남 ○○군 ○○면 ○○리 ○면 ○○○번지에서 출생하여 / … / 9세 때인 1948 인천으로 아버님을 따라 상*하려 모어선 화장으로 승선 / … / 너의 형인 ○○ 모와 결혼 1973년

1월 협의이혼 / 1973년 ○월 ○○일 너의 생모와 ○○와 결혼해서 27년간의 긴 세월 가정만을 위해서 충실하게 생활을 했건만 오직 가족만을 위하여 최선을 다했건만 이제는 그것* 허사라는 것이 백일하에 들어낫다 / … / 너의(모)어머님께서는 병원에 입원을 하면 일하기 실어서 꾀병을 이유로 입원한다는 말을 서슴없이 하는구나 / 아무리 할 말이 없기로 몸이 아파 입원을 하는 사람한테 그런 말을 하는지 의구심이 들지 않을까 무섭다

_[60세. 남. 무직. 1999년 3월 16일 의사]

저같은 놈은 세상에는 없을 것입니다 더 이상 살아서 무엇하겠습니다 / 인간쓰레기같은 이 사람은 사죄할 길 없고 용서를 빌면 무엇하겠습니까? / … / 못난 손자 ○○ 아빠한테 갈랍니다 / 그동안 살면서 아버지 많이 보고 싶었습니다 / 초등학교 때 친구들이 아버지 손잡고 가는거보면 부러워서 눈물이 나올 지경이였고 / 아버지 없는 말못할 서러움도 많이 겪었습니다 / 먹고싶은 것이 있어도 참아야했고 아버지없는 호로자식이란 말도 많이들었습니다 / 저를 알고 있는 모든 분들께 죄송하고 죽어마땅한 놈 죽는다고 단순하게 생각마십시오 / 초등학교시절 길가다가 핫도그하나 가자뿌스게기 하나 떨어져있으면 후후 털어내고 먹어 본 기억이 생생합니다 / 도둑질도 많이 했습니다 중학교 울라가서도 제 인생은 먹고 놀고 싸우고 도둑질하는게 전부였습니다 그런 사고방식이 어디 가겠습니까 / 성격도 부모도 모르고 자기밖에 모르는 아주 이기주의고 이중성격입니다 / 군대까지 제대한 놈이 부모도 모르는 그런 행동을 하는데 더 살아 무었하겠습니까? / 그동안 죄송했습니다 / 저 너무 ○○ 너무 미워하지 마세요 / 아니 미워해도 괜찮아요

/ 이젠 좋은 세상으로 가니까? / … / 엄마 미안해요 / ○○ 좋은 세상으로 갈께요 / 하루하루가 힘들어 너무 사는 거 자체가

_[25세. 남. 무직. 2000년 1월 2일 의사]

아마 내 얼굴을 볼 때마다 원망하는 것을 잘 알고 있어요 / 그러나 나 역시 잘해서 살려고 한 일이 여기까지 오고 말았소 / 정말 당신한테 미안하오 죽는다고 해서 해결되는 것은 않의지만 하는 일마다 어쩌면 이렇게 안 될 수가 있단 말이요 / 온금은 값았는데도 어려움 잘 알면서도 매일 **마다 *기고 살고 있으니 말이요 / 그런데다 다리까지 다쳐서 평생 불구로 살수도 있는 것 같소. / 그래서 빚일을 하며 * ** 죽음을 택하게 된 것이요 / … / 형편이 높여 **도 하고 아들 해야 할 일이 태산 같은데 나만 편이 가자는 것은 결과만이요. / … / 나을 이렇게 만든 놈을 그냥 두고 가는 것이 한스러울 뿐이요

_[53세. 남 .부식. 2000년 7월 25일 의사]

메시지

소통적 자살의 두 번째 구성 요소는 성찰의 과정을 거친 메시지가 존재한다는 것이며, 성찰의 과정을 거쳐 자기 나름대로 내린 결과를 누군가에게 전달하려는 의도가 있다는 것이다. 이처럼 유서를 통해 표명된 내용은 그 자체로 다른 사람들이 읽어 주기를 바라는 메시지들을 이루고 있으며, 따라서 앞서 소개한 성찰의 내용 등은 자살자들이 선택한 메시지의 일부라 할 수 있을 것이다. 이 메시지는 자신의 행위의 이유를 설명하기도 하며, 자기 행위의 의도를 밝히기도

한다. 그리고 때로는 자신이 이루지 못한 욕구와 다른 사람에 대한 애정 또는 증오의 감정이 드러난다. 그러나 성찰의 과정을 거친 메시지를 단지 자신의 죽음이 스스로의 선택이라는 것만을 알리는 것으로 국한시키기도 한다.

이 같은 메시지는 언어적으로 표현되기도 하지만, 때로는 죽음의 행위 자체가 의도의 표현이기도 하는데, 죽음의 시간과 공간을 의미 있는 시간과 공간으로 택하여 자신이 전하고자 하는 메시지를 표현하기도 하는 것이다. 그러므로 메시지의 선택은 자신이 상황에 대한 해석과 자기 자신에 대한 평가 속에서 자살자들이 자신의 죽음을 통해 이루고자하는 욕구의 표현이다.

이때 선택된 메시지는 자신이 처해 있는 문제 상황에 대한 상대적으로 적극적인 해결의지를 보이는 문제 지향적 형태로 드러나는 경우와, 문제에 대한 해결보다는 자신이 처해 있는 문제 상황을 단순히 설명하거나 정서적인 이해를 구하는 정서적 형태로 드러나기도 한다.

문제 지향적 메시지는 자신의 죽음을 통해 이루고자 하는 것을 구체적으로 드러내고, 그 문제들에 대해 다른 사람들이 해결해 주기를 기대하는 내용이 주로 나타난다.

> 유○○ : 019 . 3○○ . ○○○8 400만원 / 안○○ : 016. 7○○. ○○○7 490만원 / 진○○ : 016. 7○○. ○○○7 240만원 / 김○○ : 011. 9○○○. ○○○2 200만원 / ○○이가 연락이 않대면 엄○○에게 전화하여라 / 최○○ : 011. 4○○-○○○8 150만원 / 엄○○, 나, 양○○ 총 2600만원 / 엄○○ : 1,000만원 / 나 : 1,000만원 / 양○○ : 600만원 / 12월까지 인수중지 하였다 계산하여서 수금하여라 배당금은 300만원 / 내가 가지고 간 돈은 200만원이다

/ 계산하여서 달라고 하여라 / … / 은행*에서 **** *** 내지 말고 내가 없다면 집을 이사 가거라 사망신고를 빨리 하라는 말이다 ○○ 엄마에게 크나큰 짐을 남기고 가는구나 미안하다 / 앞면에 돈은 혼자서 않될 수도 있을태니 매형하고 상이하여라 / ○○아 엄마는 불쌍한 사람이다 첫 엄마말 잘들어라 ○○이도 공부잘하고 열심 살아라 이아빠는 멀리서 너희 자매를 볼수있다 / ○○이 엄마 미안하지만 재혼하여서 살기을 바란다 너 혼자 살기가 힘들거라는것은 내가 더 잘안다 / 전화번호 변경하여라

_ [46세. 남. 개인택시기사. 2002년 12월 17일 의사]

끝까지 읽어 주십시오 / 저는 한 가정의 평범한 주부입니다 / … / 은행으로 기업어음이 있는데 그 어음을 막아주면 높은 이자가 있으니까 해 보라며 권유를 하는 거예요 / 높은 이자 준다니까 솔깃해서 했답니다 / … / 아이들과 동반자살이라도 하고 싶은 생각에 하루하루를 보낸답니다 / … / 이 편지가 서장님 손에 있으시면 저의 이 사연을 해결해 주었으면 합니다 / 너무 억울하답니다 저는 오○○ / 수사를 해요 보낸은행 계좌는 (한일 아00○○○○○○○2009번) / 고○○ 주민번호 (62○○○○-2○○○○○○○) / 전화 3○○-3○○○ / … / 이 돈을 찾거나 받으면 제가 빌린 분들게 다 갚아 주라고 저의 남편을 주십시오 / 저를 보고 돈 준분들게 너무 죄송합니다 / 그래야 억울하게 죽은 제가 눈을 감을 것 같아서요 / 서장님 감사합니다

_ [33세. 여. 가정주부. 1999년 1월 21일 의사]

한편 정서적인 메시지는 자신이 처해 있는 문제 상황을 설명하거나

정서적인 이해를 구하는 형태의 메시지로서, 죽음이나 자살에 대한 생각, 삶에 대한 미련, 자살결심과정에 대한 설명, 자기 자신에 대한 자책, 다른 사람에 대한 미안함이나 염려, 다른 사람에 대한 원망이나 저주 등의 내용이 이에 해당한다고 볼 수 있을 것이다.

> 어머니께 올립니다 / 항상 근심 걱정과 고통을 안겨드리는군요 / 효도라는 글자체를 잊고 살아온 것이 죄스럽습니다 / 용서하시라는 말도 드리지 못함을 이해하시고 그냥 묻어주세요 못난 자는 * 먼 길을 떠납니다 / 부디 건강하십시오 / 나로 인하여 마음 아파하시거나 염려하지 마시고 어머님 건강만 챙기세요
>
> _[42세. 남. 무직. 2003년 3월 25일 의사]

> ○○ 엄마 정말로 미안하다 / 참답게 살고 싶었는데 / 결혼 전부터 지금가지 난 당신 참말로 사랑하고 아끼고 싶었오 / 하지만 돈 때문에 항상 당신을 고달프게 하였죠 / 죽어서도 꼭 당신께 평안과 행복을 기원하겠소 / 할말이 많지만 당신이 모든 것을 다 잘 헤아리라 믿소 / 돈 때문에 한이 맺혔소
>
> _[47세. 남. 무직. 1998년 2월 22일 의사]

> 같지 않은 이중 인격자 *도 날 너무 실망 시키며 *새나 말든지 생각이 아빠와 똑같다. 나를 처량하게 만들고 있다 *지 너무 힘들다는 말밖에 / *다 않아. 슬퍼서 미쳐버릴 것만 같다 / / … / / 나쁜놈 나쁜 놈 / 이중인격자 개새끼 / 이중인격 소유자 / 나쁘고 개새끼야 / 나쁜 놈 나쁜 놈 / 나쁜 새끼 / 배신자 / 이중 인격자 / / … / / 사회에서는 100점이라고 인정 헷지? / 가정에서는 빵점이야!! / 너가

인정했듯이 맨날 죽이고 싶어 했을 거야 / 이미 오래 전부터. 미안하다 미리 못 죽어줘서 / … / 최○○ 네가 아빠라면 애들에게 ** **** / 이러면 안되지 ** 내가 ** **** / 다 무시하더라도 ** * / … / 인정할께 너 *** 잘 먹고 잘살라고 개새끼야

_[38세, 여, 무직, 2005년 12월 1일 의사]

타자 지향성

소통적 자살의 세 번째이자 가장 중요한 요소는 자살이 개인적인 행위가 아니라 다른 사람을 지향한 사회적인 행위라는 점이다. 이는 모든 유서에는 수신인이 있다는 점에서 확인할 수 있으며, 이 유서의 수신인은 성찰의 과정을 거친 메시지를 전달하고자 하는 대상이 된다. 이같이 자살이라는 행위가 다른 사람을 염두에 둔 행위라는 점은 자살자가 자신이 죽음을 통해 다른 사람에게 어떤 식으로든 영향력을 행사하려는 의도를 나타낸다.

그런데 소통적 자살이 다른 사람을 염두에 둔 행위라 하더라도 다른 사람의 반응에 대해 어떠한 기대를 가지고 있는지에 따라 소통 방식은 달라질 수 있다. 즉, 자신의 메시지에 대한 다른 사람의 반응을 적극적으로 구하는지, 혹은 일방적으로 자신의 메시지를 전달하는 것에 만족하는지에 따라 상호적 소통 방식과 일방적 소통 방식으로 구분할 수 있는 것이다.

상호적 소통 방식을 지향하는 메시지는 자신이 죽음을 통해 전달하고자 하는 메시지에 대한 상대방의 정서적 반응을 구하거나 실제적인 문제해결의 도움을 요청하는 기대가 포함되어 있다.

기다림이 이렇게 무섭고 고통스럽고 **것인줄 몰랐습니다 / 한마디 말이라도

듣고 싶습니다 죽기전에 한마디라도 들었으면 한이 없었어요 / … / 죽음으로 사랑을 대신합니다 / 모든 걸 알고나니 이제는 편히 죽을 수 있다 / ○○에 대한 배신감에 앞서 나의 잘못된 삶이 허무하게 느껴진다

_[35세. 남. 상업. 1997년 5월 19일 교사]

그동안 10년 동안 돈벌이 ○○이 한태 쏙아빨리고 큰애장가도 내가 도아주었고 집도 전세 전전 하면서 *** **** 지금사는 집도 내가 사준거나 마찬 가지오 / 그래서 저집에 가서 죽으려고 ** 그리 아시오

〈사랑하는 당싱에게 / 정말 속겨 죄송합니다 / 당신을 속이고 김○○을 만나 **을 통하* 정말 죄송합니다 앞으로 다시는 안만날 *을 진심으로 당신앞에 *말로 빕니다 / 1994년부터 ** 19*** 2월 5일까지 신○○을 ** **** 마니 ** 한것을 진심으로 빕니다 / *으로 안만날태니 용서를 비요 / 조○○ / / 사랑하는 나의 ○○시 / 이푸로는 누구든지 만나지 안고 오직 당신만늘 / 사랑하면 구준낮이나 조는날이나 사랑하는 마음으로 따를것을 다짐함 ○○이가 / / 턱기 앞으로는 ○○을 안만날 것을 맹세함 / 다시도 ○○을 만나지 안케다고 맹서합니다 / 또 다시 만나거든 죽기도 좋아 맹새 (유서에 첨부된 내연녀의 편지)〉

_[48세. 남. 미장공. 1995년 12월 27일 출혈사]

반면 자신이 다른 사람에게 하고 싶은 말을 일방적으로 전달하는 것이 우선적인 목적인 일방적 소통 방식의 메시지는 자신의 상황이나 심정을 알리고자 하는 내용과 자신이 죽음을 통해 문제를 해결하고자 한다는 의지를 알리는 내용 등이 포함되기도 한다.

You can't understand the depth of my pain on many different levels, you therefore can't begin to comprehend the "why" upon death. / … / If somebody is reading this, that means I have finally achieved. / … / Something I have been hoping to get in life but could only find in death / … / People I asked for help from knew what problem I had .. it was a specific neurosis problem... / … / And it was very severe.. but I've discovered that people that ask for help, never get it / It is only if or when somebody who might care recognizes a person has a problem first and then tries to help I've been talking about and describing how to die for several months, I was ignored by everybody I talked to. Nobody cared. As one person told me "People don't care about your health. they only want you to be a good teacher." Nobody else wants to be around me? / Then why should I tolerate belong around me anymore?

_[34살. 남. 캐나다인 영어강사. 2004년 3월 13일 외사]

내 말 못하는 속마음을 누가 알까 내 죽기전에 유서처럼 이렇게 쓴다 / … / 형아와 내가 나이들어 이런 부부가 되리라곤 상상조차 못했는데 계속되는 바람기에 세월에 더해지면서 사람도 너무 망가져 가는것같다 / 내 주위사람들은 내남편을 어떻게 생각할까? / 남들이 보는 것처럼 그렇게 진실하게 살아준다면 얼마나 좋을까 / … / 병원 입원 했을 때 옆 침대 제주도 아줌마가 그랬지 "우리 부부처럼 하루라도 그렇게 살다 죽었으면 원이 없겠다고" 아줌마 난 아줌마가 부럽네요 / 남들한테 그렇게 보이면 뭣해요 한껍질만 벗겨보면 사실이 아닌데, 내 남편이 그렇게 착해 보여요? / 언제가 될지 모르지만 너가 이글을 본다면 가슴 아픈 어느날 내가 하고픈 말 그냥 적었으니 오해없이 읽어주길 바래 / … / 우리 친정식구들 친정언니 내 주위 모든 친구들은 모두가 이 사람을 천사라 믿고 있어요 이렇게 믿는 사람들에게 그 사람은 악마라고 얘기해봤자 내가 택해 결혼한 사람인데 내 얼굴에 침뱉는거라 내 자존심이 허락하지 않아 속은 새까맣게 타고 없지만 말을 못하겠어요 / 마지막 나의 넋두리를 들어줘서 고마워요 형님 2004년 어느날

_[48세, 녀, 주부, 2004년 8월 29일 의사]

맺음말

자살은 사회구조적이며 환경적인 요인을 비롯하여, 상황에 대한 성찰의 과정, 행위에 대한 의미부여 등 다양한 요인들이 작용하여 발생하는 복합적인 현상이다. 이 글에서는 사회 구조와 여러 가지 상황으로부터 야기된 '실패'가 아노미라는 '좌절'을 경험하게 하고 그 결과 '자살'에 이르게 된다는 뒤르켐적 자살연구의 기본적인 관점을 받아들이면서, 각 개인이 실패와 좌절을 인식하는 성찰의 과정과 자살을 통해 자신이 성찰한 내용을 전달하고 다른 사람에게 어떠한 식으로든 영향력을 행사하고자 하는 자살의 '소통 지향성'을 살펴보았다.

뒤르켐 등이 발견한 바와 같이 우리나라의 자살은 경제적 상황의 변동과 같은 구조적인 요인에 의하여 크게 영향을 받고 있었으며, 이것은 경제적 문제 상황, 신체적 문제 상황, 심리적 문제 상황, 관계적 문제 상황 등의 여러 문제 상황을 발생시켜 자살을 증가시키는 조건이 되고 있었다. 그러나 문제 상황이

사람들에게 자살을 고려하게 하는 주요한 계기가 되는 것은 사실이나 그 자체가 직접적으로 자살 행위를 일으키는 것이 아니다. 많은 경우 문제 상황에서 자살에 이르는 과정에는 '성찰'과 '의미부여'라는 중요한 사회학적 변수들이 매개하여 작용하고 있는 것이다. 이 글에서는 이러한 과정을 거치는 자살 행위를 '소통적 자살'이라는 개념으로 포착하여, 객관적인 문제 상황이 성찰과 해석을 통해 개인에게 실패로 인식되는 과정을 드러내고자 하였고, 실패를 내면화한 이후 그것이 자살이라는 행위를 '의미 있는 행위'로 선택하는 여러 가지 의도를 발견하고자 하였다.

'소통적 자살'은 자신의 삶과 죽음을 객관화시켜 자신의 문제 상황과 삶에 대한 평가의 과정인 '성찰성', 이러한 성찰의 과정을 거쳐 도출된 '메시지', 그리고 메시지를 전달하고자 하는 의도인 '타자 지향성'을 구성 요소로 하는 자살을 지칭하는 것이다. 전체 자살 중 어느 정도의 비율이 '소통적 자살'에 속하는지에 대한 실증적인 검증은 아직 이루어지지 않았으나, 자살자들이 남긴 유서의 내용분석을 통해 자살 행위에 있어서 '성찰성'과 '소통 지향성'이 존재함을 확인할 수 있었으며, 그것의 구체적인 양상을 살펴볼 수 있었다.

많은 자살자들은 스스로의 죽음에 앞서 오랜 기간 준비해 왔으며, 죽음의 시간과 공간을 의미 있게 선택함으로써 죽음을 통한 메시지를 극대화시키고자하기도 하였다. 또한 죽음과 자살에 대한 고민의 과정을 거친다. 그리고 무엇보다도 자신의 문제 상황에 대한 해석과 자신의 삶에 대한 평가를 통해 객관적 문제 상황을 주관적으로 내면화하고 있는 것이다. 이러한 모든 과정은 '성찰성'의 측면이다. 이러한 '성찰성'의 모습은 여러 가지 대안 중에서 죽음을 선택하게 되는 죽음의 결심과정에 대한 진술을 통해 드러나고 있으며, 또한 자신의 자살의 의미를 극대화시킬 수 있는 죽음의 시간과 공간, 그리고 방법을 능동적으로 선택하는 것을 통해 살펴볼 수 있다.

성찰의 과정을 겪은 자살자는 이 과정을 거쳐 자기 나름대로 내린 결과를 누군가에게 전달하려는 지향을 보인다. 이 메시지는 자신의 행위의 이유를 설명하기도 하며, 자기 행위의 의도를 밝히기도 한다. 그리고 때로는 자신이 이루지 못한 욕구와 다른 사람에 대한 애정 또는 증오의 감정이 드러나기도 하며, 이 같은 메시지는 언어적 형식이 아니라 죽음의 행위 자체를 통해 표현되기도 한다. 그러므로 메시지의 선택은 자신이 상황에 대한 해석과 자기 자신에 대한 평가 속에서 자살자들이 자신의 죽음을 통해 이루고자하는 욕구의 표현이다.

이 메시지에 대한 대상이 있다는 것은 당연한 것이지만, 이는 소통적 자살의 가장 중요한 요소이다. 이것은 자살이 다른 사람을 지향하는 행위이며, 자살자가 자신이 죽음을 통해 다른 사람에게 어떤 식으로든 영향력을 행사하고 다른 사람의 반응을 구하려는 의사소통의 한 형식이라는 것을 강조하고자 함이다.

이처럼 객관적인 문제 상황에서 실제 자살이 발생하는 과정을 '소통적 자살'이라는 개념으로 접근하였을 때, 자살 현상에 대한 의미 있는 유형구분이 가능하다. 즉 자신의 삶과 죽음에 대한 성찰을 수반한 소통의지의 발현에 따라, 죽음을 통해 자신의 욕구를 충족하고자 하는 자살자들의 의도와 지향을 드러낼 수 있는 것이다. 이러한 작업의 결과 뒤르켐과 그를 따르는 연구자들이 상대적으로 간과했던 행위자의 주관적 의미를 발견할 수 있었으며, 이 같은 작업의 의의는 양적인 자료만으로는 쉽게 포착할 수 없었던 자살 행위의 또 다른 중요한 측면을 부각시킬 수 있었다는 데에 있을 것이다.

결국 자살이라는 행위는 개인의 내부에 침잠되어 다른 사람과 단절된 개인적 행위가 아니라 다른 사람을 향한 의미 있는 행위이며 소통을 지향하는 행위라 할 수 있을 것이다. 따라서 자살을 선택한 사람들에게 있어 죽음은 삶의 일부이며, 그렇기 때문에 스스로 삶을 끝내는 선택 역시 성찰적으로 구성되는 삶의 프로젝트의 일환이라 볼 수 있을 것이다. 그러나 자살을 성찰적인 프로젝트의 일환으로 바라보자는 제안이 결코 자살이라는 행위에 대한 예찬을 의미하는 것은 결코 아니다. 자살자들 스스로 생각하고 있는 자신의 문제와 실패는 그들의 왜곡된 인지로 인하여 실재의 현실보다 과장되어 이해되었을 수도 있으며, 그들이 기획한 죽음의 전략이 객관적으로 최선의 선택인 경우가 아닐 수도 있는 것이다. 더구나 그들이 죽음을 통해 이루고자하는 의도 역시 그들의 바람대로 이루어진다는 보장 역시 없는 것이다. 어쩌면 많은 사람들이 통념적으로 생각하고 있듯이 자살을 선택하기보다는 오히려 삶을 선택하는 것이 그들이 바라는 것을 더 확실히 이룰 수 있는 타당한 방법인 경우가 더 많을 수도 있는 것이다.

그럼에도 불구하고 그들이 자살을 선택하는 과정을 살펴보는 것은 지금까지 은폐하기에 급급하여 말해지지 않았던 자살자의 목소리에 귀를 기울이고자 하는 시도라 할 수 있을 것이다. 따라서 이 글은 자살자 자신의 입장에서 그들이 겪은 실패의 경험과 그들이 느낀 좌절의 양상을 되짚어 보고자 한다. 스스로 목숨을 끊은 사람들은 우리 사회에서 누구보다도 삶의 아픔을 뼈저리게 느낀 사람들이며, 다른 사람들은 물론이고 자기 스스로에게조차 소외되었던 사람들이기에, 그들의 목소리를 복원하는 것은 우리 사회에서 가장 소외된 사람들의 아픔을 이해하는 하나의 방식이라 할 수 있는 것이다.

또한 이것은 이론적으로 구조에 대한 행위자의 지위를 설정하는 작업의 일환이 될 수 있다. 자살자들은 구조와 상황에 의해 많은 영향을 받는 것이 사실이지만, 단지 일방적으로 영향을 받아 구조에 의해 내몰려 행동하는 수동적인 존재가 아니다. 이 글에서 나타난 바와 같이 많은 자살자들은 자신의 상황을 성찰하고 주어진 조건을 해석하며, 그 속에서 의지를 가지고 자신의 행위를 능동적으로 선택하는 모습을 나타내고 있다.

그리고 이 글은 실천적으로도 중요한 함의를 가진다고 할 수 있을 것인데, 많은 사람들이 생각하는 바와 같이 자살이 매우 심각한 사회적 문제라면 그들이 자살을 선택하는 맥락을 이해하는 것은 그 문제에 대처하기 위한 유용한 시각을 제공해 줄 수 있을 것이다. 즉, 단지 자살이 사회적인 문제이며 도덕적인 결함이기 때문에 금지되어야 한다는 선언적인 입장표명보다는, 자살자들이 죽음을 선택하는 실패의 내용과 그것에 대한 해석들을 되짚어 봄으로써 그들이 자살을 선택하게 되는 맥락에 개입하여 보다 효과적으로 자살에 대한 대처방안을 마련할 수 있는 중요한 준거가 될 수도 있는 것이다.

그러나 이 글이 '소통적 자살'이라는 개념을 통해 '성찰성', '메시지', '타자 지향성'의 차원이 드러나는 양상을 밝히고, 이를 통해 지금까지 상대적으로 간과되어 왔던 자살 행위의 중요한 측면을 경험적으로 드러냈다는 의의에도 불구하고, 실제 한국 사회에서 일어나고 있는 자살의 어느 정도가 '소통적 자살'이라는 개념으로 포착할 수 있을지에 대한 논의는 완결되지 않은 상황이다. 이것은 자살연구의 자료가 되는 유서가 일률적인 틀로 양화하기 힘들다는 방법론적 특성과, 자료가 연구자가 접근 가능한 범위에 한정된 일종의 편의 표집적 성격을 가지는 자료의 특성에서 기인한다. 따라서 향후 유서분석 등을 위한 방법론이 좀 더 고민되고, 보다 광범위한 범위에서 확률적 표집이 가능한 연구 환경이 마련된다면, 보다 풍부하고 의미 있는 자살에 대한 연구들이 가능할 것으로 기대되며, 이를 통해 한국 사회의 자살 현상을 보다 실제적으로 이해할 수 있을 것이다.

자살을 바라보는 법의 시선

자살을 바라보는 법의 시선은 바로 우리 자신의 시선이다. 이 시선은 과연 아무 문제가 없는가? 다른 나라의 법들은 자살을 어떻게 바라보고 있는가? 이들을 서로 비교할 때 우리의 시선에 교정이 필요한 점은 없는가? 도대체 자살자의 죽음에서 근본적으로 문제되고 있는 것은 무엇인가? 이 글은 이러한 문제들을 중심으로 형법과 「자살예방법」의 자살에 대한 시선을 살펴보고 있다. 이를 통해 자살을 바라보는 법의 시선이 이제는 따뜻한 배려와 연대의 시선으로 적극적으로 바뀔 필요가 있음을 밝힌다.

서윤호

모든 죽음은 남아 있는 사람들에게 어떠한 형태로든 영향을 미치게 마련이다. 특히 자살이라는 죽음은 다른 죽음보다 남아 있는 자들에게 더 큰 영향을 미친다. 자살이 사회적으로 커다란 문제가 되면서 법의 영역에서도 자살의 문제가 심각하게 논의의 대상이 되고 있다.[1] 「자살예방법」이 제정된 것도 이와 같은 맥락에서 이해할 수 있을 것이다. 여기에서는 자살을 바라보는 법의 시선을 살펴보고자 한다. 현재 우리나라에 존재하고 있는 법은 자살을 어떻게 바라보고 있는가? 이 시선은 과연 바람직한가? 다른 나라에서 존재하고 있는 법들은 자살을 어떻게 바라보고 있는가? 이들을 서로 비교할 때 우리의 시선에 교정이 필요한 지점은 어디인가? 도대체 자살자의 죽음에서는 무엇이 근본적으로 문제되고 있는가? 최근에 제정된 「자살예방법」은 이러한 자살자의 죽음에 존재해야 할 법의 합리성과 규범성을 제대로 확보하고 있는가?

자살에 대한 형법의 시선

법의 시선은 공동체의 시선이다. 자살을 바라보는 법의 시선은 사회의 시선이며, 일반인의 시선이며, 우리의 시선이다. 먼저 우리의 시선이 어떠한지 들여다봐야 할 것이다. 자살을 바라보는 법의 시선 중에서 가장 먼저 살펴봐야 할 부분은 형법의 시선이다. 형법은 범죄와 형벌의 관계를 규율하고 있는 법이다. 형법은 형벌이라는 강력한 제재수단을 기초로 하고 있기 때문에, 형법적 규제의 대상은 엄격하게 규정되지 않으면 안 된다. 법률 없으면 범죄도 형벌도 없다nullum crimen nulla poena sine lege. 이것이 바로 죄형법정주의의 기본원칙이다. 이러한 형법상의 기본원칙은 자살에 대해서도 타당하다. 우리 형법은 자살자를 처벌하지 않고, 그 대신 자살을 교사하거나 방조한 자살관여자를 처벌하고 있다. 이와 관련된 조항은 다음과 같다.

형법 제252조 2항: 사람을 교사 또는 방조하여 자살하게 한 자는 1년 이상 10년 이하의 징역에 처한다.
형법 제254조: 본죄의 미수범은 처벌한다.
형법 제256조: 본죄를 범하여 유기징역에 처할 때에는 10년 이하의 자격정지를 병과할 수 있다.

우리 형법은 자살을 벌하지 않는다. 대부분의 다른 나라와 마찬가지로 자살 자체는 처벌의 대상이 되지 않는다. 자살 미수자의 경우도 처벌되지 않는다. 근대 이래 대부분의 형법은 자유주의적 입장에 따라 자살을 처벌하지 않는다. 근대 이전에는 자살은 사회에 대한 의무를 침해하는 범죄로서 파악되었다. 고대 로마법에서는 자살을 널리 인정하면서도 노예와 병사의 자살을 처벌하였고, 게르만법에서도 재산몰수를 모면하기 위한 미결수의 자살을 처벌하였다. 중세에 이르러서는 기독교의 영향으로 자살도 하나의 살인죄로 취급되기 시작했으며, 심지어는 자살 미수자를 처벌하거나 자살자에게는 명예로운 매장을 허용하지 않았다. 자살을 형법에서 처벌하지 않게 된 것은 개인의 주체성이 확립되고, 종교의 권위로부터 인간의 해방이 강조된 19세기 이후의 일이다. 영국에서는 1961년에 와서야 비로소 자살법Suicide Act에 의해 자살이 처벌되지 않게 되었다. 이로써 이제 대부분의 국가에서는 자살을 더 이상 처벌하지 않고 있다. 자살을 바라보는 법의 시선이 시대에 따라 어떻게 변했는지는 존재했던 법들의 모습 속에서 잘 알 수 있다. 여기서 우리는 존재했던 법에서 존재하는 법으로 그리고 존재할 법으로의 역사적 발전과정을 충분히 짐작할 수 있을 것이다. 자살에 대한 형법적 규제에 관한 한 그 역사적 발전과정은 처벌로부터 불처벌의 형태로 진행해 왔다. 이러한 법의 역사적 흐름을 다시 되돌릴 수는 없다. 자살은 오늘날 더 이상 형법적 규제의 대상, 즉 처벌의 대상이 아니다. 자살자와 자살시도자를 처벌하는 것은 스스로 죽음을 결단한 자에게는 의미가 없기 때문이다. 자살은 처벌의 대상이 아니라 애도와 배려, 연대의 대상이다.

자살을 벌하지 않는 이유를 법학의 영역에서는 다양하게 파악하고 있다. 자살은 구성요건해당성이 없기 때문이라든가, 구성요건에는 해당하지만 위법성이 없기 때문이라든가, 위법하지만 책임이 없기 때문이라든가 다양한 형태로 자살자에 대한 불처벌의 근거를 해명하고자 한다. 어떠한 논리적 정당화를 통해서든 현재의 형법은 자살자에 대한 처벌 규정을 갖고 있지 않기 때문에, 죄형법정주의라는 형법상의 기본원칙에 따라 형법에 규정되어 있지 않은 자살을 처벌할 수는 없는 일이다. 사람에 따라서는 자살을 자기 자신을 죽이는 행위로 파악함으로써 타인을 죽이는 살인과 같은 구조적 유사성이 있다는 논리를 전개할 수도 있을 것이다. 그러나 살인죄의 규정은 엄연히 타인의 생명을 죽이는 것이기 때문에, 자기 자신을 죽이는 자살은 어떠한 경우에도 살인죄와 같은 논리구조를 가질 수 없다. 아무리 자살이 사회적 심각성을 가진다고 해도 자살을 살인에 비유하는 것은 수사학적 의미 강조 이상의 것이 될 수 없다.

이와 같이 우리의 현행 형법에 따르면 자살은 처벌되지 않으나, 그에 반해 자살관여자는 처벌된다. 우리 형법은 자살의 교사와 방조를 처벌하면서, 촉탁과 승낙에 의한 살인죄와 같은 형으로 벌하고 있다. 다시 말해 자살은 범죄가 아니지만, 자살 교사 또는 방조는 우리 형법상 범죄로 취급되고 있다. 자살관여죄의 범죄 성립요건은 사람을 교사 또는 방조하여 자살하게 하는 것이고, 그에 대한 형벌의 범위는 1년 이상 10년 이하의 징역이다. 이와 같은 자살관여자에 대한 처벌은 합당한가? 자살자의 죽음에 관여하는 행위에 대한 처벌 여부는 입법정책적 문제라고 할 수 있다. 물론 자살이 범죄를 구성하지 않는다고 하여 타인의 자살에 관여하는 행위까지 당연히 불가벌로 해야 하는 것은 아니다. 자살관여자의 처벌여부에 대해서는 나라마다 입법례가 다르다. 일본 · 스위스 · 오스트리아 등 자살은 불가벌이나 자살관여죄를 처벌하는 입법례에 속하고,[2] 독일 · 프랑스 · 벨기에 등은 자살 및 자살관여죄 모두 비범죄화한 입법례에 속한다. 우리나라는 전자의 입법례를 따르고 있다. 안락사와 존엄사 등의 법적 논의와 관련하여 생각한다면 자살 및 자살관여죄 모두 비범죄화하고 있는 입법례가 점차 논리적 설득력을 얻고 있는 추세라고 할 수 있으며, 형법상의 공범이론과 관련해서도 자살 행위의 주체인 자살자를 처벌하지 않으면서 자살관여자만을 처벌하는 것은 논리적 균형이 맞지 않는 문제가 발생하고 이를 둘러싸고 다양한 법이론적 논란을 불러일으키고 있다.

우리나라에서 자살관여자를 처벌하는 논거는 대개 이러하다.[3] 타인의 자살에 관여하는 행위는 타인의 생명을 침해하는 행위로 볼 수 있으므로 자살관여 행위는 자살과는 그 성질을 달리한다. 타인의 생명은 그 주체의 생존의사와 관계없이 보호해야 한다. 사람의 생명은 생존의사의 유무와 상관없이 언제나 보호되어야 한다는 절대적 생명보호의 원칙에 비추어 법익가치를 인정해야 한다. 이와 같이 사람의 생명에 대한 절대적 보호를 이유로 자살관여자를 처벌하는 것은 일응 설득력이 있지만 생명 가치를 일방적으로 절대화한 논리로도 보일 수 있다. 인간의 자유를 가능한 한 보장하고자 하는 형법의 기본원칙을 충분히 고려하여 자살관여자의 처벌의 합당성을 다시 살펴볼 필요가 있다. 법의 역사적 발전은 자살에 대해서는 형법적 규제를 피하는 방향으로 진행해 왔다. 자살이 바람직하지 않은 죽음이라는 판단과 그에 대해 형벌이라는 제재의 방식으로 규제를 하는 것은 분명하게 분리하여 사고할 필요가 있다. 제대로 애도 받지 못하는 죽음으로서 자살에 대해서는 제재 아닌 다른 접근 방식이 필요하다. 이러한 자살에 대한 기본적인 법적 논의는 자살자에 대한 동정과 공감으로부터 자살에 관여한 자에 대해서도 충분히 적용될 수 있다. 법강제 만능주의에 빠져 있는 것이 아니라면, 처벌만이 능사가 아님을 알 수 있을 것이다. 법이 우리의 자유의 확장을 위해 존재한다면, 자살자와 자살관여자에 대해서도 마찬가지의 논리와 법리를 적용해야 할 것이다.

자살관여죄와 개념상 분명하게 구별해야 할 것으로는 촉탁 · 승낙에 의한 살인죄와 위계 · 위력에 의한 살인죄가 있다. 먼저 자살관여죄는 촉탁 · 승낙에 의한 살인죄와 구별된다. 촉탁 · 승낙에 의한 살인죄는 생명을 끊는 점에 관한 한 촉탁 또는 승낙을 통해 이를 실행하는 행위자에게 범행지배가 있으나, 자살관여죄의 경우에는 자살자에게 범행지배가 있는 경우로 양자는 서로 분명하게 다르다. 오늘날 가장 많이 논의되는 촉탁 · 승낙에 의한 살인죄의 형태는 안락사 문제이다. 촉탁 · 승낙에 의한 살인죄와 자살관여죄, 즉 안락사와 자살방조는 다시 말해 생명을 끊는 행위를 누가 지배했는가에 따라 서로 구별된다. 공범이론과 관련하여 이를 표현한다면, 촉탁 · 승낙에 의한 살인죄에서의 행위자는 범행을 지배하는 정범의 형태이고, 자살관여죄의 자살관여자는 범행지배를 하지 않는 협의의 공범의 형태가 되는 점에서 이 둘은 분명한 차이를 보이고 있다. 자살관여죄는 자살자의 자유롭고 책임 있는 의사결정이 그 기초를 이루고 자살관여자의 행위는 자살자를 돕는 공범의 구조를 이루고 있다. 또 이들과 구별해야 할 범죄로 위계 · 위력에 의한 살인죄가 있다. 이는 위계 또는 위력으로써 사람의 촉탁 또는 승낙을 받아 그를 살해하거나 자살을 결의하게 함으로써 성립하는 범죄로, 살인죄와 같이 처벌한다. 이는 의사의 흠결이나 하자 있는 의사표시와 같은 비정상적 의사표시를 전제로 하는 점에서 피해자의 진지하고 자유로운 의사결정에 기초한 촉탁 · 승낙살인죄나 자살관여죄와는 분명하게 구별되고, 본인의 진정한 의사에 반해서 행해지는 살인죄와 유사한 성격을 갖고 있다. 위계 · 위력으로 타인을 자살하게 한 경우는 이론적으로 살인죄의 간접정범에 해당한다. 이 경우에는 살인죄와 마찬가지로 사형, 무기 또는 5년 이상의 징역으로 처벌된다.

법해석론으로 전개되는 자살관여죄의 문제는 무엇인가? 자살관여죄는 사람을 교사 또는 방조하여 자살하게 함으로써 성립한다. 자살의 교사란 자살의사 없는 자에게 자살을 결의하게 하는 것을 말한다. 교사의 수단이나 방법에는 제한이 없다. 명시적이든 묵시적이든 묻지 않는다. 그러나 위계 또는 위력에 의한 경우에는 제253조의 죄가 성립한다. 자살의 방조란 이미 자살을 결의하고 있는 자에게 도움을 주어 자살을 용이하게 하는 것을 말한다. 그 방법은 불문한다. 물질적 방조와 정신적 방조, 유형적 방조와 무형적 방조를 포함한다. 자살은 본인의 자유로운 의사에 의한 것이어야 한다. 따라서 자살의 의미를 이해할 능력이 없는 자를 교사 또는 방조한 때에는 본죄가 성립하지 않고 살인죄의 간접정범이 된다.[4] 사람에 따라서는 자살방조는 불가벌로 하더라도 자살교사는 여전히 처벌해야 한다고 주장하기도 한다. 그러나 교사와 방조는 공범이론의 논리적 구조상 함께 묶어 취급하는 것이 합리적이다. 자살관여죄가 현실적으로 어떻게 적용되고 있는지 대법원의 판례를 살펴보자. 대법원은 판매대금 편취의 목적으로 인터넷 자살 사이트에 자살용 유독물 판매광고의 글을 게시한 것만으로는 본죄에 해당하지 않는다고 판시하고 있다.[5] 그에 반해 자살하려는 정을 알고 그 유서를 대필해 주는 것도 적극적 · 정신적 방법으로 자살하려는 사람에게 유서 내용에 의하여 자살의 동원과 명분을 주어 자살을 용이하게 실행하도록 한 것이므로 자살방조죄에 해당한다고 한다.[6] 이들 대법원의 판례는 자살방조의 명확한 적용기준을 제시하고 있지 않다. 사안의 사회적 의미에 따라 적용기준이 흔들리고 있다. 자살방조죄라고 판단했던 강기훈 유서대필 사건의 경우에는 나중에 재심에서 무죄가 확정되었다.[7] 그러나 이 경우에도 자살방조죄에 대한 근본적인 논의에는 다가가지 못하고, 유서대필의 진위 여부를 둘러싸고 논의가 진행되었다.

우리 형법은 자살관여죄에 대해서 촉탁 · 승낙에 의한 살인죄와 같은 형으로 규정하고 있다. 그러나 이러한 형벌의 범위가 과연 합리적인지 검토해 보아야 할 것이다. 앞에서 살펴본 바와 같이 자살관여죄와 촉탁 · 승낙에 의한 살인죄는 분명하게 구별된다. 우리 형법에서 1년 이상 10년 이하의 징역으로 처벌되는 다른 범죄를 찾아보면 중상해죄(형법 제258조)가 그에 해당한다. 중상해라 함은 일반 상해보다 신체상해의 정도가 훨씬 큰 경우를 말한다. 쉽게 말해 척추가 부러져 운신을 하지 못하는 경우가 그에 해당한다. 행위의 본 주체인 자살자를 처벌하지 않으면서도 자살에 관여한 자를 이렇게 무겁게 처벌하는 것은 형평상 맞지 않는 일이다. 현행의 형법은 자살관여죄의 법정형을 촉탁 · 승낙에 의한 살인죄와 같은 형으로 규정하고 있는데, 이에 대해 많은 형법학자들은 양자의 법정형을 달리하는 것이 합리적이라고 말하고 있다. 그러나 진지하게 입법론을 이야기하고자 한다면, 자살관여죄의 법정형을 촉탁 · 승낙에 의한 살인죄보다 가볍게 하는 것만을 논의하는 것보다는 오히려 자살관여죄의 처벌 여부를 논의의 대상으로 삼는 것이 바람직할 것이다. 아직 우리나라의 형법학자 중에는 자살관여죄의 처벌 여부 자체를 논의하고 있는 사람은 없다. 그에 반해 독일의 형법에서는 자살관여죄의 처벌규정은 없고, 정범의 형태로 가담하는 촉탁에 의한 살인죄만 처벌하고 있다. 독일 이외에 프랑스와 벨기에도 자살 및 자살관여죄 모두 비범죄화하고 있다. 입법론으로서 한번 고려해봐야 할 문제이다.

자살관여죄가 형법상 계속 유지되는 경우에 합의동사와 관련하여서도 법적용과 법해석에서 여전히 껄끄러운 문제가 남는다. 합의동사는 일명 동반자살 또는 정사라고도 하는데, 이는 곧 합의에 의한 공동자살을 말한다. 이러한 합의동사에서 1인이 사망하고 다른 1인이 살아났을 경우에 그 생존자를 처벌할 수 있느냐가 형법이론적으로 문제된다. 형법상의 논의에서는 일반적으로 합의동사를 다음과 같이 유형을 나누어 살펴보고 있다.

(1) 두 사람이 동시에 동반자살을 시도했으나 우연히 체질상의 차이로 한 사람만 살아남은 경우에는 자살의 공동정범으로 생존자는 원칙적으로 불가벌이다.
(2) 살아남은 일방이 타방의 자살을 방조한 사실이 인정되는 때에는 자살방조죄가 성립한다.
(3) 자살을 합의할 때 생존자가 사망한 상대방의 자살결의를 불러일으킨 사실이 인정되는 때에는 자살교사죄가 성립한다.
(4) 자신은 같이 죽을 마음이 없으면서도 동반자살을 가장하고 타인을 기망·강요하여 자살하게 한 경우, 즉 강제정사의 경우에는 위계·위력에 의한 살인죄가 성립한다.

이와 같이 이론적으로는 유형별로 나누어 검토하는 것이 가능하겠지만, 현실적으로 이러한 유형별 고찰은 큰 의미를 가지지 못한다. 마지막 네 번째 강제정사의 경우는 엄밀한 의미의 합의동사에 포함하기 어려울 것이다. 또 일반적으로 합의동사의 경우에는 서로 정사를 결의한 것만으로도 충분히 자살방조를 인정할 수 있는 여지가 많기 때문에, 실제로 1과 2의 사례 구별이 쉽지 않을 것이다. 우연히 1인이 합의동사에서 살아남는다면, 함께 정사하고자 했던 사실에 기초하여 자살방조로 처벌될 가능성이 농후하다. 진지하게 자살을 결심했던 자를 처벌한다는 것이 무슨 의미가 있을 것인가?[8] 이것은 자살의 처벌 여부에 대한 기본적 논의와 다시 연결된다. 합의동사에서 우연히 살아남은 자는 자살시도자의 전형적인 예에 해당하기 때문이다. 이미 죽어버린 자에 대한 처벌은 무의미하며, 죽지 않은 자에 대한 처벌도 무의미하다. 자살자는 법의 시선을 신경 쓰지 않는다. 형벌이라는 제재의 형태로 자살에 접근하려는 법의 태도는 여기에서 한계에 봉착할 수밖에 없다.

자살에 대한 「자살예방법」의 시선

이제 제재의 형태가 아닌 방식으로 자살을 바라보는 「자살예방법」의 시선을 살펴보도록 하자. 「자살예방법」의 시선은 형법의 시선처럼 자살을 부정적으로만 바라보지는 않는다. 배려와 연대의 시선으로 자살을 바라보고 있는 법의 첫 형태라고 할 수 있다. 「자살예방법」의 시선은 아직 안정되어 있지 못하다. 안정된 시선을 위해 어떤 보완점이 필요한가?

「자살예방법」은 2011년 3월 11일 국회 본회의를 통과했다. 정확한 법률명은 「자살예방 및 생명존중문화 조성을 위한 법률」이다. 정부에서 진행한 두 차례에 걸친 자살예방기본계획(1차 자살예방대책, 2004-2008)과 자살예방종합대책(2차 자살예방대책, 2009-2013)이 자살사망률을 낮추는 데 성공을 거두지 못하면서, 자살예방대책을 담은 입법의 필요성이 주장되고, 이와 관련한 다양한 입법의 노력이 「자살예방법」의 제정으로 결실을 맺게 된 것이다. 법률이 제정된 지 얼마 되지 않아 이 법률에 대한 구체적인 분석과 비판은 아직 보이지 않는다. 여기에서는 이 법률에 대한 내용분석과 그에 대한 비판과 전망이 어떻게 가능한지 살펴보고자 한다.

우리의 「자살예방법」은 2006년에 제정된 일본의 「자살대책기본법」을 기본 모델로 삼고 있다.[9] 먼저 우리의 「자살예방법」과 일본의 「자살대책기본법」을 서로 간단하게 비교함으로써 법을 통해 자살예방을 꾀하고자 하는 노력이 어떠한 의미와 한계에 봉착하는지 살펴보는 것이 필요하다. 일본의 경우에도 1998년을 기점으로 자살사망자수와 자살사망률이 급격히 증가함으로써 자살이 사회적인 문제로 대두되었는데, 그러한 사회적 분위기 속에서 「자살대책기본법」이 제정된다. 일본의 경우에는 법률의 형태가 '기본법'의 형태로 되어 있어 그 내용이 추상적이고 선언적인 차원에만 머물러 있어서 자살사망률을 낮추는 데 직접적인 효과를 거두지 못한 것으로 평가된다. 법률이 제정된 지 아직 5년이 경과되지 않아 법률의 효과에 대해 판단을 내리기에는 이르지만 현재까지의 전반적인 평가는 그리 긍정적이지는 않다. 우리의 경우에도 「자살예방법」의 제정은 일본과 비슷한 과정을 겪고 있다. 다만 법률의 내용은 일본보다는 구체적이지만, 그럼에도 불구하고 여전히 추상성의 정도가 높아 더 구체화해야 할 문제들이 많다. 이 법률을 통해 실제적인 자살예방의 효과를 가져올 수 있을지는 아무도 장담하지 못하는 상황이다. 의사들은 환영을 하는 분위기이고, 일반인들은 시큰둥한 반응을 보이고 있다.

법률의 형태로 자살예방을 꾀하는 나라는 현재 일본과 한국이 전부이다. 물론 대부분의 국가가 자살예방대책을 수립하여 시행하고 있지만, 독립적인 법률의 형태가 아닌 국가 또는 지자체 규모의 프로젝트 형태로 진행하고 있는 것이 일반적이다. 핀란드의 경우에도 마찬가지이며, UN과 WHO에서도 자살예방 프로그램 지침을 제시할 뿐 입법의 필요성을 강조하고 있지는 않다. 그럼에도 법률의 형태로 자살예방을 시도하는 특별한 이유가 무엇인가? 우선 법안에 나타난 공식적인 입법 이유는 다음과 같다. 자살자 수가 15,413명으로 하루에 약 42.2명씩 스스로 목숨을 끊는 것으로 나타나는 등 자살로 인한 인적 · 경제적 손실이 심각한 수준이고, 자살은 사회적 전염성이 커서 조기에 차단하지 못하면 사회전체를 파멸로 몰아넣을 수도 있는 만큼 국민의 생명을 보호해야 할 일차적 책임이 있는 국가가 나서서 효과적이고 체계적인 예방대책을 강구해 나가야 하며, 이에 따라 성별 · 연령별 · 계층별 · 동기별 등 다각적이고 범부처적인 차원의 사전예방 시책들과 생명존중 문화 조성을 위한 대책들을 법률에 명문화함으로써 소중한 국민의 생명을 보호하고 사회경제적인 손실을 방지하기 위해서이다. 이와 같은 공식적인 입법 이유 배후에 있는 법률의 형태로 자살예방을 꾀하는 실질적인 이유는 무엇인가? 혹자는 자살예방대책을 제대로 집행하기 위한 예산확보의 법적 토대를 마련하는 데 「자살예방법」의 실질적인 입법 이유가 있다고도 한다. 이 문제와 관련하여 「자살예방법」을 제정함으로써 웃는 자들과 냉담하게 무관심한 자들을 나누어 「자살예방법」에 대한 법사회학적 비판을 시도해 보는 것도 의미 있을 것이다. 또 「자살예방법」이 상징적인 입법에 그치지 않고 효과적인 자살예방에 기여하려면 자살에 대한 올바른 이해에 입각하지 않으면 안 되며, 국민적 공감대 위에서 법집행이 이루어져야 한다. 또한 「자살예방법」에 대한 입법 평가도 반드시 이루어져야 할 것이다.

그래도 법률이 제정된 이상 비판만 하고 있을 수는 없고, 그 법률의 내용을 살펴보고 보완이 필요한 부분이 무엇인지 살펴보지 않을 수 없다. 「자살예방법」의 주요 내용은 다음과 같다. 제1장 총칙(제1조~제6조)에서는 「자살예방법」의 목적과 기본정책 그리고 자살예방의 책임이 국민, 국가와 지자체, 사업주 모두에게 있음을 명시하고 있다. 제2장 기본계획의 수립 등(제7조~제10조)에서는 국가와 지자체는 자살예방기본계획 및 시행계획을 수립하고, 그 운영체계를 갖추어야 함을 규정하고 있고, 제3장 자살예방정책 등(제11조~제14조)에서는 국가와 지자체는 자살실태조사, 자살통계 분석 및 정보관리체계 구축, 자살예방센터 설치, 자살위험자 지원 및 정신건강 증진 대책 등 자살예방대책을 실시할 것을 규정하고 있으며, 제4장 생명존중문화 조성 등(제15조제19조)에서는 생명존중문화 조성, 자살예방 상담 · 교육 · 홍보, 자살유해정보 예방체계 구축 등을 규정하고 있다. 제5장 보칙(제20조~제24조)과 제6장 벌칙(제24조)에서는 자살시도자 등에 대한 지원, 전문인력 양성, 비밀누설 금지와 벌칙을 규정하고 있다. 여기에서는 「자살예방법」의 내용에 대한 개관을 다음의 도표로 대신하고, 이 법률의 중심 내용이라 할 수 있는 자살예방대책에 대해서만 살펴보도록 하겠다.

[표] 「자살예방법」의 주요 내용

구 분	주요 내용
제1조 목적	자살에 대한 국가의 책무와 예방정책에 필요한 사항을 정하여 소중한 국민의 생명을 보호하고 생명존중문화를 조성하기 위함
제2조 기본정책	사전예방대책과 사회문화적 인식개선에 중점을 두고 수립해야 함
제3조 국민의 권리와 의무	국민이 자살위험에 처했을 경우 국가 및 지자체에게 도움을 요청할 권리가 있고, 정부의 자살예방정책 수립 및 시행에 협조해야 할 의무를 규정함
제4조 국가 및 지자체의 책무	국가 및 지자체가 자살예방과 자살 확산 방지를 위하여 자살과 관련된 각 단계별 정책을 수립·시행해야 하는 책임을 규정함
제5조 사업주의 책무	사업주는 국가 및 지자체가 실시하는 자살예방정책에 적극 협력하고 근로자의 정신적인 건강유지를 위하여 필요한 조치를 강구해야 함
제7조 자살예방기본계획의 수립	자살예방기본계획은 5년마다 국민건강증진정책심의위원회 내 자살예방전문위원회의 심의를 거쳐 수립함
제8조 연도별 시행계획의 수립·시행 등	국가 및 지자체는 매년 자살예방시행계획을 수립·시행·평가함
제9조 시·도별 시행계획의 조정 등	보건복지부장관은 자살예방에 관한 시·도별 시행계획을 조정하고 그 이행사항을 점검함
제11조 자살실태조사	국가 및 지자체는 5년마다 자살에 대한 실태조사를 실시함
제12조 자살통계분석 및 정보관리체계 구축	전문조사·연구기관을 통해 자살통계를 체계적으로 관리함
제13조 자살예방센터의 설치	국가와 지자체는 자살관련 상담을 위하여 자살예방센터를 설치·운영하도록 함
제14조 자살위험자 조기발견 및 정신건강증진 대책	국가 및 지자체는 자살할 위험성이 높은 자의 조기 발견, 상담 및 치료를 위하여 필요한 조치를 취함
제15조 생명존중 문화 조성	국가와 지자체는 생명존중 문화사업을 실시함
제16조 자살예방의 날	매년 9월 10일을 자살예방의 날로 정하고 교육·홍보사업을 실시함
제19조 자살유해정보예방체계의 구축	국가 및 지자체는 자살유해정보가 유통되는 것을 차단하고 이를 조기 발견하여 신속히 대응하기 위한 자살유해정보 예방체계를 구축·운영하도록 함
제20조 자살시도자 등에 대한 지원	국가 및 지자체는 자살시도자 등에 대한 심리상담, 상담치료를 지원할 수 있음

「자살예방법」은 제3장에서 주요 자살예방대책을 크게 다음의 네 가지로 나누고 있다. ① 자살실태조사, ② 자살통계 및 정보관리체계 구축, ③ 자살예방센터 설치, ④ 자살위험자지원 및 정신건강증진대책. 이들 자살예방대책의 내용과 문제점이 무엇인가?

자살실태조사

「자살예방법」 제11조에 따르면 국가 및 지방자치단체는 5년마다 자살실태조사를 실시하여 그 결과를 발표해야 한다. 자살실태를 파악하고, 자살예방을 위한 서비스의 욕구와 수요를 파악하기 위해서다. 실태조사를 위하여 필요한 사항은 시행령에 위임하고 있다. 자살의 경제적 비용을 낮출 수 있는 자살예방 프로그램을 선별하고, 그 효과를 계량화하기 위해서는 검증 가능한 경험적 자료의 축적이 선행되어야 하고, 이를 통해 자살사망률을 낮추기 위한 정교한 정책적 개입이 이루어져야 한다. 효과적인 대책을 세우기 위해서는 자살의 실태를 정확하게 파악하는 것이 중요하다. 구체적인 원인을 규명하고 그에 맞는 예방대책을 세워 유사한 자살을 막는 작업이 무엇보다 시급하다. 지금까지의 자살에 대한 연구는 통계청이나 경찰청 등에서 집계하고 발표한 공식통계를 기반으로 분석하고 있다. 이러한 연구는 거시적인 맥락에서 자살의 대략적인 윤곽은 보여주지만, 그 구체적인 내용은 제한적으로 다루어질 수밖에 없다. 경찰 조사 과정에서 나온 자살자의 자살동기는 '추정'이라는 이유로 별도의 데이터베이스로 기록되지 않는다. 경찰의 역할은 주로 타살 혐의점이 있는지 가려내는 데 집중하고 있다. 그렇기 때문에 일단 자살로 결론나면 그 선에서 수사를 종결하는 것이 일반적이다. 통계청에서 발표하는 자살자 통계 역시 상황은 마찬가지다. 사망 시 제출하는 사망신고서를 기준으로 하는데, 자살원인에 대해서는 따로 자료를 수집하지 않다보니 확인할 수 있는 것은 지역 · 연령대별 자살자 수가 전부다. 더욱이 자살을 수치스러운 일로 여기는 우리의 정서상 유족들이 사망원인을 자살 대신 병사 등으로 다르게 신고하는 경우가 많다. 또 무연고자의 자살은 신고가 되지 않고 통계에서도 제외되며, 가족단위 자살의 경우 1명만 자살로 처리되고, 나머지는 실제와는 다르게 기록되기도 한다. 자살동기에 대한 규명은커녕 자살사망자 수 집계마저 정확도가 떨어지는 실정이다. 자살사망자 또는 자살시도자 실태조사가 제대로 이루어지려면 많은 어려움을 극복해야 한다. 자살시도로 인한 응급처치비용 등은 건강보험적용을 받지 못하기 때문에, 가족들에 의해 자살시도 사실이 은폐되는 경우가 상당수 있으며, 자살시도자 본인 및 자살사망자의 유가족들이 조사과정에서 사회적인 편견 등을 우려하여 조사를 거부하는 경향이 매우 높다.[10] 게다가 자살실태조사를 법률로 규정하고 있더라도 자살실태 조사에 응답자가 적극적으로 응하지 않을 경우에는 별다른 효과를 거두지 못할 수 있다는 문제가 남는다. 법과 정책만이 아닌 사회적 인식과 호응이 필요하다고 할 수 있다.

자살통계 분석 및 정보관리체계 구축

제12조에 따르면 국가 및 지방자치단체는 자살통계를 수집 · 분석 및 관리하기 위하여 전문 조사 · 연구기관을 지정하여 운영할 수 있다. 국가정신건강연구원에 자살예방정보센터를 설치하고, 국가통합 자살 DB를 구축한다는 자살예방사업의 일환으로 파악된다. 기존의 자살예방대책은 다양한 프로그램의 단순 나열이었지만, 통계 DB구축은 경험적 근거에 기초하기 때문에 제한된 자원을 활용하여 효과적인 프로그램을 선택하고 집중할 수 있는 장점이 있다. 그러나 전문 DB의

구축은 상당한 시간을 요하는 중장기적인 프로젝트로 자살사망률을 바로 감소시키는 효과를 거두게 하는 대책은 아니다. 현실적으로 먼저 시도할 수 있는 대안으로는 모든 응급의료센터에게 자살시도자 및 자살사망자 가족에 대한 사후조사를 실시하는 것이다. 응급현장에서 이루어지는 실태조사는 자살 및 자살시도의 원인 규명에 핵심적인 단초를 제공할 수 있으며, 조사결과의 축적은 자살관련 전문통계 DB구축의 전제조건이 될 수 있을 것이다. 자살예방을 위해서는 자살의 원인을 찾아내어 다른 사람의 자살을 예방할 수 있도록 하는 방법이 효과적이다. 1980년대 중반까지만 해도 자살대국이었던 핀란드는 1988년 모든 자살한 사람들의 심리적 부검을 통한 자살예방대책 마련으로 성공적인 결과를 얻었다.[11] 앞의 자살실태조사에서 살펴본 바와 같이 자살에 대한 효율적인 대책을 마련하기 위해서는 자살에 대한 현황파악이 무엇보다 중요하다. 이를 위해 전 국민을 대상으로 하는 실태조사를 비롯하여 각 유관기관과 병원 등의 자료 연계를 통해 실질적이고 폭넓은 DB 확보가 필요하다. 그러나 여러 기관과의 자료연계는 개인정보보호 등의 문제를 함께 고려해야만 한다. 호주, 핀란드, 스웨덴 등에서는 개인정보를 보호하면서 연구목적을 위한 각 기관의 자료를 연계할 수 있는 정책적 방안을 마련하고 있다. 우리나라에서도 공익적 차원의 연구를 위해 여러 기관의 자료를 연계할 수 있는 정책적 방안을 마련하고, 자살관련 개인정보보호를 위한 감시체계와 모니터링 체계를 구축하는 것이 필요하다.

자살예방센터 설치

제13조에 따르면 자살관련상담, 자살위기 상시현장출동 및 대응, 자살시도자 사후관리, 자살예방 홍보 및 교육, 자살예방 전문인력 양성 등의 업무를

수행하기 위해 중앙자살예방센터와 지방자살예방센터를 설치·운영한다. 이미 경기, 인천, 강원, 부산 등에도 최근 2~3년 사이에 광역정신보건센터가 순차적으로 설치되었으며, 자살예방 업무를 함께 수행하고 있다. 이와 같은 광역정신보건센터(자살예방센터 포함)는 자살예방사업의 허브 역할을 담당하면서, 시·군·구의 지역정신보건센터와의 네트워크를 조밀하게 구성해 나가는 구심적 역할을 담당할 수 있을 것이다. 자살예방 홍보 및 교육과 자살예방 전문인력 양성 프로그램 등은 자살예방협회 등을 통해 수행이 가능할 것으로 보이나, 자살위기상시현장출동 등의 업무는 경찰 및 119 구급대와의 업무연계가 필요한 사항이므로 민간위탁 방식이 효과를 거둘 수 있을지는 면밀한 검토가 필요하다. 또 지역정신보건센터와 경찰, 구급대, 보건소 및 지방행정기관 등과 협력적인 위기관리체계를 구축해야 자살예방대책이 효과를 낼 수 있을 것이다. 광역형 센터는 24시간 응급연락망을 구축한다는 장점은 있으나, 지역에 기초한 정신보건센터 및 응급구조인프라가 함께 운영되지 못하면 응급관리에서 효과를 발휘하기 어려운 구조를 안고 있다. 광역형 센터의 업무가 증가하고 있으나, 응급출동건수 및 상담건수의 증가가 2005년 이후 자살사망률을 낮추지는 못했다는 점을 염두에 둘 필요가 있다. 그리고 자살 문제에서 정확한 진단과 조치를 취할 수 있는 전문가의 역할은 매우 중요한 요소다. 하지만 자살예방 업무를 전담하는 일선 기관들조차 대부분 단순 홍보와 형식적 상담에 그치고 있는 실정이다. 정부는 지난 2005년 '자살예방 5개년 계획'을 세우고, 2004년의 10만 명당 자살률 22.8명을 2010년 18.2명까지 줄이겠다고 나섰지만, 실제 자살률은 2007년 24.8명, 2008년 26명, 2009년 31명 등 오히려 늘어났다. 2008년에는 '제2차 자살예방종합대책'을 내놓았지만 여전히 눈에 띄는 성과는 없는 상태다. 충분한 예산이 뒷받침되지 않다보니 두 번에 걸친 '자살 5개년 계획'에도 불구하고 아직도 제대로 된 전문가를 찾기는 어려운 형편이다. 그 외에도 홍보 위주의 자살예방사업의 방향부터 전환해야 한다. 자살을 마음먹은 사람이 광고 한 편에 마음을 바꿀 리는 만무하다. 고위험군 한 명, 한 명에게 직접적으로 영향을 미칠 수 있는 전문가 양성이 시급하다.[12]

자살위험자 지원 및 정신건강 증진 대책

제14조에 따르면 국가 및 지방자치단체는 정신건강에 이상이 생겨 자살 위험에 노출된 자에게 필요한 의료적 조치가 적절히 제공될 수 있도록 환경을 조성해야 한다. 자살 고위험군에 대한 집중적인 예방대책은 실태조사나 DB구축 등과는 달리 자살사망률 감소에 있어서 단시일 내에 효과를 볼 수 있는 프로그램이라 할 수 있다. 자살 고위험군에 대한 전문적인 관리가 필요하다는 점은 예전부터 많은 사람들이 논의한 내용이다. 현재 정신보건센터와 일부 3차 의료기관의 응급의료센터에서 자살 고위험군인 자살시도자를 대상으로 사후관리 프로토콜이 이미 마련되어 있다. 문제는 정신질환 등을 가진 고위험군뿐만 아니라, 정신질환을 앓지 않았던 일반시민들 사이에서도 자살시도가 이루어지고 있으나, 이들에 대한 구체적인 대책방안은 마련되어 있지 않다. 또 자살예방에서 짚고 넘어가야 할 또 하나의 중요한 부분은 바로 유가족과 주위사람들이다. 한 사람의 자살은 유가족과 주위사람들에게 '외상 후 스트레스 장애(PTSD)' 등 직·간접적인 영향을 동반한다. 자살자의 유가족들은 또 다른 '잠재적 자살자'라고 할 수 있다. 특히 "내가 죽음을 막을 수 있지 않았을까?" 하는 유가족들의 죄책감에 주의해야 한다. 바로 옆에서 자살하게 되면 주변사람들은 자살한 사람을 그동안 제대로 챙겨 주지 못했다는 죄책감, 섭섭함, 자신에 대한 분노와 연민 등 복합적인 감정을 느끼게 된다. 평생 트라우마로

남을 수 있고, 심각하게는 모방자살로까지 이어질 수 있다. 잇따른 자살, 특히 한 사람의 자살이 불러오는 연쇄 · 모방자살의 도미노에 대한 대책이 필요하다. 한 사람의 자살이 평균 6명에게 영향을 미친다는 연구결과는 잘 알려져 있다. 그만큼 유가족에 대한 치료와 사후관리는 이들의 정상적인 사회복귀를 돕고, 동시에 추가자살을 막는 자살예방 차원에서도 중요한 일이다. 또 가끔 자살을 시도했다 구조된 사례들이 훈훈한 미담으로 등장하기도 하지만, 정작 그 이후는 잘 알려져 있지 않다. 자살시도자에 대한 후속조치가 대부분 귀가 조치에 그치면서 적절한 사후관리는커녕, 오히려 자살 재시도를 부추기는 경우가 종종 있다. 사실상 방치되고 있는 이들 자살시도자에 대해서는 실태조차 파악되어 있지 않은 상태다. 경찰에서는 자살시도자를 그냥 데리고 있으면 불법체포가 되기 때문에 가족에게 인계하거나 귀가 조치하는 게 최선이라고 한다. 자살시도자를 의료기관이나 상담소로 보내는 것도 경찰이 임의로 할 수는 없는 일이다. 한 번 자살을 시도했던 사람이 다시 시도할 확률은 50%, 두 번째는 70%, 세 번째는 90%로 횟수가 반복될수록 자살 재시도율이 급격히 늘어나는 것으로 알려져 있다. 이와 같이 자살 재시도율이 높은 만큼 자살시도자에 대한 구체적인 대응책을 만드는 것이 필요하며, 또 경찰 · 지자체 · 의료단체가 연계해서 자살을 시도하는 즉시 적절한 조치가 취해질 수 있도록 제도적인 보완을 취하는 것이 필요하다. 미국의 경우 자살시도자에 대해 무조건 72시간 동안 정신과 치료와 보호를 받도록 법제화되어 있고, 그에 따른 비용은 지자체에서 부담하도록 하고 있다. 자살로 인한 사회적 비용과 손실을 감안했을 때, 우리나라에서도 이러한 시스템이 절실하게 필요하다.

지금까지 언급한 「자살예방법」의 자살예방대책에 대한 논의를 간단하게 정리하면 이러하다. 자살실태조사가 실효성을 거두기 위해서는 응급의료센터에서 자살시도자 및 자살사망자 가족에 대한 사후조사를 실시하는 것이 필요하며, 자살통계분석 및 정보관리체계 구축은 상당한 시간을 요하는 중장기 프로젝트이므로 자살사망률을 단시간 내에 감소시킬 수 있는 다른 방안들과 동시에 추진되어야 하며, 자살예방센터 설치와 관련해서는 현장전문가 및 실무자들을 대상으로 하는 전문교육 프로그램 등을 개발할 필요가 있으며, 자살위험자 지원 및 정신건강 증진 대책에 대해서는 자살 고위험군에 대한 관리와 집중적인 예방대책이 필요하고, 또 자살 고위험군뿐만 아니라 일반 시민까지 포괄하는 추가적인 대책도 함께 마련해야 한다. 이러한 보완책을 구체적으로 마련하는 것이 필요하다. 자살에 대한 현재의 사회적 관심은 두려움과 호기심이 겹치면서 다분히 선정적으로 다루어지고 있다. 자살에 대한 체계적이고 과학적인 연구는 매우 부족한 실정이며, 자살에 대한 진지한 학문적 논의도 쉽게 발견하기 어려운 형편이다. 자살에 대한 체계적이고 과학적인 연구가 더욱 활성화되어야 한다. 「자살예방법」은 아직 구체적 보완이 더 필요한 문제점을 안고 있지만, 그럼에도 불구하고 자살 문제에 대한 법의 시선을 부정적 방향에서 긍정적 방향으로 바꾸고 있다는 점에서 환영할 만하다. 그러나 동시에 법을 통한 자살예방에는 분명한 한계가 있음을 받아들여야 하며, 법이 할 수 있는 일과 할 수 없는 일에 대해 분명한 통찰을 해야만 한다. 그래야 자살이라는 사회적 문제를 제대로 풀어 나갈 수 있을 것이다.

자살에 대한 다양한 법정책적 시선들

최근 우리 사회에서 자살자가 급증하면서 자살에 대한 사회적 관심도 커지면서 자살이 하나의 중요한 사회적 문제로 등장하고 있다. 자살이라는 사회적 문제에 대한 우리의 법정책은 다양한 형태로 전개되고 있다. 한편에서는 우리 속에서 자살에 대한 과거의 부정적인 시각에서 벗어나고자 하는 노력이 다양하게 나타나고 있지만, 다른 한편에서는 아직 구태의연한 논의에서 벗어나지 못하고 있는 경우도 있다. 여기에서는 최근의 논의 중에서 두 개의 사례를 통해 자살과 관련된 법정책적 논의를 살펴보기로 하겠다. 하나는 국방부의 사례이고, 다른 하나는 보험연구원의 사례이다.

국방부에서는 구타나 가혹 행위로 인해 스스로 목숨을 끊은 군인도 정신질환 병력이 확인되면 순직 처리를 할 수 있도록 하는 내용을 골자로 한 '전공사상자 처리 훈령 개정안'을 확정하고, 조만간 시행을 목표로 내부 검토 중이라고 한다. 이 개정안에 따르면 군 복무 중 구타나 가혹 행위, 폭언으로 우울증 등 정신질환 치료를 받은 병력이 있는 장병이 자해 행위를 한 경우 순직으로 처리하도록 하고 있다. 구타나 가혹 행위 등으로 인해 정상적 판단능력이 저하된 상태에서 자해 행위를 한 경우 심사를 거쳐 순직 처리가 가능하도록 한다는 것이다. 그동안 국방부는 군 조직의 특성상 순직자와 자살자는 구분되어야 한다며 모든 군내 자살을 공무와 무관한 '기타 사망'으로 분류해 왔다.[13] 이에 따라 자살한 군인은 국가유공자로 등록될 수 없고, 「군인연금법」상 사망보상금을 받지 못했다. 국립묘지 안장 대상에서도 제외되는 것은 물론 사망위로금 500만원을 지급 받는 것이 전부였다. 그에 반해 다른 국가기관인 경찰청 소속의 전경과 의경, 법무부 소속의 경비교도대의 경우 구타나 가혹 행위에 의한 우울증으로 자살에 이르게 된 사건의 경우에 순직을 인정, 국립묘지에 안장하고 있다. 국방부에서 진행하고 있는 개정안이 시행되면 구타나 가혹 행위로 인한 군 자살자 가운데 정신질환 치료 전력이 확인되면 순직 판정을 받게 된다. 군내 자살자가 순직 처리되면 유족에게 약 9,000만원의 사망보상금이 지급되고, 국립묘지 안장 자격도 주어진다. 국방부의 이번 조치는 다른 국가기관과의 형평성을 고려해서 뒤늦게 이러한 작업을 진행하고 있다는 한계가 있지만, 자살을 바라보는 법과 정책의 시선 변화에 긍정적인 것으로 평가할 수 있다.

그에 반해 최근에 발표된 보험연구원의 연구결과는 자살을 바라보는 시선이 매우 불안정하고 편향적이라고 할 수 있다. 보험연구원은 최근 보험계약 후 2년이 지나면 자살하더라도 보험금을 지급하는 현행의 제도가 오히려 자살을 부추길 수 있다는 의견을 제시하고 있다. 보험연구원은 '생명보험 자살면책 조항과 자살예방 효과'라는 보고서를 통해 면책기간(현행 2년) 후 사망자 대비 자살자수가 증가하는 추이를 나타내고 있다고 한다. 이 연구결과에 따르면, 면책 전후 자살률(생명보험 가입 후 자살자수/생명보험 가입 후 사망자수)의 변화가 2000년에는 면책기간 내 자살률이 1.39%에서 2005년 0.39%로 떨어졌지만, 면책 후 자살률이 같은 기간 2.54%에서 5.04%로 높아졌다고 하면서, 자살예방의 정책적 측면에서 생명보험 자살에 대해 면책기간을 조정함으로써 자살에 대해 다시 생각할 수 있는 기회를 제공할 필요가 있으며, 또 자살에 대한 면책기간 조정과 더불어 생명보험 가입 시 자살의도를 가진 가입자를 배제하기 위하여 신용도 등을 감안한 보험가입 적격심사 방안도 고려해 볼 수 있다고 제안했다. 한마디로 말해 보험가입심사에서 자살의도를 가진 가입자에 대한 사전적 배제를 통해 개인의 자살의도를 제거함으로써 자살예방에 도움을 줄 수 있다는 것이 이들의 입장인데, 이는 통계자료를 이용한 정책제안으로서는 그 순수성이 의심스럽고 실제 자살예방 효과와의 논리적 연관관계도 분명하지 않은 점이 문제라고 할 수 있다. 자살과 보험의 관계에 대해서는 기본적인 시선의 변화가 필요하다. 대개 자살시도자는 치료가 필요한 의학적 상태의 환자일 가능성이 크다. 그러나 자살시도라는 이유로 국가의 건강보험뿐만 아니라 사보험에서도 혜택을 받지 못하고 있다. 자살시도를 한 번 했던 자는 다시 자살을 시도하여 사망에 이를 위험이 높음에도 불구하고, 이들이 신경정신과 치료를 받기에는 경제적 부담이 크다. 이들에 대한 건강보험의 혜택과 사회의 인식변화가 필요하다. 우울증과 자살에 대한 부정적인 사회적 편견이 사라지고 정신과 병원치료를 통해 적극적으로 자살을 예방할 필요가 있다. 제도적으로 자살로 인한 의료보험 이용 가능성을 막을 것이 아니라, 오히려 적극적으로 이를 보장해야 할 것이다.

자살자의 자기 신뢰와 세계 신뢰의 강화를 위하여

자살자의 죽음이 우리에게 무엇을 의미하는지는 자살자를 극단적인 죽음의 결정에로 몰고 가는 한계 상황에 대한 이해에서 비로소 가능하게 된다. 한계 상황은 그에 대해 우리가 아무런 의문도 품고 있지 않을 때 의식의 어둠 속에 파묻혀 있던 것들을 비로소 분명하게 우리에게 드러나게 해준다. 다시 말해 자살자의 죽음을 통해서 우리는 우리의 삶을 구성하고 있는 근본 상황을 다시금 성찰하게 되고 확실하게 의식하게 된다. 우리가 자살자가 느끼는 그 한계 상황을 제대로 바라볼 때에야 비로소 우리는 자살이라는 문제에 대한 올바른 인식을 가질 수 있을 것이며, 그러한 인식이 없다면 자살을 둘러싼 모든 논의는 공허한 말장난에 불과할 것이다. 이를 위해서는 장 아메리가 언급한 바 있는 자기 신뢰와 세계 신뢰라는 개념을 끌어들일 필요가 있다.[14] 이 두 개념은 다시 인격성과 연대성이라는 개념으로 연결된다. 우리의 삶을 떠받치고 있는 근본적인 확실성은 다음과 같이 형성된다. 원칙적으로 나 자신은 나에게 속한다는 의문의 여지없는 앎을 통해 나의 인격성의 실존적 근거가 형성되고, 동시에 원칙적으로 내가 어려움에 처해 있을 때 내 주위의 사람들이 나를 도와줄 것이라는 자명한 믿음을 통해 나의 연대성의 공존적 근거가 형성된다. 이와 같은 근본적인 인격성과 연대성을 의식하는 가운데 자기 신뢰와 세계 신뢰라는 기본적 토대 위에 나의 실존과 공존이 튼튼하게 뿌리내리고 있다는 믿음이 바로 우리 삶의 근본 상황을 형성하고 있다.[15] 그러나 자살자에게서는 바로 이러한 나 자신과 타인에 대한 신뢰, 즉 자기 신뢰와 세계 신뢰에 기초하고 있는 인격성과 연대성의 토대가 흔들리고 한계에 부딪힌다. 자살이라는 한계 상황에서는 이와 같은 나 자신은 원칙적으로 나에게 속하며 또한 타인들이 원칙적으로 나를 도와줄 것이라는 신뢰는 철저히 의문시되고 무너진다. 자살과 관련하여 법이 해야 할 일은 이러한 신뢰를 다시 회복하는 것이다. 자살의 문제는 규제의 대상이나 부정적인 시선의 대상인 것이 아니라, 오히려 자살자가 그렇게 믿고 있었던 자기 신뢰와 세계 신뢰의 기초를 다시 튼튼하게 붙들고 일으켜 세우는 배려와 연대의 대상이라는 사실을 살아남은 우리에게 전하는 메시지로 받아들여야 한다.

자살하는 사람들은 우리와는 다른 특별한 사람이거나 이상한 사람들이 아니다. 단지 삶의 어려운 시기를 맞아 그것을 이겨내지 못하고 죽음으로 끝내려는 사람들일 뿐이다. 일부에서는 어려움을 겪고 있는 이들에게 불행한 상태에서도 어떻게든 삶을 유지하도록 하는 것이 더 잔인한 일이며, 오히려 자살을 개인이 취할 수 있는 권리의 하나라고 주장하기도 한다. 이러한 주장은 일면 타당한 면이 없지 않지만, 실제로 자살이라는 사건은 사회적으로뿐만 아니라 개인적으로도 매우 힘든 문제임에 틀림없다. 자신이 스스로 목숨을 버릴 상황에 처해 있다고 생각하는 이들에게 계속 살아 있으라고 말할 수 있으려면, 그들에게 살아갈 이유와 살아갈 수 있는 여건을 마련해 주어야 할 것이다. 사회가 생명을 존중한다고 말할 수 있으려면, 개인의 삶에 대한 최소한의 배려를 제공해야 한다. 현재 우리 사회에서 자살이 심각한 사회문제로 부각되면서 국가적 차원에서 다양한 대책방안이 모색되고 있지만, 아직까지 많은 부분이 선언적인 구호에 그치는 경우가 많으며, 자살에 대한 사회적 관심에 비해 자살예방의 가시적인 성과는 눈에 띄지 않고 있다. 성공만을 강조하는 사회분위기 속에서 한 개인이 실패를 경험하게 되는 것은 삶을 견디기 힘들게 하는 요인이 된다. 실패에 대한 두려움과 좌절을 견디고 극복할 수 있는 사회교육이 필요하며, 개인이 실패하더라도 최소한의 삶이 보장될 수 있는 사회안전망이 필요하다. 이와 더불어 자살을 바라보는 법의 시선도 일방적 규제로부터 따뜻한 배려와 연대의 시선으로 적극적으로 바뀔 필요가 있다.

술과 섹스로 자살한 조선시대 기생에 대한 해석과 평가

우리나라 자살률은 세계 1위이며, 이 중 청소년 자살률이 거의 절반이라고 한다. 이런 상황에서 청소년에게 자살예방 교육이 시급하다고 할 때, 쉽게 떠올릴 수 있는 것은 생명과 삶의 소중함을 주제로 하는 감화적 교재일 터이다. 그런데 이 글은 이와는 다른 교육적 접근을 시도하고 있다. 문학은 교훈적 내용으로만 사람을 변화시키는 것은 아니다. 오히려 작품을 통해 삶의 문제를 상징적으로 경험하게 하면서 자살의 문제를 대했을 때 어떻게 생각하고 느껴야 하는지 알려준다. 이러한 문학을 통해 우리는 삶의 문제에 대한 사유 형식을 계발하고 자신의 감정적 태도를 성찰할 수 있는 능력, 즉, 실천적인 삶의 지혜를 얻는다. 이 글은 현대인에게도 충격적으로 다가올 만한 문학 작품을 제시하고 있는데, 바로 조선 후기 문사 이옥의 〈협창기문〉이다. 이 짧은 전傳에 입전된 기생은 정인情人을 따라 유배지로 가서 독한 술과 섹스로 자살하고 만다. 이에 대해 현대 독자들이 어떻게 해석하고 평가하는지 분석한 결과를 보면, 우리가 자살 문제를 접했을 때, 어떤 사유 방식을 작동시키며 어떻게 감정적으로 대응하는지 성찰해 볼 수 있다.

황혜진

자살은 개개인의 삶에 있어서 사려 깊은 도덕적 판단이 요청되는 중대한 가치문제이다. 또한 종종 접할 수 있는 타인의 자살 사건도 우리에게 심각한 가치문제로 다가온다. 그러나 우리는 자살이라는 가치문제에 대해 어떻게 느끼고 생각해야 하는지 구체적인 방법을 가지고 있지 않다. 즉, 가치 평가의 과정에서 우리가 주목하는 요소는 무엇이고, 그 구조는 어떠하며, 문화적으로 공유하고 있거나 개별 주체가 중시하는 가치 관념이 어떤 것인지에 대한 앎이 없다는 것이다.

이러한 앎은 명제적 · 개념적 지식도 아니며, 방법적 지식도 아닌 '실천지phronesis'[1]에 해당한다. 자기나 타인의 자살 문제를 판단하는 데에는 실천지의 속성과 같은 '지혜'가 필요하다. 그런데 이 지혜는 특정한 문제와 관련된 삶의 국면에서 반복적인 수행performance을 통해 스스로 터득할 수 있는 것이다. 그러나 자살의 경우, 실제적 경험을 갖는 것이 불가능하여 이 문제에 대해 지혜롭게 판단하고 대처할 수 있는 실천지를 체득하기는 상당히 어려운 일이다. 그래서 자살은 충동적인 경우가 많고 자살 소식은 충격적인 것으로 받아들여진다.

문학은 자살을 간접적으로 경험하고 자살 문제를 관조하기 위한 좋은 자료가 될 수 있다. 독자는 주동 인물을 매개로 서사세계에 몰입해 마치 자신의 상황처럼 여기고 인물과 함께 고민하고 느낄 수 있는 한편, 고도로 상징적인 허구적 구성물에 대해 관조적 거리를 가질 수도 있기 때문이다. 또, 문학 속의 자살에 대해 자신의 견해를 표현하는 과정에서 자살이라는 가치문제를 생각할 때 자신이 어떤 사유의 길을 따르는지, 자살 문제와 관련해 자동화된 문화적 관념이나 개성적인 가치 관념은 무엇인지 가시화해 성찰할 수 있다.

문학 작품을 통한 자살의 경험은 비록 상징적인 차원에서 이루어지지만 일종의 정신적 형식form을 이루어 유사한 삶의 문제를 접하는 실천에도 적용될 수 있다. 이처럼 문학은 우리가 실제 체험하기 힘든 삶의 문제를 구체적인 상황에 놓인 특수한 인물을 매개로 경험하게 함으로써 중요한 삶의 문제에 대한 실천지를 도야陶冶할 수 있는 기회를 제공한다.[2] 이러한 문학을 통해 삶의 문제를 미리 경험하게 하고 그 문제를 자신의 삶에 전유appropriation하는 '자기화'의 방안은 그간 문학교육에서 중요하게 취급되기도 하였다.[3]

자살 문제에 대해서도 이러한 접근이 필요하다. 그러나 제도적 차원의 문학교육에서는 자살 문제를 도외시하였다. 감수성이 예민한 청소년들에게 자살이나, 그만큼 자극적인 성애를 제재로 삼는 텍스트를 가르치는 것은 비교육적이라는 판단 때문이다. 이러한 판단이 비록 학습자에 대한 배려에서 비롯되었다고 하더라도 정작 개개인의 삶에서 가장 중요한 삶과 죽음, 사랑과 성에 대해 침묵하는 것은 교육적 방기이다. 더구나 청소년 자살이 늘어가는 현실에서 자살에 대한 교육은 비단 윤리 교육만의 몫이 아니라 여기에 관여할 수 있는 모든 교과의 책무가 되어야 한다.[4]

이 연구는 이러한 문제의식을 바탕으로, 자살이라는 가치문제를 구체적인 형상으로 제시한 문학 텍스트에 대한 학습 독자의 평가적인 반응을 분석하여 그 양상을 기술하며 자살 문제에 접근하는 방식이나 판단의 구조, 그리고 자살에 대한 가치 관념 등에 대한 이해를 도모하고자 한다. 이를 통해 자살이라는 삶의 문제를 접하는 우리의 감성 구조나 사유 방식을 성찰하고, 나아가 문학을 통한 인간 교육을 지향하는 문학교육의 관점에서 이 연구의 활용 가능성을 논하도록 한다.

이 연구에서 독자 반응을 이끌어 내는 텍스트로 선정한 것은 이옥李鈺(1760~1813)[5]의 〈협창기문俠娼紀聞〉이다. 〈협창기문〉은 전 양식의 글로 이옥이 남긴 25편의 전 중 하나이다. 이옥이 입전立傳한 인물 가운데 여성 인물이 많은데 이들 대부분은 열烈이라는 가치에서 볼 때 기릴 만한 행위를 하였으며, 이옥은 이들의 심리와 그들의 강고한 삶의 자세를 상세히 기술하였다.[6] 그런데 〈협창기문〉에서는,

"'정情의 진眞'이나 '실實의 진眞'을 추구하는 섬세한 문장"[7]과는 달리 서술상 빈틈이 많이 발견된다. 그리고 정인情人을 따라 유배지인 제주도로 가서 독주와 성교로 동반 자살한 '협창'은 특정한 덕목을 표상하는 인물도 아니다.

그래서 이 텍스트는 현대 독자의 관점으로 읽기에 주제적인 의미를 확정짓기 어려우며, 그 의미를 확정짓는다고 하더라도 그에 대한 자신의 평가적 의견을 마련하는 것도 쉽지 않다. 그 이유를 우선 텍스트 차원에서 찾을 때, 입전의 대상이 되는 기생의 행위를 충분히 이해하기에는 그에 대한 정보가 부족하며, 입전자의 서술 시각도 분명하지 않다는 점을 발견할 수 있다. 한편, 독자의 콘텍스트 차원에서 볼 때도 죽음을 실행한 기생이나 그에 대해 호협하다는 평가를 내린 입전자의 견해는, 자살을 부정적으로 여기는 현재의 문화적 관념과 배리될 수도 있는 성격의 것이기에 이에 대해 입전자와는 다른 견해를 제시할 수 있다.

이 글은 이와 같은 특성을 지닌 〈협창기문〉을 해석적인 '열림'을 가능하게 하는 텍스트로 보아 독자들의 다양한 반응을 이끌어 내는 촉매로 유용하다 판단하였다. 필자는 50명의 국어국문학과 1학년 학생들이 수강하고 있는 '현대인의 삶과 고전'이라는 수업에서 이옥의 〈협창기문〉에 등장하는 기생의 행동에 대한 자신의 견해를 서술하라는 과제를 내주었다. 이 과제를 수행하기 위해서는 텍스트 해석이 기본적으로 이루어져야 한다. 협창의 행동에 대해 자신의 견해를 갖기 위해서는 그 행동의 원인과 과정, 결과 등을 서사적으로 이해하고, 서사의 논리가 비약된 부분을 추론적으로 채워가며, 그 시각이 분명하지 않은 서술을 비판적으로 분석하는 해석적 활동이 전제되어야 한다는 것이다.

해석적 활동 이후, 자신의 견해를 밝히는 과정에서 독자는 그에 대한 자신의 옳고 그름, 좋고 나쁨 등을 드러내는 가치 진술을 하도록 하였다. 이로 인해 '기생의 행동에 대한 자신의 견해'는 독자들이 생각하는 도덕적 주체 및 도덕적 행동에 대한 평가적 관점을 내포하였다. 이에 이 연구에서는 도덕성의 판단 준거 영역으로서 정의적 · 인지적 · 실천적 영역을 설정하여 개별 독자들이 어떤 영역을 중시하는 관점에서 인물이나 그 행동을 평가하는지를 살피고, 평가가 암시하는 삶과 죽음에 대한 가치 관념이 무엇인지 탐색하도록 하겠다.

〈협창기문〉의 특징과 열린 해석의 가능성

독사 반응에 대한 본격적인 연구에 앞서 이 절에서는 〈협창기문〉의 서술적 특징과 해석의 문제를 분석하도록 하겠다. 우선, 이옥의 〈협창기문〉에 소개된 '협창'의 이야기는 다음과 같다.

> 서울의 한 기생이 있었는데 자색姿色과 기예技藝가 일세 최고였다. 이 기생은, 용모와 신색이 아름답고 명성이 있으며 풍류에 익숙한 사람들을 골라 사귀었다. 을해년(1755) 옥사로 인해 그 정인情人 중 하나가 제주 관노官奴로 유배가게 되었다. 이 기생은 가까운 이들에게 행장을 꾸려 달라고 청하며, 자신의 정인이 굶어 죽는 것은 자신의 수치이기에 그를 따라가려 한다고 했다. 유배지에 간 기생은 정인에게 한양으로 돌아가지 못할 바엔 자기와 즐기다가 죽자고 하면서, 매일 화주火酒로 취하게 하고 취하면 이끌어 동침했다. 얼마 지나지 않아 정인이 병들어 죽자 정성스레 장례를 치르고, 스스로 장사 지낼 물품과 장지를 마련한 후, 술을 몹시 마신 후 절명했다.

이옥은 이 기생의 삶과 죽음을 동시대에 목격하고 최초로 기록한 작자로 추정된다.[8] 이는 이옥이 전傳을 쓸 당시에는 이 사건에 대한 평가의 관점이 널리 합의되기 어려운 시점임을 말해 준다. 게다가 〈협창기문〉은 전통적 문체인 전傳 양식으로 쓰였음에도 입전자立傳者의 포폄의식褒貶意識을 선명하게 파악하기 힘들다. 가치 지향이 확고하거나 가치체계가 견고한 사회에서라면 특정 인물의 행적에 대해 확신을 가지고 명백하게 평가할 수 있다. 그러나 만약 그렇지 않다면 그 평가에 주저함이 있거나 적실하지 않을 수도 있는데 〈협창기문〉이 이러한 경우에 해당한다.

이하의 내용에서는 〈협창기문〉이 왜 해석이 어려운 텍스트인지 그 서술상 특징을 들어 설명하도록 하겠다. 이 연구에서는 크게 세 측면에서 〈협창기문〉의 특징을 파악하려 한다. 첫째, 초점을 두어 서술하고 있는 내용, 둘째, 사건을 배열하는 서사 구성, 셋째, 사건과 인물에 대한 서술자의 태도 등으로 나누어 살피도록 하겠다. 우선, 이옥은 인물을 제시함에 있어 그 내면을 묘사하지 않고 드러난 행동에 초점을 두어 기술하였다. 그래서 기생이 왜 사람을 가려 사귀었으며, 제주로 유배 간 정인에 대한 진정한 마음은 어떠한지, 자신의 죽음에 대해서 무슨 생각을 했었는지 등이 석연치 않다. 특히 가까이 지내는 사람들에게 고하는 다음과 같은 내용을 통해 기생의 진심을 짐작하기는 어렵다.

> 나를 위하여 속히 행장을 좀 꾸려 주십시오. 나와 모某는 그저 심상한 하룻저녁 사귄 것에 불과합니다. 내가 이 모임을 차린 지도 십 년이고 친밀한 사람 또한 근 백 사람이지만, 가만히 따져보면 모두 고기반찬에 비단옷을 입고 행세하면서 궁핍한 생활을 맛보지 않은 분들입니다. 지금 모가 제주에

서 장차 굶어서 죽게 되었으니, 나의 정인이면서 굶어서 죽는다는 것은 나의 수치입니다. 나는 장차 그를 따라가려 합니다.[9]

기생이 다른 양반들에게 알린 바에 따르면, 자신이 굶어 죽게 된 정인을 따라 제주로 가는 이유는 "나의 정인이면서 굶어서 죽는다는 것은 나의 수치"이기 때문이다. 그러나 수치스러움을 씻고자 제주까지 가서 동반 자살을 한다는 것은 쉽게 납득되지 않는다. 이렇게 인용된 기생의 말은 기생의 속내를 충분히 짐작하게 해주는 것은 아니다. 이로 인해 서사를 이해하기 위해서는 기생의 심리나 상황적 맥락을 추론하여 기생의 행위를 충분히 그럴 듯한 것으로 만들 정황情況을 재구하는 작업이 필요해진다.

〈협창기문〉은 행동 중심의 서술을 하면서도 사건의 배열을 촘촘히 하지 않아 서사적 비약이 두드러진다.[10] 그래서 기생의 행위가 인과적 맥락 없는 돌발적인 것으로도 보인다. 기생의 정인이 어떤 사람인지, 그와 기생은 어떤 인연이 있었는지를 보여주는 사건이나 정보가 없어 기생의 자살이 돌연하고 급작스럽게 여겨지는 것이다. 만약 정인과의 특별한 인연과 애정을 알려주는 내용이 서술되어 있었다면, 해석에 있어 많은 문제가 일거에 해결될 수 있을 것이다.

이를테면, 부귀하고 풍류를 아는 사람만을 골라 사귀었던 까닭은 기생 노릇을 폐할 수 없으나 정인을 위해 되도록 사람을 가리기 위한 처신 방식이었고, 자신의 수치를 운운하며 가까이 사귀던 사람들에게 고한 까닭은 정인과의 관계를 만천하에 드러내지 않으면서 일을 도모하는 계책이었다는 이해가 가능하다. 그리고 같은 맥락에서, 정인에 대한 사랑으로 하나됨을 추구하는 에로스의 완성과 같은 동반 자살을 한 것이니, 기생의 죽음을 그럴 수도 있는 것이라 여기는 데 그리

어려움을 느끼지 않을 것이기 때문이다.

한편, 서술자의 태도가 분명하다면 독자가 인물에 공감하고 사건을 수용하는 데 일정한 지향점을 가질 수 있다. 더욱이 전은 입전 의식이 분명하다는 문체적 특성을 갖기에 서술자의 평가적 관점을 따라 서사의 빈자리를 채워 읽어 가면 해석에 큰 난점은 없을 것이다. 그러나 이옥의 글은 전 양식으로 쓰였음에도 서술자의 관점이 뚜렷하지 않다. 특히 기생의 행위를 서술함에 있어서 글쓴이의 주관적 의견이나 평가를 좀체 드러내지 않고 있다는 점에 주목해 볼 수 있다. 이 글에서 인물이나 사건을 특정한 관점에서 보게 하는 서술자의 평가적 견해가 드러난 부분은 아래 인용이 전부이다.

> ① 이때에 손님으로 그 창기에게 문전박대를 받은 자들은 헐뜯으려고 속을 끓였지만 그에게 지키는 바가 있을 줄은 알지 못했다.
> ② 편지를 받은 사람들은 애통해 하고 그 일을 의롭게 여겨 금품을 거두어 가서 맞이해 오고, 적당한 땅을 구하여 묻어 주었다. 사람들은 그제서야 그 창기가 고상한 의기를 가지고 돈과 권력에 추부하는 자가 아님을 알았다.
> ③ 아, 이와 같은 사람은 참으로 자기를 잘 지킨다고 말할 수 있고 여자 가운데 관부이다. 이 어찌 세속에 머리를 분장하고 오직 돈과 재물을 좇는 기녀들에게 비할 수 있겠는가? 아, 어떻게 하면 그 나머지 분과 향을 얻어 세간의 시교하는 사람들에게 체득시켜 삶을 영위하게 할 수 있을까? 슬프다!

위 인용문에서 기생은 '의인義人'으로 칭송된다. 의로움은 '지키는 바가 있음', '사람들이 의롭게 여김', '고상한 의기를 지님', '자기를 잘 지킴', '윗사람을 위해 자기 위험을 돌보지 않음'[11] 등으로 구체화된다. 또 글의 제목에 '협창俠娼'이라는 표현이 있는 것처럼 호협豪俠함도 강조되고 있다. 이렇게 의로움과 호협함이 입전 인물의 칭송할 만한 덕성처럼 보이나 이는 인물이 추구하는 가치 대상 그 자체가 아니라 그것을 추구하는 자세와 관련된 덕성일 뿐이다. 즉, 의협에 대한 평가는 정인을 따라 죽은 기생의 행위 전체를 갈무리하기에는 부분적이라는 것이다.

작자가 평가를 유보하고 있는 부분은 정인과의 관계와 화주와 성교로 자살한 사건이다. 정인과의 관계에 대해서는 서사적 결함을 메울 수 있는 결정적인 정보 가치가 있음에도 서술자는 이에 대해 기술하지 않았음을 앞서 살펴보았다. 술과 섹스로 자살하기는 현대적 시각으로 보아도 매우 퇴폐적이고 파격적이다. 입전자 역시 그러한 죽음의 방식에 내해 평가하기가 상당히 부담되었을 것으로 여겨진다. 그래서인지 자칫 타문他門의 청명淸名을 크게 손상시킬 수 있는 기생과의 강렬한 애정과, 신체발부身體髮膚의 불감훼손不敢毁損을 효의 시작으로 삼는 예교를 거스를 수 있을 만한 충격적인 방식의 자살에 대해 침묵하고 있는 것이다.

그래서 독자들은 화주와 성교로 행한 동반자살이라는 '놀라운 사건'을 작자가 어떻게 의미화하는가에 대한 서사적 흥미를 충족시키지 못한다. 이러한 점은 서술의 결함이라고 할 수 있으나 오히려 독자는 모호하게 다가와 어느 한 의미 지점에 안착하지 않는 사건에 대해 다양한 상상과 해석을 할 수 있다. 사건에 대한 상세한 서술이 부재함으로 인해 독자가 사건을 직접 해석하고 그것에 대한 자기 서술을 마련해야 하기 때문이다.

이렇게 독자로 하여금 사건에 대한 서술 행위를 도모하게 하는 글은 바르트가 말한 바, '쓸 수 있는 텍스트'[12]에 해당한다. 더욱이 인물의 행동을 평가하라는 수행 과제는 자살에 대한 자신의 관념을 바탕으로 인물의 심리적 정황을 재구하고,

서사적 채워 넣기가 필요한 부분의 삽화를 상상적으로 구성하며, 입전자처럼 평가적 관점을 가진 서술자가 되어 인물전을 다시 쓰라는 요청과 다르지 않다. 그래서 이러한 과제를 행하면서 자연스럽게 독자들은 기생의 죽음에 대한 자기 나름의 서술 행위를 시도하게 된다.

기생의 행위에 대한 독자의 해석과 평가

이 절에서는 기생의 행위에 대한 현대 독자들의 견해가 담긴 글을 분석하면서, 〈협창기문〉에 대한 독자의 해석이 어떻게 이루어지고 있으며, 기생에 대해서는 어떠한 평가가 있는지 확인해 보도록 하겠다. 앞 절에서 설명했듯이, 〈협창기문〉은 '쓸 수 있는 텍스트'로서 속성을 지니는바, 이에 대한 독자의 서술 행위는 기생과 정인의 관계 설정, 기생의 행동 동기에 대한 상상, 행동의 서사적 맥락에 대한 추론 및 기생이나 기생의 행동에 대한 평가를 포함한다.

그런데 독자의 서술 행위에서 해석과 평가가 분명히 구분되는 것은 아니다. 관념적으로는 텍스트를 해석하고, 해석한 결과에 대해 평가하는 단계 설정이 가능하지만 서술 행위로 산출된 독자의 글에서 해석과 평가가 명확히 갈리지 않는다는 것이다. 오히려 평가가 직관적으로 이루어지고 이 평가적 관점이 해석에 필요한 정보나 상황을 만드는 경향을 확인할 수 있었다. 특히 학습 독자들은 기생의 행위를 평가할 때 기생이라는 행위 주체나 자살이라는 행위의 도덕성을 판단하려 하였다. 이러한 비평문의 특성을 고려하여 이 연구에서는 도덕성을 평가할 때 어떤 요소를 중심으로 접근하는지를 준거로 그 양상을 기술하려 한다.

'도덕성morality'의 내용에 대해서는 논란이 분분하여 도덕성 발달에 대한 이론들도 상당히 많으며, 다양한 도덕 이론을 통합하는 시도는 기껏해야 어리석은 일이고, 최악의 경우 현혹시키는 일이 될 뿐이라고 여겨진다.[13] 그렇지만 도덕성의 내용에 대한 입장 차이를 갖는 이론들이라 할지라도, 적어도 도덕성이 어떤 요소로 구성되어 있는가 하는 데에서는 큰 이견을 갖지 않는다. 도덕적 동기와 관련된 정의적 요소, 도덕 원리에 대한 앎과 가치에 대한 도덕적 추론 능력 등의 인지적 요소, 이러한 요소를 바탕으로 도덕적 행위를 실행하는 실천적 요소 등은 도덕성의 구성 요소로 널리 받아들여진다.

이에 이 연구에서는 도덕성의 구성 요소를 고려하여 독자가 텍스트를 해석하고 평가할 때 주안점을 두는 영역을 나누어 보았다.[14] 비평문을 개괄한 결과, 독자가 관심을 집중하며 평가하고자 하는 영역에 따라 해석적 활동과 도덕적 평가가 이루어지고 있다는 특성을 발견할 수 있었다. 따라서 여기서는 정의적, 인지적, 실천적 영역에 속한 항목으로 해석적 변인을 제시해 독자의 해석 활동과 평가가 연동하고 있음을 보일 수 있도록 하겠다. 이를 통해 문학 텍스트 속에 존재하는 기호학적 인물과 그 행동에 대한 평가가 이루어지는 구조를 살피는 것이 이 절의 중심 내용이다.

정의적 요소에 주목한 해석과 평가

정의적 요소에 주목한 평가는 기생의 정의적인 행동 동기를 중시하며, 그 정의적 동기와 관련해 자기의 평가적 견해를 만들어 낸 경우에 해당한다. 50개의 반응 자료 중 각 분류에 해당하는 대표적인 것을 중심으로 소개하도록 하겠다.

(1) 애인을 위한 헌신적 사랑

㉠ 그녀는 한 남자를 따라 먼 길을 떠났다. 이는 사랑의 욕구가 자신이 누릴 수 있는 혜택에 대한 욕구보다 컸으며, 현실에 안주하고자 하는 마음보다 자신의 사랑에 솔직하고자 하는 마음이 더 컸기 때문일 것이다. 그만큼 그녀는 그 남자를 사랑했던 것이다. (…) 내게 그녀는 '사랑을 하는 여자'다. 오직 사랑 때문에 험한 길을 떠나 죽음까지 이른 사람이다.(20/여)[15]

㉡ 기생이 그 남자를 사랑하지 않고서야 머나먼 제주까지 가서 모든 재산을 쏟아붓고 죽을 계획까지 할 수 있었을까? 그동안의 신분적 한계와 기생의 명성, 양반의 지위 등을 놓고 볼 때, 기생은 그 욕망을 감추고 살았다는 것이 짐작된다. 그런데 양반이 도탄에 빠지자 마침내 그 욕망을 풀 수 있었던 것이다. 그녀에게 궁극적인 목표는 죽음이었다. 굴욕적인 삶을 사느니 아름다운 추억들을 가지고 죽는 것이 기생에게 있어 최선의 선택이었을 것이다. 여기서 죽음은 절망과 도피의 결과가 아닌 영원한 사랑을 꿈꿀 수 있는 공간이 된다.(21/여)

(2) 손님을 위한 따뜻한 배려

㉠ 기생의 모습에서 '따뜻한 이타심'을 보았다. 모금운동을 하거나, 자원봉사를 가고, 위문 공연 등을 하는 것 또한 이와 같은 마음에서 나온 것이다. 처음부터 그들에게 '사랑'이라는 마음이 그들을 봉사하고 베풀게 했다고 보기보다 '측은하고 가엽게 여기는 마음'이 그들을 움직이게 했을 것이다. 기생 또한 명성을 잃은 선비에 대한 따뜻한 마음이 있었기에 그 선비를

자신이 상대한 남자 중 한 사람으로 보았더라도 선비에게 도움을 주었다고 생각한다.(20/여)

(3) 손님에 대한 의리

㉠ 기생은 말은 그래도 의리를 위해 고생길을 자처한다. 아무렴 자신의 편안한 기방에서 나와 여자 몸으로 섬까지 가는 데 고생이 없었을까. 그리고 그 남자가 노비로 고생하게 되자 다른 이들은 자신에게 화가 미칠까 두려워 도움의 손길조차 내밀지 않았는데 아무리 기생이라지만 고난에 빠진 남자를 도우면서 혹 자신에게 안 좋은 일이 있을까 염려함이 없었을까. 이런 정신적, 신체적 고통에도 가여운 운명에 빠진 남자를 돕고 끝내 같이 죽는다는 결말은 과연 기생의 의기로운 행동이라 할 만했다.(20/여)

(4) 자신의 자존심과 허영심

㉠ 그녀에게 있어서 자신이 접대한 남자들은 자랑거리가 되었으며, 그들로 인해 스스로의 가치도 높아진다고 여겼을 것이다. 이러한 생각을 가진 그녀에게 자신과 하룻밤을 함께 한 남자가 귀양을 간다는 것은 견디기 어려운 일이었다. 스스로의 수치라고 말하는 모습을 보았을 때, 그녀는 허세에 찌든, 자신이 알고 지내는 사람들이 자신의 가치를 결정한다고 믿는 일종의 정신병적인 집착을 보이는 사람으로 생각된다. (…) 그렇기 때문에 귀양 가는 사내를 따라간 것이라 여길 수도 있다.(21/남)

㉡ 기생은 벗을 최후의 순간까지 자신을 드높이는 데 이용했다. 화려하게

벗의 장례를 치르고 얼마 후 자신도 생을 마감함으로써 드디어 의로운 기생으로 거듭나게 된 것이다. 하지만 그녀는 의로운 기생이 아니라 자신을 완벽하게 포장하기 위해 모든 것을 걸었던 기생이다. 부나 명성은 그녀가 교류하던 남성들로 인해 쉽게 얻을 수 있는 것이었으나 뭇사람들의 비판을 받는 불완전한 것이었다. 이 죽음으로 인해 그러한 비판을 잠재우고 자신을 완벽하게 포장하는 데 성공한 것이다.(20/여)

정의적 요소에 주목한 평가는 해석과 긴밀히 관련된다. 이를테면, 정인情人을 특별한 애정 관계에 있는 연인으로 보느냐, 아니면 손님들 중 하나로 보느냐 하는 해석적 관점에 따라 평가도 달라졌다. 특별한 애정 관계로 본 관점에서 독자들은 '애인을 위한 헌신적 사랑'이라는 낭만적 사랑의 관념을 적용하였으며, 기생과 관계하는 여러 손님 중 하나로 본 관점에서는 겸애兼愛에 가까운 '손님을 위한 따뜻한 배려', 그리고 인연을 맺은 사람을 끝까지 책임지는 '손님에 대한 의리'를 행동의 동기로 여기며 평가의 주안점으로 삼았다.

한편, 행동 동기를 이기적인 것으로 파악하는 입장에서는 기생이 자신의 자존심이나 허영심을 만족시키기 위해 제주도까지 정인을 따라가 자살한 것으로 보았다. 이러한 해석은 "나의 정인이면서 굶어서 죽는다는 것은 나의 수치"라는 기생의 말에 근거해 이루어진 것으로 보인다. 이렇게 해석할 때, 그 동기가 이기적이며, 타인의 시선을 의식하는 진정성이 결여된 것이기에 그 평가도 부정적인 것이 대부분이었다.

인지적 요소에 주목한 해석과 평가

인지적 요소에 주목한 해석과 평가는 크게 두 가지로 다시 나눌 수 있는데, 하나는 인물이 처한 상황을 재구한 후 인물이 다른 행동을 할 수 있었던 가능성들을 상상해 보는 '도덕적 상상력moral imagination'[16]에 의한 평가와, 다른 하나는 도덕 원리를 근거로 삼아 사태를 판단하는 '도덕적 추론moral reasoning'[17]에 의한 평가이다.

(1) 귀양에서 벗어날 가능성이 있었음

㉠ 비록 귀양을 가기는 했지만 자신이 직접 역모에 참여한 것은 아니었기 때문에 그 양반은 귀양 생활에서 벗어날 수 있는 가능성이 있었다. 그런데도 그 기생은 사랑하는 사람에 가서 처음부터 그의 기를 꺾어버렸다.(20/남)

㉡ 나는 기생이 그 남자를 진심으로 사랑했다면 화주를 먹이고 놀게 하면서 병들어 죽게 내버려 두진 않았을 것이고, 자신이 사귀었던 돈 많고 권력 있는 사람들에게 간곡히 부탁해서 그 남자를 다시 서울로 오게 하지 않았을까 하는 생각이 든다. 그 남자가 즐기는 것이 중요한 것이 아니라 자신과 오래도록 살 수 있느냐가 중요한 것인데 기생은 자신의 허영심을 채우기 위해 그 남자의 삶을 방탕하게 만들고 결국 죽음으로 내몬 것이다.(19/여)

㉢ 모든 것은 사람의 생각대로 이루어지지 않는다. 이 자가 목숨을 연명하고 있다 보면 다시 올라갈 수도 있고, 아니면 생각보다 이 생활을 더 잘 이겨낼지

도 모를 일이다. 게다가 즐기는 것이란 여러 가지가 있다. 문장을 하거나 무엇인가를 키우는 것도 즐기는 것이라 하겠다. 하지만 매일 잔치를 하고 술을 마시니 자연히 병이 들고 얼마 지나지 않아 죽은 것이다. 이 기생의 판단으로 이 자의 인생은 더욱 짧아진 것이다.(20/남)

(2) 귀양에서 벗어날 가능성이 없었음

㉠ 기생은 자신의 신분 때문에 한 사람을 사랑한다고 표현할 처지가 못 되어 숨겨왔던 것으로 추측이 가능하다. 자신이 사랑하는 사람은 평생 궁핍하게 산 적이 없고 고기를 먹고 비단옷을 입고 살아온 사람인데 유배를 가 궁상맞게 굶고 거지 신세가 되어 살아가게 되면 그 양반의 자존심에 금이 간다거나 수치를 맛보게 될 것을 염려해 따라간 것이다. 결국 기생이 말한 수치는 본래 자신의 것이 아닌 사랑하는 사람의 몫이 아니었을까?(21/여)

㉡ 그녀는 기생이니 대부의 몰락을 많이 봐 왔을 것이다. 그런 그녀는 또한 귀하게 크고 권력을 가졌던 사람이 몰락하면 어떻게 되는지 알고 있었을 것이다. 사형 당하지 않았으나 역모이니 두 번 다시 돌아갈 수 없고 주변 환경이 한 순간에 뒤집힌 절망과 무력감, 그녀는 그런 자의 삶이 죽은 것이나 다름없는 것을 알고 유배지에서 죄인의 이름으로 궁핍하게 사는 치욕보다는 전과 다름없는 쾌락 속에서 죽는 것이 자신이 마지막으로 해줄 수 있는 유일한 것임을 알았던 것이다.(22/여)

(3) 선비의 도리를 훼손하게 함

㉠ 만약 그 기생이 진정 의로운 자였다면 홍문관 관원의 낙심한 마음을 붙들어주고 독려해 주어 다시금 선비의 풍모를 띠게끔 했어야지 결코 주색에 빠져 여생을 허비토록 해선 안 되었다. 그래서 나는 그 기생이 남들과는 다른 헌신적인 기품이 있다는 것을 인정하더라도 그녀가 계월향이나 논개와 같은 의기라고는 인정할 수 없다.(20/남)

(4) 벗의 도리를 행하지 않음

㉠ 진정한 벗이라면 가난과 핍박의 삶에 놓인 친구를 불 속의 나방처럼 유흥 속에 살다 병들어 죽게 할 것이 아니라 각박한 생활 가운데서도 군자의 도를 찾고 현실과 더불어 정진할 수 있게 함이 옳다. 또한 가난에서 도피하게 하고 심신을 나약하게 하며 부딪치기도 전에 죽게 만들었으니, 현대의 과잉 보호로 자식을 망치는 부모와 다를 것이 없다.(20/여)

(5) 인간의 도리를 따르지 않음

㉠ 의협심을 따지기 이전의 기생의 삶은 지극히 퇴폐적이고 본능적이었다는 점에서 아쉬움이 남는다. 인간이 동물과 구별되는 가장 큰 특징은 인간에게는 이성이 존재한다는 것이다. 그러나 기생은 자신의 본능과 감정을 통제하고 조절하며 더 나은 삶을 위해 노력해야 함에도 불구하고 원초적인 쾌락을 즐겼다. 이는 육체적, 본능적인 즐거움이었을지 모르나 인간의 궁극적인 목표인 정신적 즐거움은 아니었다는 점에서 기생의 행동은 비판받아야 한다고 생각한다.(20/여)

독자들은 도덕적 상상력을 활용해 다른 서사를 진행할 수 있었던 가능성을 구체화하면서 가치 평가를 하기도 하였다. 〈협창기문〉의 해석과 관련시켜 볼 때, 독자들은 기생의 자살 제안이 돌연하다 여겨졌는지 이 부분에서 집중적으로 도덕적 상상력을 발휘하였다. 자신의 관점과 선지식을 활용해 귀양 생활에서 풀려날 가능성이 있었다고 하는 독자들은 기생이 다른 가능성들을 고려하지 않고 성급한 결정을 내렸음을 지적하였다. 한편, 기생의 제안이 정인을 위한 사려 깊은 도덕적 상상력의 결과라 여기는 독자들은 기생이 했을 법한 상상력을 따라하면서 그 선택이 충분히 숙고된 것임을 보여주었다.

또 다른 인지적 요소에 주목한 평가로서, 도덕 원리에 입각해 삼단 논법으로 구체적 사례를 평가한 경우는 도덕 원리를 어디에서 구하느냐에 따라 나누어 보았다. 독자들은 '선비의 도리', '벗의 도리', '인간의 도리' 등을 근거로 기생의 잘못을 나무랐다.

실천적 요소에 주목한 해석과 평가

실천적 요소는 인지적이고 정의적인 요소에 바탕을 둔 도덕적 행동과 관련된다. 그런데 이미 인물은 이미 행동을 한 상태이기 때문에 이에 대한 논의는 뜻을 실행에 옮기는 태도에 그 초점을 두도록 한다.

(1) 용기 있는 실천

㉠ 주위의 이목을 신경 쓰지 않고 자신이 원하는 대로 행동하는 용기 있는 사고방식의 소유자인 것이다. '오늘을 즐겨라! 내일은 생각하지 말고.' 식의 사고방식을 가진 듯한 이 기생은 남자와 제주도에서 원하던 것처럼 즐겁게

해보고 싶은 것 다 해보다 죽는다. 이런 이유로 나는 그녀가 카르페디엠을 가장 잘 실천한 인물이라 생각한다.(20/여)

(2) 저항적 실천

㉠ 유교 사회에서 여성에게는 조신하고 소극적인 태도가 강조된다. 하지만 이 여성은 그 당시 사회상에 비추어 봤을 때 상상하기도 힘든 적극성을 가졌다. 그 남자에게 찾아가는 태도뿐만 아니라 제주도로 하기 위해 재물을 모으는 과정에서도 남자들에게 자신의 의사를 펼치며 당당히 요구하는 적극성을 보인다. (…) 또한 그 죽음도 남성에 종속된 부창부수적 죽음이 아닌 전적으로 여성의 의사에 따라 결정된 것이다.(21/남)

(3) 자기실현으로서 실천

㉠ 그녀는 정인을 찾아가 남은 여생 고통스럽게 살기보다는 밤낮 술 마시며 놀고 잠자리를 함께 하며 즐거움을 나누다 죽자고 말한다. 이런 말이 조선시대 여자의 입에서 먼저 나왔다는 것이 문란해 보이기도 하지만 한편으로는 이 기생이 성에 대해 개방적인 의식을 가지고 있으며 자기 욕망에 솔직하다고 볼 수도 있을 것이다. (…) 한 남자만을 받들고 수절, 정절을 지키는 것을 미덕으로 알던 시대에 그녀는 자신의 향락적 삶의 실현을 위해 적극적 인물로 평가될 수 있을 것이다.(20/여)

㉡ 그녀는 떠날 때, '자신의 사람이 굶어죽는 것은 용납할 수 없다.'(평계다)라며 말하고 가지만, 사실 그녀의 말을 들어 보면 기생일을 한 지 10년이 지났다고

했다. 아마 재물도 모을 만큼 모았고, 기생짓도 10년을 했으니 그 생활에서 벗어나서 얼마간이라도 자유롭게 살아보고 싶었던 것은 아닐까 추측해 본다. 그녀는 결국 제주도에 가서 그 남자와 매일 먹고 즐기며 사랑을 나누었다. 그녀는 그 생활이 자유롭고 행복했을 것이다. 내가 보기엔 그 사람을 사랑했던 것 같다. 그것은 그가 죽고 난 후 한 바탕 통곡을 하고 절명했다는 이야기를 보면 짐작할 수 있다. 죽음 역시 그녀의 선택으로 그녀가 지켜왔던 명성을 더럽히지 않고 잘 죽게 되었다.(22/여)

(4) 자기동일성 없는 실천

㉠ 그녀가 그를 찾아간 것은 어리석지 않다고 생각한다. 그녀에게 자신과 연관된 남자는 모두 상류층이라는 것은 그녀의 큰 아이덴티티였을 것이고 그것을 지킨 그녀의 행동력은 칭찬받을 만하다. 하지만 그녀가 그를 사랑하게 된 것이 그녀의 어리석음이다. 그를 사랑하지 않았다면 통곡을 하다 절명할 수 없었을 것이다. 그녀의 삶을 허무하게 만들 귀양살이 중인 남자에게 모든 것을 내어줘 버린 그녀는 어리석은 선택을 한 것이다.(20/남)

㉡ 사랑을 위해 그에게 죽는 순간까지 행복을 안겨주고 결국 목숨까지 버려야 했던 것은 지조라 볼 수 있지만, 기생이라는 직업적 특성상 열녀가 될 수 없었던 자신이 미울 법도 하다. 하지만 필자는 기생의 행동이 훌륭해 보이지만은 않는다. 그를 흠모하고 목숨을 버릴 만큼 지조를 갖추고 싶었다면 기생을 그만두었어야 했을 것이고 사랑을 포기하고 기생을 계속 했다면 목숨을 버리지 말았어야 했다.(20/남)

실천적 요소에 주목한 평가는 서술자의 입전 의식이나 평가 방식과 밀접한 관련이 있다. 〈협창기문〉의 서술자는 기생의 행동 동기를 추출할 만한 정황을 제시하거나 심리를 충분히 그리지 않았으며, 사태가 다른 방식으로 진전될 수 있는 계기를 상상하게 할 만큼 서사를 촘촘히 구성하지 않았다. 그러나 '협창'이라는 지칭이나 입전 태도를 집약한 결구에서 '돈과 권력을 추구하지 않고 자기를 지키는 의로움'을 칭송하였다. 이에 공명한 독자들은 호협한 용기에 대해 높이 평가하였다.

이 밖에 기생의 실천성을 당시의 시대상에 비추어 여성주의적인 저항성을 보여주었다고 평가한 관점도 있었다. 그리고 가치 내용이 향락적 삶이든 기생이란 신분으로부터 벗어난 삶이든 자유로운 의지에 의해 주체적으로 선택한 삶의 가치를 실현했다는 점에서 자기실현을 위한 실천이라고 평가하기도 하였다. 또한 독자들은 자기동일성 문제도 실천적 요소를 평가하는 주안점으로 삼았는데, 이는 하나의 가치를 일관되게 실행하는 태도가 도덕적 결단과 실천에 있어 중요한 요소로 취급됨을 보여주고 있다.

독자 반응에 나타난 자살에 대한 가치 관념

2절에서 텍스트 분석을 통해 해석적 열림의 속성을 규명하였다면, 3절에서는 이러한 텍스트를 재구하면서 해석하는 데 있어 가치 평가적 요인이 어떻게 갈마드는지를 펼쳐 보였다. 이 절에서는 해석과 평가를 종합하여 추출한 자살에 대한 가치 관념을 표로 제시하고자 한다. 자살에 대한 가치 관념이 곧 독자의 삶의 실천적 지침으로 치환될 수는 없으나 각자의 삶을 꾸려가는 데 의식적, 무의식적 차원에서 작용하는 '자기서사自己敍事'[18]의 한 부분을 구성한다고는 할 수 있을 것이다.

아래 표에 제시한 자살에 대한 가치 관념[19]에 대한 진술은 독자 반응지의 표현을 가능한 취해 가치 명제로 구성한 것이다. 진술된 가치 관념 중에는 유사한 의미를 지닌 것들도 있으나 신념의 강도가 다름을 나타내기 위해 다른 문장으로 표현하였으며, 강도가 낮은 가치 관념으로부터 점차 높아지는 순서로 배열하였다. 해석과 평가의 주안점은 다르더라도 가치 관념은 동일한 경우도 있는데, 이러한 사례는 가치 관념을 생성하는 경로의 이질성을 보여준다고 판단하여 그대로 배치하였다. 그리고 기생에 대한 긍정적 평가를 내린 경우에는 '○'로, 부정적 평가를 내린 경우에는 '●'로 앞에 표시하였다. 각 가치 관념에 해당하는 인원수를 기재하여 편재偏在의 양상을 드러내려 하였다.

[표] 독자 반응에 나타난 자살에 대한 가치 관념

<table>
<tr><th colspan="2">해석과 평가의 주안점</th><th>자살에 대한 가치 관념</th><th>인원</th></tr>
<tr><td>행동적 요소와 관련된 평가</td><td>자기동일성 없는 실천</td><td>● 일관된 원칙이 없는 죽음은 비판받을 만하다.(2)</td><td>2명</td></tr>
<tr><td rowspan="2">정의적 요소와 관련된 평가</td><td>애인에 대한 헌신적 사랑</td><td>○ 나를 아끼고 사랑하는 마음보다 남에 대한 사랑이 더 클 수 있다.(1)
○ 진심으로 사랑하면 죽을 수 있다.(2)
○ 사랑하는 사람과 죽음까지 함께하는 것은 낭만적이다.(1)
○ 사랑하는 사람과 함께 죽는 것은 아름답고 행복한 일이다.(2)
○ 죽음은 환멸의 세상에서 벗어나 영원한 사랑을 꿈꿀 수 있는 공간이 될 수 있다.(1)
● 아무리 사랑하는 사람을 위해서라도 내 삶을 포기해서는 안 된다.(1)</td><td>8명</td></tr>
<tr><td>손님을 위한 따뜻한 배려</td><td>○ 남을 위한 죽음은 자기희생적이며 헌신적인 선택이다.(3)
● 남을 위한 죽음은 자기를 포기하는 어리석은 선택이다.(1)</td><td>4명</td></tr>
</table>

해석과 평가의 주안점		자살에 대한 가치 관념	인원
정의적 요소와 관련된 평가	손님에 대한 의리	○ 의리를 지키기 위해서라면 목숨을 바칠 수 있다.(2) ● 오래 사랑하며 살 생각을 해야지 짧고 굵게 즐기다 죽으려 해서는 안 된다.(1)	3명
	자신의 자존심과 허영심	○ 내 삶의 오점을 남기지 않기 위해 죽음을 택할 수 있다.(1) ● 자기 욕심을 채우기 위해 남의 죽음을 종용해서는 안 된다.(1) ● 자기 허영심을 만족시키기 위한 죽음은 비판받을 만하다.(8)	10명
인지적 요소와 관련된 평가	귀양에서 벗어날 가능성이 있었음	● 상황은 변할 수 있으니 쉽게 죽음을 결정해서는 안 된다.(2) ● 오래 사랑하며 살 생각을 해야지 짧고 굵게 즐기다 죽으려 해서는 안 된다.(1) ● 죽음을 쉽게 결정하기보다는 삶을 개선하기 위해 노력해야 한다.(2)	5명
	귀양에서 벗어날 가능성이 없었음	○ 의리를 지키기 위해서라면 목숨을 바칠 수 있다.(1) ○ 진심으로 사랑하면 죽을 수 있다.(1) ○ 죽음은 괴로운 삶의 도피처가 될 수 있다.(1) ● 유흥으로 삶을 탕진해서는 안 된다.(1)	4명
	선비의 도리를 훼손하게 함	● 희망이 없는 삶이라도 열심히 살아야 한다.(1) ● 어떠한 상황에서도 인간은 정신적 가치를 추구하는 삶을 살아야 한다.(1)	2명
	벗의 도리를 행하지 않음	● 유흥으로 삶을 탕진해서는 안 된다.(1)	1명
	인간의 도리를 따르지 않음	● 즐기다 죽기보다는 이성적으로 더 나은 삶을 위해 노력해야 한다.(1)	1명
행동적 요소와 관련된 평가	용기 있는 실천	○ 삶과 죽음의 방식을 자발적으로 선택하고 실천하는 것은 자유의 실현이다.(1)	1명
	저항적 실천	○ 대의를 위한 죽음은 가치롭다.(1)	1명
	자기실현으로서 실천	○ 죽음을 계획하는 것은 자기 삶의 끝맺음을 준비하는 것이다.(1) ○ 하고 싶은 것을 즐겁게 다 해보고 죽으면 여한이 없다.(3) ○ 자신이 선택한 죽음은 자기실현의 한 방식이 될 수 있다.(4)	8명

※ ○ : 27명 ● : 23명

위 표는 독자의 해석과 평가에 나타난 가치 관념을 분석한 결과를 정리한 것이다. 표로 정리한 것 중 특징적인 내용이나 표에 대한 해석적 논의가 필요한 부분을 몇 가지로 나누어 살필 수 있다. 먼저, 기생의 자살에 대해 긍정적인 평가가 27명, 부정적인 평가가 23명으로 큰 차이가 없었다. 이를 통해 〈협창기문〉이 다양한 해석과 평가를 가능하게 하는 논쟁적인 텍스트임을 재확인할 수 있다.

한편, 애정에 대한 가치 관념과 결합된 평가라 할지라도 자살에 대해 긍정적으로 본 의견이 많았던 것은 특기할 만하다. 다음과 같이 적극적으로 자살을 옹호하는 가치 관념도 있었다. "죽음은 환멸의 세상에서 벗어나 영원한 사랑을 꿈꿀 수 있는 공간이 될 수 있다.", "내 삶의 오점을 남기지 않기 위해 죽음을 택할 수 있다.", "죽음은 괴로운 삶의 도피처가 될 수 있다.", "자신이 선택한 죽음은 자기실현의 한 방식이 될 수 있다." 등.

또한, 평가 영역별로 정의적 요소, 인지적 요소, 실천적 요소 등에 각각 50%, 26%, 12%의 독자가 주안점을 두어 평가하였다. 정의적 요소에 주목한 평가가 많은 이유는 애정 관계를 중시하는 연령대의 독자라는 점, 인지적인 가치 판단의 방식보다는 '배려의 윤리'를 선호하고 체화한 여성 독자가 많다는 점이 영향을 끼친 것으로 추정된다.[20]

다수의 독자들이 해석과 평가의 주안점을 둔 사항은 '애인에 대한 헌신적 사랑'(16%), '귀양에서 벗어날 가능성이 있었음'(10%), '자기실현으로서 실천'(16%) 등이다. 다수가 선호한다고 하여 반드시 옳은 것은 아니나, 선생님의 평가를 염두에 두고 과제를 수행하는 학습자들은 보편적으로 받아들여질 만한 가치 관념을 고려해 평가를 하였을 것이다. 이러한 맥락에서 보면, '사랑은 헌신적이어야 한다', '다양한 가능성을 고려해 판단해야 한다', '주체적인 삶을 살아야 한다' 등은 일종의 문화적 관념으로 자리 잡고 있음을 파악할 수 있다.

'좋은 삶'을 위한 문학교육

문학 작품은 가치문제를 내포한 삶의 상황을 상징적 차원에서 경험하는 자료가 될 수 있으며, 학습 독자들은 이런 경험을 통해 삶의 문제에 대해 해석하고 평가하는 정신적 형식을 도야할 수 있다. 이와 같은 관점에서 수행된 이 연구에서는 문학 작품에 대한 해석과 평가가 학습자의 도덕적 판단의 형식과 긴밀히 관련됨을 보이고자 하였다. 이를 위해 이 연구에서는 학습 독자로 하여금, 열린 해석이 가능한 이옥의 〈협창기문〉을 해석, 평가하게 하여 작품에 대한 해석과 도덕적인 가치 평가가 이루어진 양상을 분석하였다. 그 결과를 제시하면 다음과 같다.

도덕성의 요소 중 정의적 요소를 중시하는 독자들은 주로 기생이 어떤 심정과 동기로 죽음을 결행한 것인지에 초점을 맞춰 텍스트를 해석하였다. 이를 위해 기생과 정인의 관계를 상상하고, 관계 속의 정황을 재구하는 해석 과정을 거쳐 동기를 추론한 후 가치 평가에 이르렀다. 인지적 요소가 중요하다고 여기는 독자들의 경우, 텍스트 문면에 나타난 해석적 실마리를 따라 도덕적 상상력을 작동시키며 삶의 가능성들을 탐색하거나, 도덕 원리에 비추어 사태를 평가하는 방식을 취한 후 가치 평가를 하였다. 한편, 실천의 문제에 주목한 평가는 서술자의 견해를 따라 자신의 의견을 보충하거나, 서술자의 견해와는 달리 자신이 생각하는 도덕적 행동의 실천 원리를 내세워 인물의 행동을 평가하는 방식으로 이루어졌다.

해석의 방식이 곧바로 평가의 결과로 이어지는 것은 아니다. 4절의 표에서 제시한 바와 같이, 정의적 · 인지적 · 실천적 영역마다 각기 다른 가치 관념을 추출될 수 있었으며, 기생에 대한 평가도 각 영역 안에서 갈렸다. 이러한 결과는 해석은 평가의 경로일 뿐, 평가의 내용을 결정하는 것이 아님을 말해 준다. 그렇지만 이 결과는 도덕적인 판단이 이루어지는 구조를 보여주기도 한다. 즉, 기생이나 기생의 자살에 대해 바람직하지 않다는 평가를 하였다고 하더라도, 기생의 행동 심리적 동기에 주목했는지, 서사적 맥락을 바탕으로 상상력을 발휘하였는지, 실천적 태도에 관심을 가졌는지 등 평가적 결과에 이르는 다양한 해석적 경로를 보여준다는 것이다.

이하의 내용에서는 연구 결과가 시사하는 교육적인 제안점에 대해 교육 제재 선정, 교육 내용, 교육 방법 등으로 나눠 논하고자 한다. 첫째, 교육 제재의 선정에 대해 말하자면, 문학성이 빼어나거나 문학사적 의의를 평가받은 정전canon이 아니라 〈협창기문〉과 같이 독자의 반응을 적극적으로 이끌어낼 수 있는 제재 발굴이 필요하다. 그리고 자살이나 성애를 제재로 한 텍스트라도 '좋은 삶'을 지향하며 삶의 실천적 지혜를 구하는 인간교육을 위해, 다양한 삶의 주제를 포괄해야 하는 문학교육에서 다루어질 필요가 있다. 이 논의는 시론적인 것으로 앞으로 다양한 가치문제를 주제적 내용으로 다룬 텍스트가 교육 제재로 발굴되어야 할 것이다.[21]

둘째, 교육 내용과 관련해서 강조할 점은, 문학의 도덕은 위계화된 질서를 갖는 가치체계를 이루고 있지 않고 상황과 주체에 따라 달라지는 실천지적 성격이 있다는 것이다. 때로는 지배적 가치를 거스르는 '위대한 거절'도 할 수 있는 것이 문학이다. 이러한 특성을 고려할 때, 문학교육이 사회적으로 합의된 가치체계를 전수하는 '가치관 교육'처럼 특정한 가치 관념 자체를 교육 내용으로 삼는 것은 무리가 있다고 판단한다. 오히려 문학교육의 교육 내용은 해석과 평가를 하는 능력을 계발하는 데에 집중되어야 한다. 인물의 행동 동기를 파악하기 위해 정황을 섬세하게 느끼고 보기, 사건의 인과성, 인간관계의 복잡성 등을 고려하여 서사적으로 추론하기, 서술자의 태도에 민활하게 반응하며 종합적으로 판단하기 등은 가치능력과 관련해 계발해야 할 정신적 형식으로서 문학교육 고유의 교육 내용이 된다.

셋째, 교육 내용에 대한 앎뿐만 아니라 자기에 대한 성찰적 앎을 증진하게 하는 교육 방법에 대한 고민이 따라야 할 것이다. 이를 위해 문학 텍스트에 대한 반응을 스스로 분석하여 자기 이해를 증진시킬 수 있도록 하는 방법이 긴요할 수 있다. 가치 관념이 자기서사의 일부라면 교육자가 이를 추출한 후 본인에게 제시하여, 동료 학습자의 가치 관념이 분포한 스펙트럼 속에서 자신의 가치 관념을 확인하게 한다면 학습자가 자기 내면에 존재하고 작용하는 자기서사의 일단을 이해할 수 있지 않을까 한다.[22] 한편, 반응 방식을 제한하거나 그 방식에 따른 평가적 반응 자체의 우열을 따지긴 힘들 것이다. 그러나 특정한 방식에 고착된 반응이거나 다른 반응 방식을 고려하지 못하는 경우, 교육자가 다른 방식을 제안해야 할 필요가 있다.

이렇게 이 글은 〈협창기문〉에 대한 독자의 반응을 통해 해석과 평가의 관련 양상을 보이고, 그 결과가 시사하는 교육적인 상을 제시하였다. 그렇지만 자살 문제를 다룬 문학 작품을 읽힌다고 하여 당장 청소년 자살이 줄어들지는 않을 것이며, 비록 줄어든다 한들 그 원인을 문학교육으로 규정하기도 힘들 것이다. 그러나 도덕적 가치 평가가 자기 삶의 문제에도 전이될 수 있다면, 작품 속 인물의 행위를 평가하기 위해 작품을 해석했던 방식은 우리의 삶의 문제를 다양한 방식으로 해석하는 데에도 적용될 수 있다.

또한, 분류된 독자 반응들을 보면서 자신이 어디에 속하고 있는지 확인하게 하는 것은 곧 '나'의 해석과 평가가 유일한 것이 아니라 여러 가능성 중 하나에 속해 있음을 알게 하는 것이다. 이를 통해 학습 독자는 자신이 특정한 삶의 문제를 규정하고 해결하는 습관화된 방식을 비로소 볼 수 있게 된다. 자신에게 익숙한 작품 해석 방식이나 가치 평가 방식을 성찰하며 다른 독자의 반응 양상을 자기 것으로 삼아 보는 것은 곧 자기의 가능성을 확대시키는 일이자, 보다 유연한 삶을 위한 지혜를 축적하는 일이다. 이런 의미에서 자살에 대한 문학교육은 자살 방지 교육이 아니라 자살을 사려 깊게 생각하게 하는 교육으로서 성격을 지니게 될 것이다.

애정과 갈등 그리고 자살[1]

문학치료는 심리적으로 병들어 있는 사람의 자기서사를 문학작품을 통한 문학치료의 과정을 거쳐서 건강한 자기서사로 바뀌는 것을 말한다. 문학치료에서 말하는 자기서사는 '내 삶을 구조화하고 내 인생 전반을 주도 지휘하는 서사'를 말하며, 이때의 서사는 '있는 사실을 그대로 적는' 것을 넘어서서, '인간관계의 형성과 위기와 회복에 대한 이야기'라고 정의할 수 있다.[2] 그러므로 자살을 시도한 적이 있거나 자살하려는 마음을 갖고 있다는 것은 자기서사가 건강하지 못하다는 것을 보여준 것이기 때문에 다시 온전한 자기서사로 되돌릴 필요가 있다. 이 온전한 자기서사, 건강한 자기서사가 되었을 때 자살예방이 되는 것이라고 할 수 있다.

조은심

이 글은 애정갈등으로 인해 자살 시도를 했었던 여성의 자살 심리를 분석하고, 이를 토대로 문학치료에 의한 자살예방 프로그램의 가능성을 탐색해 본 시론이다. 간단히 말하면 자살 시도를 경험한 이들에게 문학치료를 통해서 자살을 예방할 수 있는지 점검해 보는 것이다. 자살 시도를 했었던 경험자들에게 효과가 있는 프로그램이라면 자살의 가능성 있는 이들에게 도움을 줄 수 있기 때문이다.

사례자 김미자(가명, 여, 55세)는 결혼 생활 중에 자살을 시도하였으나 가까스로 살아난 경우로서, 그녀에게 적용한 문학치료의 과정은 다음과 같다. 첫째, 사례자의 면담을 통해서 생애담 속에서 나타난 자기서사를 정리한다. 둘째, 사례자의 작품 반응을 통해서 생애담에서 노출되지 않았던 자기서사를 정리한다. 첫째와 둘째에서 드러난 자기서사는 각각 다른 것이 아니라 합쳐져서 온전히 하나가 되는 자기서사를 말한다. 즉, 생애담에서의 자기서사는 사례자가 자신의 기억에 의존하면서 의식 속에서 검열을 마친 기억만을 밖으로 표현한 것이다. 그러나 작품 반응에서 나타난 자기서사는 작품 속에 등장하는 인물을 통해서 말하는 것이기 때문에 직접적인 자기 검열이 필요치 않다. 그렇기 때문에 무의식 속에 감추어져 있던 내면의 심리를 의도치 않은 상황에서 노출시킬 수 있고, 이러한 것들은 사례자의 자기서사를 구성하는 데 중요한 단서가 되는 것이다.

면담은 총 3회를 실시하였다. 사례자의 개인적 사정으로, 1차면담에서 생애담과 작품 반응 두 가지를 다하였다. 생애담은 사례자의 살아온 이야기를 듣는 것이며, 작품 반응은 그녀의 자살 시도의 동인으로 추측되는 남녀 간의 애정으로 인한 죽음이나 자살과 관련되어 있는 것으로 선정하였다. 면담 방식은 사례자가 작품의 주요 인물의 입장이 되어서 생각해 보는 것이다. 선정된 작품은 〈상사뱀과 상사바위〉, 〈운영전〉, 〈양산백 추양대〉, 〈역적누명과 회초리〉, 〈도량 넓은 남편〉등으로 이 작품들의 반응에 나타난 자기서사를 가지고 자살의 동인이 될 수 있는 가능성에 대해서 살펴보았다. 2차면담은 1차면담에서 부족한 부분이나 빠진 부분을 보충하였다. 3차면담에서는 자살예방을 위한 것으로 선정된 작품은 〈최척전〉, 〈호랑이 눈썹〉 등이다.

생애담과 작품 반응에 나타난 자기서사

먼저 생애담은 세 부분으로 나누어서 살펴보았다. 첫째는 성장과정이다. 성장과정에서는 사례자가 겪게 되는 상처나 가족들과의 관계형성 등을 살펴보기 위함이었다. 둘째는 결혼과 자살 시도이다. 이 부분에서는 사례자의 연애관이나 결혼관 등이 나타날 수 있으며, 이것이 바탕이 된 결혼 생활에서 사례자가 경험했던 자살 시도에 대해서 살펴볼 수 있기 때문이다. 셋째는 자살 시도 그 이후의 삶이다. 사례자의 자살 시도 이후의 삶에 대한 추적과 변화 등을 살펴보기 위함이다. 그리고 추후에 추가되는 항목으로 현시점에서의 자기진단을 들 수 있는데, 이는 사례자의 나이가 중년에 해당되기 때문에 스스로 자기 인생에 대한 성찰을 할 수 있기 때문에 가능한 것이다.

[표] 사례자의 생애담에 나타난 과정별 자기서사의 특징

과정	내용
성장과정	환경의 변화로 문화적인 충격과 고립감을 겪게 되었다. 아버지의 탈선이 배신감을 일으켜 나를 절망에 빠뜨렸다. 학교를 그만 두고 직장생활하면서 그 피해를 뒤집어써서 억울했다. 내게 주어진 그 억울한 상황이 싫어서 마음의 원망을 품었고, 폐쇄적이고 심리적 공황상태에 빠졌다. 나는 점점 고립되어 갔으며 외골수처럼 살게 되었다.
결혼과 자살시도	짐과 같고 족쇄 같은 가정생활을 이어가던 나에게 연애는 출구이고 도피처였다. 누군가가 나를 인정하고 좋아하는 사실에 이끌려서 연애하고 결혼을 했으나 알고 보니 더 큰 함정이 있었다. 그 사람은 자기만 아는 속물이었고 폭력과 외도는 나로 하여금 더 이상 삶을 견딜 수 없게 했다. 나는 그렇게 내 스스로의 삶을 놓아버렸다.
자살 시도 이후의 삶	혹시나 하는 마음으로 미련이나 희망을 찾았으나 무의미하다는 것을 알고 관계를 끊고 새로운 길을 나서게 되었다. 애정이 의외의 요소인 공부나 직장 생활로 의미와 보람을 찾게 되었고, 관계회복을 하면서 안정을 찾을 수 있었고 자존감을 되찾게 되었다. 나는 다시 연애도 하고 결혼을 했으나, 참다운 인연을 못 만난 것 같아 아쉽다.
현시점에서의 자기진단	연애와 결혼에서 느꼈던 사랑은 허무했다. 사랑은 참으로 원하는 것이지만 추한 부분이나 부조리한 부분이 있는 거 같다. 남자를 잘못 만나서 헤어 나오기가 참 어려웠다. 견디지 못해서 자살 시도를 했는데, 지금 생각하면 이기적이었던 거 같다. 자식을 두고 어떻게 그런 짓을 했는지. 자살 시도는 내게 생각의 변화를 가져다주었고 새로운 삶을 시도하게 하였다. 자식과 잘 살아보려고 노력 중이며, 사랑을 계속 꿈꾸며 살고 싶다.

다음은 작품 반응으로, 사례자가 작품을 읽고 난 후 연구자와의 면담을 통해서 작품의 주요 인물의 입장이 되어서 자신의 의견을 밝혀주는 것이다. 이러한 반응들을 조합해서 보면 생애담에서 미처 드러나지 않았던 사례자의 속마음이나 성향 등을 살펴볼 수 있었다.

다음은 다섯 작품의 줄거리를 요약한 것이다.

〈상사뱀과 상사바위〉는 상사병에 걸린 총각의 일방적이고 잘못된 사랑으로 처녀까지 죽게 된다는 내용[3]이다.

〈운영전〉은 사랑이 금지된 궁녀 운영과 그 궁녀를 사랑하게 된 일반인 김진사의 이야기를 다룬 작품이다. 금지인 줄을 알면서 시작된 이들의 사랑은 예상한대로 평탄치 않았고, 그 결과 운영은 목을 매서 자살을 하고, 김진사 역시 운영의 뒤를 따라 곡기를 끊어 굶어서 죽었다[4]는 것이 기본 줄거리이다.

〈양산백과 추양대〉는 구비전승 된 이야기로, 여자쪽 부모의 반대로 결혼을 이루지 못하다가 죽어서 나비가 되었다는 전설[5]을 가지고 있다. 원래 〈양산백과 추양대〉[6]는 중국의 4대 민간전설 중의 하나인 '양산백과 축영대'로, 이 전설이 우리나라로 와서 구비 전승되는 과정에서 우리의 정서에 맞게 각색되어 소설과 설화가 되면서 많은 이본을 낳고 또 각 장르[7]로 퍼졌다고 할 수 있다.

〈역적 누명과 회초리〉[8]는 처녀 시절에 한 남자를 마음에 두었는데 그 뜻을 펴지 못하고 다른 곳으로 시집갔지만 옛날의 인연으로 인해 누명을 쓰게 된 김안국을 구하게 된다는 내용이다.

〈도량 넓은 남편〉[9]은 부정을 저지른 아내가 수치스러움에 죽을 수도 있는 상황이지만, 남편의 도량에 감동을 받아 죽지 않고 그 후의 삶까지 보여주는 내용이다.

[표] 사례자의 작품 반응에 나타난 과정별 자기서사의 특징

〈상사뱀과 상사바위〉	여자가 싫다는데 못살게 괴롭히는 남자는 나쁜 놈이다. 남자는 상대의 입장을 생각지도 않고 제 욕망 채우기에 급급한 존재이다. 그런 말도 안 되는 폭력으로 여자를 힘들게 한다. 남자가 그렇게 나올 때 여자가 달리 해 볼 방법이 없다.
〈운영전〉	절박하게 꿈꾸던 사랑이 벽에 막혔을 때, 나약한 여자들은 달리 선택할 길이 없다. 여자로서 그 상황을 받아들이고 인정한 것이 깨끗한 일이다. 그런데 남자 입장에서는 또 다른 길을 선택할 수도 있었을지 모르지만, 상황을 풀어낼 권력의 힘을 가진 남자가 그 사랑을 인정하고 감싸주기를 바라는 것이다.
〈양산백과 추양대〉	사랑의 길이 막혔을 때 여자는 좌절을 할 수밖에 없지만 남자는 그래야 되는 것은 아니다. 여자라면 몰라도 남자가 자기를 버리는 것은 이해가 안 된다. 남자는 무엇이든 할 수 있는 존재이다.
〈역적누명과 회초리〉	여자도 자기도 이해하지 못할 욕망이 있는 존재이고, 엉뚱하고 맹랑한 실수를 할 수 있는 그런 존재이다. 이때 남자가 도덕성을 가지고 여자를 배려하고, 포용한다는 것은 얼마나 멋진 일인가. 그런 남자가 진짜 남자다. 그러면 여자도 그 마음을 받아들이고 고맙고 행복해 하면서 자기 삶을 찾을 수 있을 것이다.
〈도량 넓은 남편〉	여자도 실수를 할 수 있다. 남자라면 이해하고 감싸줄 수 있어야 한다. 그러면 얼마나 근사하고 멋있는가. 여자도 밖으로 향하는 마음이 있다. 사람은 누구나 밖으로 향하는(다른 이성을 향한) 마음을 가질 수 있다. 그것은 결혼 후에도 그 마음은 있을 수 있다. 그래서 사랑 받고 싶은 욕망이 있는 것이고, 늘 일탈의 충동을 느끼며 인정받고 싶고 또 그것을 정당화하려 한다.

생애담과 작품 반응에 나타나 자기서사의 종합적 분석

생애담과 작품 반응에서 나타난 것을 종합해 보면, 사례자가 자살을 시도한 두드러진 동인은 '남편의 불륜'이라고 할 수 있다. 그러나 그것은 표면적인 이유이고, 거슬러 올라가면 아버지로부터 시작된 불신과 남자에 대한 피해의식과 남편의 불륜까지 점철된 것이라고 볼 수 있다. 그녀는 성장과정에서 아버지의 불륜으로 인해서 아버지와 애정 형성을 하지 못하고 오히려 남자를 불신하게 된 계기가 되었다. 여기서 시작된 불신은 피해의식과 함께 사례자의 인생 전반을 거치면서 영향을

미치게 되었다. 그녀의 불안은 고립감과 동반된 것으로써 환경의 변화에 따른 것과 학업을 포기하면서 불안은 중첩되었다고 볼 수 있다.

이러한 특징들을 종합해서 사례자의 생애 전체를 정리해 보면, 그녀는 수동적이고 운명론적인 사고방식을 가졌으며 가슴형이면서 감정적이고 즉흥적이며 관계의존적인 인물로 볼 수 있다. 그렇기 때문에 남편의 불륜이 그녀의 결혼생활을 유지할 수 없게 했을 때, 적극적으로 문제를 해결하기보다는 자살 시도로 모든 것을 정리하려고 했던 것으로 볼 수 있다.

그러한 불신과 불안을 안고서 그녀는 결혼생활을 시작하였고, 결혼생활 중에 남편의 불륜이 드러나게 되자 체념을 하면서 극단적인 자살을 생각했다. 결국 사례자는 자살을 시도하였으나, 불행 중 다행으로 살아날 수 있었다. 그 후 사례자는 남편과 살 수 없어서 아이를 데리고 이혼을 하였다.

사례자는 현재 50대 중반이지만 아직도 이성을 생각할 때, 이성과 현실적으로 생각하기보다는 자신에게 잘해 주면 그것이 곧 사랑이라고 보는 면이 있다. 이런 성향을 가진 그녀이기에 늘 이성간의 로망을 꿈꿀 수 있는 것이며, 스스로 그런 부분이 자신에게 있다는 것을 만족해하는 측면이 있다. 그 부분이 자신을 늘 여성적이게 하고 여성성을 지키게 한다고 보는 것이다. 그러면서도 사랑이 식었을 때는 자신에게는 제대로 남자를 보는 눈이 없다고 자책을 하기도 한다. 마지막에 '내 팔자가 그렇지. 뭐…' 라고 운명이라는 식으로 끝을 내는 데서도 볼 수 있다.

그리고 작품 〈상사뱀과 상사바위〉의 반응에서 볼 수 있는 것은, 남성에 대한 피해의식이 드러난 경우라고 할 수 있다. 이것은 어렸을 때에 아버지 또는 남자 형제나 남자에게 정신적이든 신체적이든 상처를 받은 적이 있었음을 보여주는 예이다. 원인이 아버지나 남자 형제라면 그 상처로 인하여 가족 간의 애정 형성은 제대로 이루어지지 않았을 것이며, 일반 남자였다면 대개의 경우 그 상처는 표면적으로는 감춰지면서 내면적으로는 남성에 대한 부정적인 이미지를 심어줬을 것이다. 또한 격한 반응을 보인 것으로 볼 때, 그 상처는 자라면서 극복되거나 치유되지 않고서 무의식 속에 깊이 침투되어 있었을 가능성이 높아 보인다. 왜냐하면 작품 반응에서 필요 이상으로 예민하게 반응하고 있다는 것에서 볼 수 있기 때문이다.

정리해 보면, 생애담에서 살펴본 사례자는 고립감과 열등감으로 자신감을 잃었지만, 끊임없는 도전으로 열등감을 극복하고 자신감도 되찾았다. 그리고 열심히 살면서 친구들과의 교제를 활발히 하면서 고립감에서 벗어나려고 노력하고 있다. 또한 자신의 문제점을 파악하고 개선하기 위해서 꾸준히 노력하고 있음을 볼 수 있다. 그래서 그녀는 시행착오를 거치면서도 계속 앞으로 나갈 수 있는 것이다.

작품 반응에서 살펴본 사례자는 남자들에 대해서 자살한 경우와 그렇지 않은 경우로 나누어 반응하고 있음을 알 수 있다. 〈운영전〉과 〈양산백과 추양대〉에서 나오는 김 진사와 양산백은 자살할 필요 없이 다른 여자를 만나면 된다고 보고 있으며, 이것은 남녀의 사랑에 대처하는 방식에는 차이가 있다고 보는 사례자의 심리가 잘 드러난 반응이라고 할 수 있다. 그리고 자살하지 않은 경우에서 〈역적누명과 회초리〉와 〈도량 넓은 남편〉는 김안국의 인품과 남편의 도량을 사례자는 긍정적으로 평가하면서 그들이 멋있고 근사하기 때문에 자신도 그렇게 살고 싶다고 하였다. 결국 사례자는 자살을 기점으로 남자를 나누기는 하지만 네 작품의 남자를 모두 부정적으로 보고 있지는 않다. 그래서 〈운영전〉과

〈양산백과 추양대〉의 김진사와 양산백의 자살에 대해서는 아쉬움을 나타냈으며, 〈역적누명과 회초리〉와 〈도량 넓은 남편〉의 김안국과 남편의 인품에 대해 멋있고 본인도 그들처럼 살고 싶다고 하였다.

자살예방을 위한 문학치료적 검토

자살예방을 검토해 보기 위해서, 먼저 사례자의 생애담과 작품 반응에서 보여주었던 문제점에 대해서 다시 생각해 보기로 한다. 이 문제점의 원인을 관계, 애정갈등, 자살 위기 등으로 나누어서 살펴보기로 하겠다.

첫째, 관계 맺기의 문제이다. 아이가 태어나서 처음으로 관계를 맺는 것이 부모이다. 부모와 자식으로 관계를 맺으면서 가족으로서의 삶이 시작된다고 볼 수 있다. 한 사람이 가족관계를 중심으로 평생 동안 순환하게 되는 영역이 있는데, 우리의 경험에 바탕을 두고 설정한 기초서사의 네 영역인 자녀서사, 남녀서사, 부부서사, 부모서사가 있다. 이것은 문학치료에서 말하는 네 가지 기초서사영역이면서, 인간관계의 주체가 어떤 입장으로 그 인간관계를 바라보고 운영하는가에 따라서 달라진다. 네 영역을 살펴보면 다음과 같다.

자녀서사 영역에서는 순응이 주안점이다. 자녀가 순응을 하는 이유는 부모에게 두 가지 속성이 있기 때문이다. 첫째, 부모는 매우 강력한 힘을 행사한다. 그 강력한 힘은 나를 보호해 주는, 내가 의지할 수 있는 힘이라고 할 수 있다. 둘째, 부모는 나에게 규칙과 규범을 요구한다. 결국 자녀서사에서 순응해야 할 것은 물리적인 힘과 규범인 셈이다. 그러나 그 물리적인 힘과 규범은 나를 세상으로부터 지켜주는 힘이 되는 것이다. 그래서 내가 순응하면 주어지게 되는 그 보호 안에서 성장할 수 있는 것이다. 그리고 이 순응은 내가 부모로부터 독립할 때까지 지켜야 하는 것이다.

남녀서사 영역에서는 선택이 주안점이다. 이 선택을 하기 위해서는 나와 상대와의 관계 맺음이 필요하다. 내가 상대에게 확신을 갖게 되었을 때 선택하는 것이다. 그리고 이 선택은 내가 책임지는 것이다. 그래서 올바른 선택을 하기 위해서는 관계를 맺을 때부터 상대방과의 심리적인 조율이 필요하다. 그리하여 자신의 짝이라는 확신이 들 때까지 기다릴 줄 알아야 하는 것이다.

부부서사 영역에서는 지속이 주안점이다. 지속이 되기 위해서 부부서사는 새로운 가족을 만드는 것이다. 부모는 선택할 수 없지만 배우자는 선택의 결과이며 그 선택은 나와의 관계 맺음에서 얻어진 것이다. 결혼을 하면서부터 지속은 중요한 의무가 된다. 결혼은 곧 관계의 지속에 대한 약속이기 때문이다. 그런데 이 관계의 지속에는 나 의외의 상대에게 눈 돌리지 말 것을 요구하는 것이다. 그러므로 지속은 권리이면서 동시에 의무가 되는 것이다.

부모서사 영역에서는 양육이 주안점이다. 부모서사는 자식과의 관계를 통해서 이어지는 것이다. 부모가 자식을 선택할 수 없듯이 자식도 부모를 선택할 수는 없다. 남녀의 만남은 선택이라도 할 수가 있는데 부모와 자식의 만남은 선택이 불가능하다. 양육은 자녀를 보호하고 기르고 궁극적으로는 독립을 시키려는 것이 그 지향점이다.[10]

둘째, 애정갈등의 문제이다. 사람은 살아가는 데 애정을 자양분으로 한다고 볼 수 있다. 이때의 애정은 바른 애정으로서 상호적인 애정이라고 할 수 있다. 상호적인 애정이라는 것은 의존이나 소유가 아닌 존재로서의 애정이다. 이

상호적인 애정이 유지될 때 건강하고 건전한 인간관계, 남녀관계로 발전할 수 있다. 그러나 이 상호적인 애정이 유지가 되지 않을 때 문제가 발생하는 것이다.

셋째, 자살 위기의 문제이다. 인간은 자기애가 있어야 자존감을 가지고 살 수 있다. 자기애가 상실하게 되면 문제가 되는 것이다. 그러나 자기애가 너무 강하면 자살 시도를 할 수 있고, 자기애가 너무 약해도 자살 위기를 겪을 수 있다. 그래서 자기애에 대한 수위조절이 필요한 것이다.

자살은 과도한 우울이나 조증 상태가 오랫동안 지속되어 개인의 삶이 완전히 붕괴되는 정서 상태를 말하는 기분장애의 하나[11]이다. 또한 자살은 스스로를 상하게 하려는 의도뿐만 아니라 실망, 절망, 분노 등의 복잡한 감정을 극단적으로 표현하거나, 자신의 극단적인 정서를 전달하기 위한 방법으로 사용되기도 한다.[12] 그러므로 자살은 자신의 감정 상태를 이성적으로 조절할 수 없는 정신적인 공황상태[13]에서 저지르는 행위라고 할 수 있다.

일반적으로 자살에 이르는 과정은 자살 생각, 자살 시도, 자살 완료로 나누어 볼 수 있다.[14] 첫째, '자살 생각'은 사람이 살면서 무심코 하는 '죽겠다, 죽고 싶다'고 지나치듯이 일회적으로 하는 생각부터 어떻게 죽어야겠다는 계획을 세우는 것까지 포함된다. 둘째, '자살 시도'는 구체적인 행동으로 표현(유서 작성이나 소지품 처분 등)된, 그러나 죽음으로 끝나지 않은 자해행동으로 볼 수 있다. 셋째, '자살 완료'는 자살 시도나 자살행동의 결과가 죽음으로 나타나는 것이다.[15]

자살을 촉발하는 서사는 '자살 생각'의 단계에 속하는 것으로 볼 수 있다. 개인의 마음속에 자살하고 싶은 생각이 일회성으로 그치지 않고 꾸준히 들게 하는 것을 자살을 촉발하는 서사라고 할 수 있다. 바움마이스터는 자살은 자기로부터의 도피 즉 자기와 관련된 고통스러운 감정과 생각으로부터 도피하기 위한 수단으로 행해지는 것을 개념화했다. 즉 인간은 자신의 고통으로부터 도피하는 수단으로 자살 행동을 한다는 것이다. 개인은 이러한 고통스러운 생각과 감정을 없애줄 강력한 수단을 갈구하게 되는데, 이러한 과정에서 인지적 몰락[16] 상태를 유발하게 된다. 이러한 인지적 몰락 상태에 있는 사람들의 특성을 네 가지 요인들로 제시하면 다음과 같다. 첫째, 자살 기도자들은 혐오적이거나 불안하게 생각하여 현재의 순간에만 편협하게 관심을 갖게 되는 시간적 조망의 축소Shrinking of Time Perspective의 특성이 있다. 둘째, 터널비전Tunnel Vision의 사고과정으로 즉각적인 것에만 구체적으로 협소하게 관심을 갖는 사고의 구체성을 지니고 있어서 통합적인 사고를 하지 못하는 특성이 있다. 셋째, 장기적인 목표 결여의 결과 현재의 감각적인 경험과 단순하고 기계적인 일에만 주의를 집중한다. 넷째, 모든 것을 피상적이고 무가치적으로 생각하는 의미의 거부Rejection of Meaning이다. 그는 이 같은 특성이 자살 시도전의 정신 상태를 반영한다고 보았다.[17]

그러므로 자살을 촉발하는 서사는 자신이 원하는 기대수준과 자신이 처해있는 현실적인 상태가 맞지 않는 괴리를 자기 탓으로 돌리며 자신을 부정하고 비하하면서 그것으로부터의 도피 수단으로 자살을 생각하는 감정의 상태를 말한다고 할 수 있다. 이러한 서사를 가진 사람들은 미숙하고 의존적이며, 충동적이고, 완벽주의적이며, 고립적이고 우울적이며, 반사회적인 성격을 띠는 사람들이 주를 이룬다고 할 수 있다.[18]

반면에 자살을 막는 서사는 자살에 대한 충동이나 행동을 막는 것을 말한다. 자살을 막는 서사에는 건강하고 건전한 사고가 깃들어 있어서, 상황에 따라서 '자살 생각'을 할 수는 있지만 '자살 시도'까지는 가지 않고 자살 위기에서 멈추는 것이다. 그리고 자살 위기는 일시적일 뿐, 이내 평정심을 찾을 수 있기 때문에 자살을 시도하지 않는 것이다.

이렇게 흔들리지 않고 자살을 막는 서사를 가진 이들의 심리를 다음 몇 가지로 살펴볼 수 있다. 첫째, 긍정적인 사고를 가졌다. 자살을 막는 서사를 가진 사람은 긍정적인 사고를 바탕에 깔고 있기 때문에, 자살 위기에 처한다고 해도 자살 시도까지는 이르지는 않는 것이다. 긍정적인 사고방식이 자살 시도를 방해하기 때문이다. 둘째, 개방적인 인간관계를 가지고 있다. 이는 폭넓은 인간관계를 가졌음을 말하는 것이고, 막힘이 없이 열려 있다는 것을 말한다. 각계각층의 사람들과 어울리기를 좋아한다는 것으로 볼 수 있다. 그래서 이 경우도 자살 시도까지는 가지 못하는 것이다. 셋째, 심리적으로 여유가 있다. 마음의 여유가 있기 때문에 조급하게 생각할 필요가 없으며, 어떤 상황에서도 부정적인 사고방식으로 전환이 잘 되지 않은 것이다. 그래서 자살보다는 문제 해결에 더 노력을 하는 것이다. 넷째, 애정에 대해 신뢰를 가지고 있다. 남편에 대한, 아내에 대한 무한한 애정과 신뢰가 있는 경우에는 쉽게 흔들리지 않는다. 쉽게 흔들리지 않기 때문에 자살 시도나 자살 위기를 생각하지 않는 것이다.

이런 사람들은 자살에 대해서 쉽게 생각하지 않는다. 일반적으로 자살할 수 있는 상황에서도 자살 시도를 하기보다는 오히려 문제해결에 적극적으로 나서는 것은 긍정적인 생각이 더 우세하기 때문이다. 긍정적인 생각이 더 우세하다는 것은 건강한 서사를 가지고 있어서 웬만한 시련에서도 자살에 대한 생각이나 자살 충동을 느끼지 않고 넘어가는 것이다.

문학작품을 통한 치료적 전망

첫째, 애정의 회복 — 〈도량 넓은 남편〉

〈도량 넓은 남편〉[19]은 사례자가 작품 반응에서 긍정적인 반응을 보였었다. 긍정적인 반응을 보였다는 것은 자살 시도나 자살 위기를 극복했거나 가능성이 보임을 의미한다고 볼 수 있을 것이다. 그래서 이들에게서 긍정적인 효과를 거둘 수 있다면 이 또한 치료제로서 자살예방에 도움을 줄 수 있을 것이기 때문이다.

〈도량 넓은 남편〉의 작품은 아내의 부정을 알고도 도량으로 덮어주는 남편에 관한 내용이다. 사실 아내의 부정을 목격하고도 덮어줄 수 있는 남편은 극히 드물 것이다.

이 〈도량 넓은 남편〉[20]의 작품에 대한 반응에서 사례자는 남편의 인품을 칭찬하면서 자신 역시도 아량을 베풀어서 타인에게 근사하고 멋있는 사람으로 평가받고 싶다고 했다. 남편이 멋있고 근사해서 닮고 싶다고 했고, 부정을 저지른 아내에 대해서는 결혼한 몸이니 장사치를 돌려보내는 것이 맞다고 했다. 사례자는 부정한 아내에 대한 변론이나 비난보다는 도량 넓은 남편의 모습에 더 관심을 보이고 있다. 그 남편이 자신의 또 다른 모습이라고 하는 것으로 봐서 부정한 아내의 입장은 크게 고려하지 않았다. 즉 자신이 피해자임에도 불구하고 아량을 베풀 수 있는 근사한 사람이고 싶어 하는 심리가 보인다고 할 수 있다.

이제 사례자에게 적합한 문학치료적인 전망에 대해 살펴보기로 하겠다. 사례자의 부정을 남편이 도량으로 덮어주는 경우가 된다면 처음에는 그러한 상황을 어떻게 받아들여야 할지 몰라서 많이 당황할 것이다. 그리고 자신이 부끄럽고 수치스럽기도 하지만 남편에게 미안해서 헤어지자는 말을 할지도 모르겠다. 그럼에도 남편이 한결같은 마음을 보여준다면 사례자는 미안하고 고마워서라도 더욱 잘하려고 할 것이다. 그렇지만 마음 한편에는 계속 뭔가 불편하고 힘든 것은 있을 것이다. 왜냐하면 예전의 자신의 경우(남편의 불륜을 목격하고서)에는 그 충격으로 약을 먹고 자살 시도를 했었기 때문이다. 자신과는 정반대의 행동을 하는 남편을 이해하기는 어려울 것이다. 그러나 시간이 흐른 후에 어느 정도 부부관계가 회복이 되면서 사례자가 남편에 대해서 믿음이 형성이 될 쯤 자신에게 수치를 안겨줬던 것에 대해서도 용서가 될 수 있을 것이다. 이쯤 되면 사례자가 낙관적인 성향이라는 것이 보이는 것이고, 그런 그녀이기 때문에 그간의 문제들을 덮어두고서 자신을 배려해 준 남편에게 집중할 수 있을 것으로 보인다.

그렇다면 〈도량 넓은 남편〉은 자살 위기를 겪는 이들에게 어떤 도움을 줄 수 있을까. 이 작품은 부끄러움에 처해있는 아내의 입장과 같은 상황에 있는 이들에게 자신의 입장을 다시 한 번 생각해 볼 때 기회가 될 수 있을 것이다. 대체로 이런 경우는 예전에는 부끄러워서 자살을 택했을 것이다. 부끄럽기도 하고 앞으로 남편을 어떻게 대해야 할지 자신의 입지를 생각해 보면 충분히 자살할 수 있는 상황이기 때문이다. 남편이 아닌 다른 남자를 사랑해서 일이 그렇게까지 되었지만, 남편 외에 식구들과 일가에까지 알려진다고 생각하면 두려워서 자살을 생각하거나 시도를 할지도 모를 일이다. 게다가 남편의 묵인이나 아량이 높은 인격에서 오는 도량이라는 것을 알게 된 경우의 아내라면 더욱 부끄럽고 남편한테 많이 미안할 것이다. 그런데 그 남편은 아내의 그런 행동에 대해서 도량으로 모든 것을 덮을 수 있을까에 대해서도 생각해 보자. 남편은 아마도 아내를 많이 사랑했었던 것으로 볼 수 있다. 자신은 이미 마음을 열고 아내도 그래 주기를 바라고 있는데, 아내는 자기를 만나기 전부터 마음을 준 사람만을 쳐다보고 있어서 많이 실망했을 지도 모른다. 그래도 남편은 자신의 마음이 그녀에게 가 있기 때문에 그녀가 정리해서 돌아오기를 기다렸던 것이라고 할 수 있다. 남편은 그런 자신감이 있었기 때문에 아내가 마음을 돌려만 준다면 충분히 잘 살 수 있을 것이라는 확신으로 도량을 보일 수 있었을 것이다. 바로 그럴 때, 그 위기를 잘 견디고 살아갈 수 있다면, 자신의 잘못을 남편에게 만회할 기회가 충분히 있다는 생각이 들기만 한다면, 아내는 그런 부정적인 마음을 접고 이전보다는 다른 생각으로 살아갈 수 있을 것이다. 그 부끄러움과 미안함을 자신이 극복할 수만 있다면 남편이 아닌 사람과의 관계도 정리할 수 있는 기회가 될 것이고, 남편과의 관계도 새롭게 시작할 수 있을 것이다. 바로 이런 단계가 타자에 대한 신뢰의 회복이 되는 것이고, 잃었던 자기애도 되찾아지는 시기인 것이다. 이런 경우에는 믿음보다는 이해가 우선적으로 고려되어야 할 것이다. 그래서 다시 시작하면서 새로운 믿음을 형성할 수 있을 때까지 노력해야 할 것이다.

둘째, 존재가치의 확인 — 〈최척전〉

〈최척전〉[21]은 조위한[22]의 작품으로 군담소설이며 영웅소설로서 임진왜란과 병자호란과 호족의 명나라 침입 등을 배경으로 애정과 이산과 재회의 과정을 그린 파란만장한 가족사가 담겨진 작품이다. 이 시기에 나온 대부분의 작품들[23]이 전쟁의 영웅담을 부각시키면서 민족의 자긍심을 높이는 것과는 달리, 〈최척전〉은 크게 두드러진 영웅이나 무용담도 없이 전쟁으로 인한 고난을 겪게 되는 백성들의 모습을 사실적으로 묘사하고 있다.

또한 이 작품은 최척의 아내가 그 시대에서는 보기 드물게 적극적인 여인상[24]을 가지고 있다. 옥영은 자신의 의지로 최척을 선택해서 결혼을 하였고,

전쟁 속에서도 슬기로 역경을 헤쳐 나갔으며, 아들과 며느리를 데리고 중국에서 조선으로 건너오는 등 용감한 여성으로서 스스로 운명을 개척하였다. 그러므로 〈최척전〉은 최척의 일생을 다룬 이야기이면서 동시에 옥영의 이야기이기도 하다. 줄거리를 보면 자살 시도하려는 장면이 전부 다섯 번이나 나온다. 하나는 최척이 왜적의 침입으로 피난을 갔다가 가족들과 떨어지게 되었고, 이들을 찾는 과정에서 가족들은 왜적에게 붙잡혀가고 아들인 몽석이 실종되었음을 알고 자살을 기도하는 장면이다. 나머지 네 번은 아내인 옥영이 자살 시도하려는 것이다. 이 작품에서는 애정갈등으로 빚어지는 직접적인 자살은 없지만, 부부간의 만남과 헤어짐이 반복되는 과정에서 자살 시도 이야기가 나온다. 그리고 네 번의 자살의 이유는 모두 최척(남편)과의 헤어짐에 대한 불안의 요소가 작용한 것으로 볼 수 있다. 옥영은 자신이 먼저 최척에게 편지를 보낼 만큼 적극적이고, 왜병에게 끌려가서도 살아남았다. 그런 여성이 네 번이나 자살 시도와 위기를 겪었다는 것은 그녀의 삶이 녹록치 않았음을 보여주는 것이다.

이 작품에서는 임진왜란과 병자호란과 호족의 명나라 침입 등 세 번의 전쟁을 겪게 되고, 그때마다 남편인 최척이 전쟁에 참가하게 되면서 생이별을 하게 되는 것으로 전개된다. 남편을 전쟁터에 보내고 난 아내의 마음은 어땠을까. 생사여부를 알 수 없었기 때문에 극도로 불안하고 무서웠을 것이다. 삶과 죽음의 순간을 오가면서 매일을 지옥 같은 나날을 보낸다는 것은 보통 심지가 굳은 사람도 견디기 힘든 일일 것이다. 한 여자의 일생을 놓고 보면서 옥영[25]을 바라본다면 그녀의 자살 시도는 충분히 이해가 되는 대목이다. 사랑하는 남자와 결혼할 수 없다고 했을 때, 전쟁 통에 식구들을 잃고 저 혼자 왜병에게 붙잡혔을 때, 다시 만난 남편이 전쟁터로 갔는데 그 군대가 함락당했다는 소식을 들었을 때, 조선으로 돌아가기 위해 배를 마련했는데 그 배를 해적에게 빼앗기고 오도 가도 못하게 되었을 때를 생각한다면 자살을 생각하거나 시도할 수 있을 것이다. 그러나 옥영은 철저하게 남편에 대한 의존적인 인물이어서, 남편에 대한 희망을 늘 가슴에 담고 있었기 때문에 살아서 조선으로 돌아오게 되었고, 죽었을 것이라고 생각했던 남편과 가족들을 만날 수 있었다.

다음은 사례자의 〈최척전〉에 대한 작품 반응을 정리한 것이다. 사례자는 〈최척전〉이 드라마틱해서 재밌다고 했다. 그 많은 전쟁을 겪게 되고 부부가 만남과 헤어짐을 통해서 자살 위기를 겪고 또 이겨내고 결국에는 행복한 결말을 이루는 것이 좋다고 했다. 그리고 작품 속 주인공들이 행운아인 것 같다고 했다. 최척이 어려운 환경 속에서도 이겨낼 수 있었던 것은 그가 인간성이 좋기 때문에 자신에게 주위의 사람들에게 도움을 받을 수 있었고 또 운도 좋은 사람이라서 잘 풀렸을 거라고 했다. 그의 아내 옥영 역시 운이 좋아서 잘 풀리기도 했지만, 상황에 대처하는 자세가 용감하고 지혜로운 여성으로 보인다고 했다. 그리고 옥영은 위기의 순간마다 주위에 사람이 있었지만, 자신은 맏이이기도 하고 또 뭔가를 결정해야 할 때는 항상 혼자서 결정했었다고 하면서 그 결정에 옳고 그름에 대한 확신이 서지 않을 때는 불안했다고 한다. 그래서 멘토에 대한 아쉬움이 두고두고 남는다고 했다. 그 당시에 충고는 아니더라도 자신의 얘기를 들어주는 사람이 있었다면 덜 힘들었을 거라고 했다. 그런 면에서 옥영이가 부럽다고 하였다.

다음은 사례자에 대한 문학치료적인 전망에 대해 살펴보겠다. 사례자가 부부관계에서 애정갈등을 겪게 된다면, 그리고 작품처럼 끊임없이 남편에게 집중하게 된다면 그녀는 견디기 힘들 것이다. 그러나 옥영의 삶을 보면서 사례자도 변화할 수 있을 것이다. 옥영은 쉽게 좌절하면서도 끊임없이 앞으로 나가기 때문이다.

그리고 옥영의 주위에 사람들이 그녀를 도와주었던 것처럼, 사례자도 이제는 스스로 도움을 구할 수 있는 연륜을 가졌기 때문이다. 또한 상대를 향한 지나친 집착도 서로에게 상처를 주기 때문에 서로의 긴장을 위해서 적당한 거리두기도 필요할 것이다.

그렇다면 이 〈최척전〉은 자살 위기를 겪는 이들에게 어떤 도움을 줄 수 있을까. 이 작품은 아내가 남편에게 너무 자신만을 봐달라고 하는 데서 갈등을 빚는 부부나, 자신이 노력을 해도 부부 관계가 원만하지 못하고 늘 물과 기름처럼 겉돌면서 사는 이들에게 도움을 줄 수 있을 것이다. 남들은 다 행복하게 사는 것 같은데 자신만 남편하고 안 맞는 것 같고 남편이 자신의 마음을 몰라주는 것 같은 기분이 들어서 우울하고 죽고 싶을 수 있다. 그래서 죽고 싶은 생각이 든다면 왜 살아야 하는지를 자신에게 물어보고, 옥영이의 삶을 보면서 위로와 용기를 얻을 수 있을 것이다.

셋째, 관계를 통한 애정의 확장 — 〈호랑이눈썹〉

〈호랑이 눈썹〉[26]의 작품은, 설화로 인연을 맺고 사는 부부가 아무리 노력을 해도 살 수가 없자 자살할 결심을 하고 백인재에 가서 호랑이 눈썹을 얻어와 자신에게 맞는 짝을 찾아서 잘 살았다는 이야기다.

이 작품에서는 아내가 아닌 남자가 살기 힘들어서 자살하려고 결심하는 장면이 나온다. 그런데 정작 죽으러 간 남자는 사람을 제대로 볼 수 있는 호랑이 눈썹을 얻게 되었다. 남자는 죽으려고 했는데 살게 된 것이다. 아니 어쩌면 죽으려고 했기 때문에 살게 되었는지도 모르겠다. 사람이 죽으려고 결심을 하게 되면 마음을 비우게 된다고 한다. 욕심도 미움도 모두 비우고 죽으려고 했기 때문에 남자는 비로소 사물의 본질을 알 수 있는 호랑이 눈썹을 얻었을 것이다. 그렇게 되면 호랑이 눈썹은 진짜 눈썹보다는 본질을 알게 된 하나의 상징을 나타내는 것이라고 할 수 있다. 사물의 본질을 알게 된 남자는, 등짐장수의 부부와 서로 바뀌어 살고 있었다는 것을 알았다. 그동안 맞지 않은 사람들끼리 살았기 때문에 갈등이 끊임없었을 것이고 자살 위기까지 갔던 것이다. 남자는 용기를 내어 과감하게 부부를 교환하기로 하고 꾀를 내어 성사시킨다. 그 결과는 성공해서 남자와 여자는 각각 잘 살게 되었다.

다음은 사례자의 〈호랑이 눈썹〉에 대한 작품 반응을 정리한 것이다. 사례자는 〈호랑이 눈썹〉의 남편은 현명한 사람이기도 하지만 호랑이 눈썹을 뺏는 걸 보면 욕심이 많은 사람으로 보이고, 또 자신이 잘 되기 위해서 아내와 타인을 모략하는 것을 보니 성품도 좋아 보이지 않는다고 했다. 그래도 결과가 좋아서 괜찮다고 했다. 아내는 남편에게 자다가 쫓겨나서 황당하고 억울하고 남편이 괘씸하지만 그래도 옆에 등짐장수가 있어서 한결 의지가 됐을 것이라고 했다. 꼭 이성이 아니더라도 그런 상황에서 혼자가 아니라 둘이라면 서로 공감할 수 있는 것도 있어서 서로 위로 할 수 있고, 또 마음이 맞으면 같이 살 수도 있기 때문이라고 했다. 자신도 역시 그 아내와 같을 수밖에 없었을 것이라고 했다. 사례자는 남편에 대해서 부정적인 시각으로 보고 있다. 호랑이 눈썹을 뺏은 것을 보고는 현명하기도 하지만 욕심이 많아 보이기도 하고, 자신이 잘되기 위해서 아내와 등짐장수를 모략하는 것으로 보아 품성이 나빠 보인다고 했다. 지혜로우면서도 치졸하다고 했다. 결과가 좋아서 다행이지만 남을 모략하는 것은 안 좋다고 했다. 자신이 그 아내였다면 역시 그처럼 행동했을 것이라고 했다. 그래도 누군가(등짐장수)가 옆에 있어서 견디기가 수월했을 것이라고 했다. 그리고 넷이 사는 것은 젊었을 때는 힘들겠지만, 지금은 허용할 수 있다고 하였다.

다음은 사례자의 문학치료적인 전망에 대해서 살펴보기로 하겠다. 사례자는 남편에게 쫓겨나 새로운 사람과 새로운 삶을 개척하는 데 아무런 거부감이 없어 보인다. 내쫓은 남편이 황당하고 억울하고 괘씸하지만 그래도 동행이 있으니 의지가 됐을 것이다. 오히려 같이 쫓겨난 옹기장수와 의기투합해서 더 열심히 살았을 것이다. 그리고 나중에 같이 만나서 넷이 산다는 것도, 젊었더라면 안 되겠지만 지금은 같이 친구처럼 살아도 괜찮다고 생각한다. 사례자는 사람을 만나는 것에 거부감이 전혀 없기 때문에 외간 남자와 쫓겨 가는 것임에도 불구하고 공감대를 형성하고 의지가 되기도 했다는 것을 알 수 있다. 그랬기 때문에 남자와 의기투합해서 열심히 일을 해서 잘 살게 되었던 것이다. 사례자가 새로운 사람을 만나는데 거부감이 없다는 것은 재혼에 대해서 긍정적인 생각을 갖고 있음을 보여준 것이라고 볼 수 있다. 이것은 아마도 사례자 자신이 현재 재혼해서 살고 있기 때문에 이런 거부감 없는 반응을 보였다고 볼 수 있다.

그렇다면 〈호랑이 눈썹〉을 통해서 자살 위기를 겪는 이들에게 어떤 도움을 줄 수 있을까. 이 작품은 자살에 대해서 생각해 보는 것과 그 후의 삶의 태도에 대해서도 언급하고 있다고 볼 수 있다. 자살은 문제의 회피이지 해결이 아니기 때문에 힘들더라도 가족이 있다면 같이 부딪쳐 극복해야 한다. 그러면 어떻게 해야 문제를 해결할 수 있을까. 다시 살아야 하는 것을 재고한 입장이라면 자신을 먼저 알고 상대방에 대해서도 알도록 노력해야 한다. 상대를 바꾸는 것은 쉽지 않으므로 먼저 상대의 성격이나 생각을 파악할 수 있어야 서로의 공통점이나 차이점에 맞게 대처하면서 변화를 시도하는 것이 순서일 것이다. 그리고 우리가 간과하지 말아야 할 것은 이 설화처럼 부부가 맞지 않는다고 해서 당장 바꾸라(이혼)는 얘기만은 아닐 것이다. 여기서 바꾼다는 것은 실질적으로 바꿀 수도 있겠지만 그것 보다는 자신들이 왜 그렇게 살 수밖에 없었는지를 근본적으로 생각해 보라는 의미도 있을 것이다. 결국 이 작품에서 살펴볼 것은 첫째, 내가 변해야 남을 변화시킬 수 있는 것이므로 자신부터 점검을 해보고 변화를 시도하는 것이다. 둘째는 정말 나와 맞지 않는 짝이라는 결론이 났다면 헤어지는 것도 문제의 해결이 될 수 있는 것이다. 과거의 관계가 다가 아니라, 새로운 미래를 통해서 또 다른 관계가 확장되는 것이다. 그래서 다시 만난 짝하고 실패를 거울삼아 잘 살게 된다면 더할 나위 없이 좋을 것이다.

나가면서

이 글은 최근 심각한 사회문제로 대두되고 있는 자살의 문제에 관하여 처음으로 시도해 보는 문학치료적 접근이다. 구체적인 사례 분석을 통하여 자살 심리와 그러한 심리로 빠져드는 과정에 관하여 면밀한 관찰을 할 수 있었다는 점이 큰 소득이었고, 이를 토대로 문학치료적 자살예방 프로그램의 구안 가능성을 타진해 볼 수 있었던 것도 문학치료 분야의 새로운 발돋움이라 할 수 있을 것이다. 또 상담의 실제에서 당면하게 되었던 여러 곤경들과 시행착오들, 그것을 통하여 깨닫게 된 상담요령이나 상담자세, 구체적 지침 등은 연구자만이 아니라 치료 상담을 꿈꾸는 모든 이들이 공유함직한 공동의 자산이 될 것이다.

분석이 된 생애담과 작품 반응에는 확연하게 구분이 됐는데, 사례자는 생애담에서는 부정적이고 안 좋은 일에는 대부분 남의 탓으로 돌리고 있었다.

즉 사례자는 자신의 일생을 타인에 의해서 피해를 보고 살아온 것처럼 말한다는 것이다. 그런데 작품 반응에서는 자신의 얘기와 자신의 마음을 얘기한다는 것을 알게 되었다. 이것은 작품 속의 인물을 통한 자신의 얘기를 하는 것이므로 심리적으로 부담을 느끼지 않았던 것이 자신들의 속마음을 의식하지 않고 편하게 표현하게 되었던 것으로 볼 수 있다. 이것은 문학작품이 치료제라는 것을 다시 한 번 확인하는 기회가 되었으며, 문학치료에도 일조를 할 수 있을 것이다.

후 주

애도 받지 못한 자의 죽음 — 햄릿의 파국과 쌍용차 노동자들

1 외상 후 스트레스 장애(PTSD: Post Traumatic Stress Disorder)란 전쟁, 고문, 자연재해, 사고 등 개인이 견디기 힘든 충격적인 사건을 경험한 후 그 후유증으로 사건을 되풀이 기억하면서 여기에서 벗어나지 못하는 심리적 상태다. 이들은 불가항력적으로 과거 사건과 관련된 각성 자극을 느끼기 때문에 이러한 고통에서 벗어나기 위해 회피 반응을 보이면서 정상적인 사회생활에 어려움을 겪는다. 극심한 공포, 고통, 무력감을 느끼며 부정적 자극을 벗어나기 위해 에너지를 과다 사용하다 보면 일상생활이 크게 위축되며 자아의 방어력이 손상된다(오세진 외, ≪인간행동과 심리학≫, 학지사, 2010, 336-37쪽 참조).

2 슬라보예 지젝은 주관적 폭력과 객관적 폭력을 나누어 설명하면서 폭력에 대처하기 위해서는 눈에 보이지 않지만 더 구조적인 요인에 주목해야 한다고 강조한다. 주관적 폭력이란 폭행, 테러처럼 폭력의 주체가 누구인지 식별 가능한 가시적 폭력이며, 객관적 폭력이란 폭력의 주체를 알 수 없는 비가시적이고 상징적인 폭력이다. 그런데 객관적 폭력은 정상적 상태에 내재하면서 주관적 폭력을 일으키는 원인이 될 수 있다(슬라보예 지젝, ≪폭력이란 무엇인가≫, 이현우 외 옮김, 난장이, 2011, 35-82쪽 참조). 쌍용차 사태에서 객관적 폭력은 바로 이윤추구만을 절대시하는 신자유주의 구조지만 구조조정이나 약자의 희생을 당연시하는 우리의 방관적 태도도 그러한 폭력에 포함될 수 있다.

3 미국정신의학회에서 발행한 ≪정신장애의 진단 및 통계편람 제4판, Diagnostic and Statistical Manual of Mental Disorder; Forth Edition≫(DSM-IV, 1994)은 우울증을 기분장애의 하나로 분류한다. 적어도 2주 이상 우울한 기분, 심한 절망감, 무기력감, 무가치함이 지속되며, 모든 것에 흥미를 잃고 말이 적어지는 등의 증상이 나타난다. 우울증은 가장 흔한 정신장애의 하나로 여러 요인에 의해 유발되는데 정신분석학에

서는 우울증을 단순 기분장애가 아니라 정신병에 가까운 상태로 파악하면서 전문가에 의한 정신분석치료를 강조한다. 주요 우울 장애를 보이는 사람들은 자살하기도 쉽다고 한다. 통계에 따르면 여자의 약 21%, 남자의 약 13%가 일생의 어느 시점에서 적어도 한번은 우울증에 걸린다고 한다. 우울증은 누구나 쉽게 걸릴 수 있기 때문에 '정신의 감기'에 비유되곤 하는데 우울한 기분뿐 아니라 불안과 초조, 강박 행위, 건강염려, 기억력 상실, 언어장애 등 다양한 신체 증상과 고통을 동반하기도 한다. 우울증은 유전적 요인, 신경전달 물질의 교란과 같은 신체적 요인, 외상 경험과 같은 상황적 요인, 개인의 성격 같은 심리적 기질 등 여러 요인이 있고 임상이론에 따라 다양한 치료 방법이 있다(김원형 외, ≪심리학의 이해와 적용≫, 학지사, 2009, 342-343쪽; 리차드 게링, 필립 짐바르도, ≪심리학과 삶≫, 박권생 외 옮김, 시그마프레스, 2008, 392쪽 참조).

4 프로이트, 〈슬픔과 우울증〉, ≪정신분석학의 근본개념≫, 열린책들, 2004, 247쪽 참조(이하 본문에서 〈슬픔과 우울증〉, 쪽수만 표시).

5 슬픔(Trauer, Mourning)이라는 독일어나 영어 단어에는 이미 자신의 감정을 겉으로 표시하거나 상징화하는 애도의식이라는 또 다른 뜻이 숨어 있다.

6 애도는 개인적인 작업 같지만 사회적인 용인이 있을 때만 가능하다. 예를 들어 '제주 4·3 사건'처럼 반란죄로 죽음을 당한 가족이 있을 경우 유족들은 국가의 보복이나 주변의 시선이 두려워 제대로 애도 작업을 할 수 없으며, 자신의 슬픔을 가슴속에 한처럼 묻어두는 경우가 많다. 이 경우 죽은 사람은 오히려 상실의 대상이 아니라 남은 사람에게 부담을 주고 심하면 언급조차 꺼리는 유령 같은 대상이 되면서 유족들의 무의식을 사로잡는 경우가 많다.

7 오이디푸스 콤플렉스를 종결시키는 거세 콤플렉스도 이와 연관이 있는데 라캉은 거세 작업을 상징적 결여가 자리 잡는 계기로 해석한다. 거세란 성기의 절단이 아니라 자신이 어머니를 만족시키는 상상적 남근이 아님을 인정하면서 그 자리를 포기(거세)하는 대가로 욕망을 가능하게 만드는 주체화 과정이기 때문이다.

8 '씻김굿', 한국민족문화대백과(네이버) 참조.

9 멜라니 클라인이 말하는 조울증적 위치가 바로 이런 경우로 애도의 과정이 지나치게 빠르거나 어떤 문제가 발생할 때 아이는 유사한 애도의 경험을 겪을 때마다 조울증적 심리가 반복된다.

10 프로이트는 애도가 외부 대상에 투여된 리비도를 동일시를 통해 자아에 집중시키는 과정에서 양가적 감정이 나타나는 현상에 더 주목하는 반면 라캉은 상상적 단계(팔루스가 되려고 하는 것)에서 상징적 단계(팔루스를 가지려 하는 것)로 옮아가는 위치에 더 주목한다는 말이다. 아이는 상상적 남근이 되기를 포기(애도)할 때만 스스로를 상징계의 주체로 자리매김할 수 있다.

11 이 세미나는 1958~1959년 진행한 자크 라캉의 미출간 세미나 6권 ≪욕망과 그 해석*Le désir et son interprétation*≫을 말한다.

12 "인간의 욕망은 대타자의 욕망이다."라는 명제는 라캉의 욕망이론을 한마디로 요약하는데 그것은 타자에

의한 인정을 둘러싸고 전개되는 인간 욕망의 특징에서 비롯된다. 이에 대해서는 김석, ≪에크리, 라캉으로 이끄는 마법의 문자들≫, 살림, 184-203쪽을 참조하라.

13 셰익스피어, 〈햄릿〉, ≪셰익스피어 4대 비극≫, 셰익스피어 연구회 옮김, 아름다운 날, 2005, 385쪽(이하 본문에서 〈햄릿〉과 쪽수만 간단히 표기). 어머니의 재혼을 보는 햄릿의 부정적 생각은 극중극에 나오는 왕비의 대사를 통해서도 알 수 있다. "재혼을 바라는 것은 욕정일 뿐 진정한 사랑은 아니옵니다. 어찌 죽은 남편을 두 번 죽이는 일인 재혼을 하여 다른 남자와 잠자리를 같이하며 입을 맞출 수 있단 말입니까?"(〈햄릿〉, 440쪽)

14 라캉, 〈욕망과 그 해석〉, ≪라캉 욕망이론≫, 권택영 엮음, 문예출판사, 1994, 168쪽(이하 본문에서 ≪욕망이론≫, 쪽수 표기).

15 〈쥐덫〉은 〈햄릿〉의 극중극의 제목이다. 햄릿은 유령의 말이 사실인지 알아보기 위해 왕의 독살 사건을 다룬 연극인 〈쥐덫〉을 공연하게 한 후 왕을 관찰한다. 클로디어스가 연극을 보면서 당황해 하고 화를 내는 것을 보자 햄릿은 왕의 범죄를 확신한다. 결국 쥐덫에 걸린 클로디어스는 "아, 내 죄의 악취가 하늘을 찌르는구나. 인류 최초의 무서운 저주를 받은 카인의 형제 살인죄"라고 나중에 절규한다. 하지만 클로디어스는 여전히 애도, 즉 진정한 참회와 책임에는 이르지 못하고 새로운 음모를 꾸미기 때문에 결국 햄릿의 칼에 목숨을 잃는다.

16 467명의 무급휴직자들이 있었으며 이 중 150여 명이 희망 퇴직했다고 한다.

17 IMF 구제금융 요청은 1997년 12월 3일 대한민국이 외환위기를 겪으면서 국제통화기금에 자금지원 양해각서를 체결한 사건이다. 한국정부는 국가부도 위기를 벗어나기 위해 국제통화기금에서 요구하는 조건들을 수행해야 했으며 그 결과로 민영화, 규제완화, 투자시장 개방 등 신자유주의 논리가 급속하게 확산되고 구조조정도 빈번해지기 시작했다.

18 〈쌍용차 근로자 잇따른 자살…'정신질환'이 희생자 부른다(?)〉, 메디컬투데이 2011년 11월 13일 기사 참조.

19 정혜신, 국제앰네스티 50주년 기념 인권강연 〈변화를 만드는 키워드 '참여'〉 동영상 참조. 이 강연은 2011년 6월 26일, 조계사 전통문화 공연장에서 진행했다.

20 ≪라캉 욕망이론≫, 168-169쪽. 이렇게 볼 때 유령은 햄릿의 죄책감이 만들어 낸 환영일 수도 있다.

21 평택시, 평택참여자치시민연대, 평택대학교, 쌍용차 노조가 공동으로 진행한 '쌍용자동차 무급휴직자 및 해직자에 대한 실태조사'의 내용을 보면 알 수 있다. 실태조사는 쌍용자동차 해고자 및 무급휴직자들의 현재 상황을 자세히 파악하고, 향후 지원방안을 수립하는 기초 자료로 활용하려는 목적으로 6월 1일부터 7월까지 두 달에 걸쳐 우편조사, 전화조사, 일대일 직접면담조사 방식으로 실시하였다. 조사 대상자 1,400여 명 중 457명이 응답을 하였다. 이중 평택시민들의 쌍용자동차 해직자에 대한 느낌을 묻는 항목을 보면 무관심 49.9%, 반감 8.8%, 심한 반감 8.3%로 노동자들 입장에서는 시민들이 자신들의 고통을 이해해 주기보다는 무관심하거나 적대감을 갖는다고 생각한다는 것이다. 물론 이 통계는 평택 시민이 아니라

노동자들을 대상으로 한 것이지만 쌍용 출신 노동자들의 심리 상태를 보여준다는 데 그 의미가 있다(〈쌍용차 무급휴직자 등 실태조사결과〉, 평택참여자치시민연대 보고서 참조).

22 《위클리서울》, 〈만나봅시다: 쌍용차 해고노동자 상담 치료 정신과 전문의 정혜신 박사 인터뷰〉, 2011년 5월 27일 기사.

23 〈무당 앞에 눈물 터뜨린 쌍용차 노동자〉, 《시사IN》 215호, 2011년 11월 2일 기사.

왜 오이디푸스는 죽지 않았는가?

1 우리나라에서는 자살을 "국가적 불명예", "소외된 사회계층의 유일한 탈출구", "부당한 대우 및 불합리한 정치체제에 대한 항의", "의지의 나약함 혹은 무책임의 발로", "우울증이 만들어내는 병적 태도", "언론 및 인터넷에 의해 조장된 사회악" 등으로 보는 경향이 있다. 이현정, 〈한국 자살현상의 특징과 인류학적 연구의 가능성〉, 《한국문화인류학》, 43/1(2010), 315-321쪽을 참고하기 바람. 최근 대한의사협회가 주관한 〈자살은 병인가? 심포지엄〉(2011년 9월 19일)은 자살을 병으로 간주하는 입장을 대변하고 있다. 반면 몸문화연구소가 개최한 〈자살은 정말, 병인가?〉(2011년 9월 3일) 학술대회는 그 반대의 입장을 대변하였다.

2 오랜 동안 자살은 입에 올려서는 안 되는 금기어로 간주되었기 때문에 편견과 오해의 베일에 감싸여 있었다. 자살에 대한 연구가 본격적으로 행해진 것은 19세기 이후의 일이다. 토머스 조이너의 《자살에 대한 오해와 편견》, 지여울 옮김(베이직북스, 2011), 특히 8-10쪽, 그리고 케이 레드필드 재미슨의 《자살의 이해》, 이문희 옮김(뿌리와 이파리, 2004), 특히 25-30쪽 참고하기 바람.

3 이 질문에 대한 고전적인 대답의 하나를 빅터 프랑클의 《의미를 향한 소리 없는 절규》, 오승훈 옮김(청아, 2005)에서 제시하였다.

4 자살의 찬반 논의에 있어서 필자는 윤영돈의 〈자살의 윤리적 논쟁과 고통의 문제〉, 《윤리연구》 66(2007), 267-289쪽을 참고하였다.

5 슈나이먼(Edwin Shneidman)이 《자살 심리 *The Suicidal Mind*》(Oxford UP, 1998)에서 강조하였듯이 동물은 자발적으로 목숨을 끊지는 않는다. 그러한 생각을 반박하기 위해 《오해와 편견》에서 조이너가 든 레밍이나 불개미의 예들(314-329)은 그의 의도와 달리 슈나이먼의 주장을 오히려 더욱 뒷받침해 주고 있다. 레밍이나 불개미는 환경압력에 의해 자살이 강요되기 때문이다.

6 "차악의 선택"이라는 용어는 박형민의 《자살, 차악의 선택 – 자살의 성찰성과 소통 지향성》(이학사, 2010)에서 취한 것이다.

7 단테는 이 세 동물을 《성경》의 〈예레미아〉의 5장 4절에서 취하였다. "수풀에서 나오는 사자가 그들을

죽이며 사막의 이리가 그들을 멸하며 표범이 성읍들을 엿보온즉 그리고 나오는 자마다 찢기오리니 이는 그들의 허물이 많고 패역이 심함이니이다."(≪관주톰슨성경≫, 기독지혜사, 1985).

8 미국의 자살연구자인 데이비드 로젠(David Rosen)은 ≪우울증의 변화*Transforming Depression: Egocide, Symbolic Death, and New Life: A Jungian Approach Using the Creative Arts*≫에서 이러한 죽음을 자아죽음(egocide)이라고 명명하였다. 그의 이론에 대해서는 이도희, 〈자살의 이해와 대책〉, ≪심리연구≫ 22/1 (2007), 29-53쪽을 참조하기 바람.

9 삐에르 아도(Pierre Hardot)는 ≪내직 성채*The Inner Citadel*≫, tr, Michael Chase(Harvard UP, 2001). 스토아철학의 자살관을 설명하면서 자살은 "합리적 개연성(rational probability)"의 기준에 의해 정당화될 수 있다고 설명하였다.(191)

소통되지 않는 고통의 경험—프리모 레비의 자살

1 이 논문은 ≪비평과 이론≫(제 6권 2호(2011/가을 · 겨울)에 게재된 필자의 글을 대폭 수정한 것이다.

2 아메리, 장(Jean Amery), ≪자유죽음≫, 김희상 역, 서울: 산책자, 2010, 81-82쪽.

3 아메리, 장(Jean Amery), p. 82.

4 PLevi, Primo, *The Search for Roots: Personal Anthology*, Chicago: Ivan R. Dee, 1981, p. 11.

5 Signorino, R. M., "The Duty and Risk of Testimony," *Memory and mastery: Primo Levi as writer and witness*. Ed. Roberta S. Kremer, New York: State U of New York, 2001, p. 176 재인용.

6 Camon, Ferdinado, *Conversation with Primo Levi*, Trans. John Shepley, Marlboro: The Marlboro P, 1989, p. 43.

7 Camon.

8 Levi, Primo, *The Drowned and The Saved*, New York: Vintage Books, 1998, p. 71.

9 레비, 프리모(Levi, Primo), ≪휴전≫, 이소영 역, 파주: 돌베개, 2010, 19-20쪽.

10 p. 328.

11 *The Drowned* 75.

12 레비, 프리모(Levi, Primo), ≪이것이 인간인가≫, 이현경 역, 파주: 돌베개, 2007, 227쪽.

13 ≪이것이 인간인가≫, 228쪽.

14 ≪이것이 인간인가≫, 228쪽.

15 *The Drowned* 76.

16 Agamben, Giorgio, *Remnants of Auschwitz: The Witness and The Archive*, Trans. D. Heller-Roazen, New York: Zone Books, 1999, p. 89 재인용.

17 Levi. *The Drowned*, pp. 77-78.

18 p. 86.

19 p. 85.

20 pp. 85-86.

21 Lacapra, Dominick, *History in Transit: Experience, Identity, Critical Theory*, London: Cornell UP, 2004. 192 참고.

22 Lacapra 128.

23 〈증언의 의무와 위험The Duty and Risk of Testimony〉에서 프랭카 모리노 시그노리노(Franca Molino Signorino)는 레비가 "사망하기 직전에 의사에게 알츠하이머 병으로 인한 고통을 표현했다."(190)는 것은 의미심장하다고 말한다.

24 Levi, Primo, "A Mouse", *Collected Poems*, Trans. Ruth Feldman and Brian Swan, London: Faber & Faber, 1988, *Collected Poems* 57.

25 ≪서경식. 시대의 증언자 쁘리모 레비를 찾아서≫, 박광현 옮김, 창비, 2006, 267쪽.

26 267쪽.

27 1983년 1월 27일에 가졌던 인터뷰에서, 레비는 보다 젊은 사람들에게 그의 경험을 말해 주기 위해 더 이상 학교에 방문하고 싶지 않다고 고백한다. 특히 그는 "왜 당신은 40년도 더 지나서, 그리고 베트남 전쟁이 끝나고, 그리고 스탈린의 수용소 이후에, 한국 전쟁이 종결되고 난 뒤에 이것들을 갖고 우리에게 와서 말하죠?"라는 두 소년들의 질문에 당혹해했다고 전해진다(Signorini 190 재인용). 어린 세대들의 이런 질문들에 대한 레비의 결론은 자신의 이야기들이 진부해지고 퇴색되어 가고 있기 때문에, 젊은 세대들은 더 이상 흥미를 갖지 않는다는 것이다. 그래서 그는 "나에겐 말할 수 있는 저장고가 소진된 듯하다."고 말하기도 했다(Signorini 190 재인용).

28 Levi, *The Drowned*, 156-158, ≪휴전≫, 이소영 옮김, 돌베개, 2010.

29 바르샤바 북동쪽으로 100km 지점, 폴란드 도시 시에들체와 말키니아 중간 트레블링카의 철도 마을 부근에 있었다. 2개의 수용소가 있었는데, 역에서 4km 떨어진 곳에 있던 제1트레블링카는 1941년 소규모 강제노동수용소로 문을 열었다. 공식문서에서 'T. II'(즉 제2트레블링카)라고 불렀던 그보다 더 컸던 제2수용소는 특급 비밀수용소로 제1수용소에서 1.6km 떨어진 곳에 있었으며, 1942년 7월 마지막 해결, 즉 학살 판정이 내려진 유태인의 학살수용소로 세워졌다.

30 p. 158.

청춘의 자살은 유죄?

1 자살 문제를 사회와 분리된 고립된 개인 심리 차원에서 국한해 다루려는 경향은 주로 미국 임상심리학계에서 볼 수 있다. 미국의 대표적인 자살 임상 심리학자 토머스 조이너(Thomas Joiner) 역시 그런 식으로 자살 문제에 접근하고 있다. Thomas Joiner, *Myth about suicide*, 2010, 한국어판 〈자살에 대한 오해와 편견〉 2011, 베이지북스 참고. 지난 8월 대한의사협회 주최로 "자살은 병인가?"라는 주제로 열린 심포지엄에서 발표된 자료는 최근 구갠 의학계에서 자살을 바라보는 동향을 엿보게 한다. 미국식 개인주의 심리학에 대한 개략적인 비판으로는 김태형, ≪불안증폭사회≫, 2010 참조.

2 김주환, ≪회복탄력성≫, 위즈덤하우스, 2011년.

3 알베르 까뮈, ≪시지프의 신화≫, 이가림 역, 문예출판사, 9쪽.

4 밀란 쿤데라, ≪커튼≫, 박성창 역, 민음사, 2008.

5 Calra Fine, *No Time To Say Goodbye*, Random house, 1997.

6 가라디니 고진, ≪탐구 1, 2≫, 송태욱, 새물결, 1998.

7 토머스 조이너, ≪자살에 대한 오해와 편견≫, 지여울 역, 베이직 북스, 2010.

8 헤르만 헤세, ≪황야의 이리≫, 김누리 역, 민음사, 2002.

시선에 던져진 여성의 자살

1 Poovy, Mary, *The Proper Lady and the Woman Writer: Ideology as Style in the Works of Wollstonecraft, Mary Shelley, and Jane Austen*. Chicago: U of Chicago P, 1984(X).

2 플로베르의 ≪마담 보바리≫와 톨스토이의 ≪안나 카레니나≫.

3 Gentry, Deborah S. *The Art of Dying: Suicide in the Works of Kate Chopin and Sylvia*, NY: Peter Lang Publishing, 2006(3).

4 도스토예프스키(Fyodor Mikhailovich Dostoevskii)의 ≪악령≫(1872)에서 모든 것에 의미가 없다면 살아야 할 의미도 없지 않냐며 자살하는 니꼴라이 스따르브로긴의 죽음은 그 묘사가 전혀 없이 실존적인 후속 서술로 간접 전달된 뿐이다.

5 Higonnet, Margaret, "Speaking Silences: Women's Suicide", *The Female Body in Western Culture: Comtemporary Perspectives*. Ed. Susan Rubin Suleiman. Cambridge: Harvard UP, 1986, pp. 68-83(144).

6 Higonnet, p. 16.

7 사물에 대한 명확한 설명이나 해설이었으나 문학에서 인물 재현을 확장하기 위한 어휘로 독자에게 그림과 같은 묘사의 효과를 실현한다. 오필리어의 경우, 그 주체가 없는 부재의 상황에서 주체와 멀어진 만큼 그 장소에 보였던 것을 알 수 있도록 죽어가는 과정을 그림처럼 명확하게 묘사하는 것을 말한다.

8 Ronk, Martha C. 재인용, "Representations of Ophelia", *Criticism*, Detroit: Winter 1994, Vol. 6. 21-43(Literature Online, ProQuest LLC. http://lion.chadwyck.co.uk).

9 Ronk 재인용.

10 Peterson, Kaara, "Framing Ophelia: Representation and the Pictoral Tradition", *Mosaic* 31.3(1998), pp. 1-24(8).

11 Bronfen, Elizabeth, *Over Her Dead Body: Death, Feminity and the Aesthetic*, Manchester: Manchester U, 1992, p. 142.

12 컨, 스티븐, ≪문학과 예술의 문화사 1840-1900≫, 남경태 옮김, 서울: 휴머니스트, 2005, 44쪽.

13 Gentry, p. 16.

14 Wolff, Cynthia Griff, "Thanatos and Eros: Kate Chopin's the Awakening", *American Quarterly*, Vol. 25, No. 4(Oct. 1973), pp. 449-471(470).

15 허정명, 〈집짓기와 여성 정체성: 아담스(Jane Adams)와 쇼팽(Kate Chopin)의 경우〉, ≪신영어영문학≫ 30집(2005), 163-185(182)쪽.

16 조애리, 〈유목적 공간과 여성: 케이트 쇼우팬의 ≪각성≫〉, ≪근대영미소설≫ 11-2(2004), 105-121(117)쪽.

17 Gilbert, Sandra M. "The Second Coming of Aphrodite", *The Kenyon Review* 5.3 (Summer 1983), 42-66(57).

18 Valkeakari, Tuire, "A 'Cry of the Dying Century': Kate Chopin, the Awakening, and the Women's Cause", *Nordic Journal of English Studies* 2:1(2003), pp. 193-216(209).

19 알바레즈, 알프레드, ≪자살의 연구≫, 최승자 옮김, 일산: 청하, 1982, 285쪽.

20 Bronfen(x).

21 데리다, p. 29.

22 Dingledine, Donald, "Woman can Work on Water: Island, Myth, and Community in Kate Chopin's *The Awakening* and Paule Marshall's *Praisesong for the Window*", Women's Studies, 1993, Vol. 22, pp. 197-216(212).

23 Treicher, Paula A., "The Construction of Ambiguity in The Awakening: A Linguistic Analysis", In: *Chopin*, 1993, pp. 308-328(325).

24 Bonner, Thomas, JR., *The Kate Chopin Companion*, With Chopin's Translations from French Fiction, New York/Greenwood, CT/London: Greenwood Press, 1988, p. 196.

25 Gentry 재인용, p. 5.

26 최선령, 〈"지성의 실패"와 "자기만의 방": 레씽의 〈19호실〉에 관하여〉, ≪신영어영문학≫ 45집(2010), 신영어영문학회, 169-183(181).

27 최선령, 173쪽.

28 Ross, Gillian, *Feminism and Geography*, U of Minnesota P, 1993, p. 146.

29 최선령, 181-182쪽.

30 네리다, p. 156.

31 브룩스, 피터, ≪육체와 예술≫, 이봉지 · 한애경 옮김, 서울: 문학과지성사, 2000, 429쪽.

32 알바레즈, p. 131.

33 바슐라르, 가스통, ≪공기와 꿈≫, 정영란 옮김, 서울: 민음사, 1993, 197쪽.

34 Petterson, Bo, "Narratology and Hermeneutics: Forging the Missing Link", *Narratology in the Agc of Cross-Disciplinary Narrative Research*, Ed. Heinen, Sandra and Sommer, NY: Walter de Gruyter, 2009, p. 14.

35 바슐라르 재인용, p. 291.

36 바슐라르, p. 287.

소녀 자살 담론과 지식상—K여고 연쇄 자살 사건을 중심으로

1 2011년도 「자살예방법」 시행과 함께 예방의 차원으로 접근되면서, 자살은 예방과 치료가 가능한 정신과적 질병이라는 관점에서 접근되고 있다. 이는 2011년 7월 대한의사협회 주관으로 행해진 심포지엄("자살은 병인가?")에서 단적으로 드러나고 있다. 2000년대 자살 담론은 정신과 의사들에 의해 선점되면서 개인의 내밀한 정신 혹은 뇌의 문제로 국한되어가고 있다는 사실을 인문학적으로 비판하면서 건국대학교 몸문화연구소에서 "자살은 정말, 병인가"라는 주제로 같은 해 9월 학술대회를 개최하였다. 여기에서 발표한 것이 이 논문이다.

2 천정환, 〈'마음의 봉건'으로부터의 이행-근대 초기의 자살(1)〉, ≪내일을 여는 역사≫ 39, 2010. 6.
천정환, 〈1920년대 조선의 자살과 '해석의 갈등'〉, 내일을 여는 역사 43, 2011. 6.
천정환, 〈정사, 사라진 동반자살〉, ≪내일을 여는 역사≫ 41, 2010. 12.

3 이영아, 〈1920년대 소설의 '자살' 형상화 양상 연구〉, ≪한국현대문학연구≫ 33, 2011.

4 이경훈, 〈아스피린과 아달린〉, ≪한국근대문학연구≫ 2, 2000, 87-93쪽.

5 양승국, 〈1920년대 희곡에 나타난 광기 혹은 자살의 구조와 의미〉, ≪한국극예술연구≫ 22, 2005.

6 〈자살의 책임〉, ≪경향신문≫, 1957. 7. 24.

7 정승화, 〈1950~60년대 한국사회 경제구조 변화와 가족동반자살〉, ≪내일을 여는 역사≫ 42, 2011, 182-184쪽.

8 이도암, 〈한국사회의 집단자살분석 – 사회통계적인 분석을 통한 집단자살〉, ≪청맥≫, 1965, 6. 96쪽. 도표 참조. 아메리카 10.8, 일본 21.3, 서독 18.7, 핀란드 20.4, 헝가리 24.9, 오스트리아 23.0, 한국 27.2 (인구 십만 명당 산출). (숫자는 퍼센트를 나타냄 - 필자)

9 〈4 · 19총상재발 청년 자살기도사건〉, ≪동아일보≫, 1963. 4. 22.

10 정승화, 앞의 글, 191-193쪽.

11 1963년도 조사연구에 따르면 2,201명 자살 기도자 중 17세가 23.9%라는 최고의 자살률을 보여준다. 이 중 고등학생 자살률이 27.9%로 조사되어 1960년대 초반 고등학생의 자살률은 급격하게 증가추세에 있었던 것으로 보인다(김종은, 〈자살요인에 대한 사회위생학적 연구〉, ≪중앙의학≫, 1963. 10, 381쪽).

12 1960년 8월 경기여고 두 여학생 자살 사건(경향, 1960. 8. 1), 1962년 K여고 세 여학생 자살 사건(동아, 경향, 1962. 2. 13), 1962년 여고생 소설탐독 염세자살 사건(동아, 1962. 3. 25), 1963년 3월 여고생 비관 음독자살 사건(동아, 1963. 3. 27), 1963년 4월 여고생 여관 염세자살 사건(동아, 1963. 3. 27), 1963년 5월 여고생 비관자살 사건(경향, 1963. 5. 27), 1963년 여고생 동정(同情)자살 미수 사건(경향, 1963. 5. 3.), 여고생 성적비관 자살 사건(경향, 1965. 6. 18), 여고생 대학진학문제 자살 사건(동아, 1965. 5. 13), 1966년 네 여고생 집단자살 미수 사건(동아, 1966. 4. 29), 세 여고생 음독자살 미수 사건(경향, 1967. 9. 5), 세 여고생 음독자살 미수 사건(경향, 1967. 1. 27), 여고생 동정 연쇄 자살 사건(동아, 1967. 7. 15), 두 여고생 염세 음독자살 사건(동아, 1969. 3. 14) 등 1960년대 여고생 자살 사건은 지속적으로 빈번히 발생했다.

13 1960년대 여고생 자살에 주로 사용되었던 극약이었다. 약국에서 살 수 있었던 것으로 보아 근접성 측면에서 자살에 이용하기 용이했던 것으로 보인다. 또한 키니네 이외에 자살수단으로 인기 있던 약은 '세코날'이었다. 남성 자살 기도자의 42.1%, 여성 자살 기도자의 51.2%가 세코날을 복용한 것으로 나타나 있다(김종은, 앞의 글, 382쪽).

14 〈사태 난 자살사건〉, 경향신문, 1957. 1. 31.

15 이만갑, 〈자살의 사회학적 고찰(상)〉, 경향신문, 1957. 7. 28.
이만갑, 〈자살의 사회학적 고찰(하)〉, 경향신문, 1957. 7. 29.

이만갑의 글에서 자살 사건의 원인은 분명한 이유가 있으며, 사회적인 원인을 갖는 것이었다. "자살의 동기가 개인적 이유에 있는 것은 사실이겠지만 그런 심리적 동기로서 자살 행위를 감행케 하는 조건에는 더 넓고 더 큰 사회적 요인이 있을 것이다."라는 사회적 원인론을 내세우면서 에밀 뒤르켐의 ≪자살론≫을 소개하고 있다. 뒤르켐의 자살론을 "자살률이 사회집단의 통합정도를 표시하는 한 지표"로 정리하고 있다.

16 〈자살의 책임〉, ≪경향신문≫, 1957. 7. 24.

17 김종은, 〈자살요인에 대한 사회위생학적 연구〉, ≪중앙의학≫, 1963. 10.

18 박형민, 〈자살, 불안한 사회의 불편한 현실〉, ≪황해문화≫ 72, 2011. 9, 286쪽.

19 임홍빈, 〈꿈과 반항과 도피〉, ≪여원≫, 1962. 4, 77쪽.

20 장현경, 〈사춘기의 소녀에게 주는 글〉, ≪여원≫, 1962. 4, 92쪽.

21 자살자는 죽음에 대한 일정한 성찰의 과정을 경험한다. 자살의 성찰성이란 특히 유서에 잘 나타나 있는데, 자살자들이 자살을 우발적으로 선택한 것이 아니라 죽음에 대한 심리적, 실제적 준비과정을 거쳤음을 보여주며, 자신의 삶과 죽음에 대한 평가와 해석의 과정이 있었음을 말한다. 즉 자신이 겪는 문제 상황에 대한 인식과 자신의 삶에 대한 스스로의 평가과정을 겪어낸다는 점을 말한다. 자신의 문제 상황을 내면화하여 죽음을 선택하게 되는 주관적 상황을 형성하는 것이다.(박형민, ≪자살, 차악의 선택≫, 이학사, 2010, 100-232쪽 참조).

22 임지연, 〈60년대 초반 잡지에 나타난 여성/청춘 표상〉, ≪여성문학연구≫ 16, 2006. 참조.

23 임홍빈, 앞의 글, 76쪽.

24 장병림, 〈자살론〉, ≪여원≫, 1962. 4, 80쪽.

25 장병림, 앞의 글, 83쪽.

26 50년대 후반부터 유행한 휴머니즘론은 크게 '휴머니즘'과 '휴매니테리언이즘'으로 구분되었다. 휴머니티가 관념론의 단계에서 '휴머니즘', 행동주의 단계에서는 '휴매니테리언이즘'으로 분류된다(최은범, 〈휴매니테리언이즘의 현대적 과제〉, ≪세대≫, 1966. 9, 207쪽).

과학적 휴머니즘은 실제로 사회운동으로서 세계적 조직을 갖고 현대성극복을 위해 노력했다는 점에서 '휴매니테리언이즘'으로 분류될 수 있다.

27 이종진, 〈超휴머니즘의 이해〉, ≪사상계≫, 1962. 9, 60쪽.

28 임지연, 〈1950-60년대 현대시의 신체성 연구〉, 건국대 박사학위논문, 2011, 43-52쪽.

29 콜리스 라몬트, ≪휴머니슴≫, 박영식 역, 정음사, 1968, 102쪽.

30 〈문학소녀의 단순한 '감상' 세 여고생 연쇄 음독사건〉, ≪동아일보≫, 1962. 2. 13.

31 첨단의 이론을 체계적으로 소개했던 지식인 잡지 ≪사상계≫에서는 프로이트 탄생 백주년 기념 특집호(1958. 9), 프로이트 사후 20년 특집호(1959. 9)에서 프로이트 사상체계와 다양한 정신분석 이론들을 소개하고 있다.

32 정신과 의사 이동식은 사상계에 1963년 11월부터 1964년 12월까지 "정신의가 본 사회와 인생"이라는 주제 아래 사회적 현상을 '노이로제'라는 증상으로 분석하고 있다.

33 김태오, 〈프로이트와 정신분석학〉, ≪사상계≫, 1958. 9, 71쪽.

34 1960년대는 20세기의 특징을 성해방의 세기로 인식하였는데 그것의 원인을 성과학의 연구와 프로이트의 정신분석학설로 보았다. 이때 프로이트의 정신분석학의 핵심은 성의 은폐와 억압에 대한 반동, 인간성의 새로운 해방을 열었다고 평가한다. 성욕에 대한 일반 지식은 프로이트의 성욕설을 기본으로 하고 있다는

것이 당대 프로이트주의에 대한 평가였다(이동식, 〈성욕=심리현상의 동인〉, 《사상계》, 1960. 8, 226쪽).

35 유석진, 〈세계는 정신병원이다〉, 《세대》, 1963. 12, 337쪽.

36 북 리뷰, 〈현대사상가총서 5 프로이트〉, 《사상계》, 1961. 2, 396쪽.

37 이동식, 〈실존주의와 정신분석학〉, 《사상계》, 1960. 5, 247쪽.

38 좌담회, 〈한국인의 정신상태를 진단한다〉, 《사상계》, 1961. 1, 245쪽.

39 〈앞으로는 이런 일이 없어야…〉, 《경향신문》, 1962. 2. 13.

40 김종은에 의해 쓰여진 세 편의 논문은 약 2201명을 대상으로 한 만큼 종합적이고 체계적인 조사연구였다. 사회적 요인 연구(〈제1편: 자살요인에 대한 사회위생학적 연구〉), 프로이트의 타나토스이론에 기대어 쓴 정신적 요인 연구(〈제2편: 자살요인에 대한 정신위생학적 연구〉), 자살 기도자를 대상으로 한 임상치료 연구(〈제3편: 예방정신의학적 견지에서 본 자살기도자의 임상적 고찰〉)가 그것이다. 사회적 요인에 대한 논문은 사실 사회학자 이상의 전문적이고 종합적인 연구가 이루어지고 있다. 가령 서구 조사에 의하면 노인 자살률이 많지만(뒤르켐) 동양과 한국의 경우 10대와 20대 초반이 자살률이 월등히 높다는 점을 지적하고 서구와 한국의 차이를 점검하기도 하였다(《중앙의학》, 1963. 10).

41 심리부검은 자살사망자의 가족들, 친구들, 의사들, 동료들과 인터뷰를 통해 사망자가 자살하려는 의지가 있었는지, 죽음의 자기 위해 정도가 어느 수준인지를 밝혀내는 임상적 · 과학적 조사방법이다. 심리부검의 목표는 죽음에 이르기까지 사망자의 정신상태를 재현해 보는 데에 있다. 사망자의 친구와 가족, 담당의와의 인터뷰를 통해 포괄적으로 점검한다. 죽음의 원인과 방법, 사망의 의료기록과 정신병력, 집안배경, 성격과 생활습관, 정신적 압박감, 약물중독, 인간관계, 의사표현을 했는지 등을 밝혀내는 방법이다(케이 레드필드 재미슨, 《개인적이고 사회적이며 생물학적인 자살의 이해》, 이문희 역, 뿌리와 이파리, 2004, 48-50쪽).

42 김종은, 앞의 글, 380쪽.

43 카톨릭 중앙의료원 부설 자살예방센터에 입원한 자살 기도자 372명(1962년 12월 1일부터 1963년 6월 30일까지)을 대상으로 하였다(김종은, 〈예방정신의학적 견지에서 본 자살기도자의 임상적 고찰〉, 《중앙의학》, 1963. 10, 403쪽).

44 이동식, 〈사회 노이로제 시대〉, 《사상계》, 1963. 11, 263쪽.

45 1963년 11월부터 《사상계》에서는 1년에 걸쳐 "정신의가 본 인생과 사회"라는 주제를 연재하고 있다. 정신과 의사 이동식이 이 연재를 맡고 있는데, 그는 프로이트주의 전파와 함께 병리학적 용어인 '노이로제'를 키워드로 한국 사회의 제 현상들을 전방위적으로 분석하고 있다.

이동식, 〈외국인과 우리의 주체성〉, 《사상계》, 1964. 4, 230-231쪽. 이 글에서 노이로제는 개인의 주체성, 한국인 주체성과 논리적으로 연결된다. "노이로제는 주체성의 상실"로 파악하고, 개인의 주체성이 어느 시점에서 침해되었는가를 자각케 하고 주체성을 가로막는 경험을 제거해 주는 치료방법처럼, 한국인의 주체성을 회복할 수 있도록 진단하고 치료방법을 도출할 것을 요구하는 내용이다. 노이로제라는 심리학적 용어가 한국인의 주체성 확립과 논리적으로 관련 맺는 방식은 정신과 의사의 처방처럼 진단과 치료방법의 도출이었다.

46 좌담회, 앞의 글, 245-246쪽.

47 이동식, 〈자살의 심리〉, ≪세대≫, 1964. 4, 254쪽.

48 장병림, 앞의 글, 81쪽.

49 서문원, 〈문화인의 정신위생〉, ≪사상계≫, 1959. 6, 254쪽.

50 위의 글, 261쪽. 이 글에서는 자살과 같은 파괴적 행동은 울분을 발산하지 않은 채 조용히 홀로 고민하는 '문제의 인물'로 파악하고, 인간 본성을 잘 이해할 것을 요청하고 있다.

51 이동식, 앞의 글, 257쪽.

52 박정희, 〈우리 민족의 나아갈 길〉, ≪하면 된다! 떨쳐 일어나자≫, 동서문화사, 2005, 102쪽.

53 위의 책, 101쪽.

한국 소설의 '자살' 형상화 양상

1 에밀 뒤르켐, ≪자살론≫, 임희섭 역, 삼성출판사, 1976, 21쪽.

2 갈 뢰뵈트, 〈자살은 인간이 가진 가장 빼어난 가능성〉, ≪어느 쓸쓸한 날의 선택, 자살≫, 주정관 역, 2003, 27쪽.

3 특히 조선 중기 이후에는 점차 유교윤리의 강화로 인하여 이전의 자유로운 성풍속도가 사라지면서 자의에 의한 것이건 타의에 의한 것이건 여성들의 실행(失行)은 곧 죽음이었다. 더욱이 그러한 소문만으로도 명예를 더럽혔다고 생각할 정도여서 이 때문에 자살한 여성들이 증가했다. 강간이나 강간미수에 치욕을 못이긴 여자들이 자살하는 경우도 있지만, 전혀 사실무근인 거짓말에도 수치심을 느끼고는 자살하기도 했던 것이 조선시대의 열(烈)의식이었다(정성희, 〈조선의 성풍속〉, 가람기획, 1998, 170-171쪽).

4 천정환, 〈'마음의 봉건'으로부터 이행-근대 초기의 자살(1)〉, ≪내일을 여는 역사≫, 2010. 6.

5 이영아, 〈1910년대 유학생 단편소설에 나타난 죽음의식〉, ≪국어국문학≫, 2006. 12.

6 이영아, 〈1920년대 소설의 '자살' 형상화 양상 연구 – 여성 인물을 중심으로〉, ≪한국현대문학연구≫, 2011. 4.

7 예외적인 작품으로 〈화의 혈〉, 〈명월정〉, 〈화중화〉 정도가 있다. 이들 작품에서는 주인공 여성이 기생, 첩이라는 자신의 신분과 관련한 죄책감을 씻어버리기 위해 자살한다. 전자의 세 작품은 개화기 이후 변화된 새로운 성윤리로서 과거의 '실절녀'와는 다른, 기생・첩이라는 존재들에 대한 부정의 이데올로기를 반영한 작품들로 볼 수 있다. 이러한 소수의 경우를 제외하면 신소설의 자살모티프는 매우 자주 등장하되,

주인공이 실제로 자살에 '성공'하는 경우는 없다.

8 〈從夫烈女〉, ≪제국신문≫, 1899년 1월 18일, 〈從死烈婦〉, ≪제국신문≫, 1900년 6월 23일, 〈孝烈雙旌〉, ≪大韓每日申報≫, 1906년 5월 2일, 〈烈婦烈行〉, ≪皇城新聞≫, 1906년 6월 4일 등의 기사는 모두 죽은 남편을 따라 자살한 아내에 대해 칭송을 보내고 있다.

9 이러한 새로운 '정숙성'의 윤리가 형성될 수 있었던 데에는 여성들에게 근대적인 국민국가의 구성원으로서 '양질의 자녀(국민)'를 생산해야 할 의무가 주어졌기 때문이다. 성숙한 남녀의 결혼과 자녀출산이 곧 국가의 경쟁력에 직결되는 문제였기 때문에, 여성들이 수절을 하며 평생 자녀를 낳지 않는 것은 개인의 행복 추구권과도 관계될 뿐 아니라 국가로서도 손해가 되는 일이었다. 이에 대한 자세한 논의는 이영아, ≪육체의 탄생≫, 민음사, 2008, 5장 참조.

10 이에 대한 자세한 논의는 이영아, 〈1910년대 유학생 단편소설에 나타난 죽음의식〉, 앞의 글 참조.

11 김석봉, ≪신소설의 대중성 연구≫, 역락, 2005.

12 오히려 세상은 온통 괴로움, 악, 적(敵)들로만 가득 차 있어서 1910년대 단편소설 속 인물들은 끊임없이 "뜻갓치못되는 것은 어대까지 이世上일의本色이라"(〈청류벽〉), "世上이우리로하야곰 滋味잇게 살아감을 許諾치 안는다 – 돈업고 힘업는 우리로"(〈한의 일생〉)라며 세상을 원망한다.

13 "1910년대 단편소설에서는 '극화된' 일인칭 인물을 주인공으로 한 소설을 찾기란 쉽지 않다."(조남현, 〈한국현대소설사5 – 1910년대 소설〉, ≪소설과 사상≫, 1995 겨울호, 358쪽)

14 이에 대한 논의의 대표적인 것으로는 김복순, 〈1910년대 단편소설 연구〉, 연세대 박사학위논문, 1990; 양문규, 〈1910년대 한국소설 연구〉, 연세대 박사학위논문, 1990; 한점돌, ≪한국근대소설의 정신사적 이해≫, 국학자료원, 1993; 박헌호, ≪식민지 근대성과 소설의 양식≫, 소명출판, 2004 등이 있다

15 외국 유학생활 중 병마와 외로움에 시달려 "나는 어째 世上에 아무 滋味가 없어지고 自殺이라도 하고 싶으오."(이광수, 〈방황〉, 이광수전집 제10권, 삼중당, 1971, 94쪽)라고 말하는 〈방황〉의 주인공이나, '무엇인지 모를 병' · 나를 '못살게 구는 핍박'에 괴로워하는 〈핍박〉의 화자, 식욕도 삶의 의욕도 없을 뿐 아니라 자신과 같은 사람은 대낮에 돌아다닐 자격도 없다고 생각할 정도로 자괴감에 빠져 있는 〈슬픈 모순〉의 '나', 자신의 재능과 헌신적 노력을 알아주지 않는 오산학교 제자들을 원망하는 〈김경〉의 '김경', 그리고 실연의 아픔을 극복하지 못해 급기야 철도자살을 하는 유학생의 이야기를 담은 〈윤광호〉 등이 그 예이다.

16 1910년대 유학 체험에 대한 논문으로는 김태윤, 〈1910년대 단편소설과 유학의 문제〉, 연세대 석사학위논문, 2003이 있다. 그러나 이 논문에서는 유학생의 '하숙박 정경'과 '귀향의 장면'이라는 부분에 집중해서 이것이 소설적으로 어떻게 재현되고 있는지를 논의하고 있다는 점에서 이 글이 초점을 두고 있는 유학생들의 '내면' · '이념'적 특성과 구별된다.

17 양문규, ≪한국 근대 소설사연구≫, 국학자료원, 1994, 169쪽; 김복순, 〈1910년대 단편소설 연구 – 신지식층의 소설을 중심으로〉, 연세대 박사학위논문, 1990, 62-67쪽.

18 上垣外憲一, ≪일본유학과 혁명운동≫, 김성환 역, 진흥문화사, 1983, 135쪽.

19 이러한 피식민지 유학생들의 심리를 이해하는 데에는, "자신의 문화적 기원의 피살과 매장 때문에 열등 콤플렉스를 스스로 조장해 왔던 식민지 민중들은 문명국의 언어, 즉 식민 모국의 문화를 불현듯 직면하게 된다. 식민지인은 식민모국의 문화적 수준을 자신이 어느 정도 전유하고 있느냐에 따라 밀림의 신분을 초월하기도 하고 매몰되기도 한다. 식민지인은 자신의 흑인성 혹은 자신의 원시성의 폐기를 통하여 백인화되어 가는 존재인 것이다."(프란츠 파농, ≪검은 피부, 하얀 가면≫, 이석호 역, 인간사랑, 1998, 25쪽)라고 말한 프란츠 파농의 논의가 도움이 된다.

20 이영아, 〈이광수의 〈무정〉에 나타난 육체의 근대성 고찰〉, ≪한국학보≫, 2002. 3.

21 신소설에서 이광수의 〈무정〉까지로 이어지는 여성의 섹슈얼리티 변이・계승 양상 고찰은 이영아, 〈신소설에 나타난 육체인식과 형상화 방식 연구〉, 서울대 박사학위논문, 2005, 5.3절 참조.

22 이광수, 〈무정〉 제89회, ≪매일신보≫, 1917. 4. 16.

23 이영아, 〈신소설에 나타난 육체인식과 형상화 방식 연구〉, 195쪽.

24 천정환, 〈'마음의 봉건'으로부터 이행-근대 초기의 자살(1)〉, 291쪽.

25 각 작품에 대한 개괄적 줄거리 소개는 이영아, 〈1920년대 소설의 '자살' 형상화 양상 연구 – 여성 인물을 중심으로〉, ≪한국현대문학연구≫, 2011. 4. 참조.

26 나도향, 〈출학〉, ≪나도향전집(상)≫, 집문당, 1988, 26쪽.

27 염상섭, 〈제야〉, ≪개벽≫, 1922. 6, 47쪽.

28 염상섭, 〈제야〉, ≪개벽≫, 1922. 6, 44쪽.

29 "김씨 집에서 어떻게해서든지 너의 잔명을 보전하거나, 그렇지 않으면 너는 너의 죗값으로, 또는 너의 부모의 명예를 위하여 모든 비밀을 혼자 품고 이 세상을 떠나다오."(〈미해결〉, ≪염상섭 중편선 – 만세전≫, 문학과지성사, 2005, 378쪽)

30 김동인, 〈딸의 업을 이으려〉, ≪조선문단≫, 1927. 4.

31 이 점에서 효범이 남긴 유서에 자신들이 '순결한' 관계였으며, 이를 증명하기 위해 죽은 뒤 총독부병원에서 해부를 하여 결백을 밝혀달라고 하는 것, 그러나 키스는 했다며 용서를 바란다고 말하는 대목들은 '순수한 사랑'에 대한 치기어린 강박적 모습으로까지 보인다.

32 1920년대 한국 사회・문화에서 자살의 '정사(情死)'로서의 성격에 대한 자세한 논의는 천정환, 〈정사(情死), 사라진 동반자살〉, 앞의 글 참조.

33 각 작품에 대한 개괄적 줄거리 소개는 역시 이영아, ≪1920년대 소설의 '자살' 형상화 양상 연구 – 여성 인물을 중심으로〉, ≪한국현대문학연구≫, 2011. 4. 참조.

34 "그런데 중세인들에게 '에로스는 타나토스'였다. 말하자면 정욕은 사망에 이르는 길이었다. 하지만 16세기 이후 서서히 강조점이 바뀌면서, 바로크 시대에 이르러 마침내 앞의 공식이 완전히 뒤집어진다. 이제 '타나토스는 에로스'가 된다. 그리하여 '정욕은 죽음'이라는 따분한 도덕 정식이 이제 '죽음은 사랑'이라는

도착증적 경향을 띠게 된다."(진중권, ≪춤추는 죽음1≫, 세종서적, 1997, 229쪽).

35 조용훈, ≪에로스와 타나토스≫, 살림, 2005, 9-10쪽.

36 이재선은 이와 같은 1920년대 소설의 특징을 "연애형태의 정동적(情動的)인 죽음에의 미화과정은 물론 자기 배반과 매저키즘과 연결된 문화적인 엑조티시즘의 자기적(自藥的)형태인 자살 충동이 현현(顯現)"된 것이라고 해석했다(이재선, ≪한국단편소설연구≫, 일조각, 1975, 198쪽).

37 권보드래, ≪연애의 시대≫, 현실문화연구, 2003, 191쪽.

38 나도향, 〈환희〉, ≪나도향전집(하)≫, 집문당, 1988, 140쪽.

39 김기진, 〈젊은 이상주의자의 死〉, ≪개벽≫, 1925. 7, 45-47쪽.

40 김동인의 〈마음이 여튼 자여〉(≪창조≫, 1919. 12~1920. 2, 3, 5.)에서 K가 자신과 Y의 사랑이 '참사랑'인가를 고민하면서 끊임없이 외국 문학작품에서 전거(典據)를 찾는 이유도 그 때문이다.

41 이에 대한 자세한 논의는 이영아, 〈나도향 소설에 나타난 '참사랑' 모색과정 고찰〉, ≪현대문학연구≫, 2006. 12. 참조.

42 지그문트 프로이트, 〈슬픔과 우울증〉, ≪무의식에 관하여≫, 윤희기 역, 열린책들, 1997, 256-257쪽.

43 장병천이라는 부호의 아들을 사랑했던 기생 강명화는 장병천의 부모의 반대를 무릅쓰고 그의 뒷바라지를 다 해가며 일본으로 애정의 도피행각까지 벌이지만, 세간의 따가운 눈총을 견디지 못해 결국 자살한다. 이후 넉 달 만에 장병천도 그녀의 뒤를 따랐다(전봉관, 〈평양명기 강명화 정사 사건〉, ≪경성자살클럽≫, 살림, 2008).

44 〈강명화 실기〉(1924), 〈강명화전〉(1925), 〈강명화의 설움〉(1925), 〈절세미인 강명화전〉(1935), 〈강명화의 죽음〉(1964) 등이 발간되었다. 전봉관, 위의 책, 142쪽.

45 한국에서 '정사'라는 말이 쓰이기 시작한 것은 1917년에 발생한 전 통감 소네 아라스케의 며느리와 자가용 운전기사의 정사기도 사건 때문이었다(권보드래, ≪연애의 시대≫, 앞의 책, 181쪽).

46 천정환, 〈정사(情死), 사라진 동반자살〉, 앞의 글. 이 글에 따르면 1922년 ≪동아일보≫의 자살 보도에서 '실연으로 인한 자살'에 관한 보도가 두드러진다면, 1923년에는 확실히 많은 정사 사건이 보도되고 있다고 한다.

47 현진건, 〈그립은 흘긴 눈〉, ≪폐허이후≫, 1924. 1.

48 천정환, 〈정사(情死), 사라진 동반자살〉, 앞의 글, 239쪽.

49 나도향, 〈물레방아〉, ≪나도향전집(상)≫, 집문당, 1988, 247-248쪽.

50 〈2년 후〉의 경우는 자살 모티프를 다룬 다른 소설들에 비해 자살의 동기나 과정이 서사의 중심이 아니어서 쉽게 단정내리기 어렵지만, "낸들 누가 아나 소문에 들으니까 누구한테로 살림을 들어갓섯는데 모든 세상일이 다 자긔의 뜻과 맛지 안으니까 항상 울고 탄식하다가 나종엔 정신에 이상이 생겨서 독약을 마시고 죽엇다데"(박종화, 〈2년 후〉, ≪개벽≫, 1924. 2. 163-164쪽)라는 서술로 보아 역시 기생으로 살다가 누군가의 첩살이를 시작했다가 자살을 한 황려화의 이야기도 축첩제도의 균열과정에서 겪는

혼란과 여성들의 애환이 자살의 동기였다고 볼 수 있다.

51 김일엽, 〈어느 소녀의 사〉, ≪미래세가 다하고 남도록≫, 인물연구소, 1974, 112-113쪽.

52 김동인, 〈전제자〉, ≪개벽≫, 1921. 3, 141쪽.

53 김동인, 〈눈을 겨우 뜰 때〉, ≪개벽≫, 1923. 7, 6-7쪽.

54 Fred C. Pampel, "National context, social change, and Sex differences in Suicide Rates", *American Sociological Review*, 63, 1998; 김영택 외, ≪여성 자살 현황 및 정책방안≫, 한국여성정책연구원, 2009, 17-18쪽에서 재인용. 이것은 자살에 필요한 치명적 수단에의 접근성, 여성의 자살을 '낙인'으로 여기는 유가족들의 정서 등과도 관련이 있다. 즉 여성의 사회진출이 많아지고 여성들의 사회적 지위가 남성들과 동등해질수록 여성들 스스로가 자살에 필요한 치명적 도구를 구할 수 있는 가능성이 커지고, 유가족들이 여성 자살자의 사인을 솔직하게 밝힐 가능성도 늘어나기 때문에 여성의 실제적·통계적 자살률이 높아지게 된다는 것이다.

55 김윤식, ≪염상섭연구≫, 서울대학교출판부, 1987, 352쪽.

56 〈유서〉가 발표된 1926년으로부터 1년 전, 연초에 신문에 연재한 소설이자 "맨 끝에 있는 유서도 읽었다.", "정사하는 폐병환자의 유서"(염상섭, 〈유서〉, ≪염상섭전집9≫, 민음사, 1987, 246-247쪽)라는 서술로 보아 이 소설은 염상섭의 〈진주는 주엇스나〉를 이르는 것이리라 짐작된다.

57 "다른 한 길이 있을 것을 인지하고 그 길을 찾으려고", "이 길로 떠나가오", "미안하나 뒷일을 부탁하오.", "그러면, 부디 안녕히……" 정도만이 서술되고 있다.

58 염상섭, 〈유서〉, ≪염상섭전집9≫, 민음사, 1987, 259쪽.

59 박은정, 〈1920년대 동아일보에 나타난 조선인 자살의 실태〉, 한국교원대 석사, 2007. ≪동아일보≫에 1920년대에 실린 자살관련 기사는 3645건에 달한다. 10년간, 즉 3650일 동안 이 정도의 기사가 게재되었다는 것은 거의 매일 자살 관련 기사가 실렸던 것이라고 볼 수 있다.

60 김동인, 〈거츠른 터〉, ≪개벽≫, 1924. 2, 186쪽.

61 김동인, 〈딸의 업을 이으려〉, 1927. 4.

62 김기진, 〈젊은 이상주의자의 死〉, ≪개벽≫, 1925. 6, 16쪽.

63 박종화, 〈2년 후〉, ≪개벽≫, 1924. 2. 162-163쪽.

64 케이 레드필드 재미슨, ≪개인적이고 사회적이며 생물학적인 자살의 이해≫, 이문희 역, 뿌리와 이파리, 2004, 373-374쪽.

65 이진홍, ≪자살≫, 살림, 2006, 50-51쪽.

66 성찰성이란 죽음을 결심하게 된 과정, 죽음과 자살에 대한 평가, 자신의 상황에 대한 해석, 자기 자신에 대한 평가, 자신의 삶에 대한 태도 등을 기록으로 남기는 것이다. 그리고 메시지는 남아 있는 사람들에게 남기고 싶은 메시지 중 선택된 특정 메시지를 의미하며, 자신의 자살·죽음에 대한 정서적 메시지 및 자살 동기 및 사후 관리와 관련된 문제들을 밝히거나 요구하는 문제 지향적 메시지 등이 이에 속한다.

그리고 유서는 기본적으로 누군가에게 전달되기를 의도한다는 점에서 타자 지향성을 지니는데, 일방적으로 남기고 싶은 말 또는 유서의 수신인에게서 무언가를 듣거나 어떤 반응을 유도하고 싶어 하는 상호적 소통 방식의 질문들의 형태로 나타난다(박형민, ≪자살, 차악의 선택 – 자살의 성찰성과 소통 지향성≫, 이학사, 2010, 102-254쪽).

67 김윤식, ≪염상섭 연구≫, 서울대학교출판부, 1987.

68 박명규 · 서호철, ≪식민권력과 통계 – 조선총독부의 통계체계와 센서스≫, 서울대학교출판부, 2003, 18쪽.

69 김영택 외, ≪여성 자살현황 및 정책 방안≫, 한국여성정책연구원, 2009.

70 〈식민지 시기 연도별 남녀 자살자 수〉(≪조선총독부 통계연보≫, 1910~1940을 참조하여 작성한 것임.)

연도	1910	1911	1912	1913	1914	1915	1916	1917	1918	1919	1920
남	189	322	355	360	396	424	474	523	525	489	533
여	202	417	482	406	473	488	583	587	620	608	529

연도	1921	1922	1923	1924	1925	1926	1927	1928	1929	1930	1931~1940
남	615	623	789	776	858	878	1010	1104	1160	1135	14088
여	610	633	698	624	678	771	806	820	823	880	9590

71 김영택 외, ≪여성 자살 현황 및 정책방안≫, 한국여성정책연구원, 2009, 18쪽.

72 현상윤, 〈청류벽〉, ≪학지광≫ 10, 1916. 9.

73 노지승은 1920년대 담론과 소설에서 여학생들에 대한 사회적 시선이 그들의 표층에만 한정되어 있고, 그들을 내면이 없거나 적어도 내면을 알 수 없는 어떤 존재로 만들어 버린다는 점에서 여학생이 또 다른 '물신'이 되어 버린다고 지적하기도 했다(노지승, ≪유혹자와 희생양≫, 예옥, 2009, 60쪽).

74 이 때문에 염상섭의 〈제야〉와 같은 작품의 '고백'의 주체인 정인은 여성임에도 불구하고 연구자들에 의해 쉽게 작가인 염상섭의 페르소나로 간주되어 왔다.

75 "자신의 연인일 때 여성은 더할 나위 없이 순결하고 아름다운 존재이지만, 다른 사람의 연인일 때 그녀는 인격적인 가치를 부여받지 못하고 환멸의 고깃덩어리가 되어버리는 것이다. 동인지 문학에서, 사랑하던 여성의 배반의 원인으로 파악된 또 하나는 물질적 욕망이었는데 여기서도 마찬가지의 판단이 이루어진다."(이혜령, 〈1920년대 동인지 문학의 성격과 여성 인식의 관련성〉, ≪상허학보≫, 2000. 8, 126쪽).

76 이혜령에 따르면 이들의 '보상심리'는 작품에서 주인공의 사랑을 배반한 여성이 선택한 남성들의 내면적 열등성을 부각하는 데에서도 간취된다고 한다. '가난하지만 지적 · 인격적으로 훌륭한 나(작가)'와 '부유하지만 학식도 모자라고 난봉꾼인 그' 사이의 이분법적 대립 구도를 통해 "돈이 행복을 보장하는 조건이 아니라는 것에 대한 확신과 나아가 자신과 함께라면 행복했을 것이라는 우월감을 표현하고자" 했던 것이다(이혜령, 위의 글, 127-128쪽).

노인 자살과 생태공동체

1 김긍자, 〈노인자살의 이해〉, ≪21세기사회복지연구≫, Vol. 7, 2010.
김승용, 〈한국노인자살률 변동과 사회구조적 요인에 관한 연구〉, ≪사회복지정책≫, Vol. 19.
김형수, 〈생애주기별 자살현황과 예방대책〉, ≪노인복지연구≫, 2006 겨울호.
김형수 · 허평화, 〈노인자살 예방전략에 관한 모색〉, ≪한국콘텐츠학회논문지≫, Vol. 11(3).
배지연 · 김원형 · 윤경아, 〈노인의 우울 및 자살생각에 있어서 사회적 지지의 완충효과〉, ≪한국노년학≫, Vol. 25(3), 2005.
배진희 · 엄기욱, 〈노인의 자살시도에 영향을 미치는 요인〉, ≪한국노년학≫, Vol. 29, 2009.
이소정, 〈노인자살의 사회경제적 원인 분석〉, ≪사회보장연구≫〉, 26권 4호, 2010.
한삼성 · 강성욱 · 유왕근 · 피영규, 〈노인의 자살생각 결정요인에 관한 연구〉, ≪보건사회연구≫ 29(1), 2009.

2 박경철, 〈한국 생태공동체 및 생태마을 현황〉, ≪생태위기와 독일 생태공동체≫, 국중광 외, 한신대학교출판부, 2004.

살아남은 사람들을 향한 마지막 이야기
— 유서분석을 통해 살펴본 '소통적 자살'의 개념과 의의

1 이 글은 ≪사회와 역사≫ 2008년 가을호에 실린 〈자살행위에서의 '소통적 자살'의 개념화: 1997년-2006년 유서분석을 통해 드러난 자살행위의 성찰성과 소통 지향성〉을 일부 수정한 것이다.

2 Douglas, Jack D., *The social meanings of suicide*, Princeton: Princeton University Press, 1967; Lester, D., *Current concepts of suicide*, Charles Press, 1990.

3 Merton, Robert K., "Social structure and anomie", *American Sociological Review*, 3, 1938, pp. 672-682.

4 터너, 김진균 외 옮김, ≪사회학 이론의 구조≫, 한길사, 1982; Turner, Jonathan H., *The Structure of Sociological Theory*, 1978.

5 여기에서 '자살'이라는 일탈 행위 역시 다양하게 해석될 여지가 있다. 일반적으로 자살은 '은둔(retreatism)'의 한 형식으로 이해되어 개인의 목표를 성취할 수 없고, 그것을 시도할 힘조차 없는 사람들이 선택하는 어쩔 수 없는 도피로 이해되는 경향이 있다. 그러나 자살이 단순히 삶으로부터의 회피가 아니라, 자신의 죽음을 통해 무엇인가 이루고자 하는 의도가 있는 행위라고 한다면, 그것은 목표를 이루기 위해 비합법적이

고 부당한 수단을 사용하고자 하는 '혁신(innovation)'의 한 유형이라 볼 수도 있을 것이다. 또한 자신의 삶의 가치를 재설정하고 죽음을 통해 새로운 삶을 추구하는 자살이 있다면, 그것은 수단과 목표를 거부하는 '반항'(rebellion)의 한 유형으로 볼 수도 있는 것이다(Merton, 앞의 글 참조).

6 Powell, Elwin H., "Occupation, Status, and Suicide: Toward a Redefinition of Anomie", *American Sociological Review*, 23(April, 1958), pp. 131-139.

7 Douglas, 앞의 책.

8 Breed, Warren, "Occupational Mobility and Suicide," American Sociological Review, 28(1963), pp. 179-188.

9 Henry, Andrew F. and James F. Short, *Suicide and Homicide*, Glencoe: The Free Press, 1954.

10 Atkinson, J., *Discovering suicide*, London: macmillan, 1978; Lester, 앞의 책.

11 Atkinson, 위의 책.

12 Pawson, R., *Measure for measure: A manifesto for empirical sociology*, Lodon: Routledge and Kegan Paul, 1988.

13 Taylor, S., *Durkheim and the study of suicide*, London: MacMillan, 1982.

14 Douglas, Jack D., "The Social Aspects of Suicide", in *The International Encyclopedia of the Social Sciences*, New York: Crowell-Collier, forthcoming, 1968.

15 Taylor, S., *Suicide, Durkheim, and Sociology, Current concepts of suicide*, Charles Press, 1990.

16 Baechler, J., *Suicides*, London: Blackwell, 1979.

17 Hastings, Mark E., Lisa M. Northman, June P. Tangney, Shame, Guilt, and Suicide, in Thomas Joiner, M. David Rudd (ed.), *Suicide Science: Expanding the Boundaries*, Kluwer Academic Publishers, 2000.

18 물론 성찰성이나 소통의 의지를 전혀 가지지 지 않은 우발적이고 충동적인 자살이 존재하는 것도 사실이라는 것은 부인할 수 없다. 이러한 우발적이고 충동적인 자살은 죽음 과정은 물론이고, 이후의 결과에는 크게 관심이 없으며, 단지 당시의 격정에 의해 자살이라는 행위가 우연히 선택된 것이다. 이러한 자살에 대해서도 적극적으로 해석하면 자신의 격정이나 충동을 표현하려는 의지나 표현적 욕구의 발현이라 볼 수도 있을 것이나, 모든 자살자가 성찰성과 소통의지를 가지고 있다고 보기는 무리가 따른다. 이러한 자살 행위의 사례는 박형민, ≪방화범죄의 실태에 관한 연구≫, 한국형사정책연구원, 2004, pp. 150-153을 참조하라.

19 소통적 자살의 보다 풍부한 사례는 박형민, ≪자살, 차악의 선택≫, 이학사, 2010, 제3장 및 제4장을 참조하라.

1 여기에서는 자살실태의 심각성과 자살예방정책에 관한 고찰은 별도로 언급하지 않겠다. 이에 대해 자세한 것은 다음의 자료들을 참조하라. 박형민, 한국의 자살실태와 대책, 한국형사정책연구원, 2007; 보건복지부, 제1차 자살예방기본계획, 2004; 보건복지가족부, 제2차 자살예방종합대책, 2008; 원시연, 자살예방대책의 문제점과 개선과제, 국회입법조사처, 2011.

2 스위스 형법 제115조, 오스트리아 형법 제78조, 일본 형법 제202조.

3 자세한 것은 권오걸, 생명보호의 관점에서 본 자살 교사·방조죄의 검토, 형사법연구 제19권 제3호, 2007, 425쪽 이하 참조.

4 피고인이 7세, 3세 남짓된 어린 자식들에 대하여 함께 죽자고 권유하여 물속에 따라 들어오게 하여 결국 익사하게 하였다면, 비록 피해자들을 물속에 직접 밀어서 빠뜨리지는 않았다고 하더라도 자살의 의미를 이해할 능력이 없고 피고인의 말이라면 무엇이나 복종하는 어린 자식들을 권유하여 익사하게 한 이상 살인죄가 성립된다(대법원 1987. 1. 20. 86도2395).

5 피고인들이 인터넷 자살사이트에 청산염 등 자살용 유독물의 일반적 효능 소개를 곁들인 판매광고용 글을 올리고, 변사자들과 위 청산염 구입을 위한 상담용 이메일을 주고받고 통화까지 하였으나, 피고인들은 실제로는 위 청산염을 소지한 바도 없이 단지 금원편취의 의도로 위 판매광고 등을 한 것으로 보이고, 변사자 중 한 사람이 이를 알아채고서 그 후 피고인들과의 접촉을 중단하고 다른 경로를 통해 청산염을 입수한 다음, 나머지 변사자들을 그의 소재지로 불러 모아 동반자살하기에 이른 사안에서, 피고인들의 판매광고 등의 행위는 단지 금원편취 목적의 사기행각의 일환으로 이루어진 것일 뿐 그 후 다른 경로로 입수한 청산염을 이용한 위 변사자들의 자살 행위에 어떠한 물질적 혹은 유형적 기여도 하지 못한 점, 위 변사자들의 자살에 사용된 청산염의 효능에 대하여는 이미 위 자살 관련 카페의 회원들 사이에서는 주지의 사실이었던 것으로 보이는 점 등의 사정에 비추어, 피고인들의 위 행위가 자살방조 행위에 해당한다고 보기 어렵다(대법원 2005. 6. 10. 2005도1373).

6 단순히 자살을 결심하고 있는 자의 유서를 대필해 준 정도만으로는 자살방조라고 하기 어렵지만, 망인의 분신자살 경험, 증거물인 수첩, 업무일지, 메모지 등을 사후에 조작하였고, 망인의 분신자살 전후에 나타난 피고인의 행적과 진술 등에 비추어 피고인은 망인이 자살하려는 정을 알고 그 유서를 대필해 주었으며 그 사실을 은폐하려고 한 것으로 보아 자살방조죄에 해당한다. 대법원 1992. 7. 24. 92도1148.

7 강기훈 유서대필 사건은 전국민족민주운동연합(전민련) 사회부장 김기설의 유서가 같은 단체 총무부장 강기훈의 필적이라는 감정 결과에 따라 자살방조죄가 성립하여 강기훈을 징역 3년에 처한 사건으로 국과수는 2007년 "유서는 김 씨 본인이 작성한 것"이라는 재감정 결과를 내놓았다. 당시 노태우 정권은 이 사건을 빌미로 "운동권은 죽음을 조장하고 유서대필도 서슴지 않는다."며 민주화 세력의 도덕성을 공격했다. 자살관여죄가 정치적으로 이용된 사례라고 할 수 있다.

8 동반자살은 일반 범죄와 달리 복잡한 성격을 띤다. 우선 자살에 성공한 사람은 처벌할 수 없고, 자살에 실패한 사람에게만 책임이 돌아간다. 또한 현행 형법상 자살을 부추겨 함께 실행한 사람을 가볍게 처벌하는 건 용납하기 어렵다. 그렇다고 자살에 실패한 이후 마음잡고 살아보고자 노력하는 사람에게 엄한 처벌을 하는 것도 어렵다. 서울고등법원의 판결(2008노657)에는 이러한 고민의 흔적이 잘 드러난다. 이 사건의 피고인은 독약을 구입한 후 자살을 망설이다가 인터넷 사이트에서 알게 된 피해자들에게 독약을 제공한 죄로 1심에서 중형을 선고받았다. 재판부는 판결에서 "자살은 도덕적 사회적 비난을 피할 수 없고, 하물며 자살방조 행위는 방치할 경우 생명경시 풍조가 만연할 수밖에 없다는 점에서 비난 가능성과 처벌 필요성이 매우 높다."고 전제하면서, "그러나 오늘날 자살방조의 행태는 동반자살을 시도하였다가 살아남은 경우가 상당 부분을 차지하고 있는데, 이는 서로 상대방의 자살에 대한 방조 행위가 됨에도 살아남았다는 이유로 처벌되는 면이 없지 않다."면서, "이미 자살을 포기하고 삶의 의욕을 불태우는 사람을 너무 엄하게 처벌하는 것은 다시 한 번 삶의 의욕을 꺾는 것이 될 수도 있다."고 지적하며 피고인의 형을 감형하고 있다.

9 일본의 「자살대책기본법」에 대해서는 이상윤, 일본의 자살대책입법의 동향과 과제, 한국법제연구원, 2008 참조.

10 자살시도자와 그 가족이 정신보건센터의 사후관리 프로그램 참여에 동의한 경우는 8%에 불과하고, 2회 이상의 사후관리 서비스를 받은 경우는 거의 0%에 불과하다는 조사 결과가 있다.

11 심리적 부검이란 자살사망자가 발생 시 자살 이유를 찾기 위해 자살한 사람의 성장과정, 의학적 병력, 사회적 과거력, 최근 상황 등을 중심으로 자살자의 심리에 대해 자세한 조사와 검토를 하는 것을 말한다.

12 경찰대에서는 자살시도자를 가장 먼저 만나는 경찰이 대화와 협상을 통해 자살예방에 보다 적극적으로 나설 수 있도록 '위기협상전문가' 양성에 박차를 가하고 있으며, 또 대전을 비롯한 일부 자살예방센터에서도 사회복지사와 노인돌보미 등을 대상으로 자살 위험에 노출된 노인들을 조기에 발견하는 게이트키퍼 양성 교육을 실시하는 등 전문가를 키우기 위한 노력이 각계에서 시작되고 있지만, 현재까지는 걸음마 단계에 불과하다고 할 수 있다.

13 국방부에 따르면 최근 5년간 군내 사망 사고 중 자살자 비중은 2007년 66%(80명), 2008년 56%(75명), 2009년 71.7%(81명), 2010년 63.6%(82명), 2011년 상반기에는 67.8%(40명)으로 자살이 군 사망 사고 1위를 차지하고 있다.

14 장 아메리가 이 개념들을 사용하고 있는 구체적인 맥락은 자살이라는 상황이 아니라 고문이라는 상황이다. ≪죄와 속죄의 저편≫에서 아메리는 나치의 권위적인 체제에 의해 모진 고문을 당한 경험을 생생하게 증언하고 있다. 고문 상황에서 구타를 당하는 사람이 느끼는 한계 상황에 대한 아메리의 설명은 자살자의 경우에도 적용될 수 있을 것이다.

15 자살하려는 사람의 80%는 어떤 형태로든 신호를 보낸다. 그 중 50%는 주변에 "죽고 싶다"고 분명하게 밝힌다고 한다. 세상에 마지막 손길을 내미는 것이다.

1 실천지 혹은 실천적 지혜는 아리스토텔레스의 프로네시스(phronesis)의 번역어인데, 영어로는 practical wisdom, practical rationality, practical judgement, practical reasoning 등으로 번역된다. 실천지는 '무엇이 자기에게 좋고 도움이 되는지에 대해 숙고할 수 있는' 개체의 이성적인 능력인 동시에 '인간을 위해서 좋은 것과 나쁜 것을 헤아리고 살필 수 있는' 사회적 속성을 갖고 있기도 하다. 그래서 실천지는 자신의 실천 상황의 특수성을 잘 인식하여 적절한 행위를 스스로 선택, 판단, 결정하는 것이면서 '좋은 삶(eudaimonia)'을 위해 유익한 것을 잘 생각하며 분별할 수 있는 능력이 된다. 손병석, 〈아리스토텔레스에게 있어서 실천지의 적용단계〉, ≪철학연구≫ 48, 철학연구회, 2000.

2 황혜진, 〈가치 경험을 통한 소설교육내용 연구〉, 서울대 박사학위논문, 2006.

3 김대행 외, ≪문학교육원론≫, 서울대학교출판부, 1999.

4 주제에 대한 금기가 많은 중등학교 교육에서 자살을 중심 내용으로 삼은 작품을 다루기 힘든 것이 현실이다. 그러나 다양한 삶의 국면을 경험하게 하는 것도 문학교육의 목표가 된다면, '사느냐, 죽느냐'의 결단을 요구하는 중요한 가치문제를 함축한 '자살'도 문학교육에서 다루어야 할 제재의 내용이 될 수 있다고 생각한다. 더욱이, 교육 상황에서 문학은 거리를 두고 관조하며 비평할 수 있는 대상이기에 등장인물의 자살이 반드시 감염적인 효과만을 갖는 것으로 단정할 수는 없다.

5 조선시대 문장가 이옥은 사대부치고는 독특한 이력의 소유자이다. 이옥은 경기도 남양, 한미한 무반 집안에서 태어나 31세에 초시에 급제한 후 성균관에 들어갔다. 그가 성균관에 있을 때 정조는 문체반정(文體反正)을 내세우며 순정한 고문으로 돌아가야 한다는 문학 운동을 주창했다. 정조는 직접 성균관 유생들의 문장을 검토하면서 특히 이옥의 소품체에 대해 불경스럽고 괴이하다는 비판을 하였으며, 급기야는 이옥에게 지방의 군에 편적시키는 충군(充軍)의 명을 내린다. 충군 후, 그 벌이 과하다고 하여 과거는 볼 수 있도록 하는 경감 조치가 있어 이옥은 경상도에서 과거 시험을 보아 장원을 할 수 있었으나 또 그 문체 때문에 등수는 방말로 내려가고 다시 충군 당하는 비운을 겪는다. 이렇게 왕과의 불화를 겪는 이옥이 여느 사대부처럼 치국(治國)하는 대부(大夫)로서 삶을 꿈꾸기는 현실적으로 어려웠다. 대신 그는 출세에 연연하지 않고 자신만의 문학 세계를 이루고 지킬 수 있었다. 섬세한 감정과 참신한 시각으로 재도지기(載道之器)의 문장으로는 접근하기 힘든 정감의 영역을 표현하고 정형화된 한문 문체를 전유하며 새로운 문체를 실험하기도 했다. 이런 까닭에 그에게 "문학이 문·사·철의 통합적 개념에서 독자적 영역으로 자리하게 하는 데 크게 기여"(이현우, 〈해제〉, 실시학사 고전문학연구회 역주, ≪이옥전집(2)≫, 소명출판사, 2001, 18쪽)했다는 평가가 내려졌다. 이옥의 자세한 생애에 대해서는 이하 논의 참조. 김균태, 〈이옥의 문학사상 연구〉, 현상과인식, 1977; 이현우, 위의 글, 2001; 이현우, 〈이옥, 소외문인의 자아와 그 문학〉, ≪반교어문연구≫ 20, 반교어문학회, 2006; 김진균, 〈이옥의 작가적 자세와 탈중심적 글쓰기〉, ≪한문학보≫ 6, 우리한문학회, 2002 등.

6 이옥의 열녀전에 대한 분석은, 김균태, ≪이옥의 문학이론과 작품세계 연구≫, 창학사, 1986; 임유경, 〈이옥의 열녀전 서술방식과 열 관념〉, ≪어문학≫ 56, 한국어문학회, 1995; 이지양, 〈이옥 문학에서 남녀 진정과 열절의 문제〉, ≪한국한문학연구≫ 29, 한국한문학회, 2002 등을 참조할 수 있다.

7 이현우, 앞의 글, 2001, 17면. 이 밖에도, 권순긍은 이옥이 '치밀한 세부묘사'를 통해 시정세태의 일상성을 잘 드러냈다고 평했으며(권순긍, 〈이옥 전의 시정세태 묘사와 풍자〉, ≪한문교육연구≫ 23, 한국한문교육학회, 2005.), 김진균(김진균, 앞의 글)은 이옥이 인간 감정의 모습을 참(眞·實) 그대로 묘사하려 하였다고 논했다. 이를 참조할 때, 〈협창기문〉의 문체적 특징은 이옥의 일반적인 문체와 다르다고 할 수 있다.

8 작품 문면에 을해년(1755)의 옥사가 언급되는데 이 사건에 대한 역사적 실상과 '某'의 정체에 대해서는 조혜란의 연구(조혜란, 〈협창기문〉에 나타난 죽음의 성격〉, ≪한국고전연구≫ 20, 한국고전연구학회, 2009; 조혜란, 〈어느 기생의 죽음〉, 〈협창기문〉, 정하영 외, ≪고전 서사문학에 나타난 삶과 죽음≫, 보고사, 2010) 등 참조.

9 이옥, ≪이옥전집(2)≫, 실시학사 고전문학연구회 역주, 소명출판사, 2001, 224쪽. 이하의 인용도 이 책의 번역문을 취하도록 한다.

10 조혜란은 이에 대해 '생략과 침묵의 서술 방식'이라고 명명한 바 있다(조혜란, 앞의 논문, 2009).

11 '관부(灌夫)'는 한나라 때 사람으로, 아버지와 함께 오와 초를 공격할 때 용맹을 떨쳤다. 윗사람을 위해 자신의 위험을 돌아보지 않고 의협심을 발휘하는 휘하 사람을 지칭할 때 비유하는 말로 쓰인다.

12 바르트는 텍스트의 비가역적 요소와 가역적 요소들의 대립을 토대로, 읽을 수 있는(lisible) 텍스트와 쓸 수 있는(scriptible) 텍스트의 이론을 세운 바 있다(롤랑 바르트, 김웅권 역, S/Z, 동문선, 2006). 이 구분이 반드시 역사적 관습과 관련되는 것만은 아니다. "아무리 오래된 작품이라 할지라도 거기에는 '텍스트'가 있을 수 있으며, 오늘날의 문학적 산물 안에서도 전혀 텍스트가 아닌 것이 있다."(롤랑 바르트, 〈작품에서 텍스트로〉, 김희영 역, ≪텍스트의 즐거움≫, 동문선, 1997, 39쪽).

13 리치와 드비티스가 정리한 도덕 발달 이론가들만 하여도 프로이트, 아들러, 융, 밴두라, 피아제, 해비거스트, 에릭슨, 패커, 호프만, 제이콥, 치커링, 페리와 히쓰, 케니스톤, 콜버그, 레빈슨, 파울러, 뢰빙거, 길리건, 카디너와 베리, 커틴스 등 총 22명에 달한다(John M. Rich · Joseph L. DeVitis, *Theories of Moral Development*, 1994, 추병완 역, ≪도덕 발달 이론≫, 백의, 1999).

14 이러한 분류가 교육적 편의를 고려하여 이루어진 것은 아니다. 다종의 분류 방식을 취해 보았으나 텍스트의 해석적 요인과 도덕적 평가 요인을 함께 논하기 위한 마땅한 틀을 구하거나 생성하기 어려웠다. 비록 이 틀이 도덕성의 구성 요소를 바탕으로 마련되었으나 인물의 행위를 평가하는 방식이 될 수 있으며, 도덕적 평가뿐만 아니라 해석적 요인과도 긴밀히 관련된다고 여겨진다.

15 나이와 성별을 부기하였다.

16 도덕적 상상력은 특정한 도덕적 상황에 대해 다양한 가능성들을 상상적으로 구성하는 능력으로 판단을 유예하고 다양한 가능성을 상상적인 차원에서 실험하는 활동(rehearsal), 상황에 적합한 창조적 대안을

창출하는 활동을 의미한다(Mark Johnson, *Moral Imagination; Implications of Cognitive Science for Ethics*, University of Chicago Press, 1993, ix-x).

17 현상, 도덕 원리, 현상에 대한 판단이라는 삼단 구성을 갖는 도덕적 추론은 ① 가치의 갈등 상황, ② 가치 판단의 근거가 되는 보편적 도덕 원리, ③ 이를 바탕으로 한 가치문제의 해법 마련이라는 구조적 형식을 갖고 있으며, 도덕성은 ②의 내용이 가진 보편성과 공정성 정도에 따라 측정되는 것이다(황혜진, 앞의 논문, 71쪽).

18 '자기서사'란 인간의 내면에 있는 이야기, 즉 삶의 서사적 기획과 가치관, 문제해결의 도식 등을 포함한 것으로서, 문학치료학에서는 이에 대해 '우리 자신이 각자의 삶을 구조화하여 운영하는 서사'로 정의하고 있다(정운채, 〈서사의 다기성(多岐性)을 활용한 자기서사 진단 방법〉, ≪고전문학과 교육≫ 10, 한국고전문학교육학회, 2005).

19 자살을 행한 서사적 주체에 대한 평가가 곧 자살에 대한 가치 관념이라고 하기는 어려울 것이라 생각하지만 다음과 같은 이유에서 자살 주체에 대한 평가에서 자살에 대한 가치 관념이 도출될 수 있다고 본다. 자살에 대한 가치 관념을 파악하기 위해 설문 조사나 면담을 할 수도 있다. 그러나 이러한 경우, 관념 자체에 대해서는 직접적인 진술을 유도할 수는 있으나 그러한 관념이 작동하는 방식을 알기는 어렵다. 또한, 아무런 상황적 조건 없이 주어지는 자살은 없기에 언제, 누구의, 무엇을 위한, 어떠한 방식의 자살이냐에 대한 구체적인 서사적 맥락 속에서 자살에 대한 가치 관념을 파악할 수밖에 없다. 오히려 서사적 인물로 매개된 가치 관념이 자살에 대한 상식적인 답변보다 자기서사에 가까울 수 있다.

20 전체 수강 인원 50명 중 여성이 39명으로 다수였다.

21 이 연구에서는 대학생들을 대상으로 하는 수업 자료로 〈협창기문〉을 다루었다. 그러나 술과 성애로 자살하는 방식이 지나치게 파격적이라 중등학교의 교재로는 그리 적절하지 않을 것으로 보인다. 그렇다고 하여 중등학교에서 자살 문제를 숙고해 볼 만한 제재가 없는 것은 아니다. 7차 교과서에서 다루어진 〈운영전〉도 자살을 제재로 하고 있는데, 이러한 텍스트에서 대해서도 자살이라는 가치문제를 이 연구에서 행한 방식으로 접근할 수 있다고 생각한다.

22 이 연구가 진행되는 과정에서 연구에 참여한 학생들과 면담을 할 기회가 있었다. 흥미로운 사실은 〈협창기문〉에 대한 해석과 평가의 반응이 다른 텍스트에 대한 해석이나 삶의 문제에도 적용되는 경우가 많다는 점이었다. 이를테면, 정의적 요소에 주목하는 경향이 있는 학생은 인물의 행위 동기나 감정에 초점을 두어 문학 작품을 읽으며, 가치 평가의 과정에서도 감정적인 요소가 많이 작용한다는 것이다. 또는, 인지적 성향이 강한 학생들은 다른 서사적 가능성을 추론해 가면서 작품을 비평하고, 행위에 대해서도 다른 가능성들을 고려해 평가하는 경향이 있었다.

1 이 글은 조은심의 박사학위논문 〈애정갈등으로 인한 자살의 문학치료적 연구〉(2011. 8)에서 발췌하였음.

2 정운채, 〈서사의 힘과 문학치료방법론의 밑그림〉, ≪문학치료의 이론과 기초≫, 문학과 치료, 2006. 3, 24쪽; 정운채, 〈문학치료학의 서사이론〉, ≪문학치료연구≫ 제9집, 한국문학치료학회, 2008. 8, 252쪽.

3 정운채 외, 〈상사뱀과 상사바위〉, ≪문학치료 서사사전 2≫, 문학과치료, 2009, 1588쪽 참조. 이 서사사전에는 총 9편의 이본이 있는데, 처녀를 물에 밀어 넣자 구렁이로 변해서 상사 구렁이와 함께 물 밑으로 들어간 경우도 있고, 상사뱀이 처녀의 성기를 물고 놓지 않아서 처녀가 바위 위에 올라가 자살하는 경우도 있고, 총각이 거절해서 처녀가 상사뱀이 된 경우도 있다.

4 〈운영전〉의 비극적 죽음에 대한 기존 연구자들의 평가는 다음과 같다. 한태준은 〈운영전〉에 대해 참절한 정사와 한노(悍奴)의 보과(報果)를 서술한 비극적 작품이라고 보았다(한태준, ≪조선소설사≫, 도서출판 예문, 1989, 65쪽). 박기석은 〈운영전〉의 평가에서 운영의 죽음이 안평대군 때문이 아니라 특의 비밀 누설이 직접적 원인이라고 보았다. 작가는 안평대군에게 돌아갈 원망을 희석시키기 위해서 특이란 악인을 등장시켜 두 연인의 비극적 종말의 원인 제공자로 부각시켰다는 것이다(김진세 편, 박기석, 〈운영전〉, ≪한국고전소설작품론≫, 집문당, 1990, 719-722쪽 참조). 한상현은 이들의 죽음을 규범적 가치와 탈규범적 가치가 정면으로 대립되는 방식에서 야기되는 죽음으로 보고 있다. 또한 대군과 궁녀라는 신분적 한계를 극복하지 못함으로써, 과거에 이루어 왔던 세계와의 대결이 퇴색되는 가운데 죽음이 파생된다고 보았다. 그리고 당대의 획일적 규범에 대한 비판을 시도했으면서도, 오히려 욕망과 의리를 저울질하는 엉뚱한 측면에서 죽음이 파생됨으로써, 본래의 취지가 상쇄되는 구조라고 보았다(한상현, 〈고소설의 가치개입적 죽음에 관한 연구〉, 건국대 박사학위논문, 2002. 2, 92, 99쪽). 서은아는 〈운영전〉에서 김진사와 운영의 사랑을 방해하는 것은 '사랑'과 '풍족하고 안정된 생활' 중 어느 하나도 포기할 수 없었던 운영의 욕망이라고 보았다(서은아, 〈〈운영전〉의 인간관계 분석과 문학치료에의 적용〉, ≪문학치료연구 제11집≫ 1999, 51-72쪽). 이태옥은 비극을 통해 강조된 것은 사랑의 의지이며 남녀 주인공의 죽음을 기점으로 사랑은 최고의 가치까지 이르게 된다고 보았다(이태옥, 〈고소설에서의 '죽음'의 의미〉, ≪매천 김현룡교수화갑논총≫ 박이정출판사, 1995, 309-332쪽). 김선현은 〈운영전〉에서의 자살 모티프는 신분제적 질서틀 속에서 좌절될 수밖에 없었던 개인적 욕망을 그리고 있으며 이는 이기적 자살에 포함된다고 보았다(김선현, 〈고전소설에 나타난 자살 모티프 양상 연구〉, 숙명여대 석사학위논문, 2008. 6, 62쪽). 조현설은 중세적인 제도와 규범이 만들어 낸 금지의 비극성으로 보았다(조현설, ≪손가락에 잘못 떨어진 먹물 한 방울≫, 나라말, 2002, 140-141쪽).

5 이 전설을 소재로 중화권에서는 영화 〈양산백과 축영대〉(1962), 〈양축〉(1994), 〈주여엽여양산백〉(2000), 〈무협양축〉(2008)이 있고, 〈량산바오와 주잉타이〉(2004)라는 만화영화로도 만들어졌다. 이렇게 끊임없이 만들어진다는 것은 이들의 사랑 얘기가 중국인들의 정서에 와 닿기 때문으로 볼 수 있다.

6 ≪문학치료 서사사전≫에 있는 〈양산백과 추양대〉은 이본을 합쳐 총 8편이다. 한편을 제외한 7편이 모두 남자가 상사병이 걸려서 죽거나 자살을 하게 되고, 나중에 여자도 시집을 가는 길에 남자의 무덤에 들렀다가 죽는 경우이다(정운채 외, 〈양산백과 추양대〉, ≪문학치료서사사전≫, 문학과치료, 2009, 2116-2120쪽).

7 중국 전설인 〈양산백과 추양대〉는 고전소설〈양산백전〉이 되었고, 황해도 서사무가인 '문굿'과 서사민요인 〈이시원네 맏딸애기〉 등이 있다. 무가의 내용은 영화 〈양축〉과 같이 죽어서 나비가 되는 것으로 되어 있고, 서사민요의 내용은 처녀가 일방적으로 구애를 하나가 거절당하자 총각을 저주하여 죽게 하였다는 게 다른 데서는 볼 수 없는 대목이다. 김태준, 〈조선소설사〉 도서출판 예문, 1989, 174쪽. 김태준은 …축영대가 추양대로 변한 것은 언어학적 변화에 속한 작용이니 장구한 시일 동안 전사하는 사이에 저절로 변개한 것이다. …원대에는〈축영대잡극〉, 명대에는 〈양산백보권〉(불전(佛典)), 청대에는 〈방우기〉 전기(傳記)까지 되어 있다. …우리나라에서는 〈양산백(梁山伯)〉, 〈양산백(楊山伯)〉, 〈축영대(祝英臺)〉의 여러 명칭으로 전독되어 온다고 하였다.

8 정운채 외, 〈역적 누명과 회초리〉, ≪문학치료 서사사전 2≫, 문학과치료, 2009, 2259쪽 참조. 총 3편의 이본이 있는데, 김안국 대신 정함 신생아 회초리를 때리기 전에 대감의 딸에게 칼을 주고 칼을 하라고 하는 경우도 있고, 아들들이 역적이라는 상소를 올리려고 하는 것을 말리는 경우도 있다.

9 정운채 외, 〈도량 넓은 남편〉, ≪문학치료 서사사전 1≫, 문학과치료, 2009, 760쪽. 이본은 총 9편이며, 그 내용들은 함께 벼슬을 할 때 장사치였던 사람이 자신을 알아보겠느냐고 하자 도량 넓은 남편이 입이 가볍다고 핀잔을 주는 경우도 있고, 동서동방(同婿同房)이라는 말이 생겼다는 말이 있고, 함께 벼슬을 할 때 장사치였던 사람이 도량 넓은 남편을 형님으로 모시는 경우도 있고, 꿈에 옥황신녀가 장사치에게 손을 대면 큰 화근을 당할 것이라는 말을 해 장사치를 죽이지 않는 경우도 있다.

10 정운채, 〈문학치료학의 서사이론〉, ≪문학치료연구≫ 제9집, 한국문학치료학회, 2008. 8, 254-266쪽; 정운채, 〈문학치료학의 서사 및 서사의 주체〉, ≪영화와 문학치료≫ 제3집, 서사와 문학치료연구소, 2010. 2, 329-330쪽.

11 홍창희 외, Lauren B. Alloy, John H. Riskind, Margart J. Manos 저, ≪이상심리학: 현재의 조망≫, 박학사, 2010, 618쪽.

12 이윤주, ≪청소년 자살상담≫, 학지사, 2008, 12쪽.

13 공황은 극단적으로 강렬한 불안을 말하며(김청자 역, 존 H. 그리스트 외 공저, ≪심리불안과 자기치료≫, 학지사, 1998, 13쪽), 근거 없는 두려움이나 공포로 갑자기 생기는 심리적 불안 상태를 말하는 것이다(다음 국어사전), http://krdic.daum.net/dickr/search.do?type=kr&q=%EA%B3%B5%ED%99%A9(검색일:2011. 4. 23).

14 국민건강영양조사(2007, 〈제4기 1차년도 원시자료 이용지침서〉)에 따르면 자살을 생각한 여성 중 5.8%인 257,019명이 자살을 시도하며 총 337,462명의 자살시도 경험자 중 여성이 76.2%를 차지한 반면에 자살을 생각한 남성 중 4.0%인 80,443명이 자살 시도를 경험하며 총 자살시도자 중 23.8%를 차지한다고 한다.

여성한국여성정책연구원, ≪여성 자살 현황 및 정책방안≫, 한학문화, 2009, 5쪽.

15 이윤주, ≪청소년 자살상담≫, 학지사, 2008, 13쪽.

16 바움마이스터(Baumeister)는 실제 자살을 일으키게 되는 심리적 과정을 잘 설명해 주는 것으로 청소년과 정상집단에서 적용 가능한 이론으로 인지적 몰락(Cognitive Deconstruction) 개념을 도입하였다. 인지적 몰락이란 정신 기능이 협소화(mental narrowing)된 상태인데, 이로 인해 자살을 지지하는 여러 내적 억제력을 약화시켜, 결국 부정적 자기 인식과 부정적 자기감정으로부터 탈출하려는 수단으로 자살을 선택하는 것을 말한다(김기환 · 전명희, 〈청소년 자살의 특성과 유형에 관한 연구〉, ≪한국아동복지학≫(9), 2000, 128-152쪽 재인용; 김문실, ≪가족건강관리≫, 이화여자대학교출판부, 2007, 166-167쪽; 이준우, ≪정신보건 사회복지론≫, 서현사, 2007, 332쪽).

17 여성한국여성정책연구원, ≪여성 자살 현황 및 정책방안≫, 한학문화, 2009, 14-15쪽.

18 변은숙 옮김, 다카하시 요시토모 저, ≪고독의 병 자살의 심리학≫, 알마, 2007, 52-55쪽.

19 정운채는 자기서사진단검사도구 문항설정을 위한 예비적 검토에서 〈도량 넓은 남편〉을 부부서사 영역의 진단서사에서 배우자감싸기서사로 보았다. 배우자감싸기서사는 부부서사이면서 동시에 감싸기서사인 경우다. 부부서사는 인간관계의 주체가 부부의 입장에 있으면서 '세상'과 '소망'에 초점을 맞추는 지속의 서사이며, 감싸기서사는 인간관계의 주체가 대상과의 관계를 운영하는 방식에서 대산에 대한 '확신'의 시선과 기존 가치에 대한 '초극'의 태도를 견지하는 서사라고 하였다. 배우자감싸기서사는 '세상'과 '소망'과 '확신'과 '초극'이 핵심적인 요소로 작용하고 있는 서사라는 것이다. 그래서 〈도량 넓은 남편〉에서 볼 때, 인간관계의 주체로 부각될 수 있는 인물은 남편이고, 이 남편에게 인간관계의 대상으로 주목할 인물은 아내이다. 남편은 아내가 결혼하기 전에 사랑하던 남자와 함께 있는 것을 확인하고도 모르는 척했을 뿐만 아니라 그 사실을 덮어줌으로써 아내와 그 남자와 자신의 인생을 모두 성공적으로 이끌었다고 하였다. 이러한 과정에서 남편의 주요 관심은 모진 '세상'과 뜨거운 '소망'이고, 아내를 바라보는 시선에는 그 정책에 대한 '확신'이 있으며, 아내와의 관계 속에 기존의 가치를 '초극'하는 태도를 보인다고 하였다(정운채, 〈자기서사진단도구의 문항설정을 위한 예비적 검토〉, ≪겨레어문학≫ 제41집, 겨레어문학회, 2008. 12, 382-383쪽).

20 조은상은 설화를 활용한 자기서사를 진단하기 위해서 부부서사와 관련하여 이 작품을 선정하면서, 배우자에 대한 독점적 사랑과 질투의 문제를 다루고 있다고 보았다. 그리고 남편이 아내의 또 다른 사랑에 대해 취한 너그러운 태도를 어떻게 바라보는가에 따라서 배우자에게 얼마나 독점적 사랑을 요구하고 있는지를 점검해 볼 수 있다고 하였다(조은상, 〈30~40대 기혼 여성의 우울성향 자기서사 연구〉, 건국대 박사학위논문, 2009. 2, 63-67쪽). 조영주는 분노서사를 가진 사례자들 중에서 욕망을 제어하는데 어려움을 가진 사례자에게 이 작품을 제시하면서 그가 궁극적으로 지향해야 할 서사라고 보았다. 왜냐하면 작품 속의 남편 같은 행동은 강한 자기 통제력과 엄청난 자신감이 있어야 가능하기 때문이라고 보았다(조영주, 〈분노성향 대학생의 자기서사에 대한 문학치료학적 연구〉, 건국대 박사학위논문, 2011. 2, 279-280쪽).

21 김선현은 〈최척전〉에 나타난 자살 모티프는 전란으로 빚어진 가족의 이산과 혼돈 속에서 발생한 아노미적 자살로 보았으며, 대부분 전쟁담의 소설에서 나타난다고 보았다(김선현, 〈고전소설에 나타난 자살 모티프 양상 연구〉, 숙명여대 석사학위논문, 2008. 6, 63쪽). 황혜진은 하늘이 주관하는 삶에 임하는 개인은 행복은 마음껏 즐기고, 불행한 삶도 그저 살아내야 하는 것으로 보았다(황혜진, ≪어지러운 세상 인연의 배를 띄워≫, 나라말, 2006, 148-149쪽).

22 조위한(趙緯韓)은 1567(명종 22)~1649(인조 27). 조선 중기의 문신. 본관은 한양(漢陽). 자는 지세(持世), 호는 현곡(玄谷). 1592년(선조 25) 임신왜란이 일어났을 때는 김덕령(金德齡)을 따라 종군하였으며, 1601년 사마시를 거쳐 1609년(광해군 1) 증광문과에 갑과로 급제, 주부(主簿) · 감찰 등을 지냈다. 한 차례의 구금과 재 등용을 통해 사성에 제수되었다가, 상의원정을 거쳐 장령 · 집의에 제수되고 호당(湖堂)에 뽑혔다. 그 뒤 양양군수가 되었다가 1624년(인조 2) 이괄(李适)이 난을 일으키자 토벌에 참여, 서울을 지켰으며, 정묘 · 병자호란 때에도 출전, 난이 끝난 뒤에 군사를 거두고 돌아왔다. 그 뒤 여러 차례 연석(筵席)에 나가서는 권신들의 실정을 계옥(啓沃)하였다. 80세에 자헌대부에 오르고 지중추부사(知中樞府事)를 지냈다. 글과 글씨에 뛰어났으며 해학(諧謔)에도 능하였다. ≪참고문헌≫ 光海君日記, 仁祖實錄, 國朝榜目, 玄谷集, 宋子大全, 國朝人物考, 燃藜室記述, 國朝人物志.(출처: ≪한국민족문화대백과사전≫) 저서로 ≪현곡집≫, ≪기행록紀行錄≫, ≪최척전崔陟傳≫이 있다.

23 이 시기의 작품들인 〈임진록〉, 〈박씨전〉, 〈임경업전〉 등이 이민족에 대한 적개심을 강조하고 민족적 영웅의 활약상을 통해서 전쟁으로 상처받은 백성들에게 보상심리를 제공하는 것이 대부분이었다.

24 이상구, 〈최척전〉, ≪17세기 애정전기소설≫, 월인, 1999, 189-229쪽.

25 김선현은 최척과 옥영의 자살은 완전한 가족 결합에 대한 욕망이 좌절되었을 때 발생한다고 보았다(김선현, 앞의 논문, 40쪽).

26 정운채는 자기서사진단검사도구 문항설정을 위한 예비적 검토에서 〈호랑이 눈썹〉을 부부서사영역의 진단서사에서 배우자밀치기서사로 보았다. 배우자밀치기서사는 부부서사이면서 동시에 밀치기서사인 경우라고 보면서, 인간관계의주체가 부부의 입장에 있으면서 '세상'과 '소망'에 초점을 맞추는 지속의 서사이며, 밀치기서사는 인간관계의 주체가 대상과의 관계를 운영하는 방식에서 대상에 대한 '의혹'의 시선과 기존 가치에 대한 '추구'의 태도를 견지하는 서사라고 보았다. 배우자밀치기서사는 '세상'과 '소망'과 '의혹'과 '추구'가 핵심적인 요소로 작용하고 있는 서사라는 것이다. 〈호랑이 눈썹〉에서 인간관계의 주체로 부각될 수 있는 인물은 가난한 남자이고, 가난한 남자에게 인간관계의 대상으로 주목할 인물은 아내이다. 가난한 남자는 아내와 함께 아무리 열심히 살아도 가난을 벗어나지 못하자 부부관계에 회의를 품게 되어 집을 나오고, 호랑이눈썹을 얻어서 잘못 맺어진 짝임을 알게 되자 짝을 바꾸어 잘 살게 된다는 것이다. 그래서 가난한 남자의 주요 관심은 모진 '세상'과 뜨거운 '소망'이고, 아내를 바라보는 시선은 그 정체에 대한 '의혹'이 주조를 이루며, 기존 가치를 '추구'하는 태도로 아내와의 관계를 영위하고 있다고 보았다(정운채, 앞의 논문, 378-380쪽).

찾아보기

ㄱ

가사 돕기 200
가족 197
가치 관념 284, 289
가치문제 263
≪각성≫ 126, 131, 134
감상, 센치, 니힐은 소녀적 감수성의 특징 156
강박증 191
개인별 맞춤형 관리체계 194
객관적 폭력 26
거트루드Gertrude 122, 128
계획형 198
고령노인 189
고립감 191
고통 53
공동체의식 195
교육중심 198
근친상간 58, 59, 61, 65, 66
긍정적인 현대적 인간 151
기존마을형 198
기초노령연금 대상 194

ㄴ

나르시시즘적 퇴행 30, 31, 175
낙인 51
남근 37
남녀서사 299
내면 167, 180, 181
노동력 197
'노이로제'라는 정신의학적 용어 158
노인 돌보미 193
노인복지정책 201
노인성질환 관리시스템 194
노인취업알선센터 기능 194
노인층 189
농사일 거들기 200
농업 196
니체Friedrich Wilhelm Nietzsche 138

ㄷ

다원적 192
단독성 115
단테Dante 63, 64
대량생산 197
대량소비 197
대상관계 35
대서특필 144
대안사회 197
도덕성 273
도덕성의 실천적 요소 280
도덕성의 인지적 요소 277
도덕성의 정의적 요소 273
동시관리체계 194
동일시 30, 52, 66, 68
되살이 85
뒤르켐Emile Durkeim 50, 55, 70, 208

ㄹ

라캉Jacques Lacan 25, 27, 32, 35-37, 44
레비Primo Levi 73
레싱Doris Lessing 126, 133
리비도 30, 31, 43, 153
리비도 집중 31, 33
리비도 철회 31

ㅁ

말벗지원 시스템 195
메시지 217, 225
몸 121, 122, 125, 128, 130, 131
문자 136, 137
문제 지향적 메시지 226
문학 120, 122, 130, 133, 136
문학교육 265, 287, 288, 289
문학치료 291
문화운동 195
문화적 197
민속 문화 197
민주적인 원리 196

ㅂ

바슐라르Gaston Bachelard 138, 139
배려심 195
보르헤스Jorge Luis Borges 109
보부아르Simone de Beauvoir 51
부끄러움 81
부모서사 299
부부서사 299
불교생명연대 199
불륜 295
불신 295
비정상적 심리상태 156
비트겐슈타인Wittgenstein 106

ㅅ

사회복지 서비스 201
사회복지학 193
사회적 196
사회적 애도 31, 43, 45, 47

사회적 죽음 56, 57, 59, 62, 64, 66-68, 71
삶 54, 55
삶과 죽음에 대한 2000년대식 에피스테메 162
삶의 지혜 201
상실 32, 43
상실감 191
상호적 소통 방식 229
생명 196
생명운동 195
생명의 그물 196
생명존중 확산운동 200
생물학적 과학주의 152
생물학적 신체성 148
생물학적 죽음 56
"생산적인 인간, 근로적인 인간"의 신체 160
생산중심 198
생애담 292
생존자 81
생존 작가 78
생태 196
생태건축 196
생태경영 196
생태계 파괴 191
생태공동체 189
생태디자인 196
생태마을 198
생태문학 196
생태사회 201
생태산촌마을 199
생태의식 201
생태적 196
생활공동체 198
생활의 지혜 197
생활체육 194
선별도구 192
성찰성 217, 218
성찰적 행위 54
세계 신뢰 260
세네카Seneca 56
셰익스피어William Shakespeare 35
소셜 네트워크 191
소외감 189
소통 75
소통의 부재 191
소통적 자살 217, 233
소포클레스Sophocles 56
쇼팽Kate Chopin 126, 128, 129
수발 지원 194
수치감 83
수평적인 공동체 196
스토아철학자 56
스토아학자 72
슬픔 31
≪시지프의 신화≫ 104
식물 197
신경증 35, 36
≪신곡≫ 67
신체성을 긍정하는 리비도론 153
실상사 199
실천지 264
실패 모델 206
심리부검 157, 252
심리학 193
〈19호실로〉 126, 133, 135

쌍용자동차 사태 26, 32, 40, 41, 46
쓸 수 있는 텍스트 271, 272
씻김굿 32, 33

ㅇ

아노미 208, 209
아리스토텔레스Aristotle 54
아이돌보기 200
아퀴나스Thomas Aquinas 53, 54
안부 전화 195
알바레즈Alfred Albarez 50
애도 27, 28, 35, 38, 40, 47, 48
〈애도와 우울증〉 27, 43
애도 작업 30, 32, 33, 39, 42, 43, 44
애정갈등 291
어른공경 195
어머니의 욕망 35, 36, 37
억압 38, 39
언어 131, 136
에너지의 흐름 196
에셰크 73
에크프라시스 122, 126
에픽테투스Epictetus 52, 72
엘리아스Norbert Elias 110
여가활동 프로그램 194
여성 121, 164-166, 168, 169
여성성 121, 123
연소노인 189
연약한 새싹과 같은 이미지 148
열등감 297
영성적 197
오명 51
오이디푸스 33, 36, 59, 61, 64, 113, 114
≪오이디푸스 왕≫ 57, 70
오필리어Ophelia 122, 123, 126, 128
외상 25, 41, 43
외상 후 스트레스 장애 26
욕망 43
욥Job 56, 74
우울증 28, 29, 31, 32, 40, 44
위계 · 위력에 의한 살인죄 242
유기농법 198
유령 45
유서 214-216
유통중심 198
의무 53
의미 213
의미부여 208
의미생산의 장 161
의미의 거부 301
이오카스테 59, 64
이옥李鈺 265
인간 본성을 비합리성으로 이해 153
인간중심주의적 196
인문학적인 방안 190
인생경험 197
≪인형의 집≫ 131
일방적 소통 방식 230
일원론적인 가치관 196

ㅈ

자급자족 196

자기 귀책적 평가 221
자기 도피 51
자기기만 71
자기로부터의 도피 49
자기서사 284, 289, 292
자기 신뢰 260
자녀서사 298
자살 47, 73, 78, 119, 120, 122, 125, 127, 128, 130, 134, 136, 139, 163, 291
자살관여죄 240
자살 성향 30
자살 시도 291
자살실태조사 250
자살 예방 298
「자살예방법」 246
자살예방센터 200
자살의 이유가 분명치 않다는 점 144
자연생태우수마을 198
자연의 주기 196
자연친화적 195
자원봉사 프로그램 전담기구 194
자유 52
자존감 27, 189
작품 반응 292
장기요양보험제도 194
재고용 제도 194
재현 120-123, 125, 135, 138
전략 208, 213
정당화 209
정서적인 메시지 227
정신과적 질병 157
정신병적 31
정신분석 27, 57
정신의학 160, 193
정신적 가치 197
정신적 자산 195
정신적 풍요 197
정신적 형식 264
정체성 68
젠더 121
젠더 정체성 149
조망의 축소 301
좋은 삶 52, 54
좌절 모델 206
죄책감 84
죄형법정주의 238
죽음 32, 119, 121, 122, 125
중앙행정부 200
증언 76
증언문학 79
증언자 76
지식정보사회 192
지역 문화행사 195
지역축제 195
지역행정부 200
지향점 196
진화론적 휴머니즘 150
질병 모델 206
질서 62
≪짜라투스트라≫ 139

ㅊ

책임부여 221

1920년대 소설 169
1960년대 개인 주체와 새로운 죽음의 형식 161
1960년대 자살의 역사성 143
1962년 K여고생 자살사건 145
체념 192
촉탁·승낙에 의한 살인죄 242

ㅋ

칸트Immanuel Kant 53
K여고 세 여고생 연쇄 자살 사건 144
키니네 144

ㅌ

타인 전가적 평가 223
타자 지향성 217, 229
터널비전 301
텍스트화 121
통합적인 고찰 190
트라우마적 상황 85

ㅍ

판소리 93
≪페르디두르케≫ 113
페미니스트 129
포기 192
프로이트Sigmund Freud 27-31, 35, 36, 39, 42, 43, 54, 57, 131, 137, 153, 155, 158
프로이트주의의 개입 152
플라톤Plato 62
PTSD 42
피해의식 295

ㅎ

하이데거Martain Heidegger 51
한계상황 84
합의동사 244
해석장의 복잡성 160
해석주의 212
햄릿 25, 32, 35-39, 42, 44, 45, 125
〈햄릿〉 25, 27, 32, 35-39, 42, 44, 47
현상학적 50
협동심 195
〈협창기문〉 265, 267
〈협창기문〉의 해석적 특성 267-272
형법 238
혼합형 199
홀로코스트 77
환경 196
환경농법 198
환경농업시범마을 198
활력 197
≪회복탄력성≫ 97
흄David Hume 53, 54